T0153567

Jahrbuch
für Biblische Theologie
(JBTh)

Herausgegeben von
Ingo Baldermann, Ernst Dassmann, Ottmar Fuchs, Berndt
Hamm, Otfried Hofius, Bernd Janowski, Norbert Lohfink,
Helmut Merklein †, Werner H. Schmidt, Günter Stemberger,
Peter Stuhlmacher, Marie-Theres Wacker, Michael Welker
und Rudolf Weth

In Verbindung mit
Paul D. Hanson, Ulrich Mauser, Patrick D. Miller und Magne
Sæbø

Band 14 (1999)
Prophetie und Charisma

Neukirchener Verlag

© 1999 Neukirchener Verlag
Verlagsgesellschaft des Erziehungsvereins mbH, Neukirchen-Vluyn
Alle Rechte vorbehalten
Umschlaggestaltung: Hartmut Namislow
Gesamtherstellung: Breklumer Druckerei Manfred Siegel KG
Printed in Germany
ISBN 3–7887–1749–1
ISSN 0935–9338

Die Deutsche Bibliothek – CIP-Einheitsaufnahme

Jahrbuch für biblische Theologie: (JBTh). – Neukirchen-Vluyn:
Neukirchener Verl.
    Früher Schriftenreihe
    Bd. 14. Prophetie und Charisma. – 1999
Prophetie und Charisma. – Neukirchen-Vluyn: Neukirchener Verl., 1999
    (Jahrbuch für biblische Theologie; Bd. 14)
    ISBN 3–7887–1749–1

Vorwort

Prophetie ist ein das alttestamentliche Gottesvolk wie die neutestamentliche Gemeinde begleitendes kritisches Element.

Das vorliegende Jahrbuch sucht das Phänomen des Prophetischen in der Vielfalt der Traditionen und Zeiten darzustellen – über biblische Theologie mit ihrem Weiterwirken in der Kirche hinaus.

Prophetische Kritik kommt nicht von außen, sondern erwächst aus dem eigenen Inneren und Wesen, läßt sich so als Selbstkritik des Glaubens verstehen; sie stieß in ihrer Situation allerdings weitgehend auf Ablehnung. Dem sucht der einleitende Aufsatz von *Werner H. Schmidt* nachzugehen. Kann ein Verständnis von Religion als Vermittlung von »Identität« oder »Sinn« alttestamentliche Prophetie ausreichend erfassen?

Strittig ist in der gegenwärtigen alttestamentlichen Forschung weniger der Zusammenhang mit prophetischen Erscheinungen im Alten Orient, die Frage nach Gemeinsamkeiten und der Eigenart, als das Verhältnis von mündlich ergangenem Prophetenwort und schriftlich vorliegendem Prophetenbuch; in ihm spiegelt sich die Bedeutung prophetischer Verkündigung für das Verständnis späterer Generationen wider.

Jörg Jeremias und *Ina Willi-Plein* wenden sich in ihren Aufsätzen in verschiedener Weise diesem in der Forschung der letzten Jahre intensiv behandelten Grundlagenproblem zu. Zahlreiche redaktionsgeschichtlich orientierte Untersuchungen haben die schriftliche Form prophetischer Überlieferung und ihre Gestaltung in Prophetenbüchern in den Mittelpunkt des Interesses gestellt. Welche Konsequenzen ergeben sich aus der Einsicht in die literarische Gestaltung und Komposition der Prophetenbücher? Wieweit ist die Rückfrage nach der mündlichen Verkündigung der Propheten noch sinnvoll und methodisch legitim?

J. Jeremias zeigt, auf seine Kommentierung der Bücher Hosea und Amos zusammenfassend zurückgreifend, Indizien sowohl für den bewußten literarischen Gestaltungsprozeß der Prophetenbücher als auch für die Rekonstruktion der mündlichen Verkündigung auf.

I. Willi-Plein erinnert in der Auslegung von Jer 36 daran, daß prophetische Verkündigung ihrem Selbstverständnis nach wesenhaft mündliche Botschaft ist. Traditionsbildend haben dabei insbesondere prophetische Selbstberichte, vor allem die Visionsberichte, gewirkt, wie I. Willi-Plein an Am 7,1–8; 8,1f zeigt.

Gerhard Dautzenberg geht in den paulinischen Briefen Hinweisen nach, die zeigen, daß Prophetie auch im frühen Christentum lebendig war – als eine charismatische Gabe, die die Konventionen der Zeit durchbrechen konnte. Ein Spezifikum frühchristlicher Prophetie, wie sie sich bei Paulus zeigt, ist ihre Zuordnung zum Gemeindeleben. Inhalt, Form und Kontext dieser Prophetie müssen aus wenigen Andeutungen erschlossen werden.

Als »Worte der Prophetie« will die Johannesapokalypse verstanden werden, die ihren Inhalt damit letztlich auf Gott selbst zurückführt. Sie steht in einem vielfältigen Konfliktfeld und bedient sich für ihren Diskurs verschiedener Symbolwelten. *Elisabeth Schüssler Fiorenza* geht diesen Konflikten und Symbolwelten in ihrem historischen Kontext nach und plädiert zugleich für eine theologische Ideologiekritik, die sich von einer Herrschaftssymbolik, von der negativen Verwendung weiblicher Metaphorik und von verunglimpfender Verwerfung theologischer Gegner distanziert.

Stand und Berufung des Propheten sind mit dem Alten Testament nicht zu Ende gegangen, sondern leben in den frühchristlichen Gemeinden weiter – allerdings nicht lange. Im 3. Jahrhundert sind die Gemeindepropheten zumindest in der Großkirche ausgestorben; Origenes (gest. 253/54) ist ihnen schon nicht mehr begegnet. Als Grund für das schnelle Aussterben wurde bisher meist die Unterdrückung durch das erstarkende Amt angegeben. Wenn die Offenbarung als abgeschlossen gilt, werden Lehrer (Bischöfe), die das Empfangene bewahren und auslegen, wichtiger als charismatische Verkünder.

Eine ganz andere, historisch/soziologisch begründete Antwort bietet *Georg Schöllgen*. Ihm zufolge haben sich umherwandernde Propheten, Prediger und Missionare durch Mißbrauch und Scharlatanerie selbst desavouiert. Damals wanderten viele Wundermänner bettelnd durch das Land. Nicht von ungefähr warnt Jesus in seiner Aussendungsrede (Mt 10,10) die Jünger vor der πήρα, der Betteltasche. Die frühchristliche Kritik wendet sich erkennbar gegen solche »falsche Propheten«, nicht gegen die Prophetie schlechthin. Ob G. Schöllgens These (ähnlich argumentiert Gerd Theißen) die ganze Wahrheit trifft, läßt sich diskutieren; jedenfalls bietet er einen interessanten und glänzend belegten Beitrag.

Anders als die aktuellen Propheten behalten die alttestamentlichen Schriftpropheten einen überragenden Einfluß in der frühchristlichen Verkündigung und Theologie. Inzwischen ist zur Rezeptionsgeschichte der biblischen Prophetenschriften viel Material gesammelt worden. Weniger erforscht sind Umfang, Kriterien und Methoden der frühchristlichen Prophetenexegese. *Ernst Dassmann* versucht fünf Antworten zu geben: 1. Testimoniensammlungen bestimmten anfangs die Auswahl der übernommenen Prophetenworte. 2. Heilsgeschichtliche Kontinuität, fehlende Gesetzesproblematik und Kultkritik erleichterten die Rezeption der Prophetenbücher. 3. Die dogmengeschichtliche Entwicklung berief sich auf Prophetenstellen als Offenbarungsbeweis. 4. Die kirchliche Moralpredigt fand bei den Propheten Anschauungsmaterial und Einzelbestimmungen, die im Neuen Testamnent fehlten. 5. Prophetische Sprache und bildgesättigte Rede faszinierten die frühchristlichen Schriftsteller.

Das Phänomen der Prophetie ist im nachbiblischen Judentum intensiv bedacht worden. Das gilt sowohl für die Frage nach der Möglichkeit von Prophetie in der jeweiligen Gegenwart als auch für das Verständnis der Propheten der Vergangenheit. *Günter Stemberger* zeichnet den Wechsel der Erscheinungs- und Verständnisweisen von Prophetie von Josephus und Qumran bis in die Neuzeit nach.

Prophetie spielt im Islam – im Koran, in der mündlichen Überlieferungen und in ihrer Auslegung – eine bedeutende Rolle. Als »Siegel der Propheten« steht Muhammad herausgehoben am Ende einer Reihe von Vorgängern. Der Begriff »Prophet« ist dabei weiter gefaßt als in der Bibel und bezeichnet insgesamt Offenbarungsempfänger. Daß die von allen Propheten verkündigte Botschaft inhaltlich übereinstimmt, gilt als unstrittig. Ob den Propheten von Adam bis Muhammad – wenn ja, durch welche Auszeichnungen – ein verschiedener Rang zukommt, wird jedoch unterschiedlich beurteilt. *Heribert Busse* zeichnet verschiedene Standpunkte in der Überlieferung einschließlich einiger Harmonisierungsversuche nach.

Aus dem breiten Spektrum prophetischer Impulse, welche die Kirchengeschichte durch alle Jahrhunderte hindurch bewegt haben, lassen sich für Reformation und Neuzeit nur wenige herausgreifen. Meist verbindet man mit der Prophetie ein Moment der Unruhe und des Vorwärtsstrebens. Unter der auf den ersten Blick widersprüchlich erscheinenden Überschrift »Stabilisierende Prophetie« behandelt *Volker Leppin* die Endzeitverkündigung im Dienst der lutherischen Konfessionalisierung. Luther und seine Nachfolger verstanden sich als in der Endzeit lebend, die mit dem Ruf zur Buße verkündet wurde und dadurch prophetischen Charakter bekam. Auch die Kennzeichnung des Papstes als Antichrist verlieh dem

Jahrhundert endzeitliche Qualität. Die lutherischen Propheten dieser Endzeit waren keine Randfiguren und Zukurzgekommenen, sondern protestantische Eliten: Theologen, Professoren, Superintendenten und Pfarrer. Sie versuchten, die lutherische Kirche gerade mit und durch ihre apokalyptische Predigt zu stabilisieren. V. Leppins Beitrag bietet viele unbekannte, aber höchst aufschlußreiche und eindringliche Quellentexte.

Peter Zimmerling behandelt in seinem Beitrag die Frage nach den prophetischen Phänomenen, die angefangen von den traditionellen Pfingstkirchen am Anfang dieses Jahrhunderts über amerikanische Aufbrüche in den sechziger Jahren bis hin zu gegenwärtigen charismatischen Gemeindegründungen eine wichtige Rolle gespielt haben. P. Zimmerling geht dabei nach seiner eigenen Zusammenfassung (vgl. unten S. 214) so vor, daß er zunächst das Phänomen der charismatischen Prophetie beschreibt. Sodann versucht er, die Kriterien herauszuarbeiten, die von den charismatischen Bewegungen für prophetisches Reden entwickelt wurden. Es schließt sich eine kritische Beurteilung dieser charismatisch geprägten Prophetie an, ohne jedoch zu versäumen, Überlegungen vorzutragen, wie die Wiedergewinnung prophetischer Rede in der kirchlichen Verkündigung der Gegenwart aussehen könnte.

Reichen Gewinn verspricht der für den soziologisch ungeschulten Leser nicht leicht zu konsumierende Aufsatz von *Michael N. Ebertz*, der die gesellschaftlichen Bedingungen analysiert, unter denen prophetisch-charismatische Aufbrüche erfolgen können. Der Aufsatz bietet nützliche Querverbindungen zur alttestamentlichen Prophetie, bleibt im übrigen aber bei einer formalen Beschreibung der Voraussetzungen, ohne vorschnelle Übertragungen auf zufällige Gegenwartserscheinungen vorzunehmen. M.N. Ebertz beschreibt präzise die makro- und mikrostrukturellen Bedingungen für das Ausbrechen und die Akzeptanz charismatischer Umstürze, bei denen die Botschaft wie auch der Anführer eine Rolle spielen. Was von beiden wichtiger ist, das inhaltliche oder das personelle Element, wird in der Charismaforschung unterschiedlich gewichtet. Wahrscheinlich müssen beide zusammenkommen, wenn es zu tiefgreifenden Veränderungen kommen soll. Meistens ist die vom charismatischen Führer bestimmte Phase kurz, wenngleich das Ursprungscharisma bewahrt und als dauernder Stachel gegen die alltägliche Gewöhnung in Erinnerung gebracht werden kann.

Angesichts der Forderung nach prophetischem – gemeint ist: eindeutigem und kritischem – Reden und Handeln der Kirche befragt *Hermann Barth* offizielle kirchliche Äußerungen auf die in ihr wirksamen Traditionsströmungen biblischer Redeformen, so nach möglichen Fernwirkungen biblischer Prophetie. Daß die weisheit-

liche – also empirisch-argumentative – Redeweise in kirchlichen
Äußerungen überwiegt, hat ihren Grund in deren Entstehungsbedingungen und Zielsetzungen und nicht zuletzt in der Unverfügbarkeit von Prophetie.

Bonn, im Oktober 1999   Ernst Dassmann / Werner H. Schmidt

Inhalt

I
Altes Testament

Werner H. Schmidt

Prophetie als Selbst-Kritik des Glaubens

Wir glauben »an den heiligen Geist, der da lebendig macht. Der vom Vater ausgeht ... Der *durch die Propheten geredet* hat.« So bekennt das Symbol von Nicaea-Konstantinopel in seiner in Konstantinopel 381 n.Chr. erweiterten Gestalt[1]. Mit diesen Worten beruft sich christlicher Glaube, wo er sein Wesen oder seinen Grund ausspricht, im Anschluß an das Neue Testament[2] auf die alttestamentlichen Propheten. Derselbe Geist wehte und wirkte schon in ihnen – über das ausdrücklich Ausgesprochene, kaum exklusiv Gemeinte hinaus ein wenig verallgemeinert: schon im Alten Testament, insbesondere in seinem prophetisch-verheißenden Teil. Bei aller Eingrenzung der Vielfalt prophetischer Botschaft hat diese Deutung einen wesentlichen Aspekt wahrgenommen: Die Propheten sagen kommende Ereignisse als Tat Gottes an, allerdings nicht einer fernen, vielmehr bereits ihre Gegenwart prägenden Zukunft[3].

---

1   BSLK 27. Vgl. *H.-D. Hauschild*, Art. Nicäno-Konstantinopolitanisches Glaubensbekenntnis, TRE XXIV (1994) 444–456 (dazu *A.M. Ritter*, Art. Konstantinopel, Ökumenische Synoden I, TRE XIX [1990] 518–524, bes. 520f); *R. Staats*, Das Glaubensbekenntnis von Nizäa-Konstantinopel, Darmstadt 1996. Die Klausel »wird in der patristischen Literatur ... meist wie eine Kurzformel zitiert, um die Geistinspiration der kanonischen biblischen Schriften zu begründen« (ebd., 93; vgl. 258.261ff).
2   Das Credo schließt sich an Hebr 1,1 an: »Gott hat einst vielfach und auf vielerlei Weise zu den Vätern durch die Propheten geredet.« Schon Paulus (Röm 1,1f) versteht die alttestamentliche Prophetie als Ansage von Zukunft, und zwar der entscheidenden Heilszukunft: Der Apostel weiß sich »ausgesondert zum Evangelium Gottes, das er vorher durch seine Propheten in seinen heiligen Schriften verheißen hat«. D.h.: »Gott hat seinen Willen zum Evangelium längst zuvor durch die at.lichen Propheten angekündigt, deren Aufgabe nicht ... in der entfaltenden, aktualisierenden Predigt, sondern in der Proklamation des eschatologisch zukünftigen Geschehens erblickt wird« (*E. Käsemann*, An die Römer [HNT 8a], Tübingen, 4., durchges. Aufl. 1980, 7). Vgl. auch Apg 10,43; 1Petr 1,10f; 2Petr 1,21.
3   Die Einstellung der Propheten auf die Zukunft wird wohl nirgends so deutlich wie in der Gegenüberstellung der Aufforderung des Exilspropheten Deuterojesaja (Jes 43,18f): »Gedenkt nicht mehr des Früheren ...! Siehe, nun schaffe ich

Zudem berufen sich die sog. großen Schriftpropheten von Amos bis Jeremia nicht auf den Geist, eher auf das Wort[4]. Es enthält, mag der Rückbezug des Bekenntnisses auf die Propheten auch bestätigend-versichernd deutbar sein, zugleich ein kritisches Moment.

I

Religion wird oft verstanden als *Sinngebung*, Identitätsfindung oder -stiftung, als Bestimmung und Ausdruck des Eigenen mit der Abgrenzung vom anderen[5]. Daß Religion so nicht ausreichend beschrieben ist, zeigt das *kritische* Element, das sie zumindest auch enthalten kann – nicht allein, aber insbesondere in der Prophetie[6]. Sie zeigt in der Kritik an der Tradition mit dem Gegenüber zu den Zeitgenossen und deren Sicht der Situation zugleich: Religion kann gegenüber der Zeitmeinung zu hoher Eigenständigkeit führen. Jedenfalls ist Prophetie als Vermittlung von Identität nicht angemessen verstanden – nicht einmal rückblickend nach Verwirklichung der Botschaft, erst recht nicht vor Eintritt der Zukunftsansage.
Bedarf Religion angesichts des geschichtlichen Wandels in der Breite der Lebensphänomene nicht gelegentlich der Reform, die abwegige Erscheinungen aufzeigt, deren Abschaffung fordert, dabei auf den – neu verstandenen – Ursprung zurückgreift? Es reicht jedoch nicht aus, die Propheten als »*Reformer*« zu sehen, auch wenn sie so gewirkt haben mögen[7]. Sie selbst haben, abgese-

---

Neues!« und – der dem Pentateuch (Ex 12,14; Dtn 16,3 u.a.) entsprechenden – *memoria*, der Mahnung, zu »gedenken« an »die Tage der Vorzeit«, »die Jahre der vergangenen Geschlechter« (32,7).

4   Sie berufen sich auf Gottes »Hand« (Jes 8,11), »Reden« oder »Wort« (Am 3, 8; Jes 9,7; Jer 1,9.11f; 5,14; 23,28f u.a.). Anders in früher und ab Ezechiel (2,2; 3,12ff u.a.) in exilisch-nachexilischer Zeit (wie Joel 3); die Nennung des Geistes Mi 3,8 stellt wohl eine nachträgliche Deutung dar. Vgl. zusammenfassend (mit Lit.) *W.H. Schmidt*, Art. Geist I. Altes Testament, TRE XII (1984) 170–173, bes. 171; *S. Tengström*, Art. רוח, ThWAT VII (1993) 385–418, bes. 415f.

5   Gewiß ist es möglich, den wie »Sinn« vielschichtigen Begriff »Identität« in einer weiten, umfassenderen – dann wohl angemesseneren – Bedeutung zu verstehen, welche die Selbstkritik als konstitutiv einbezieht.

6   Die folgenden Überlegungen nehmen teilweise Beobachtungen auf, die ausführlicher behandelt sind in: *W.H. Schmidt*, Aspekte der Religionskritik – im Alten Testament, in: *J.A. Loader / H.V. Kieweler* (Hg.), Vielseitigkeit des Alten Testaments. FS G. Sauer, Frankfurt a.M. u.a. 1999, 137–148; *ders.*, Einsicht als Ziel prophetischer Verkündigung, in: *F. Diedrich / B. Willmes* (Hg.), Ich bewirke das Heil und erschaffe das Unheil (Jesaja 45,7). FS L. Ruppert (FzB 88), Würzburg 1998, 371–396.

7   Etwa das Deuteronomium, auch die Priesterschrift nehmen prophetische Einsichten und Traditionen auf.

hen von öffentliches Aufsehen erregenden symbolischen Handlungen, kaum unmittelbar in bestehende – kultische, politische, gesellschaftliche – Zustände eingegriffen. Vor allem gehen ihre Aussagen weit über reformerische Intentionen hinaus.

Zum Umgang mit Tradition, der sich in freier Aneignung vollzieht, gehören Nähe und Ferne, Übereinstimmung mit Bewahrung und Abwandlung. Liegt bei den Propheten[8] aber nicht mehr vor – eine Freiheit gegenüber dem Anspruch oder der Geltung der Tradition für die Zukunft?

II

Die Propheten können in Glaubensüberlieferungen oder in hoffnungsvolle Erwartungen der Zeitgenossen ein »Nein« oder »*Nicht*« einfügen[9].

Die im Passa gefeierte Vergegenwärtigung von Gottes »(schonendem) Vorübergehen«[10] geht bei *Amos* über in die Ansage eines »Nicht-Mehr«:
»Ich will nicht mehr (schonend) vorübergehen.«[11]
Der Erwartung des »Tages Jahwes«[12] hält Amos entgegen:
»Er ist Finsternis und nicht Licht.«
Amos' oder auch Hoseas Kritik an den Nordreichheiligtümern[13] übertragen Micha (3,11ff) und Jeremia[14] auf den *Jerusalemer Tempel* und widersprechen damit der in den Psalmen (wie Ps 46; 48) ausgesprochenen Ziontradition.

8   Sie zeigen mit ihrem Volk Solidarität (Jes 6,5; 22,4; Mi 1,8; Jer 4,19 u.a.) und in diesem Miteinander zugleich kritischen Abstand.
9   Vgl. schon *W. Zimmerli*, Die kritische Infragestellung der Tradition durch die Prophetie, in: *O.H. Steck* (Hg.), Zu Tradition und Theologie im Alten Testament (BThSt 2), Neukirchen-Vluyn 1978, 57–86; *J. Jeremias*, Umkehrung von Heilstraditionen im Alten Testament, in: *J. Hausmann / H.-J. Zobel* (Hg.), Alttestamentlicher Glaube und Biblische Theologie. FS H.D. Preuß, Stuttgart/Berlin/Köln 1992, 309–320.
10   Innerhalb der älteren Überlieferung (Ex 12,23) in dritter, im Rahmen der Priesterschrift (12,12) in erster Person.
11   Am 7,8; 8,2 mit demselben Verb (עבר). Was Amos in der Vision empfangen hat, gibt er im Zusammenhang einer »Wehklage über alle Plätze« (5,16f) in seiner Verkündigung (wieder mit dem Verbum עבר) weiter: »Ich schreite durch deine Mitte« (5,17; sachlich ähnlich 5,2 u.a.). Vgl. auch: »Ich nehme nicht zurück ...« (1,3ff).
12   Am 5,18–20. Sei es ein Festtag (vgl. Hos 2,15) oder eine Erwartung in Erinnerung an die Richterzeit (vgl. Jes 9,3).
13   Am 3,14; 5,5; 7,9; 9,1; Hos 4,15ff; 8,4ff u.a. Entsprechend kann der Prophet die Kritik an Opfern zur Kritik am Kult (Wallfahrten, Gesang, ja Gebet) erweitern und verschärfen (Am 5,21–24.27; Jes 1,10–17; 43,22ff u.a.). Gott nimmt nicht mehr wahr: Er »hört«, »sieht« nicht (Am 5,22f; Mi 3,4; Jes 1,15), gibt keine Antwort mehr, schweigt (Mi 3,4.7; Jer 14,12; Ez 7,26; vgl. situationsbe-

An die Mose gewährte Zusicherung göttlicher Gegenwart »Ich werde mit dir sein«
(Ex 3,12) schließt sich die Erläuterung des Gottesnamens JHWH an, um die Verheißung zu verallgemeinern: »Ich bin, der ich bin« oder »Ich werde sein, der ich
sein werde« (3,14) – etwa in der Bedeutung »Ich werde dasein/wirken.« So wird in
Gottes Zusage stärker seine Freiheit betont.
Der Prophet *Hosea* geht aber über die im Rahmen von Ex 3 denkbaren Möglichkeiten hinaus, kann jener Aussage zugleich entsprechen und widersprechen, nämlich sie in die Ankündigung (Hos 1,9) umkehren:
»Ihr seid nicht (mehr) mein Volk,
und ich bin nicht (mehr) der ›Ich bin da‹ für euch.«[15]
Hier wird ausdrücklich ein »Nicht«, genauer ein »Nicht-Mehr«, zur Tradition gesprochen – zwar nicht für die Vergangenheit, aber für die eigene Gegenwart mit
der jetzt beginnenden Zukunft[16].
Jeremia hält denen, die nach seiner Auffassung zur Unzeit, d.h. in seiner Gegenwart, Schalom »Heil, Frieden« verkünden, entgegen: Die Zeit des Heils ist vorbei[17].

Eine solche Umkehrung oder gar Negation ist im ursprünglichen
Sinn der Glaubensüberlieferung – sei es im Pentateuch oder in der
vom Psalter bezeugten Jerusalemer Ziontradition – noch nicht im
Blick. So reichen die Einsichten der Propheten in zuvor ungeahn-
te, zumindest unausgesprochene Tiefen[18].
In Übereinstimmung mit der Überlieferung vermögen Jeremias
Gegenspieler, die sog. Heilspropheten, dieses Urteil – einschließlich
der Einschätzung der Lage – nicht anzunehmen, ja widersprechen

---

zogen: 1 Sam 3,1; 14,37; 28,6.15f). Wagt Amos nur in seinen beiden ersten Visionen, die Fürbitte zu übernehmen (Am 7,2.5; vgl. Gen 20,7), und muß dann verstummen, so kann Jeremia (trotz 15,11; 18,20; 27,13 u.a.) nach der Überlieferung ausdrücklich die Fürbitte und damit die Möglichkeit, Gott bei seinem Un-
heilswirken in die Arme zu fallen, untersagt werden (Jer 14,11; 15,1; vgl. 7,16f;
11,14; auch, allerdings wieder weniger grundsätzlich: 1Sam 15,11).
14   Jer 7; 26; vgl. Jes 28,15ff; 29,1ff; 32,9–14; Ez 8ff u.a.; wohl aufgenommen in Jesu Ankündigung der Zerstörung des Tempels (Mk 13,2 u.ö.).
15   Die Übersetzungen (wie Luther, Zürcher) entschärfen durchweg die Aussage –
teilweise im Anschluß an die Heilsverheißung Hos 2,25. Schon Hoseas zweites
Kind, die Tochter, trägt den Namen »Ohne Erbarmen« (1,6), was Jeremia wiederum im Rahmen einer Symbolhandlung (16,5) in der Gottesrede als Zukunftsansage aufnimmt, dabei aber auf das Südreich überträgt.
16   Deutlich etwa auch Mi 3,6f.
17   Jer 4,10; 6,13f; 8,11.14f; 12,12; 14,13f; 23,9ff; als Einzelfall: 28,1ff.
10ff; vgl. auch 6,30; 7,29; 16,5; Ez 13,3ff.
18   *G. von Rad*, Theologie des Alten Testaments II, München [4]1965, 191 (vgl.
421, Anm. 12) hat mit Recht hervorgehoben: Diese »Gerichtsbotschaft hatte
keine Begründung in der alten Jahwetradition«. Bei allen Verschiedenheiten haben die sog. Schriftpropheten in ihren Einsichten, den aufgegriffenen Redeformen oder in den Themen ihrer Verkündigung, wie Kult- oder Sozialkritik, entscheidend Gemeinsames. Bis in die Gestaltung von Worten hinein gibt es zwischen den sog. Schriftpropheten – etwa zwischen Amos und Jesaja oder Hosea,
Jeremia und Ezechiel – Zusammenhänge.

ihm[19]. Was sie als gegeben festhalten, können die sog. Schriftpropheten in Zweifel ziehen. Insofern stellen sie – von der Glaubenstradition – mehr in Frage, geben scheinbar Selbstverständliches in weit höherem Maße auf und gewinnen dadurch eine weiterreichende, tiefere Sicht.

III

Läßt auch die *Reaktion* der Hörer das kritische Moment erkennen? Wird den (Schrift-)Propheten hohe Anerkennung weithin nicht erst nachträglich zuteil? Vielfach stoßen sie auf Unverständnis oder Ablehnung bei den Zeitgenossen[20]. Diese Situation spiegelt sich in der gelegentlich überlieferten Reaktion der Hörer wider[21]. Schon Jesaja trifft der Spott der Zeitgenossen, weil sich seine Zukunftsansage nicht verwirklicht. Sein »Wehe« gilt denen,

»die sagen: Es beeile sich, es komme rasch sein Werk,
damit wir es sehen;
es nahe, es treffe (doch) ein der Ratschluß
des Heiligen Israels!«[22]

Nach der rückblickenden Erzählung lautet die Anklage gegenüber Amos im Urteil des Priesters zusammengefaßt: »Aufruhr, Verschwörung«[23], d.h. Störung oder gar Zerstörung der Ordnung.

19 Sie können wohl einzelnen und Gruppen, kaum aber dem eigenen Volk insgesamt Gericht ansagen. Vgl. bes. Mi 3,5–8; als Einzelfall Jer 28; dazu *J. Jeremias*, Kultprophetie und Gerichtsverkündigung in der späten Königszeit Israels (WMANT 35), Neukirchen-Vluyn 1970, 128ff; *ders.*, Die Vollmacht des Propheten im Alten Testament, EvTh 31 (1971) 305–322; *W.H. Schmidt*, Zukunftsgewißheit und »nachlaufende Erkenntnis«, in: *D.R. Daniels / U. Gleßmer / M. Rösel* (Hg.), Ernten, was man sät. FS K. Koch, Neukirchen-Vluyn 1991, 161–181.
20 Schon die Überlieferungen von den sog. Vor-Schriftpropheten berichten von kritischer Haltung gegenüber dem Propheten; sie schlägt sich in Stellungnahmen des Königs oder Bezeichnungen nieder wie »mein Feind« (von Elia 1Kön 21,20); »Verderber Israels« (18,17); »er weissagt nichts Gutes, nur Böses« (von Micha ben Jimla 1Kön 22,8.18).
21 Vgl. zur Erfahrung der Ablehnung etwa Jes 28,9.12(.14); 30,10f; Mi 2,11; Jer 6,10; 17,15; 20,8; 38,15; 43,2; noch Jes 53,1 oder den Nachklang in der priesterschriftlichen Darstellung Ex 6,9 u.a. Der Prophet kann als »verrückt« gelten (Hos 9,7; vgl. 2Kön 9,11; Jer 29,26). Vgl. im Neuen Testament Mk 3,30; Lk 4,24; Joh 10,20 u.a.
22 Jes 5,19. Noch recht dicht vor der Katastrophe muß sich Ezechiel gegen einen ähnlichen Einwand (12,25) wehren: »Die Tage ziehen sich in die Länge; aus ist es mit aller Schau.« Vgl. auch Jer 17,15.
23 Nach der Erzählung Am 7,10; vgl. 2Sam 15,12; 2Kön 9,14; 10,9. In den Worten dieses ersten Schriftpropheten sprengt Jahwe eindeutig die Kategorie ei-

»Verschwörung« ist dabei nicht der Inhalt der prophetischen Botschaft, sondern der Vorwurf, der Amos auf Grund seiner Verkündigung zuteil wird, insofern die *Wirkung*, welche die prophetische Botschaft auslöst[24].

Hat Jesaja einem ähnlichen Vorwurf zu begegnen?

»Nennt nicht all das Verschwörung,
was dieses Volk Verschwörung nennt,
und was es fürchtet, fürchtet nicht ...!«[25]

Wie immer der Hintergrund konkret aussehen mag, den eigentlichen Anstoß erkennt der Prophet in Gott selbst; er bringt die Unruhe. Gott ist nicht mehr, wie die Psalmen bildhaft bekennen, Burg und Fels, sondern wird

»zum Stein des Anstoßes und zum Fels des Strauchelns«[26].

Wie die Propheten in bildhaften Geschichtsrückblicken dem Volk vorhalten, den heilvollen Ursprung verlassen zu haben[27], so kön-

---

nes »Nationalgottes«; Amos bezeugt Gottes Macht über die Nachbarstaaten (1, 3ff; bes. 2,1; 5,27; 6,14; 9,7) bis in den Kosmos (9,2ff; vgl. 7,4). Wie er können spätere Propheten eine fremde Macht – etwa Jesaja die Assyrer, Jeremia (1, 13f; 4,5ff) zunächst den »Feind aus dem Norden«, dann konkret die Babylonier – als Gottes Werkzeug verstehen.

24   »Wenn Amos der Vorwurf der Verschwörung gemacht wird (Am 7,10), dann ist nicht gemeint, daß er konspirativ tätig geworden sei, sondern daß seine (öffentliche) Botschaft (vgl. V. 11) untergründig die gleiche Wirkung hat wie die subversive Tätigkeit echter Verschwörer« (*J. Conrad*, Art. קשר, ThWAT VII [1993] 211–217, hier 216).

25   Jes 8,12f. In einem seiner Worte aus der Spätzeit stellt Jesaja Vertrauen auf fremde Hilfe und auf Gott gegenüber und kann in Auseinandersetzung mit der Weisheit, wohl zugleich politischen Ratgebern, ähnlich auf Gott selbst verweisen: »Aber auch er ist weise und bringt Unheil, seine Worte nimmt er nicht zurück« (Jes 31,2; vgl. 5,20f u.a.).

26   Jes 8,14; vgl. sachlich Hos 5,14 u.a. »Die Mahnung zielt entscheidend darauf, anstelle der vermeintlichen Verschwörungen Jahwe als den eigentlichen Herrn der Geschichte zu erkennen.« Von ihm geht »die eigentliche Gefahr für ›dieses Volk‹ aus« (*J. Barthel*, Prophetenwort und Geschichte [FAT 19], Tübingen 1997, 223f).

27   Vgl. das Bild vom Weinberg (Jes 5,1–7), der trotz aller Fürsorge nur herbe, ungenießbare Früchte bringt; dann Hos 9,10; 11,1f; Jes 1,2f; Jer 8,4ff; Ez 16; 23 u.a. Auch vorwurfsvoll gebrauchte Verben wie »treulos sein« (Hos 5,7; 6,7; Jer 3,8.11 u.a.), »verlassen« (Jer 2,13ff), »vergessen« (Hos 2,15; 4,6; 13,6; Jer 2,32; 3,21; 13,25 u.a.) oder »huren« (Hos 2,6.14; Jer 2,20ff.33; 3,1f; 13,25ff) mit der Ehe-Metapher setzen in ihrem Bildcharakter das Sich-Entfernen aus der (ausschließlichen) Beziehung voraus. Allerdings kann der Prophet über die Beurteilung der Geschichte als »hell – dunkel« auch hinausgehen: Hosea verfolgt die Schuld des Volkes bis zum Ahnherrn oder Erzvater, bei ihm bis in die Zeit vor der

nen sie von der Chance der Wende als bereits versäumter Gelegenheit sprechen, den Zeitgenossen vorhalten, daß Buße nicht erfolgte:

»In Umkehr und Ruhe liegt euer Heil ...,
aber ihr habt nicht gewollt!«[28]

Die Reaktion der Hörer, nämlich die Ablehnung der Verkündigung, kann sogar in das Gotteswort hineingenommen werden:

»Höret, doch verstehet nicht!«[29]

Worte Hoseas und wohl in seiner Nachfolge Jeremias bestreiten nicht nur die Faktizität, sondern ausdrücklich die Möglichkeit einer Umkehr:

»Verändert der Mohr seine Haut
oder der Panther seine Flecken?
Genausowenig könnt ihr Gutes tun,
die ihr gewohnt seid, böse zu handeln.«[30]

IV

Auf die Einwände der Hörer antworten die Propheten beispielsweise mit *Fragen*, die etwa zur Erkenntnis von Gottes Freiheit führen wollen:

»Kann ich nicht wie dieser Töpfer mit euch verfahren?«[31]

Ähnlich fragt Jeremia (23,23) gegenüber den Propheten:

»Bin ich (denn) ein Gott aus der Nähe
– Spruch des Herrn –,
und nicht (vielmehr) ein Gott aus der Ferne?«

Möchten Worte nicht sogar zur Einsicht in die Uneinsichtigkeit führen (8,4):

Geburt: »im Mutterleib« (12,4), so »seit je« (Jer 2,20f.32; vgl. Ez 20 u.a.). Demnach ist von vornherein nichts Gutes zu erwarten.
28 Jes 30,15; vgl. (1,2f;) 9,12; 28,12; Jer 6,16; 8,4ff; auch Am 4,6ff u.a.
29 Jes 6,9f; 29,9f; vgl. Jer 5,21; 6,10; Ez 2,9ff; 3,5ff; Jes 42,18; 43,8 u.a.; auch Mk 4,11f; Lk 24,15. Die Aussage der Verstockung kann die ablehnende Reaktion der Zeitgenossen in die Botschaft hineinnehmen, ohne die Freiheit der Entscheidung, insofern die Selbstbestimmung, der Hörer (etwa Jes 1,2f: »sie verstehen nicht«) aufzuheben; sie bleiben verantwortlich.
30 Jer 13,23; vgl. 2,22; 8,4f; Hos 5,4.6 u.a.
31 Jer 18,6; vgl. Am 3,3–6.8 u.a.

»Fällt man hin, ohne wieder aufzustehen?«

Oder die Propheten können zu kritischem *Vergleich* mit anderen
Völkern auffordern:

»Geht hinüber ... und seht ...:
Seid ihr besser als jene Reiche?«[32]
»Geht doch hinüber zu den Inseln der Kittäer und seht
(d.h. nach Zypern bzw. weiter gen Westen)
oder sendet nach Kedar
(d.h. in die arabische Wüste, nach Osten)
und gebt wohl acht und sehet zu,
ob so etwas je geschehen ist!«[33]

Wie andere Völker als Vorbild dienen können, so sprechen die
Propheten auch sonst Vorbehalte gegenüber einem übertriebenen
Erwählungsdenken aus[34].
Überhaupt ruft Jeremia (5,1) die Hörer zu eigener Prüfung auf; sie
sollen sich vergewissern, ob seine klagend-anklagenden Worte an-
gemessen sind:

»Durchstreift ..., seht doch und merkt auf ...,
ob ihr einen findet,
ob einer da ist, der Recht übt ...«

Diese Aufgabe fällt Jeremia[35] dann selbst zu; in Aufnahme und
Abwandlung der bei der Berufung erfahrenen Designation:

»Zum Propheten für die Völker habe ich dich bestimmt«

wird er eingesetzt:

»Zum Prüfer habe ich dich bestellt.«[36]

---

32   Am 6,2; vgl. 3,9; indirekt auch die Abfolge von Am 1,3ff zu 2,6ff. Solche
Aufrufe haben einen klagend-anklagenden Ton, wie überhaupt die sog. Schriftpropheten durchweg weniger etwas »propagieren«, sondern einen Sachverhalt
aufdecken, zu ihrer Erkenntnis und ihrem Urteil Zustimmung suchen. Setzen die
Propheten so nicht voraus, daß die Schuld einsichtig, mit der Begründung die Kriterien oder Maßstäbe nachvollziehbar, insofern bekannt sind?
33   Jer 2,10f; vgl. 18,13 u.a. Das Jonabuch kann sowohl die Seeleute als auch
die Weltstadt Ninive als Vorbild darstellen.
34   Vgl. Am 3,2; 9,7; (statt »mein Volk«:) »dieses Volk« Jes 6,9f; 8,11 u.a.
35   Wie schon Amos (7,8; 8,2) kann Jeremia (1,11) mit Eigennamen angeredet
werden; zeigt dies nicht, daß er persönlich einzutreten hat und so selbst verantwortlich ist?
36   Jer 1,5; 6,27; vgl. 6,8f.17; Hos 8,1. Der Prüfungs- oder Läuterungsprozeß,
von dem schon Jesaja (1,21–26) bildhaft spricht, geht erfolglos aus (Jer 6,28–

V

Wie dem Propheten nicht Bewahrung vor Gefahren, aber Beistand in Gefahren zugesichert werden kann[37], so kann er gegenüber Zweifeln der Hörer oder auch eigenen Anfechtungen – in der Unausgewiesenheit seines »Amtes« in seiner Situation – die Zuverlässigkeit des Wortes erfahren. Ausdrücklich wird Jeremia in der Vision die Zusage zuteil:

»Ich wache über mein Wort, es zu tun.«[38]

In der Auseinandersetzung bekräftigt die Frage (Jer 23,28f) die Gewißheit:

»Ist nicht mein Wort wie Feuer
– Spruch Jahwes –
und wie ein Hammer, der Felsen zerschlägt?«

Leitet die Zusicherung der Verläßlichkeit des Gotteswortes das Jeremiabuch nur ein, so wird die Überlieferung des Exilspropheten Deuterojesaja[39] in ihrer vorliegenden Endgestalt von dem Bekenntnis zur Beständigkeit und Wirksamkeit des Wortes umrahmt. Diese Aussage, die in eine unbegrenzte Zukunft blickt, wirkt grundsätzlicher:

»Das Wort unseres Gottes bleibt auf Dauer /
besteht in Ewigkeit«[40]

30; vgl. 7,29; 9,6). »Israel hat sich verunreinigt« (Hos 5,3; vgl. 4,1f; Jes 1,4; 6,5; 30,1.9; Ez 15; 23 u.a.). Wohl in Anknüpfung an Jeremia wird Ezechiel (3, 17; vgl. 33,7) als Wächter eingesetzt. Ist – nach diesem Selbstverständnis – die prophetische Verantwortung nicht *aus* der Lebenswelt zu gewinnen, aber *in* ihr auszusagen? Hat der Prophet gar eine Aufgabe Gottes übernommen, der Prüfer der Herzen ist (Spr 17,3; 21,2; Jer 11,20; 17,10 u.a.)?

37 Jer 1,8; 15,20; Ez 2,3ff; 3,8f u.a.

38 Jer 1,11f. So kann der Prophet hoffen: Gott tut, wie er redet (vgl. 4,28; Ez 12,25.28; 17,24; auch 1Kön 22,27f u.a.). Außerdem kann der Prophet auf seine »Sendung« verweisen (Jer 26,12) oder seine Botschaft für die Zukunft aufbewahren.

39 Auch wenn nach Eintritt der Unheilsansage die Situation bei dem Exilspropheten zutiefst anders ist, ergeht seine Botschaft angesichts der Zweifel der Hörer an Gottes Gegenwart und Macht (Jes 40,27; 49,14; vgl. Anm. 64). Bei Jeremia wie bei Deuterojesaja ist die Verkündigung durch die gegenwärtige Wirklichkeit, die allgemeinen Lebenserfahrungen, nicht ausreichend gedeckt.

40 Jes 40,8 (zitiert in 1Petr 1,25); vgl. sachlich zur Bedeutung des Redens oder des Wortes Jes 44,26; 45,19; 46,11; 48,15f; 50,4 u.a. Die Audition 40,1–8, wohl die Berufungserzählung des Exilspropheten Deuterojesaja, nimmt einerseits entscheidende Motive der Thronrat-Vision Jes 6 auf, andererseits mit der Folge

und wird in bildhafter Vergewisserung am Schluß (55,10f) aufgenommen:

»Wie Regen und Schnee ...
kehrt es nicht leer zurück.«

Bezieht Deuterojesaja, der sich im Rückblick der Exilszeit bereits auf die Erfüllung des »Wortes« seiner Vorgänger berufen kann, sich selbst ein?

»Der das Wort seines Knechts (cj: seiner Knechte) aufrichtet
und den Plan seiner Boten ausführt.«[41]

In jedem Fall geht es um das »Aufrichten«, Bestätigen oder Erfüllen, des prophetischen Wortes[42]. Dabei erscheint statt in einzelnen »Worten« die prophetische Botschaft bereits gemeinsam-einheitlich als »Wort«[43].

VI

Das prophetische Wort hat – in seiner Situation – einen Adressatenkreis[44]. Wie Jer 36 bezeugt, kann es in einer neuen, späteren

von Berufung und Bekenntnis zur Wirksamkeit des Gotteswortes zugleich den in Jer 1 (V 4–9.11f; vgl. »rufen« 2,1) vorgegebenen Zusammenhang, um beides zusammenzudenken und für die neue Situation abzuwandeln. Wie die Gottesknechtlieder Einsichten der Konfessionen weiterführen, so greifen sie ebenfalls (zumal in Jes 49,1–6) mit der Ich-Rede, der Erwählung im Mutterleib sowie der Verflechtung von königlichen und prophetischen Zügen Motive von Jeremias Berufungserzählung auf; der »Prophet für die Völker« (Jer 1,5b) wird gesteigert zum »Licht der Völker« (Jes 49,6).

41   Jes 44,26. Der im vorliegenden hebräischen Text bezeugte Singular »Knecht« denkt – gegenüber dem parallelen Plural »Boten« – wohl an den Gottesknecht bzw. Deuterojesaja selbst, so an die Gegenwart. Ob im Singular oder nach der Konjektur auf Grund des Parallelismus im Plural, in jedem Fall ist die Äußerung auf prophetische Botschaft bezogen. Vgl. *H.-J. Hermisson*, Israel und der Gottesknecht bei Deuterojesaja, in: *ders.*, Studien zu Prophetie und Weisheit (FAT 23), Tübingen 1998, 197–219, bes. 202ff.

42   Vgl. die Aussagen: Gott nimmt »nicht zurück« (Am 1,3ff; Jes 31,2). Im Rückblick kann – in der Auseinandersetzung mit anderen Göttern – die Fähigkeit der Zukunftsansage (mit ihrer Erfüllung) als Wahrheitsbeweis dienen (Jes 41,22f; 42,9; 43,9; auch 45,19; vgl. Klgl 2,17; Dan 9,14 u.a.). So werden die Propheten, die helfen, die neue Situation im Exil zu »bewältigen«, im nachhinein zum »Halt« oder Fundament des Glaubens.

43   Vgl. Jes 9,7; Jer 1,11f u.a.

44   Auch die – oben beispielhaft angeführte – Reaktion der Hörer ist nur aus der Situation vor dem Eintreffen der Zukunftsansage verständlich.

Situation mit der *Niederschrift* einen zweiten Adressatenkreis gewinnen, dabei den kritischen Impetus bewahren oder verschärfen.

Schon Jesaja erhält den Auftrag:»Schreibe auf!« für »den künftigen Tag«[45]. Bei
Jeremia wird dieses Motiv breit ausgeführt: Nach dem an ihn ergangenen Auftrag,
»alle« seit Anfang an ihn ergangenen und bisher von ihm verkündeten »Worte«
in einer Buchrolle aufzuschreiben, erfolgt auf sein Diktat die Niederschrift der
Prophetenworte durch Baruch, »den Schreiber«[46]. So konkretisiert Jeremia den
Auftrag in eigener Verantwortung[47]. Da Jeremia selbst »behindert« (36,5) ist,
vertritt ihn – ähnlich einem Brief (29,5–7) – die Rolle, die in Baruchs Mund wiederum Stimme wird.
Wie der Priester Amazja am »Reichsheiligtum« Bet-El einerseits von Amos' Botschaft, die einer »Verschwörung« gleichkommt, Meldung bei Hof erstattet, andererseits Amos als »Seher« anerkennt und ihm rät, außer des Landes zu fliehen[48],
so zeigen die königlichen Beamten angesichts der verlesenen Botschaft Jeremias
ein ähnlich gespaltenes Verhalten. Sie erschrecken, müssen einerseits dem König den Vorfall melden, suchen andererseits Baruch und seinen Auftraggeber vor
den Folgen zu bewahren, nehmen die Rolle an sich und raten, sich zu verbergen[49].
Die Verpflichtung durch das Amt und die Sympathie mit dem Propheten oder gar
die Anerkennung seines Charismas stehen sich bei ihnen gegenüber.
Die Rolle, vom König zerschnitten und verbrannt, entsteht durch Jeremia und Baruch, die vor der drohenden Festnahme versteckt sind (36,19.26), neu[50]. So hat

45   Jes 8,1 bzw. 30,8; vgl. 8,16. In der sog. Denkschrift Jes 6 – 8, die ursprünglich mit 8,16–18 geschlossen haben wird, finden sich Formbestandteile,
die im Jeremiabuch breiter ausgestaltet sind, wie die Verbindung von Ich- (Jes 6;
8) und Er-Berichten (Kap. 7), der Auftrag »Schreibe!«, das Element der persöni-
chen Konfession (8,17; vgl. 22,4), Anklagen an Königtum und Volk mit der harten Einsicht in Gottes Verborgenheit (8,17; vgl. Jer 15,18; 23,23 u.a.) oder auch
in die Verstocktheit des Volkes (Jes 6,9f; vgl. Jer 5,21; 6,10).
46   Vgl. den allgemein gehaltenen Auftrag in der Situation bei dem Töpfer (Jer
18,2 gegenüber 18,3–6) oder beim Ackerkauf (32,7 gegenüber 32,8ff); erst recht
die der Verkündigung voranstehende allgemeine Zusage 1,11f. Zu Jer 36 vgl. den
Bericht von *H.M. Wahl*, Die Entstehung der Schriftprophetie nach Jer 36, ZAW
110 (1998) 365–389 und die Erwägungen von *I. Willi-Plein* in diesem Jahrbuch.
47   Der Prophet, der persönlich angesprochen wird (vgl. Anm. 35), trägt Verantwortung gegenüber Gott (vgl. etwa Jer 15,19), kann in eigener Verantwortung
seine Verkündigung gestalten (vgl. zur voranstehenden Anm.) und wird, auch
wenn er sich auf Gott beruft (Am 3,8; Jer 26,12 u.a.), für sie verantwortlich gemacht (vgl. beispielsweise gegenüber der üblichen Botenformel »so spricht Jahwe« in dem Bericht Am 7,11 »so spricht Amos«).
48   Am 7,10ff; vgl. auch 2Kön 19,2.
49   Vgl. auch 26,24.
50   Dabei bewahrt das Jeremiabuch mit der Nachricht (36,32) »es wurden viele
ähnliche Worte hinzugefügt« eine Situation prophetischer Überlieferung vor der
später allgemeinen Geltung der sog. Kanonformel zur Abgrenzung und Festle-
gung des Wortbestands: »nichts hinzufügen, nichts wegnehmen« (Dtn 4,2; 13,1)
und bezeugt – in diesem Fall – die Möglichkeit der »Fortschreibung« der Rolle
bzw. des Buches. Eine spätere Redaktion (DtrJer 26,2) hält umgekehrt – entsprechend jenem Befund (36,32) mit nur einer Hälfte der Formel – fest: »nichts wegnehmen«.

man in Jeremias Verkündigung schon bald gleichsam *zwei* historische Situationen zu unterscheiden: mündlich und schriftlich, für die Verlesung der Rolle in einer anderen Situation mit neuen Adressaten zusammengestellt und »verdichtet«[51].

Allgemein geurteilt, hängt die Schriftwerdung prophetischer Botschaft wohl mit verschiedenen, miteinander verbundenen Gegebenheiten zusammen: a) der Anrede an das ganze Volk und in ihm an Gruppen, da das an Einzelpersonen gerichtete Wort der Situationsschilderung bedarf, b) dem tiefen Ernst dieser Botschaft oder der harten Einsicht der Propheten, die c) auf Ablehnung stößt, insofern dem »Nicht-Hören« der Zeitgenossen[52].
Die Niederschrift mit der Verlesung von Jeremias Worten vollzieht sich noch vor Eintritt des von ihm angesagten Unheils und bedeutet auch nicht den endgültigen Abschluß seiner Verkündigung. Dabei ist das aufgeschriebene Wort nicht von vornherein für alle künftigen Generationen oder gar allgemein-zeitlos gültig gedacht, sondern zunächst wiederum an die Zeitgenossen gerichtet. Entsprechend erhält das Prophetenwort zwar eine weitere Situation, ist – bei allem Bildgehalt – aber keineswegs ursprünglich vieldeutig, in der Situation von Jer 36 vielmehr wieder höchst eindeutig.
Geht ohne Beachtung dieses Adressatenkreises nicht Entscheidendes, die Konkretion und Zuspitzung, verloren? Hängt an dem Situationsbezug insofern nicht ein Stück weit auch der Wirklichkeits- oder gar Wahrheitsgehalt des Prophetenwortes, als es eine Zukunftsansage enthält? Die Situation »vorher« oder »nachher« ist grundverschieden: Steht der Prophet vor Zweifeln und in Anfechtung, oder wird das Wort erst rückblickend in völlig veränderter Situation formuliert, die eine – unangefochten-ungefährdete, eindeutige – Beurteilung ermöglicht? Ob Klagen und Anklagen Jeremias vor oder nach der Zerstörung Jerusalems ergehen, ist für

---

51   Diese zweite Rolle bildet wohl den Grundbestand des Buches, der dann vielfältig ergänzt wurde, etwa durch Er-Berichte über Jeremias Ergehen und durch redaktionelle Überarbeitungen. – Ezechiels Berufungsgeschichte (Ez 1 – 3) nimmt das Motiv, verbunden mit anderen Anstößen aus der Jeremia-Überlieferung, auf: Die zeichenhafte Übergabe des Gotteswortes in den Mund des Propheten (Jer 1,9) wird in einer Buchrolle vergegenständlicht. Damit wird zugleich ein Bildwort aus Jeremias Konfessionen (15,16«: »Fanden sich Worte von dir, so aß ich sie« in ein visionäres Widerfahrnis (Ez 3,1ff) umgesetzt; auf der Rolle, die Ezechiel in der Schau zu verzehren bekommt, sind »geschrieben Klagen und Seufzen und Wehe« (2,10).
52   Forschungsgeschichtlich gesprochen: Die Niederschrift als »Das Proprium der alttestamentlichen Prophetie« (*J. Jeremias*, Hosea und Amos [FAT 13], Tübingen 1996, 20–33, bes. 27ff) steht mit der Eigenart der sog. Schriftprophetie, wie sie *J. Jeremias* (Kultprophetie, bes. 176ff) im Gegenüber zur sog. Kultprophetie aufgewiesen hat, in engem Zusammenhang oder bildet deren Folge. Vgl. den Beitrag von *J. Jeremias* in diesem Jahrbuch.

den Gehalt des Wortes keineswegs unbedeutend oder gar gleich-
gültig – zumindest nicht für die Verantwortung des Propheten und
die Folgen, die er zu tragen hat, wohl auch nicht für das Wahr-
heitsempfinden der folgenden Generationen[53].
Allerdings hat jedes Prophetenwort – schon durch die Berufung
auf Gott – ein die Situation übergreifendes Element[54]. Eben deshalb mag das Prophetenwort später ausgestaltet werden.

VII

Die Propheten geben zunächst gerade nicht das weiter, was wie
selbstverständlich und grundlegend zur Religion zu gehören
scheint: »Sinn«, Kraft, Halt. Wie der einzelne Beter erfahren kann,
daß sich Gott entzieht (Ps 22 u.a.), so haben die Propheten dem
Volk die harte Botschaft auszurichten, daß der nahe zum sich verbergenden, fernen Gott[55] wird. »Eigentlich« möchte Gott anders
handeln; das Unheil bzw. die Unheilsansage ist – in Jesajas, von
Luther aufgenommener Sprache – Gottes *opus alienum*, sein
»fremdes«, gleichsam uneigentliches Werk[56].
Hofft Jesaja auf den Gott, der sich dem Volk verbirgt (8,17), so
muß Jeremia selbst die Erfahrung der Verborgenheit Gottes machen. Entgegen dem eindrucksvollen Bild von Gott als der »Quelle
lebendigen Wassers« (2,13) kann Jeremia Gott mit einem unzuver-
lässigen Gewässer (»wie ein Trugbach« [15,18]) vergleichen; diese
Klage erhebt er aber wiederum vor und zu Gott, bewahrt so in der
Erfahrung der Ferne Gottes die Anrede an ihn[57].

53 Vgl. Dtn 18,21f mit Jer 28,15–17 u.a.
54 Entsprechend kann es in konkreten Situationen zu allgemein-grundsätzli-
chen Aussagen kommen, welche die Situation übersteigen und gleichsam als
»Wesens«-Aussagen erscheinen, wie »Ägypten ist Mensch und nicht Gott« (Jes
31,2; vgl. 2,17; Hos 11,9 u.a.). Sie können ihrerseits weisheitliche Erkenntnisse aufgreifen und wiederum durch weisheitlich bestimmte Zusätze weitergeführt
werden (Jer 17,9 u.a.).
55 Jes 8,17; 45,15; vgl. 1,15; 8,12f (s.o. Anm. 25); 29,14; Jer 23,23 u.a.; dazu *L. Perlitt*, Die Verborgenheit Gottes, in: *ders.*, Allein mit dem Wort, Göttingen 1995, 11–25; *H.-J. Hermisson*, Der verborgene Gott im Buch Jesaja, in:
ders., Studien, 105–116.
56 Jes 28,21; vgl. 5,12.19; 29,14.
57 Die Verlassenheit des Jeremia als Prophet auf Grund seines Auftrags und mit
seiner Lebensweise, mit der er in symbolischer Handlung als einzelner die Zukunft des Volkes vorwegnimmt (vgl. Jer 16 mit 15,17), erfahren muß: »Verflucht
sei der Tag, an dem ich geboren«, hat ähnlich Hiob (vgl. Jer 17,5; 20,14f mit Hi
3,1f) zu ertragen; so wird die besondere prophetische Erfahrung zu allgemein-
menschlichem Geschick, das angesichts der Undurchschaubarkeit mit Gott ringt,
an ihm festhält.

Insofern können die Propheten die Ankündigung von Widrigem, Schwerem, Schicksalhaftem mit Gott verbinden, keineswegs aber Sinnlosigkeit proklamieren. Eher können sie »Sinn« und »Sinnlosigkeit« umgreifen oder unterfassen, hinter sie im Glauben zurückkommen, gleichsam in und hinter beidem Gottes Wirken erkennen, im Dunkeln das Vertrauen zu ihm bewahren.

VIII

Gegenüber kritischer Abgrenzung von anderen ist Selbst-Kritik gewiß die höhere Form der Kritik[58], läßt aber auch die Frage aufkommen: Was bleibt? Kann Kritik die Reduktion bis zum Nullpunkt führen, um »außerhalb« anderes zu erwarten? Oder hat Kritik an der Tradition zugleich einen »Kern« in der Tradition zu bewahren und bleibt insofern auf sie angewiesen?
Obwohl die Propheten eine unerhört neue Botschaft verkünden, sehen sie sich keineswegs als Vertreter einer neuen Religion an, setzen vielmehr die Verbundenheit von Gott und Volk voraus. Sie predigen keinen neuen Gott, geben den aus der Überlieferung, aus dem Gottesdienst oder von der Familie her vertrauten Gott aber neu zu erkennen.
Indem die Propheten Einsicht in Gottes Wirken wecken wollen, kann Hoffnung auf Gottes Wirken in oder nach dem Gericht aufbrechen.
Propheten wie Hosea sagen eine Rückführung zum Ursprung, damit zum Anfang der Heilsgeschichte[59], an; in diesem »Bild« ist aber die Möglichkeit einer Neusetzung durch Gott gegeben. Unheil und Heil fallen nicht in ihrer Zwiespältigkeit auseinander. In der Negation bleibt ein Element, das die Hoffnung in oder nach dem Gericht, insofern auf ein »Jenseits« des Gerichts, ermöglicht: die prophetische Rede von Gottes »Ich«. Die Propheten künden Unheil wie Heil mit diesem »Ich« an, denken so beides eher als den einen Willen Gottes[60].

---

58 So sollte Selbst-Kritik sich nicht in eine Kritik an anderen wandeln, sondern wiederum zu Selbst-Kritik, jedenfalls zur Selbstbesinnung, zum Nachdenken über die eigene Vergangenheit und Gegenwart, anregen.
59 Hos 2,5; 8,13; 9,3.6; 11,5.11; 12,10; vgl. Am 1,3 mit 9,7; auch Jes 1,21. 26 u.a. Die Ankündigung der »Nullpunktsituation« (*H.W. Wolff*, Hosea [BK XIV/1], Neukirchen-Vluyn ⁴1990, 79; *G. von Rad*, Theologie II, 152) vermag Rücknahme und Rückgabe, Verlust und Neubeginn, Gericht und Heil zu verbinden.
60 Gibt das Jeremiabuch nicht selbst an, wie es gelesen werden will? Bei fortlaufender Lektüre bietet das Buch eine Entfaltung der von Jeremia empfangenen Visionen (1,11ff) – nach der vorausgehenden Zusage der Worteingabe (1,9) mit

Hosea verheißt eine Wende in Gott selbst:
»Mein Herz kehrt sich gegen mich.«[61]
Jesaja spricht das hintergründige Bekenntnis der Zuversicht auf den sich verbergenden Gott aus:
»Ich harre auf Jahwe,
der sein Antlitz vor dem Haus Jakobs verbirgt.«[62]
Jeremia braucht die Gewißheit seiner Unheilsansage nicht aufzugeben, kann vielmehr an die in der Tempelrede enthaltene Unterscheidung von Gott und Ort anknüpfen und sie weiterführen, wenn er in seinem Brief (29,5–7) »Heil« außerhalb des Landes denkt[63]. Dabei kann sich der Zuspruch, wie die Reaktion »es dauert noch lange« (29,28) zeigt, gegen die Wünsche der Angeredeten richten, ihrem Selbstverständnis widersprechen. Der Hoffnung bleibt also ein kritisches Moment erhalten. Außerdem verheißt Jeremia noch vor dem Eintreffen des Unheils in der Symbolhandlung des Ackerkaufs (Jer 32, bes. V. 15) nicht eine Bewahrung vor dem Gericht, aber neues Leben in oder nach der Zerstörung – ohne es von Buße abhängig zu machen.
Ausdrücklich wendet sich *Ezechiel* mit seiner Vision von der Wiederbelebung Israels (37,1–12) gegen die eigens zitierte Klage[64] der Verbannten:
»Vertrocknet sind unsere Gebeine,
unsere Hoffnung ist dahin.«
Die sich an dieses Bildwort anschließende Vision beschreibt künftiges Heil als (neues) Schöpfungshandeln.

So künden Propheten in oder nach dem Gericht eine neue, vom Menschen nicht selbst gemachte Zukunft an[65].
Wie wird – zusammenfassend oder auch rückblickend – die Spannweite prophetischer Botschaft angemessener eingefangen als in

---

der Bekräftigung der Erfüllung des Wortes. Nicht nur nimmt die Botschaft in der Zukunftsansage (4,5ff) das Thema auf; auch die weitere Vision (24,1–5.8) hebt die Intention von 1,13f nicht auf, sondern führt sie weiter. Entsprechend sucht die spätere Redaktion Gottes Handeln nach Jeremias Verkündigung trotz wechselnder Redeformen und verschiedener Adressaten in sich wandelnden Situationen nicht als nur jeweils zeitbezogen gültige »Konzeptionen« oder gar als auseinanderklaffende Gegensätze zu verstehen, sondern in der zweiseitigen Aussage als *einen* Gotteswillen zusammenzufassen: »einreißen und aufbauen« (1,10 u.ö.; wohl im Anschluß an 45,4; vgl. sachlich Ez 17,24 u.a.).

61 Hos 11,8f; aufgenommen in Jer 31,20; vgl. die Erwartung neuen Heils in oder nach dem Gericht Hos 2,16f; auch Hos 14,5 mit Jer 3,22; dazu 3,12; 31,3.

62 Jes 8,17; vgl. 1,26 mit 1,21; dazu 11,1–5; 28,16f u.a.

63 Er kündigt die ihm zuteil gewordene Einsicht von Gottes Zuwendung »zum Guten« (24,5) in seinem Brief an die Exulanten (29,5–7) an, die das Gericht bereits erfahren haben und noch erleben (gegenüber 16,3: »in diesem Land«; vgl. Jer 7; 26; aber auch 32,15).

64 Ez 37,11; vgl. 33,10; s.o. Anm. 39.

65 Ps 51 nimmt prophetische Verheißung (vgl. V. 12 mit Ez 36,25f) als Bitte des einzelnen auf: »Ein reines Herz schaffe mir, Gott!« Vgl. *W.H. Schmidt*, Individuelle Eschatologie im Gebet, in: *ders.*, Vielfalt und Einheit alttestamentlichen Glaubens II, Neukirchen-Vluyn 1995, 47–62. Auch in den Threni und in anderen Literaturwerken (vgl. o. Anm. 7) finden sich Nachwirkungen der Schriftprophetie.

Bekenntnisaussagen wie »einreißen und aufbauen« oder in eindrucksvollen Bildern wie vom Sproß aus dem Stumpf?[66]

66   Jes 11,1; vgl. 6,13.

Jörg Jeremias

Prophetenwort und Prophetenbuch

Zur Rekonstruktion mündlicher Verkündigung der Propheten

I

Die wesentliche Eigenart biblischer Prophetie liegt in ihrer Schriftlichkeit begründet, genauer: in ihrer Zusammenfassung zu Prophetenbüchern. So vielfältig die Gestalten von Prophetie im Alten
Orient und besonders in Mesopotamien sind, über die wir durch
(mehr oder weniger zufällige) Ausgrabungen Kenntnis erhalten
haben, so überaus mager sind auf der anderen Seite die schriftlichen Zeugnisse über Äußerungen dieser Propheten. Läßt man weniger belangreiche Einzelworte außer Betracht, so gibt es überhaupt nur zwei relevante Sammlungen an Prophetenworten, über
die wir Kenntnis haben: die neuassyrischen Königsorakel des 7.
Jh.s, die vermutlich aus Legitimationsinteresse am Hof systema-
tisch aufbewahrt und zum Teil auf Sammeltafeln geschrieben
wurden, und Prophetenworte aus der ersten Hälfte des 2. Jt.s
v.Chr. aus Mari am mittleren Euphrat, die in Gestalt von Briefen,
zumeist durch königliche Beamte im Zuge von Rechenschaftsbe-
richten verfaßt, an den König von Mari gerichtet und in dessen
Bibliothek aufbewahrt worden waren; letztere bieten hochinteres-
sante Momentaufnahmen, deren Schriftlichkeit mit der Etikette am
Hof von Mari zusammenhing – Propheten konnten offensichtlich
nicht beliebig vor den König treten – und deren Auswahl durch
eine herabstürzende Decke bestimmt wurde, als der Königspalast
der Zerstörung anheimfiel. Beide so unterschiedliche Sammlungen lassen die Vermutung so gut wie sicher erscheinen, daß es
Prophetenbücher im Alten Orient außerhalb Israels nicht gegeben
hat[1].

---

1 Belege und nähere Begründung der These bei *J. Jeremias*, Das Proprium der
alttestamentlichen Prophetie, ThLZ 119 (1994), 483–494, wieder abgedruckt in:
ders., Hosea und Amos. Studien zu den Anfängen des Dodekapropheton (FAT 13),
Tübingen 1996, 20–33. Nur am Rande notiert sei, daß natürlich auch in Israel die
Worte der überwiegenden Mehrzahl an Propheten nie schriftlich tradiert wurden.

In der Tat ist die Schriftlichkeit von Prophetenworten etwas keineswegs Selbstverständliches. Propheten wissen sich zumeist von der Gottheit zu bestimmten Menschen mit einer bestimmten Botschaft gesandt, die sie in eine unverwechselbare historische Situation hineinzusprechen haben. Was in den Worten Ezechiels, in denen er als Wächter erscheint (Ez 3,16ff; 33,1ff), über die Pflicht des Propheten gesagt wird, gilt grundsätzlich: Ein Prophet haftet dafür, daß er die Menschen, zu denen er von Gott gesandt ist, erreicht; er haftet dagegen nicht für die Willigkeit der Menschen zu hören. Hat er sein Wort ausgesprochen, hat er seinen Auftrag erfüllt. Das Wort keines anderen Berufsstandes ist so situationsgebunden wie das Wort eines Propheten. Für archivarisches Interesse war es ganz und gar ungeeignet.

An wenigen Stellen begründen Propheten ihr Schreiben. Ohne in die Einzelheiten der Argumentation gehen zu wollen, ist für alle vier Belege charakteristisch, daß die Schriftlichkeit die Wahrheit des prophetischen Wortes gegenüber zweifelnden (Hab 2,2f), zumeist rundweg ablehnenden Hörern (Jes 8,16–18; 30,8; Jer 36) bezeugen soll[2]. Die Schriftlichkeit garantiert damit zugleich, daß die Sendung der Propheten nicht vergeblich war. Wo die ersten Hörer das prophetische Wort abgewiesen haben, sucht es neue Adressaten, bei denen es zum Ziel kommt. Diese Adressaten aber sind nicht mehr Hörer, sondern Leser.

Mit seiner Schriftlichkeit vollzieht sich nun aber ein grundlegender Wandel des mündlichen Wortes. Ich beschränke mich im folgenden auf zwei zentrale Aspekte, die für die folgenden Überlegungen von Gewicht sind:

1a)   Propheten wie Hosea und Jesaja sind über mehrere Jahrzehnte aufgetreten. Es versteht sich von selbst, daß die schriftliche Hinterlassenschaft nur einen kleinen Anteil ihrer Worte darstellt. Die Tradenten haben eine *rigorose Auswahl* getroffen.

1b)   Die Nötigung zur Auswahl setzt *eine Deutung des abgeschlossenen Ganzen* der prophetischen Botschaft voraus[3]. Allein schon aus dieser Überlegung ergibt sich, daß Prophetentexte stets

---

2   Vgl. zu diesem Problemfeld ausführlicher *Chr. Hardmeier*, Verkündigung und Schrift bei Jesaja. Zur Entstehung der Schriftprophetie als Oppositionsliteratur im alten Israel, ThGl 73 (1983), 119–134.

3   Bzw. – soweit die Propheten anfangs selber schreiben – die Deutung einer abgeschlossenen Verkündigungsepoche wie im Falle von Jes 6–8 des sog. syrisch-efraimitischen Krieges. Mit diesem Sachverhalt hängt zusammen, daß der schriftliche Text schon die Wirkung des mündlichen Wortes auf die Hörer kennt und in die Formulierung einbezieht. Vgl. dazu bes. die Aufsätze von *O.H. Steck* zu Jes 6–8 in: *ders.*, Wahrnehmungen Gottes im Alten Testament (TB 70), München 1982, 149ff.

qualitativ etwas anderes sind als Tonbandnachschriften der mündlichen Worte.

2a) Das mündliche Wort sprach eine konkrete Gruppe von Menschen – oft Berufsgruppen wie Bauern, Richter, Priester – auf situations- und gruppenspezifische Schuld an. Die Leser des Textes leben unter anderen geschichtlichen Bedingungen und können anderen Berufsgruppen zugehören, müssen also die Schuldtatbestände auf ihre eigenen Lebensbedingungen hin *übersetzen und aktualisieren.*

2b) Um der Notwendigkeit solcher Aktualisierung durch die Leser willen wird in der Formulierung von Prophetentexten das *situationsgebundene Einmalige* des mündlichen Wortes *in den Hintergrund* gedrängt zugunsten des übertragbaren Grundsätzlichen. Allerdings wird die Ursprungssituation des prophetischen Wortes betont festgehalten – bei Ezechiel und Sacharja neben dem Jahr auch gelegentlich Monat und Tag –, so daß das Prophetenwort sich auch als Text prinzipiell von der zeitunabhängigen, allgemeingültigen Lehre eines Weisen unterscheidet.

Beide Aspekte seien kurz mit einem Beispiel belegt.

1. Im Mittelteil des Amosbuches, der von den mehrstrophigen Dichtungen der Völkersprüche einerseits (Am 1–2) und der Visionsberichte andererseits (Am 7–9) gerahmt ist, haben die Tradenten versucht, eine Summe der Botschaft des Propheten darzustellen. Daß sie dazu nicht nur beliebige Einzelsprüche geordnet aneinandergereiht haben, etwa – wie die Forschung vor dem Zweiten Weltkrieg sich die Dinge vorstellte – nach Stichworten oder verbindenden Themen, geht zwingend daraus hervor, daß Am 3,1 programmatisch ein Gotteswort einleitet, das sich an das Gottesvolk richtet:

»Hört dieses Wort, das *Jahwe* über euch redet, *ihr Israeliten!*«

Am 5,1 ist dagegen in analoger Programmatik ein Prophetenwort, das sich primär an den Staat richtet:

»Hört dieses Wort, das *ich* über euch als Leichenlied anhebe, *Haus Israel!*«

Wer diese Unterscheidung für zufällig halten wollte, wird von der Beobachtung eines Besseren belehrt, daß die Kap. 3–4 ausschließlich »ihr Israeliten« als Anrede verwenden (3,1.12; 4,5), nie aber »Haus Israel«, die Kap. 5–6 dagegen ebenso ausschließlich nie »ihr Israeliten«, dagegen häufig »Haus Israel« (5,1.3.4.25; 6,1.14). Andererseits hat die Einteilung der Tradenten mit modernen formgeschichtlichen Klassifikationen nichts zu tun, denn nach deren Maßstäben enthalten die als Gotteswort eingeleiteten Kap. 3–4 durchaus

auch Prophetenworte (etwa 3,3–8), die als Prophetenwort eingeleiteten Kap. 5–6 auch Gottesworte (etwa 4,4f.12.16f). Jedoch verdeutlicht die Klassifikation, daß man im Sinne der Tradenten die
Reihenfolge der Kapitel nicht umkehren darf, vielmehr Am 5–6
nur nach Am 3–4 lesen darf. Andererseits ist die systematisierende
Anordnung der Tradenten der Schlüssel zu zwei häufig diskutierten Rätseln der Amosforschung: a) zu der Beobachtung, daß sich
im Amosbuch zwei ähnliche Sammlungen an Worten gegen die
Hauptstadt Samaria an verschiedenen Stellen finden, wobei die ei-
ne (Am 3,9–4,3) den Kern der als Gotteswort eingeleiteten Kapitel
Am 3–4 bildet, die zweite dagegen (Am 6,1–11) einen gewichtigen
Teil der als Prophetenwort eingeleiteten Kapitel Am 5–6 – beide
Sammlungen waren für die Tradenten offensichtlich nicht gleich-
wertig; b) zu der Beobachtung, daß das so gewichtige Amosthema
»Recht und Gerechtigkeit« (משפט וצדקה) sich ausschließlich in den
Kap. 5–6 findet (5,7.12.15.24; 6,12), hier aber keineswegs nur in
der Anklage, sondern insbesondere betont in den wenigen Worten
des Amosbuches, die noch (direkt oder indirekt) zu einem verän-
derten Verhalten aufrufen und ermahnen (5,14f.24; 6,12).
Kurzum: In der Darbietung der Amosworte haben die Tradenten
weit mehr getan, als daß sie sich nur um eine sinnvolle Anordnung
Gedanken gemacht hätten. Sie haben vielmehr ein durchdachtes
Ganzes der Botschaft des Amos überliefern wollen, in dem die
Reihenfolge der Texte unaustauschbar ist und das ein Leser nur
voll begreifen kann, wenn er dem Gedankengefälle von Anbeginn
bis zum Ende folgt. Die Tradenten rechneten nicht mit Perikopen-
lesern.
2. Der andere gewichtige Wandel des prophetischen Wortes in
seiner Schriftlichkeit hängt mit der Notwendigkeit zusammen, daß
dieses Wort auf Leser trifft, die von andersartigen Erfahrungen
herkommen als die ursprünglichen Hörer, die das Wort daher auf
diese andersartigen Lebensumstände hin übersetzen und aktualisieren müssen. Dieser Wandel läßt sich naturgemäß am leichtesten
an den Texten aufweisen, die ursprünglich im Nordreich gespro-
chene Worte nach dem Untergang Samarias für Leser im Südreich
festhalten wollen. Hos 8 ist dafür ein gutes Beispiel. In seinem
Hauptteil ist das Kapitel fast so etwas wie die Zusammenfassung
der Botschaft Hoseas. Die anfängliche These, daß Israel auf keine
Hilfe Jahwes hoffen dürfe, weil es »das Gute verworfen« habe (V.
1–3), wird an Hand der zentralen Schuldherde belegt: die ständigen Machtwechsel (V. 4), der Staatskult in Bet-El (V. 5–6), der
Verlust der religiösen Eigenart (V. 7f), die Außenpolitik (V. 9f)
und zuletzt die Vermehrung der Gottesdienste auf dem Land (V.
11–13). Unüberbietbar hart endet die Schuldauflistung mit der

Reaktion Jahwes: »Sie müssen zurück nach Ägypten« (V. 13); Gott kündigt die Heilsgeschichte auf.

Doch nun, da alles gesagt zu sein scheint, kommt am Ende des Kapitels in V. 14 sozusagen post festum eine erneute Anklage, deren Abzweckung nicht zweifelhaft sein kann, da die abschließende Strafankündigung ein Zitat aus den Völkersprüchen des Amosbuches bringt und »Juda« als neues Subjekt einführt.

»Israel vergaß seinen Schöpfer und baute Paläste,
und Juda vermehrte befestigte Städte.
Doch ich sende Feuer in seine Städte,
daß es deren Palastfestungen verzehrt.«

Für die judäischen Tradenten der Hoseaworte konnte der Katalog schwerster Schuldtatbestände, die die Aufkündigung des Gottesverhältnisses zur Folge haben würden, nicht gut ohne Erwähnung (des Luxus und) des Sicherheitsbedürfnisses in den Palästen der Hauptstadt, wie sie der Judäer Amos – im Unterschied zu Hosea – mehrfach thematisierte und der jüngere Zeitgenosse Jesaja sie in Jerusalem anprangerte (Jes 3; 30f), zu stehen kommen. Ja, man kann mit guten Gründen fragen, ob sich ein judäischer Leser ohne diese Aktualisierung von den voranstehenden Vorwürfen gegen die Menschen des Nordreichs unmittelbar selber getroffen fühlen mußte. V. 14 verhindert somit, daß ein judäischer Leser die hoseanischen Vorwürfe unbeteiligt »historisch« liest.

Was sich in Hos 8 als judäische Aktualisierung leicht literarkritisch abheben läßt, ist andernorts (etwa Hos 10,13b) literarisch nicht ablösbarer Teil der Überlieferung geworden. Vor allem aber ist in diesem Zusammenhang darauf zu verweisen, wie die ersten Kapitel des Jeremiabuches hoseanische Sprache und Vorstellungen aufgreifen, um sie ein Jahrhundert nach Hosea auf judäische Verhältnisse anzuwenden[4]. Nach meiner festen Überzeugung hat man den Propheten Jeremia der Kapitel Jer 2–6 zumeist aufgrund der übernommenen Sprache und Vorstellungen viel zu »hoseanisch« interpretiert und viel zuwenig auf die Neuverwendung geprägter Sprache für andersartige Probleme geachtet. Für diesen Nachweis ist hier freilich kein Platz[5]; es ging mir nur um die Problemanzeige als solche, die für die Deutung des Hoseabuches aus judäischer Perspektive – und ein anderes Hoseabuch kennen wir nicht – konstitutiv ist.

4 Vgl. dazu insbesondere *M. Schulz-Rauch*, Hosea und Jeremia. Zur Wirkungsgeschichte des Hoseabuches (CThM A/16), Stuttgart 1996.
5 Vgl. ansatzweise *J. Jeremias*, Hoseas Einfluß auf das Jeremiabuch – ein traditionsgeschichtliches Problem, in: Text and Theology (FS M. Sæbø), hg. von *A. Tångberg*, Oslo 1994, 112–134 = *ders.*, Hosea und Amos, 122–141.

II

Gibt es unter diesen Umständen noch eine Möglichkeit, sich zur mündlichen Verkündigung der Propheten zurückzutasten? Die Antwort auf dieses umstrittene Problem muß m.E. doppelt lauten:

1. Die Naivität früherer Generationen, die vom vorliegenden Text aus unmittelbar auf das mündliche Wort des Propheten rückschließen zu können glaubten, ist uns ein für allemal genommen. Ein Zitat des großen Pioniers der formgeschichtlichen Forschung, H. Gunkel, mag diesen Wandel belegen:

»Die Propheten sind ursprünglich nicht Schriftsteller, sondern Redner gewesen. Wer beim Lesen ihrer Schriften an Tinte und Papier denkt, hat von Anfang an verspielt. ›Höret!‹, so beginnen ihre Stücke, nicht ›leset!‹ Vor allem aber muß der gegenwärtige Leser, wenn er die Propheten verstehen will, völlig vergessen, daß ihre Schriften lange Jahrhunderte nach ihnen in einem heiligen Buch gesammelt worden sind. Nicht als Teile der Bibel lese er ihre Worte, sondern er versuche es, sie mitten in das Volksleben Israels hineinzusetzen, in dem sie einst gesprochen worden sind. Da steht der Prophet im Vorhof des Tempels ... Eine solche Situation stelle man sich, soweit es irgend möglich ist, bei jedem prophetischen Wort auch da, wo sie nicht ausdrücklich überliefert ist, lebhaft vor Augen ... Und nun richte man die Augen von der Zuhörerschaft auf den Propheten selber und vergegenwärtige sich seine Art zu reden ... Und beobachten wir, wie er sich dabei gebärdet! Er bricht in bitterem Schmerze über das kommende Unheil seufzend und stöhnend zusammen, er schlägt sich die Hüfte und klatscht in die Hände; er schwankt wie ein Trunkener ...[6]

Bei Gunkel bedarf es nur der kontrollierten Phantasie des geübten Exegeten, um die äußeren Umstände des Prophetenwortes und dessen Stimmung lebhaft vor Augen zu malen. Die Schriftlichkeit der Texte ist nur eine leicht abzuhebende Schale, um zur mündlichen Rede als eigentlicher Frucht vorzudringen. Diesen direkten Weg zur Mündlichkeit haben redaktionsgeschichtliche Untersuchungen der letzten Jahrzehnte prinzipiell verbaut.

2. Vielmehr ist der Weg zum mündlichen Wort nur auf dem Weg kontrollierter Rekonstruktion möglich. Die Gründe für diese Notwendigkeit sind im Kapitel zuvor benannt worden. Während man aber noch vor einem guten Jahrzehnt betonen mußte, daß dieser Weg der Rekonstruktion mühsam ist und keineswegs in allen Fällen zum Ziel führt, hat in jüngster Zeit in der Prophetenforschung eine Skepsis Platz gegriffen, die entweder auf jede Art Rekonstruktion um des Grades der Unsicherheit willen programmatisch verzichtet und sich nur noch der Exegese des Endtextes widmet,

---

6 *H. Gunkel*, »Einleitungen« zu *H. Schmidt*, Die großen Propheten (SAT II/2), Göttingen ²1923, XXXVIf.

der Jahrhunderte vom redenden Propheten getrennt sein mag[7], oder aber die Erfolgschancen solcher Rekonstruktionen für so gering erachtet, daß sie, wo sie einmal gelingen, zu einem Bild des redenden Propheten führen, das mit den überlieferten Texten in nur noch lockerem Zusammenhang steht oder ihnen geradezu entgegengesetzt ist[8]. Dieser Skepsis gegenüber möchte ich aus meiner Sicht betonen, daß die Rekonstruktion in einer Vielzahl von Fällen möglich ist, möchte dieses Votum allerdings in einer Hinsicht einschränken: Da die redaktionsgeschichtliche Forschung gezeigt hat, daß die Entstehung und das Wachstum jedes Prophetenbuches gesondert verlief, so daß von den Ergebnissen keines Buches einfach auf die des anderen geschlossen werden kann, sind die Probleme der Rekonstruktion der mündlichen Botschaft der Propheten auch in jedem Buch verschieden. Ich nenne deshalb im folgenden kurze Beispiele aus den Büchern Hosea, Amos und Micha, mit denen ich besser als mit anderen vertraut bin, die in unserem Zusammenhang aber in ihren Gemeinsamkeiten und Unterschieden als repräsentativ für andere Prophetenbücher stehen können.

Wichtig ist mir bei diesem Beharren auf der Rekonstruktion mündlicher Prophetenworte ein theologischer Gesichtspunkt. Zwar gehört es, wie im vorigen Kapitel ausgeführt, zu den Eigenarten prophetischer Texte, daß sie das prophetische Wort in einer Gestalt überliefern, in der es in andere Situationen hinein übersetzbar ist, aber es gehört genauso zu den Eigenarten dieser Texte, daß sie für die späteren Leser die geschichtliche Ursprungssituation des mündlichen Wortes festhalten. Der Leser muß wissen, daß Jesaja im Todesjahr Ussias seine Berufungsvision schaute (Jes 6,1), daß Amos »zwei Jahre vor dem Erdbeben« auftrat (Am 1,1), das den früheren Generationen noch im Gedächtnis war, etc. Das Prophetenwort bleibt auch als Text eines Prophetenbuches an seine Ursprungssituation rückgebunden. Alle – notwendigen – Aktualisierungen des Prophetenwortes im Zuge seiner Verschriftung und alle – ebenfalls notwendigen – Einbindungen des prophetischen Einzelwortes in ein systematisches Ganzes prophetischer Verkündigung lösen das prophetische Wort auch als Text nicht aus seiner Ursprungssi-

---

7   In den USA gibt es inzwischen auf der konservativen Seite ganze Kommentarreihen, die sich diesem Auslegungsprinzip verpflichtet fühlen. Auf der anderen Seite verzichtet etwa ein kritischer Exeget wie *R.P. Carroll* programmatisch auf jede Rekonstruktion der mündlichen Verkündigung; vgl. *ders.*, Jeremiah. A Commentary, London 1986, 55ff.

8   Als Beispiel sei *U. Becker*, Jesaja – von der Botschaft zum Buch (FRLANT 178), Göttingen 1997 genannt. Läßt sich von der Basis einer angeblich nationalreligiösen Heilsverkündigung des historischen Jesaja aus die komplexe Überlieferungsbildung von Jes 1–35 wirklich plausibel nachvollziehen?

tuation. Die Suche nach dieser Ursprungssituation ist deshalb nicht nur ein Akt historischer Neugier, sondern ist von der Eigenart der Prophetentexte aufgenötigt.

1

Zu den Besonderheiten der Überlieferung von Hoseaworten gehört es, daß sie im Hauptcorpus Kap. 4–14, das auf die von erzählenden Texten geprägten Eingangskapitel 1–3 folgt, anfangs in literarischen Großeinheiten dargeboten wird, die einander paarweise zugeordnet sind. Dabei steht jeweils eine ausführlichere Großkomposition vor einer gedanklich parallel verlaufenden kürzeren[9]. Dieses Verfahren ist deutlich auf Leser ausgerichtet, denen zugemutet wird, einen zunächst breiter ausgeführten Gedankengang in einer kürzeren Fassung wiederzuerkennen und nachzuvollziehen.
Der Sinn einer solchen komplexen Komposition ist natürlich nicht die pure Wiederholung, etwa aus Gründen pädagogischer Einschärfung. Vielmehr tritt in den kürzeren Parallelkompositionen stets ein neues Thema hinzu, das in der längeren Eingangseinheit noch nicht berührt war, so daß der Leser gezwungen ist, einen breit ausgeführten Argumentationsgang auf ein neues Themenfeld auszuweiten. In solchem Vorgehen spiegelt sich am ehesten eine interne Schuldiskussion wider, in der die Tradenten nach dem Verstummen der prophetischen Stimme bemüht waren, in der Vielfalt der vom Propheten berührten Themen übergeordnete Gesichtspunkte und Kategorien zu finden, die die verschiedenen Themen miteinander verbanden. Natürlich ist damit eine unmittelbare Schuldiskussion zwischen Meistern und Schülern als Beginn dieses Prozesses nicht bewiesen, und obwohl ich sie für sehr wahrscheinlich halte, wüßte ich keine Indizien zu nennen, aufgrund derer die Texte eine solche Diskussion als Hintergrund zwingend erfordern würden. Was sie aber erfordern, ist – vermutlich bald nach dem Fall Samarias als frühe Bestätigung der Worte Hoseas – die Suche der Tradenten nach dem bestimmenden Ganzen der vielfältigen prophetischen Reden.
Für unsere Fragestellung erscheint mir in diesem Zusammenhang wichtig, daß die Tradenten durchaus zu unterscheiden vermochten zwischen prophetischen Themen, die nur einer stichwortartigen Anspielung bedurften, um für die Leser verständlich zu sein, und

---

9 Vgl. zum näheren Nachweis *J. Jeremias*, Hosea 4–7. Beobachtungen zur Komposition des Buches Hosea, in: Textgemäß (FS E. Würthwein), hg. von *A.H.J. Gunneweg / O. Kaiser*, Göttingen 1980, 47–58 = *ders.*, Hosea und Amos, 55–66; *Th. Naumann*, Hoseas Erben. Strukturen der Nachinterpretation im Buch Hosea (BWANT 131), Stuttgart/Berlin/Köln 1991, 26ff.

solchen, deren Argumentation dem Leser nur auf dem Weg einer ausführlicheren Darlegung zu vermitteln war. Es sind natürlich diese letzteren Themen, in denen der Leser der mündlichen Stimme des Propheten am ehesten nahezukommen vermag.

Ein einfaches Beispiel mag diesen Sachverhalt belegen. Wenn es in Hos 8,4a in äußerster Kürze heißt:

»Sie kürten Könige, doch ohne meinen Auftrag,
bestellten Beamte, doch ohne mein Wissen«,

so wird beim Leser wohl vorausgesetzt, daß er (aus Samuel- und Königsbüchern) weiß, wie ein Königsküren »mit Jahwes Wissen« aussehen würde; es wird aber nicht vorausgesetzt, daß er sich aus einer derart kurzen Notiz die vom Propheten gerügten politischen Machenschaften vorstellen könne. Vielmehr nimmt diese Notiz Bezug auf die ausführliche, der mündlichen Verkündigung nahestehende Verurteilung der mehrfachen Königsmorde und Revolutionen in wenigen Jahren um des eigenen Machtgewinns willen in Hos 7,3–7, die die leidenschaftliche Entrüstung des Propheten noch deutlich erspüren läßt. Hier ist die Erregung des mündlichen Wortes in konkreter historischer Stunde (7,3–7) noch leicht unterscheidbar von der theologischen Deutung der Schuld aus größerem Abstand heraus und unter Bezug auf die schon vorliegende (frühprophetische) Überlieferung (8,4a).

Wichtiger für unseren Zusammenhang ist ein charakteristischeres Beispiel aus den Kap. 4–5. Eine der übergeordneten Kategorien, mit der die Tradenten die vielfältige Verkündigung Hoseas zusammenbinden, ist die der »Hurerei« (זנונים), weil vermutlich der Prophet selber sie in vielfältigen unterschiedlichen Kontexten gebrauchte. Wie immer dem sei, »Hurerei« bezeichnet im Hoseabuch vornehmlich die lokalen Gottesdienste Israels als Bruch des Gottesverhältnisses (Hos 2,4ff), aber auch etwa die Außenpolitik (Hos 8,9f) und all die anderen schon oben aufgeführten Schuldtatbestände von Hos 8 in derselben Zuspitzung. Jedoch spielt der Begriff daneben auch weit vordergründiger auf jene religiösen Sexualriten an, deren Einzelheiten bis heute umstritten sind, die aber jedenfalls im lokalen Gottesdienst der »Höhen« die Fruchtbarkeit des Mutterschoßes sichern sollten, für Hosea dagegen familienzerstörend wirken. Da der Prophet damit a) Sachverhalte benennt, die den (judäischen) Lesern seines Buches sehr wahrscheinlich fremd, andererseits aber b) zum Verständnis der zentralen hoseanischen Schuldkategorie der »Hurerei« unerläßlich waren, zitieren die Tradenten ausführlich die mündliche Verkündigung des Propheten in einer längeren Passage. Sie ist zugleich das Zentrum der ersten Großkomposition Hos 4,4–19:

»11   Wein und Most
rauben meinem Volk den Verstand.
12   Sein Holz befragt es,
sein Stab soll ihm Auskunft geben!
Ja, ein Geist der Unzucht hat (sie) irregeführt,
so haben sie sich um der Unzucht willen von ihrem Gott abgewandt.
13   Auf Bergesgipfeln opfern sie,
auf Anhöhen räuchern sie,
unter Eiche, Pappel und Terebinthe,
weil ihr Schatten so wohltut.
So kommt es, daß eure Töchter Unzucht treiben,
eure Schwiegertöchter die Ehe brechen.
14   Nicht ahnde ich's an euren Töchtern, daß sie Unzucht treiben,
nicht an euren Schwiegertöchtern, daß sie die Ehe brechen:
Sie selber gehen ja mit Huren beiseite,
feiern Schlachtopfer zusammen mit Tempeldirnen!
So kommt unverständiges Volk zu Fall.«[10]

An diesem Abschnitt ist beides zugleich zu beobachten: die Nähe zur mündlichen Verkündigung des Propheten und die Entfernung von ihr zugunsten übergreifender Problembemühung. Die Nähe zum mündlichen Wort wird zunächst daran erkennbar, daß wir in Hos 4,11–14 die ausführlichste und präziseste Beschreibung der für die Späteren so negativ konnotierten Höhengottesdienste besitzen, bei der neben den inkriminierten Sexualriten auch Orakelwesen und Opferpraktiken beschrieben werden. Diese Beschreibung hatte für die judäischen Leser schwerlich die gleiche Aktualität wie für die Hörer des Propheten, wie der sogleich folgende V. 15 zeigt, der mit einem Zitat aus dem Amosbuch analoge Gefährdungen der judäischen Bevölkerung im Wallfahrtswesen aufzuzeigen sucht. Weiter wird die Nähe zum mündlichen Wort am plötzlichen Übergang zur Anrede in V. 13b–14a erkennbar. Zwar ist dergleichen im Hoseabuch auch als literarisches Mittel belegt (z.B. in Hos 5,3), aber in Hos 4,13f spricht alle Wahrscheinlichkeit dafür, daß in der Anrede noch die Entrüstung des Propheten über die Sexualriten zum Ausdruck kommt. Die Entfernung von mündlicher Rede und bewußte literarische Gestaltung wird demgegenüber daran erkennbar, daß die Anklage des Propheten in V. 12–14a künstlerisch gerahmt wird von einer Klage über die Verlorenheit des unwissenden Volkes in V. 11.14b, vor allem aber in der Wortprägung des »Geistes der Unzucht/Hurerei« (רוח זנונים). Denn dieser Begriff, der wohl auf den Propheten selber zurückgehen wird, zielt auf weit mehr als auf die Problematik der Höhengottesdienste. Wie die kürzere Parallelkomposition zu 4,4–19 in 5,1–7 zeigt, wo der

10   Vgl. zur Begründung der Übersetzung *J. Jeremias*, Der Prophet Hosea (ATD 24/1), Göttingen 1983, 63f.

Begriff betont wieder aufgenommen wird (5,3f), umfaßt er gleicherweise Rechtsbrüche (5,1f), will aber weit grundsätzlicher noch
aufweisen, warum ein von diesem »Geist« bestimmtes Israel zu
jeglichem Gotteskontakt unfähig geworden ist (5,4).
So nötigt der Text den Leser – und darin überschreitet er alle
mündlichen Worte –, die verschiedenen Schuldtatbestände, die der
Prophet benannte, zusammenzuschauen und als Varianten der
mangelnden »Gotteserkenntnis« (5,4) zu begreifen. Andererseits
bleibt er, wo immer es den Tradenten sachlich notwendig erscheint,
so dicht wie möglich am – natürlich auf das Wesentliche reduzierten – mündlichen Wort Hoseas.

2

Sehr andersartig stellt sich die Problemlage dar, wenn wir uns dem
Buch Amos zuwenden. Die eingangs kurz charakterisierte Syste-
matisierung der Amosworte in den zentralen Kapiteln des Amosbuches spiegelt offensichtlich nicht wie im Fall des Hoseabuches
eine Schuldiskussion wider, sondern ist nach außen gerichtet. Angesichts der kurzen Wirkungszeit des Amos, die nach der Überschrift »zwei Jahre vor dem Erdbeben« ein Jahr kaum wesentlich
überschritten haben wird, ist das Modell einer Schuldiskussion a
priori unwahrscheinlich. Vielmehr spiegelt die ältere Amosüberlie-
ferung in Am 3–6 – auf diese Kernkapitel werde ich mich im folgenden beschränken – auf Schritt und Tritt das Bemühen wider,
die harten Amosworte Menschen nahezubringen, die a) den Untergang Samarias schon erfahren haben und b) in Juda leben. Daß die
Rekonstruktion der mündlichen Botschaft großenteils in Umrissen
möglich ist, soll eingangs ein einfacher, dann ein gewichtigerer
und komplexerer Beleg zeigen.
Grundsätzlich gilt, daß aufgrund seiner besonders provokanten Äußerungen viele Formulierungen des Amos den folgenden Generationen im Ohr geblieben sind. Die bekannte Wirkungsgeschichte
seiner unüberbietbar harten Rede vom »Ende Israels« bei Ezechiel
und in der Priesterschrift mag dafür als beliebiges Beispiel dienen[11].
Unter diese Kategorie gehört auch Am 4,4f. Zwar leiten diese Verse im gegenwärtigen Kontext eine sechsstrophige Bußliturgie ein,

---

11   Vgl. dazu *R. Smend*, »Das Ende ist gekommen«. Ein Amoswort in der Priesterschrift, in: Die Botschaft und die Boten (FS H.W. Wolff), hg. von *J. Jeremias
/ L. Perlitt*, München 1981, 67–72 = *ders.*, Die Mitte des Alten Testaments, Gesammelte Studien 1, München 1986, 154–159; *W.H. Schmidt*, Nachwirkungen
prophetischer Botschaft in der Priesterschrift, in: Mélanges bibliques et orien-
taux (FS M. Delcor), hg. von *A. Caquot / S. Légasse / M. Tardieu* (AOAT 215),
Neukirchen-Vluyn 1985, 369–377.

die vermutlich exilischer Herkunft ist, und sind von ihr literarisch
nicht zu trennen. Aber dem geschulten Auge des Exegeten fällt es
nicht schwer, die von Anbeginn literarische Großeinheit 4,6–13, die
für die exilische Aufnahme der Amosbotschaft und das exilische
Amosbuch von zentraler Bedeutung ist[12], deren Verfasser aber offensichtlich in die schon vorliegende Einheit 4,4f nicht eingegriffen haben, als Fortschreibung und Deutung einer von Haus aus
rhetorischen Einheit 4,4f zu erkennen. Diese Einheit aber läßt in
ihrer kühnen Perversion eines priesterlichen Aufrufs zur Wallfahrt
mit dem Ziel,»Verbrechen zu üben« bzw. »Verbrechen zu ver-
mehren«, d.h. sich ein gutes Gewissen für die böse Tat zu holen,
den Atem des aufrührerischen Propheten noch vernehmen. Es waren Texte wie Am 4,4f, die Gunkel zu seinen uns heute fremd an-
mutenden Sätzen führten, die ich oben zitiert habe.
Schwieriger, aber keineswegs unmöglich, ist die Rekonstruktion
mündlicher Amosworte in Fällen künstlerischer literarischer Kom-
positionen wie Am 5,1–17. Seit J. de Waard und S. Bergler[13] unabhängig voneinander entdeckt hatten, daß hinter dem komplexen
Gedankengang der Großeinheit, in die die ältere literarkritische
Forschung bis zu W. Rudolph immer wieder zerstörerisch mit Um-
stellungen von Versen eingegriffen hatte, eine durchdachte Ring-
komposition steht, ist diese Erkenntnis häufig bestätigt und immer
mehr verfeinert worden[14]. Dabei hat man primär aufgedeckt, wie
in dieser formal sehr artifiziellen, sachlich sehr komplexen Einheit
die exilische Gemeinde, die schon durch die Katastrophe hindurch-
gegangen war, die dunklen Todesworte des Amos und seine hellen
Worte vom möglichen Leben für die bevorstehende Zukunft auf
sich zu beziehen versuchte – bei grundlegender Anerkennung der
Zerstörung Jerusalems als verdientes Gericht Gottes. Man entdeck-
te zugleich, wie dieser Komposition eine analoge kürzere des älteren Amosbuches voranging, die nach dem Fall Samarias die judäische Gemeinde mit den Amosworten wachrütteln und zur Erkenntnis ihrer Schuld führen wollte. Ist unter solch komplizierter

---

12 Vgl. dazu *H.W. Wolff*, Dodekapropheton 2. Joel und Amos, BK XIV/2, Neukirchen-Vluyn 1985, 250ff und ausführlicher *J. Jeremias*, Die Mitte des Amosbuches (Am 4,4–13; 5,1–17), in: *ders.*, Hosea und Amos, 198ff.
13 *J. de Waard*, The Chiastic Structure of Amos V 1–17, VT 27 (1977), 170–
177; *S. Bergler*, Die hymnischen Passagen und die Mitte des Amosbuches, Magi-
sterschr. Tübingen 1978 (masch.).
14 Vgl. etwa *N.J. Tromp*, Amos V 1–17, OTS 23 (1984), 56–84; *J. Jeremias*,
Tod und Leben in Am 5,1–17, in: Der Weg zum Menschen (FS A. Deissler), hg.
von *R. Mosis / L. Ruppert*, Freiburg/Basel/Wien 1989, 134–152 = *ders.*, Hosea
und Amos, 214–230; zuletzt *D.U. Rotzoll*, Studien zur Redaktion und Komposition des Amosbuches (BZAW 243), Berlin / New York 1996, 215–250.

literarischer Nachgeschichte ein Zurück zum Wort des Amos noch
möglich?
Es ist das Verdienst H.W. Wolffs, den Weg dazu mit einer hilfrei-
chen methodischen Differenzierung gewiesen zu haben. Für die
ältere Komposition, die den Text entscheidend geprägt hat – die
jüngere Komposition hat in den ihr vorliegenden Text offensichtlich nicht eingriffen, sondern ihn nur ergänzt –, unterschied Wolff
zwischen Textpartien unterschiedlicher Herkunft, die eng miteinander literarisch verknüpft sind, und solchen, für die das nicht gilt.
Im ersteren Fall hielt er eine Rekonstruktion mündlicher Verkündigung für nicht mehr möglich, im letzteren dagegen wohl. Im
Falle des berühmten Textes »Suchet das Gute und nicht das Böse,
damit ihr am Leben bleibt« (V. 14f) etwa, der für jede Amosdeu-
tung so wichtig ist, weil er gegebenenfalls den sichersten Beleg für
eine – wie auch immer verhaltene – Heilserwartung des Propheten
liefert, hielt Wolff eine Rekonstruktion für nicht möglich und
sprach statt dessen von der »Tätigkeit eines oder mehrerer Amos-
schüler«[15], weil die Verse 14f mit den vorangehenden Versen
7.10–12 literarisch unlöslich vernetzt sind. Für andere Teile der
Komposition wie V. 2f.4f.16f gilt Entsprechendes nicht, und insbesondere bei den Leichenliedern V. 2f und V. 16f[16], aber auch
bei der Warnung vor Wallfahrten und bei dem mit ihnen verbundenen (ironischen?) Lebensangebot in V. 4f steht nach dem
Grundsatz Wolffs der Annahme nichts im Wege, daß sich in diesen
Versen mündliche Verkündigung unmittelbar niederschlägt, wenn
natürlich auch immer als gedrängte Zusammenfassung.

3

Noch einmal anders liegen die Schwierigkeiten im Falle des Buches Micha. Es ist ungleich mehr als die Bücher Hosea und Amos
von jüngeren Texten geprägt, die besonders in Mi 4–5 immer
wieder um die Zukunft des Zion kreisen. Das hängt erkennbar
damit zusammen, daß Micha als erster die Zerstörung des Zion
durch Gottes eigene Hand ansagte und damit die Fragen nach
Gottes Plan mit seiner Wohnung inmitten Israels auslöste (Mi
3,12). Da ebendiese Ankündigung des Untergangs Jerusalems im

---

15 *Wolff*, Joel und Amos, 276. – Zusätzlich ist daran zu erinnern, daß V. 14b
Sprache aufgreift, die sonst in den Zionpsalmen belegt ist, und V. 15 den nicht
sicher deutbaren Begriff »Josef« verwendet.
16 *G. Fleischer*, Von Menschenverkäufern, Baschankühen und Rechtsverkeh-
rern. Die Sozialkritik des Amosbuches ... (BBB 74), Frankfurt a.M. 1989,
94ff.119ff verbindet noch V. 7 und 10 mit der rhetorischen Einheit V. 16f*.

Hochverratsprozeß gegen Jeremia (Jer 26) zitiert wird, stehen wir
bei ihr im Bemühen um Rekonstruktion prophetischer Verkündigung auf selten sicherem Boden.

Im übrigen sind von Micha vornehmlich Streitgespräche überliefert. Sie sind zwar als Diskussionen um Berechtigung und Angemessenheit der Zerstörung Jerusalems und des Exilgeschickes an
Hand der Botschaft Michas tradiert worden, aber diese jüngere Pro-
blemstellung läßt sich literarkritisch relativ leicht ablösen[17], so daß
die zugrunde liegende Auseinandersetzung Michas mit seinen Zeitgenossen (Großbauern, konservativen Theologen und Propheten:
2,1–5.6–11*; 3,5–8) klar vor Augen liegt. Wie dicht man mit diesen Texten beim Propheten ist, läßt insbesondere der Vergleich mit
einem jüngeren Text (Mi 6,1–8) gewahr werden, der von einem
künstlichen Stimmenwechsel als literarischem Mittel geprägt ist. In
anderen Fällen haben die Tradenten freilich mögliche Worte Michas so stark auf Texte anderer Propheten, besonders Hosea und
Amos, bezogen (1,5–7; 3,1–4.9–11), daß eine Rekonstruktion der
mündlichen Botschaft nicht mehr gelingt und vielleicht (besonders
im Falle von 1,5–7) auch sachlich gar nicht angemessen ist.

Eine ungewöhnliche historische Kostbarkeit bietet Mi 1,10–16. Da
der Prophet hier zwar die Orte seiner unmittelbaren Heimat angesichts des Assyreransturms im Namen Gottes verurteilt, aber diese
Verurteilung mit Hilfe von Wortspielen mit genereller Bedeutung
durchführt, ist eine stark zeit- und ortsgebundene Rede auch späteren Lesern zur Hilfe geworden.

III

Ein zentrales Problem der Prophetenforschung kann am Ende nur
noch gestreift werden: die sprachliche und sachliche Berührung
von Prophetenbüchern bzw. -texten untereinander. Es versteht sich
von selbst, daß solche Kontakte grundsätzlich im schriftlichen wie
im mündlichen Stadium der Überlieferung denkbar sind, d.h. sowohl als Zeugnisse dafür, daß die Tradenten die einzelnen Propheten aus ihrer Isolierung nahmen und aufeinander bezogen lasen,
als auch als Zeugnisse für die Kenntnis der Propheten untereinander oder für die Wirkung von Worten, die die jeweiligen zeitgenössischen Hörer der Propheten stark beschäftigten.

---

17 Vgl. *J. Jeremias*, Die Deutung der Gerichtsworte Michas in der Exilszeit,
ZAW 83 (1971), 330–354 und ausführlicher *B. Renaud*, La formation du livre de
Michée, Paris 1977 sowie *H.W. Wolff*, Dodekapropheton 4. Micha (BK XIV/4),
Neukirchen-Vluyn 1982.

Den intertextuellen Kontakten zwischen Prophetenbüchern auf
schriftlicher Ebene hat sich die jüngste Prophetenforschung zuge-
wandt, mit teilweise überraschenden Ergebnissen. Erstmalig trat
seit Mitte der achtziger Jahre das Phänomen buchübergreifender
Redaktionen in den Blick der Forschung. Das gegenwärtige Mühen um eine Prophetentheologie, die Frage also, was die vielfältigen prophetischen Stimmen der Bibel, die zu sehr verschiedenen
Zeiten laut wurden, miteinander verband, erwies sich als so alt wie
die Überlieferung der Texte selber. Natürlich ist es kein Zufall,
daß der Prozeß, prophetische Texte verschiedener Bücher aufeinander zu beziehen, in der Spätzeit des Alten Testaments am evi-
dentesten aufweisbar ist[18], und genausowenig ist es zufällig, daß
dieser Prozeß im Zwölfprophetenbuch, wo schon in früheren Sta-
dien der Überlieferung mehrere Prophetenbücher auf einer Rolle
standen, besonders gut verfolgbar ist[19]; aber ich selbst bin der
Überzeugung, daß der im Hintergrund stehende Impetus der Frage
nach dem gemeinsamen Gotteswillen in verschiedenen prophetischen Stimmen nahezu gleich alt ist wie die Schriftlichkeit der
Prophetie selber[20].
Über dieser Entdeckerfreude wurde die Frage der älteren Forschung
eher in den Hintergrund gedrängt, inwiefern die Texte nahelegen,
mit einer vorgängigen Kenntnis älterer prophetischer Worte (und
Texte) durch jüngere Propheten zu rechnen[21]. Angesichts der
Kleinheit Judas, in dessen engen Grenzen alle sog. Schriftpropheten mit Ausnahme Hoseas aufwuchsen, ist eine solche Frage a priori mit hoher Wahrscheinlichkeit zu bejahen. Freilich ist die bloße

---

18 Vgl. etwa *O.H. Steck*, Der Abschluß der Prophetie im Alten Testament. Ein
Versuch zur Frage der Vorgeschichte des Kanons (BThSt 17), Neukirchen-Vluyn
1991; *ders.*, Die Prophetenbücher und ihr theologisches Zeugnis, Tübingen 1996
(mit Lit.).
19 Vgl. etwa *J. Nogalski*, Literary Precursors to the Book of the Twelve
(BZAW 217), Berlin / New York 1993; *ders.*, Redactional Processes in the Book
of the Twelve (BZAW 218), Berlin / New York 1993; zuletzt *A. Schart*, Die Entstehung des Zwölfprophetenbuches (BZAW 260), Berlin / New York 1998.
20 Vgl. *J. Jeremias*, Die Anfänge des Dodekapropheton: Hosea und Amos
(VT.S 61), Leiden 1995, 87–106 = *ders.*, Hosea und Amos, 34–54; *Schart*, Entstehung, 101–154; vgl. zuletzt *E. Bosshard-Nesputil*, Rezeptionen von Jesaja 1–
39 im Zwölfprophetenbuch (OBO 154), Göttingen/Fribourg 1997.
21 Vgl. etwa *R. Fey*, Amos und Jesaja. Abhängigkeit und Eigenständigkeit des
Jesaja (WMANT 12), Neukirchen-Vluyn 1963; *D. Baltzer*, Ezechiel und Deutero-
jesaja (BZAW 121), Berlin / New York 1971; *G. Stansell*, Micah and Isaiah. A
Form and Tradition Historical Composition (SBL.DS 85), Atlanta/Georgia 1981;
W. Beyerlin, Reflexe der Amosvisionen im Jeremiabuch (OBO 93), Göttingen/
Fribourg 1989; *U. Wendel*, Jesaja und Jeremia. Worte, Motive und Einsichten
Jesajas in der Verkündigung Jeremias (BThSt 25), Neukirchen-Vluyn 1995; *J.-H.
Cha*, Micha und Jeremia (BBB 107), Weinheim 1996.

Feststellung derartiger Berührungen als solche von geringem Wert; von entscheidendem Gewicht ist vielmehr die Frage, wie die jüngeren Propheten die überkommene prophetische Tradition verwendeten, sie also für neue Lebensumstände und gesellschaftliche bzw. religiöse Problemfelder aktualisierten.

Dieser Prozeß kann hier abschließend nur noch an zwei kurzen Beispielen angedeutet werden. Wie die höchst ungewöhnliche fünfte und letzte Vision des Amos, in der der Prophet als Explikation des »Endes Israels« (Am 8,2) Gott sich gegen seinen eigenen Tempel wenden sieht (Am 9,1–4), von dem wenig jüngeren Jerusalemer Jesaja aufgenommen, aber zugleich in ganz neue theologische Dimensionen weitergedacht wird, hat vor kurzem in einer vorbildlichen Studie F. Hartenstein gezeigt[22]. Hier wird deutlich, wie in der Prophetie mit knappen sprachlichen Mitteln in der Weiterführung von Überkommenem neue Horizonte erschlossen werden können.

Das zweite Beispiel harrt noch seiner Bearbeitung. In seiner bekannt präzisen Beobachtung von Texten hat E. Würthwein in einem glänzenden Aufsatz die vielfachen Berührungen zwischen den kultkritischen Texten im Hosea-, Amos-, Jesaja-, Jeremia- und Maleachibuch aufgewiesen. Er selbst hat diese Gemeinsamkeiten formgeschichtlich deuten wollen, von einer den Texten zugrunde liegenden Gattung des »Kultbescheids« aus, was ich aus verschiedenen Gründen zu bestreiten versucht habe[23]. Als Alternative zur Erklärung der unbestreitbar engen Berührungen bleibt die Annahme, daß das ungewöhnlich harte Wort des ältesten unter diesen Propheten, Amos (Am 5,21ff), traditionsbildend gewirkt hat. Es hat freilich bei Hosea zu einer nur formal vergleichbaren Verurteilung des Kults geführt, denn während Amos in Am 5,21ff das Auseinanderbrechen von Gottesdienst und Alltag rügt, prangert Hosea eine Opfermentalität im Volk an, die er als Bruch des ersten Gebotes versteht und die sich für ihn auch in der Politik auswirkt (Hos 6,4–

---

22 *F. Hartenstein*, Die Unzugänglichkeit Gottes im Heiligtum. Jesaja 6 und der Wohnort JHWHs in der Jerusalemer Kulttradition (WMANT 75), Neukirchen-Vluyn 1997, 109ff.

23 *E. Würthwein*, Kultpolemik oder Kultbescheid? Beobachtungen zum Thema »Prophetie und Kult«, in: Tradition und Situation (FS A. Weiser), hg. von *E. Würthwein / O. Kaiser*, Göttingen 1963, 115–131; wieder abgedruckt in: *ders.*, Wort und Existenz. Studien zum Alten Testament, Göttingen 1970, 144–160; *J. Jeremias*, Kultprophetie und Gerichtsverkündigung in der späten Königszeit Israels (WMANT 35), Neukirchen-Vluyn 1970, 156–162; *ders.*, Der Prophet Amos (ATD 24/2), Göttingen 1995, 158–160; vgl. zu beiden Ansichten zuletzt *O. Kaiser*, Kult und Kultkritik im Alten Testament, in: »Und Mose schrieb dieses Lied auf« (FS O. Loretz), hg. von *M. Dietrich / I. Kottsieper*, Münster 1998, 401–426, hier 417f.

6)[24]. Demgegenüber werden Jes 1,10ff und Jer 6,19–21 die Amos-
und Hoseaworte schon als schriftliche Texte voraussetzen, die sie
in fortgeschrittener Stunde noch einmal neu auslegen.
Gerade an diesem letzten Beispiel wird erkennbar, wie sehr im gegenwärtigen Stand der Prophetenforschung die Kriterien für die
Unterscheidung von traditionsgeschichtlicher und redaktionsge-
schichtlicher Abhängigkeit noch weithin ungeklärt sind. Die voranstehenden Ausführungen hatten nur verdeutlichen wollen, wieviel von der Klärung dieser Kriterien abhängt. Unstrittig ist, daß
sowohl der Prozeß komplexer prophetischer Traditionsbildung als
auch die Neudeutung schriftlicher Prophetentexte durch jüngere
Texte als auch schließlich die Entdeckung buchübergreifender Redaktionen gleicherweise das höchste Interesse der Exegeten ver-
dienen.

---

24 Vgl. zu dieser Unterscheidung schon *W.H. Schmidt*, Zukunftsgewißheit und
Gegenwartskritik. Grundzüge prophetischer Verkündigung (BSt 64), Neukirchen-
Vluyn 1973, 71f.

Ina Willi-Plein

Das geschaute Wort

Die prophetische Wortverkündigung und der Schriftprophet Amos

I

Wer auch immer der Verfasser des Berichts über die Konfrontation des judäischen Königs Jojakim mit der durch Baruchs Niederschrift nach Diktat vermittelten Unheilsprophetie des Jeremia war
– Jer 36 läßt jedenfalls erkennen, daß für den Verfasser dieses Kapitels Prophetie bzw. Ausrichtung des prophetischen Wortes als
solchem ein mündlicher Vorgang war. Baruch rief »mittels der
Schrift« die Worte Jeremias »... in die Ohren allen Volkes« (Jer 36,
10); erst in Jer 36,15 »ruft/liest er *sie* (die Rolle)« laut vor[1]. Die
Schriftrolle ist das Mittel zum Zweck der Wortlautsicherung, das
Diktat durch den Propheten dürfte in einem »Ausrufen« (קרא) bestanden haben, das auch nichtverbale Elemente der Rhetorik[2] um-

---

1 Zum Wechsel vom ב instrumenti, mit dem (auch 36,14) die Niederschrift als
Hilfsmittel zum (stellvertretenden) mündlichen Prophetenwortvortrag bezeichnet
wird, zum direkten Objekt der reinen Verlesung in kleinem Kreis vgl. *I. Willi-
Plein*, Spuren der Unterscheidung von mündlichem und schriftlichem Wort im Alten Testament, in: *G. Sellin / F. Vouga* (Hg.), Logos und Buchstabe. Mündlichkeit und Schriftlichkeit im Judentum und Christentum der Antike (TANZ 20),
Tübingen/Basel 1997, 77–89, hierzu bes. 79. Der Präpositionenwechsel wird in
dem bei Abschluß dieses Manuskripts gerade erschienenen Aufsatz von *H.M.
Wahl*, Die Entstehung der Schriftprophetie nach Jer 36, ZAW 110 (1998), 365–
389 nicht gesehen. Wahl hält Jer 36 für von 2Kön 22f literarisch abhängig. Die
Gründe hierfür sind fragwürdig. Weder wird in 2Kön 22 »ein altes Gesetzbuch«
(376) vorgestellt, noch ist Jer 36 »als Zeichenhandlung stilisiert« (377) oder
stellt »induktive Prophetie« (378) dar noch ist erkennbar, daß Jer 36 »in Vertiefung von 2Kön 22–23« das vermittelte Gotteswort »als Maßstab der wahren Religion« (388) setzen wollte. Auch von einer »legendenartigen Darstellung« (377)
kann schwerlich die Rede sein. Welche »Gemeinde« (374) sollte sich daran orientiert haben? Im folgenden wird somit an der Interpretation von Jer 36 und deren
Begründung, wie sie in TANZ 20, 77–89 vertreten wurden, festgehalten.
2 »Rhetorik« ist hier als Sammelbegriff für die (natürlich nur theoretisch vom
»Inhalt« unterscheidbare) formale Seite sprachlicher Äußerungen im Kommuni-
kationszusammenhang gebraucht. Zur Rhetorik in diesem Sinne gehören auch
Gestik, Betonung usw., u.U. auch der Rahmen, in dem eine Äußerung geschieht,

faßte. Erst im Verlauf der Ereignisse, die auf den stellvertretenden Vortrag des Baruch folgen, wird die Schriftrolle vom Hilfsmittel für die mündlich auszurichtende Prophetie[3] zum sichergestellten corpus delicti, vom Tatwerkzeug zum Dokument.

Daß der König sie verbrennt, ist somit ein doppeldeutiger Vorgang – Vernichtung eines staatsgefährdenden Schriftstücks oder Verachtung des ergangenen Gotteswortes[4], möglicherweise auch beides zugleich. Die erste politische Bücherverbrennung macht jedenfalls den Propheten ebensowenig mundtot wie zuvor sein Hausarrest. Die Rolle wird durch erneutes Diktat wieder hergestellt, wenn auch nicht einfach restauriert; denn die neue Rolle ist, indem neue Worte hinzukommen (Jer 36,32), nicht mit der alten identisch, obwohl sie die gleichen Worte enthält. Die schriftwerdende Prophetie unterliegt bei ihrer Verschriftung autorisierten Veränderungen. Weder der Prophet noch seine Adressaten sind dieselben geblieben; das Wort muß, um das gleiche zu bleiben, verändert werden.

Ist dies schon Schriftwerdung oder erst Niederschrift? Wird das mündliche Wort durch die bloße Niederschrift zum Schriftwort? Sichert Baruchs Niederschrift das immer noch mündlich zu sagende und direkt zu hörende Prophetenwort, oder ist in Jer 36 die Geburtsstunde der Schriftprophetie zu erkennen?

Gibt es diese andererseits nicht schon lange vor dem Stenogramm[5] des Baruch? Auch wenn Prophetenwort nach dem Verständnis des Berichts Jer 36 als solches mündlich ist, kennen wir es doch immer nur in seiner verschrifteten Form; allein in ihr konnte es bewahrt werden, ohne seinen Sinn zu verlieren. Fortgesetzte wortgetreue

---

und Besonderheiten der Kleidung, Gangart usw. des Sprechers. Zum hiermit angedeuteten Problemkreis vgl. bes. *C. Hardmeier*, Texttheorie und biblische Exegese. Zur rhetorischen Funktion der Trauermetaphorik in der Prophetie (BEvTh 79), München 1978; zum Problem der verschrifteten mündlichen Kommunikation bes. S. 54, Anm. 4 sowie grundlegend für prophetische Texte S. 37, Anm. 50. Dazu ferner jetzt *A. Wagner*, Sprechakte und Sprechaktanalyse im Alten Testament. Untersuchungen im biblischen Hebräisch an der Nahtstelle zwischen Handlungsebene und Grammatik (BZAW 253), Berlin / New York 1997; hierzu bes. S. 80: »Die Sprachfähigkeit äußert sich ... schriftlich und mündlich auf eine z.T. unterschiedliche Weise ...«

3   Baruch »ruft mittels der Schrift«, d.h. er spricht stellvertretend für den unter Arrest stehenden Propheten und wie dieser.

4   So scheinen die über das Tun des Königs entsetzten Beamten den Vorgang zu empfinden, wenn sie versuchen, dem König davon abzuraten.

5   Baruch berichtet in 36,18, daß er die Worte »mit Tinte«, d.h. in schneller Kursivschrift, nach dem Diktat des Jeremia schrieb. Dieser Hinweis dürfte ungefähr einer heutigen Mitteilung über Stenogramm nach Diktat entsprechen, wenn es auch keine Kurzschrift im engeren Sinne gab.

Mündlichkeit läßt den Wortlaut fremd werden; da Sprache und Sprecher sich wandeln, bedarf die Rezitation mündlich überlieferter Texte der Stütze schriftorientierter Interpretation oder der fast spracharchäologischen Erschließung[6].

Nach Jer 26,18 treffen alle für reine Mündlichkeit[7] einer Dichtung sprechenden Kriterien auf die Prophetie des Micha oder zumindest das in Mi 3,12 überlieferte Wort gegen Zion zu. Dennoch ist das Wort, sei es von Anfang an oder erst aufgrund redaktioneller Angleichung, genau gleich im Michabuch selbst überliefert, das mehr als die beiden anderen im Zwölfprophetenbuch erhaltenen Bücher mit Worten von Propheten des 8. Jh.s Gegenstand umfangreicher Fortschreibungen bis ins 4. Jh. gewesen ist[8]. Das Michawort ist also nicht nur als Zitat mündlicher Überlieferung in Jer 26, 18, sondern auch im eigenen Überlieferungsgang Teil der Schriftprophetie geworden.

Der Einfluß der Prophetie des Hosea auf Jeremia oder das Jeremiabuch ist offensichtlich, ohne daß sich mit Sicherheit entscheiden ließe[9], ob mündliche Tradition bis zur Zeit des Jeremia gewissermaßen direkt weiterwirkte oder ob bereits eine literarische Ab-

---

6 Dies zeigt sich z.B. bei altlateinischen religiösen Texten wie dem Arvallied oder dem Salierlied, von denen Quintilian (1,6,40) mitteilt, daß sie »vix sacerdotibus suis satis intellecta« seien: *J. Kramer*, Geschichte der lateinischen Sprache, in: *F. Graf* (Hg.), Einleitung in die lateinische Philologie, Stuttgart und Leipzig 1997, III, 115–162, hierzu 128. Zur langen, für das Sprachverständnis nicht förderlichen mündlichen, aber wortgetreuen Überlieferung des Awesta vgl. z.B. *K. Barr*, Die Religion der alten Iranier, in: *J.P. Asmussen / J. Læssøe* mit *C. Colpe*, Handbuch der Religionsgeschichte, Bd. 2, Göttingen 1972, 265–318; Zitat von S. 281: »Die parsischen Priester, deren Aufgabe es war, das Awesta bei den Kulthandlungen zu rezitieren, konnten den Text auswendig, verstanden ihn aber nur sehr unvollkommen.«

7 Vgl. die Einleitung von *P. Zumthor*, Introduction à la poésie orale, Paris 1983 nach der Mitteilung von *T. Cramer*, Der Buchstabe als Medium des gesprochenen Wortes. Über einige Probleme der Mündlichkeits-Schriftlichkeitsdebatte am Beispiel mittelalterlicher Lyrik, in: *G. Sellin / F. Vouga* (Hg.), Logos, 127–152; die Aufzählung der Schritte S. 127: production – transmission – réception – conservation – répétition.

8 In dieser Einschätzung vor allem der späten Partien in Mi 4 und 5 glaube ich, an dem bereits in *I. Willi-Plein*, Vorformen der Schriftexegese innerhalb des Alten Testaments. Untersuchungen zum literarischen Werden der auf Amos, Hosea und Micha zurückgehenden Bücher im hebräischen Zwölfprophetenbuch (BZAW 123), Berlin/New York 1971, bes. 93–95 und 112–114 Vorgelegten festhalten zu können. Zur Diskussion der Buchwerdungsstadien bei Micha vgl. jetzt *J. Nogalski*, Literary Precursors to the Book of the Twelve (BZAW 217), Berlin / New York 1993; zu Micha 121–170 (Lit!).

9 Zur Diskussion vgl. *Jörg Jeremias*, Hoseas Einfluß auf das Jeremiabuch – ein traditionsgeschichtliches Problem (1994), in: *ders.*, Hosea und Amos (FAT 13), Tübingen 1996, 122–141.

hängigkeit besteht. Brachten die Flüchtlinge von 720 v.Chr. die lebendige mündliche Tradition eines Hoseakreises oder ein Hoseabuch mit nach Jerusalem?[10] – Der z.T. bis zur Unverständlichkeit schlechte Zustand des Hoseatextes könnte das eine wie das andere belegen: mündliche Tradition, die einen dank dialektaler Unterschiede und zeitlicher Distanz unverständlich gewordenen Wortlaut dennoch als solchen zu bewahren trachtete, oder eine Niederschrift, die zwar gerettet, aber dank ungünstiger Bedingungen und mangels kompetenter Leser teilweise zur Unleserlichkeit entstellt wurde.

Die jedenfalls für das Hoseabuch wahrscheinliche Identität von produktiven Tradenten und unmittelbaren Rezipienten[11] bedeutet neben aller Relativierung der Erschließbarkeit der Binnenrezeption doch auch, daß produktive Tradenten, wo sie selbst über Rezeptionsformen berichten, ihr eigenes Rezeptionsverhalten (bzw. das ihrer Primäradressaten) als einverständlich bekannt voraussetzen. Nicht zuletzt deshalb ist Jer 36 so aufschlußreich, indem es die folgenden selbstverständlichen Voraussetzungen[12] erkennen läßt:

1. Der Vorgang der prophetischen Worterteilung war ein seinem Wesen nach mündlicher Vorgang.

2. Das so mündlich ausgerichtete Wort behielt auch in der verschrifteten Form seine prophetische Valenz.

3. Die Niederschrift konnte ersetzt werden, jedoch nur nach Diktat durch den Propheten, d.h.: Der Prophet behielt seine Worte auch nach deren Ausrichtung im Gedächtnis. M.a.W.: Er muß die Gesamtheit der von ihm zur Überlieferung bestimmten Worte für sich selbst mnemotechnisch erschließbar gespeichert haben[13]; und nur er selbst konnte sie durch mündlichen Vortrag zur dann auch schriftlichen Tradition weitergeben.

4. Die Verschriftung als solche ist zumindest in ihrem Umfang, wahrscheinlich aber auch – wenn man bedenkt, daß der Prophet

---

10 *J. Nogalski*, BZAW 217 und *ders.*, Redactional Processes in the Book of the Twelve (BZAW 218), Berlin / New York 1993.

11 *O.H. Steck*, Die Prophetenbücher und ihr theologisches Zeugnis. Wege der Nachfrage und Fährten zur Antwort, Tübingen 1996, 15: »... sind in der formativen Phase der Prophetenbücher bis hin zu den Schlußformationen produktive Tradenten und unmittelbare Rezipienten dieser Größen *identisch.*«

12 Als solche sind sie zu erkennen, weil die innere Stimmigkeit des Berichtes ohne sie nicht gegeben wäre.

13 »Technisch« ist es auch möglich, längere Texte über Jahrzehnte »Wort für Wort auswendig« zu behalten (gegen *Wahl*, Entstehung 373), doch läßt der Text eher vermuten, daß der Prophet als autorisierter Sprecher, der somit die Einzelformulierung variieren kann, gesehen wird.

erneut diktiert, also einen neuen Sprechakt vollzieht – teilweise im Wortlaut variabel.

Dies alles bedeutet, daß das Wort auch, wenn es verschriftet wird, Wort bleibt, das ausgesprochen werden soll.

II

Der Fremdbericht von Hos 1 mit der unkonventionell wirkenden Überschrift (Hos 1,2) »Beginn des Redens JHWHs durch Hosea« läßt einen frühen (produktiven) Schüler- oder Tradentenkreis erkennen, der Selbstbericht von Hos 3,1–4 aber soll und kann auch auf den Propheten selbst zurückgehen. Hat Hosea ihn geschrieben oder zumindest in mnemotechnisch gesicherter Form abgefaßt?[14] – Es wäre kühn, behaupten zu wollen, daß sich auf diese[15] Frage eine sichere Antwort finden lasse. Zwar spricht nichts gegen die grundsätzliche Möglichkeit, daß der Prophet der zweiten Hälfte des 8. Jh.s den Abschnitt Hos 3,1–4 wörtlich so formuliert oder gar niedergeschrieben haben könnte, wie wir ihn jetzt lesen[16]. Auch ist es unwahrscheinlich, daß die Form des prophetischen Selbstberichts von Tradenten »erfunden« worden wäre, wenn es sie nicht zuvor zumindest einmal gegeben hätte. Daß das oder ein solches Vorbild in Hos 3 vorliegt, läßt sich freilich nicht beweisen. Immerhin könnte die Formulierung »der Anfang des Redens ...« (... תחלת) dafür sprechen, daß damit einem bereits vorhandenen und relativ chronologisch in bezug auf die Prophetenvita nachgeordneten Teil des Hoseagutes das in Hos 1 Folgende vorgeschaltet wurde. Spätestens von der Hand dessen, der das Wort »Anfang« (תחלת) schrieb, wenn nicht im ursprünglichen Wortlaut von Kap. 3, war also auch das »noch einmal« (עוד, 3,1) vorgegeben. Der Fremdbericht »schreibt«

---

14 Zu Fragen der Literalität im alttestamentlichen Israel vgl. zuletzt *I.M. Young*, Israelite Literacy: Interpreting the Evidence I, VT 48 (1998), 239–253; II, ebd., 408–422, wobei die evidence – z.B. archäologischer Befunde – immer verschiedenartig interpretierbar bleibt; vgl. auch ebd., 415, Anm. 17. Young appliziert mutatis mutandis die methodischen Vorarbeiten und Ergebnisse des wichtigen Buches von *W.V. Harris*, Ancient Literacy, Cambridge, MA / London 1991 auf alttestamentliche Zeugnisse bzw. die Frage der darin erkennbaren Verhältnisse.

15 Von vielen heute sicher ohnehin als müßig oder überflüssig beurteilt.

16 Auch nicht die Frage der Literalität, s. oben Anm. 14. Beschreibbare Wände (wie für die Bileaminschrift, dann allerdings wohl Gruppenüberlieferung voraussetzend) und Scherben bzw. Leder (oder auch Papyrus für gehobenere Ansprüche) gab es überall, Schreibkundige wohl auch, falls man nicht selbst schrieb, und Buchstabenschrift ist jederzeit bei Interesse leicht zu erlernen, zumal die Konsonantenschrift orthographische Standardisierung nicht zur unüberwindlichen Hürde macht.

also in diesem Sinne den Selbstbericht »fort«, indem er auf das darin mitgeteilte Auftragswort zu geschrieben ist.

Nun gibt es allerdings eine Sonderform des Selbstberichts, die gewissermaßen auf den ersten Blick als genuin prophetische Gattung anmutet: den prophetischen Visionsbericht. Nach dem Befund der Schriftprophetie ist dies eine Gattung, die bis in die frühnachexilische Zeit gebraucht und dann im Gegensatz zum eigentlichen Prophetenwort in die Apokalyptik übernommen wurde.

Der wohl älteste »Visionsbericht« als Selbstbericht liegt in Am 7,1–8 + 8,1–2 als Kern[17] der größeren Überlieferungseinheit Am 7,1 – 9,1(–4)[18] vor.

Auch wenn Am 9,1 letzten Endes den Abschluß der größeren Einheit aus umrahmendem Selbstbericht, in diesen eingebetteten Prophetenworten und Fremdbericht[19] bildet, legt sowohl die Stellung von 9,1 als separatem Abschluß als auch vor allem die repetitive Stereotypie der vier ersten Visionen die Annahme äußerst nahe, daß 7,1–8 + 8,1–2 wirklich einen ursprünglich selbständigen, auf den Propheten selbst zurückgehenden und von ihm auch durch die Form im Wortlaut[20] gesicherten Selbstbericht darstellen, in dem die beiden Einzelvisionspaare in sich und im Verhältnis zueinander klimaxartig auf das Wort von der Ernte / dem Ende zuführen. Ihm gegenüber bietet 9,1 keine Steigerung mehr[21], sondern eher

---

17 Als solcher ausgrenzbar durch den strophischen (aber nicht poetisch gebundenen) Aufbau.

18 Zur literarischen Untereinheit des Amosbuches, die in 7,1 – 9,6 als mit der Doxologie 9,5f abgeschlossener strophisch gegliederter Buchteil »vielfältig erweitert und kommentiert« vorliegt, vgl. *Jörg Jeremias*, Völkersprüche und Visionsberichte im Amosbuch (1989), in: *ders.*, FAT 13, 157–171, das Zitat S. 157. Ähnlich auch bereits *W. Rudolph*, Joel – Amos – Obadja – Jona (KAT XIII/2), Gütersloh 1971, 228: »Die fünf Visionen sind der Grundstock des dritten Teiles des Amosbuches«.

19 Auch hier aus dem produktiven Rezipientenkreis; s. oben Anm. 12.

20 Strophenartige bzw. refrainbildende Form finden sich ähnlich und offenbar amosspezifisch auch im Völkergedicht und in Am 4,6–11.

21 Die von *W. Rudolph* vertretene, von *H. Gese*, Komposition bei Amos, in: IOSOT Congress Vienna 1980 Volume, SVT 32 (1981), 74–95 unter an sich sehr bedenkenswertem Verweis auf das für Amos charakteristische Fünferschema 2+2+1 bekräftigte und auch von *J. Jeremias*, Der Prophet Amos (ATD 24/2), Göttingen 1995 angenommene Zusammengehörigkeit der vier Visionen mit der fünften in 9,1(–4) wird noch einmal (zustimmend) in informativer Knappheit diskutiert von *A.G. Auld*, Amos (OTGu), Sheffield 1986, bes. 16–21. Neben dem Fünferschema ist das entscheidende Argument jeweils die »Übersteigerung« (*J. Jeremias*, ATD 24/2, 123 u.ö.), d.h. eine von diesen Autoren angenommene Überbietung der vier ersten durch die fünfte Vision. Eine solche läßt sich aber weder formal noch inhaltlich überzeugend nachweisen. Ein »Ende«, falls denn ein solches in Am 8,2 angesagt ist, läßt sich nicht überbieten – auch nicht durch eine Tempelzerstörung. Davon, daß JHWH »seinen eigenen Tempel auf Erden entweiht und sein

die Schilderung eines anderen und neuen göttlichen Sprechaktes, in dem es um die Unausweichlichkeit der vielleicht nach dem traumatisierenden Eindruck des Erdbebens erwarteten Katastrophe geht, nicht aber besonders um die Unmöglichkeit weiterer Gottesdienste. Der Altar und das zugehörige Heiligtum (von Bethel?) wird zwar erschüttert, aber nicht kultisch verunreinigt; die von der Katastrophe Betroffenen wollen nicht den Gottesdienst fortsetzen, sondern ihr Leben retten.

Die »Visionen« des Amos sind nicht als solche mit dem spezialisierten Begriff חזה gekennzeichnet. Eher handelt es sich um äußerst knappe Skizzen dessen, was »mein Herr[22] mich sehen ließ«. Die Einheit Am 7,1–8 + 8,1–2 beschreibt einen Vorgang zunehmenden »Durchblicks« des Propheten durch an sich alltägliche Gegebenheiten und Bilder, der in die Formulierung des Wortes vom Ende mündet, gewissermaßen die nichtverbalen Komponenten des göttlichen Sprechaktes mitteilt, in dem dem Propheten die Unheilsbotschaft an Israel aufgetragen wurde.

In den ersten beiden Visionen sieht der Prophet jeweils »einen« Handelnden, in dem er intuitiv JHWH erkennt und mit seinem spontanen Eintreten für »Jakob« auch anspricht. Hier handelt der Prophet selbst innerhalb der Vision, sobald er die Bedrohlichkeit des Bildes erkannt hat, in dem Gott eine Zeichenhandlung vollzieht.

Das Erleben ist zeitlich eingeordnet durch die Angabe des »Königsschnitts«[23]. Die vierte Vision ist demgegenüber mindestens ein halbes Jahr[24] später anzusetzen, aber der je gleichlautende Ein-

---

Volk verwirft (9,1–4)« (ebd., 127), ist nicht die Rede, ebensowenig auch vom »Ende aller Gotteskontakte und … Ende allen Asyls, d.h. allen Schutzes bei Gott« (ebd., 125 unter Berufung auf *H. Gese*, Kleine Beiträge zum Verständnis des Amosbuches, VT 12 (1962), 417–438 bzw. 436f).

22 אדני ist wohl nicht als sekundär (»Ersatzlesung« für das Tetragramm durch Beischreibung) zu betrachten, sondern kann zum Grundbestand gehören. Es liegt dann, übrigens ähnlich wie bei Ezechiel, wohl eigentlich der Plural von אדון als Bezeichnung der »Dienstherrschaft« im patriarchalen Großfamilienverband vor. Eindeutig in dieser Bedeutung ist die Pluralform gebraucht in Ex 21,32; Dtn 23,16; 1Sam 25,10.14.17; 26,15f; 29,4.10; 2Sam 2,5; wahrscheinlich auch Am 4,1. Amos, der kein etablierter Prophet ist, erlebt JHWH als seinen »Dienstherrn«. Liegt hier die Verankerung einer in nachexilischer Zeit aufgekommenen Ersatzlesung des Tetragramms vor? Der LXX-Befund z.St. bietet jedenfalls keine textkritisch eindeutig auswertbaren Befunde.

23 Von *Rudolph*, KAT V III/2, 230f z.St. mit Recht auf Getreideanbau (nicht Graswirtschaft) bezogen.

24 Zum Gezer-Kalender und seinen Monatsbezeichnungen im Jahreslauf vgl. *J. Renz*, Die althebräischen Inschriften, Teil 1. Text und Kommentar, Darmstadt 1995, 30–37. לקש als »Spätsaat« und קץ als »Sommerobsternte« liegen sechs Monate auseinander.

gangssatz »so hat mein Herr mich sehen lassen«[25] bindet alle vier
Visionen zu einem Erkenntnisprozeß zusammen, in dem sich vom
ersten zum zweiten Visionspaar allerdings ein entscheidender Wechsel vollzieht: von der Vision einer göttlichen Handlung zum Er-
blicken eines szenischen Bildes, dessen Sinn sich erst in der Bewußtmachungsfrage (7,8 wie auch 8,2) bzw. dem Aussprechen der
Antwort auf sie, also in einem hinter dem Geschehen liegenden,
zunächst noch verborgenen Sprachelement, erschließt. Wenn hier
überhaupt von »Vision« gesprochen werden kann, so ist es eine
Worterschließungsvision.

Die inhaltliche Nähe und teilweise wörtliche Entsprechung des an
die vierte Vision anschließenden Wortes Am 8,4–6 zur Israelstrophe des Völkergedichts 2,6–8 könnte den weiteren Schluß erlauben, daß der Inhalt der Israelstrophe als Kern der Botschaft des
Amos – von diesem selbst in den mnemotechnisch bewahrenden
Strophenkontext des Völkergedichtes gebettet und von den Tradenten in der »Worte des Amos«-Sammlung überliefert – durch
den vierteiligen »Visionsbericht« motiviert werden soll: Der Prophet, der nicht selbst aus prophetischen Traditionskreisen stammte
und sich darum im Kernwort des Fremdberichts (7,14f) als von
seinem göttlichen Dienstherrn besonders beauftragter Nicht-Pro-
phet ausweist, gibt im vierteiligen Visionszyklus Rechenschaft über
seinen besonderen Werdegang. Er versucht, die Stringenz des im
eigenen Einsichtsprozeß erfahrenen Unheilswortes über Israel für
die Angesprochenen nachvollziehbar zu machen[26]. Darum kann
8,4 an die letzte Vision anschließen[27] und den ins Auge gefaßten
Adressatenkreis ausdrücklich nennen. Der Prophet schildert, wie er
zum Wort vom »Ende« für dieses Israel kam.

Innerhalb des Viererzyklus kommt 7,7–8 eine Scharnierfunktion
zu; sind doch zwischen diese dritte und die abschließende vierte
Vision der frühe Fremdbericht und die durch ihn motivierten
Worte eingeschoben. Tatsächlich thematisiert das dritte Gesicht

25   So auch in 7,7 zu lesen. MT erläutert nach 9,1.
26   Damit bestätigt sich hier, was *W.H. Schmidt*, Einsicht als Ziel prophetischer Verkündigung, in: *F. Diedrich / B. Willmes* (Hg.), Ich bewirke das Heil und
erschaffe das Unheil (Jes 45,7). Studien zur Botschaft der Propheten (FS L. *Ruppert*), Würzburg 1998, 377–396 aus anderen Gründen erwogen hat. Zur prophetischen »Vermittlung« (die hier nicht mit Fürbitte gleichgesetzt erscheint) in den
Visionsberichten des Amos vgl. mit instruktiver Darstellung der jüngeren For-
schungsgeschichte auch noch *G. Bartczek*, Prophetie und Vermittlung. Zur literarischen Analyse und theologischen Interpretation der Visionsberichte des Amos
(EHS.T 120), Frankfurt a.M. u.a. 1980.
27   Zugleich wird deutlich, daß der genaue Wortlaut des Prophetenwortes variabel ist, solange die prophetische Produktivität anhält.

den Übergang vom wachsenden Problembewußtsein des dadurch
zur Fürbitte gedrängten Propheten[28] zum Einblick in die Unausweichlichkeit der nur noch als solche anzusagenden, nun über Israel kommenden Katastrophe.

Diskontinuität wird auch durch eine meist übersehene Kleinigkeit bekräftigt: Die
Verbindung von יסף Hif. mit dem bloßen Infinitiv statt der auch möglichen Verbindung durch die Präp. ל hat statt des »Fortfahrens« (mit einem alten Geschehen)
vielmehr ein »Hinzufügen« im Blick, mit dem »ein neues Geschehen (»von jetzt
an«) ins Auge gefaßt« wird[29]. עבר (+ ל »in bezug auf« den Begünstigten) ist demnach nicht sinngemäß synonym mit חדל und סלח zu verstehen. Ob es einem ver-
heerenden עבר ב gegenüberzustellen ist[30], bleibe dahingestellt. עבור לו ist als ein

<hr>

28   Die immer wieder in der Kommentarliteratur vorausgesetzte Annahme vom
Fürbitteamt des Propheten legt sich für die Interpretation dieses Amostextes gerade nicht nahe und wird von *H.W. Wolff*, Dodekapropheton. Amos (BKAT XIV/
9), Neukirchen-Vluyn 1969, 344 mit Recht relativiert: »Was Amos zum Bitt-
schrei vor Jahwe trieb, war die kommende Verheerung, die Jahwe ihm zeigte, und
die Einsicht in die Hilflosigkeit des Schuldigen.« Die Belege für eine interzesso-
rische Funktion der Propheten, die *J. Jeremias*, ATD 24/2, 98 nennt, sind wohl
insgesamt jünger als das 8. Jh.; eine Datierung des Amostextes hiernach würde
aber auf einem Zirkelschluß beruhen, weil dann bereits vorausgesetzt wäre, was
ders., Die Rolle des Propheten nach dem Amosbuch, in: *ders.*, FAT 13, 272–284
aus den beiden ersten Visionen glaubt entnehmen zu können, »daß das schuldige
Israel nur überlebt, weil es Propheten wie Amos hat.« Ein Text wie Gen 20, in
dem Abraham als Prophet eingeordnet wird (Gen 20,7) und darum zugleich als mit
interzessorischer Vollmacht ausgerüstet erscheint (V. 7.17), bestätigt, daß spätere Prophentheologie gerade hierin die Funktion der »Propheten« sah. Die
»innere Logik des Berichteten« (*J. Jeremias*, ATD 24/2, 98) ist darum m.E. nicht
»die Fürsprache des Amos und das Verständnis ihres Gelingens«. Ob die prophetische Fürbitte »in der 2. Vision ... nur noch: ›Mein Herr Jahwe, halt doch ein!‹«
lautet (*J. Jeremias*, FAT 13, 273), d.h. ob hierin eine Abschwächung liegt, hängt
davon ab, wie man חדל übersetzt. Die lexikalisch-semantische »Ingressivblind-
heit« des Hebräischen (vgl. *E. Jenni*, Lexikalisch-semantische Strukturunter-
schiede: hebräisch ḤDL – deutsch »aufhören/unterlassen« (1994), in: *ders.*, Studien zur Sprachwelt des Alten Testaments, hg. von *B. Huwyler / K. Seybold*,
Stuttgart/Berlin/Köln 1997, 196–205, der genannte Begriff S. 204) erlaubt keine
Entscheidung, ob es beim erbetenen »Nicht-Tun« um ein bloßes Innehalten oder
um ein Gar-nicht-Beginnen geht.
29   *E. Jenni*, Vollverb und Hilfsverb mit Infinitiv-Ergänzung im Hebräischen,
ZAH 11 (1998), 50–67; das Zitat zu יסף S. 57 bzw. zu Am 5,2 S. 58: »Sie steht
[von jetzt an] nie wieder auf« (Am 5,2), aber Am 7,13 mit Präp.: »Du kannst
nicht fortfahren, [wie bisher] zu prophezeien.«
30   *J. Jeremias*, FAT 13, 245. Allerdings bezeichnet עבר mit בקרב (= »durch dein
Inneres« = »mitten durch dich hindurch«) in Am 5,17 ein verheerendes Geschehen, vielleicht wirklich mit der Metapher eines durchziehenden Heeres. Aber »der
Perlativ wird einzig durch das Verbum zum Ausdruck gebracht« (*E. Jenni*, Die hebräischen Präpositionen, Bd. 1: Die Präposition Beth, Stuttgart/Berlin/Köln
1992, 178). Da ב eine gleichstellende Präposition ist, ist der Vollzug des Hin-
durchziehens mit dem genannten Bereich gleichgestellt, d.h. wir haben normale
lokale Bedeutung vor uns. Dies ist bei der Verbindung des Verbs mit einem Prä-

absolut gebrauchtes Verb »vorübergehen, passieren« (wie in Am 8,5) mit einem »Dativus commodi« oder »relationis« zu verstehen: »Ich werde [von jetzt an] nie mehr in bezug auf ihn [untätig] vorbeigehen.«

Die Bewußtmachungsfrage 7,8: »Was siehst du da, Amos?« zielt auf das Wort אֲנָךְ, das im Wortspiel zwischen »Weißmetall/Zinn« und göttlichem »Ich«[31] Gott als Handelnden und die Krise Wirkenden einführt. Der auf der Zinnmauer Stehende hat auch Zinn in der Hand und zeigt es dem Propheten, der darum nur mit dem einen Wort »אֲנָךְ« antworten kann. Nicht die Mauer und auch nicht das Bild des »Gottes auf der Mauer«[32] wird ins Zentrum gerückt, sondern das Metall als solches kommt zur Sprache und eröffnet die Doppeldeutigkeit des Wortes. Offenbar bedeutet Zinn in dieser Szenerie, genauer gesagt, das Einbringen von Zinn in etwas anderes hinein, eine Krise.

Statt des hier gewählten Verbs שׂים könnten grundsätzlich auch dessen Synonyme נתן oder בוא Hif. erwartet werden[33]. Die Belege von שׂים[34] lassen vermuten, daß es sich um ein fachmännisches oder technisch spezifisches »Anlegen«[35] des direkten Objekts handelt, so daß sich dieses dann bestimmungsgemäß בקרב befindet. Insofern legt sich die Vermutung nahe, daß das »Einlegen« von Zinn einen Vorgang bezeichnet, der als solcher kritisch ist.

Dies ist bei der antiken Bronzeherstellung der Fall.

Der Zürcher Experimentalarchäologe Walter Fasnacht, Konservator des Schweizerischen Landesmuseums, Sektion Archäologie, der sich auf den experimentellen Nachvollzug antiker Metallgußverfahren spezialisiert hat, stellte dazu auf meine Anfrage in einem ausführlichen Schreiben vom 18.12.1996[36] fest: »Zinn

positionalausdruck mit ל nicht der Fall, weil die von den traditionellen Grammatiken angenommene »lokalterminative Grundbedeutung von ל« (hierzu ebd., 21) nicht zutrifft, sondern ל als getrennt haltende Präposition vielmehr für einen »Relationalis« gebraucht wird, d.h. die Präposition »beläßt [die beiden Größen, die aufeinander bezogen werden] ... in ihrer Verschiedenheit« (ebd., 31), in diesem Fall also den Handelnden (Gott) und den Betroffenen (Israel). Anders als in Mi 7,18 ist also *nicht* von einem »Vorbeigehen an der Schuld« die Rede (gegen *H.F. Fuhs*, Art עבר *ʿābar* , ThWAT V (1986), 1015–1033, hierzu1030).

31   So auch *J. Jeremias*, ATD 24,2, 103.

32   *C. Uehlinger*, Der Herr auf der Zinnmauer. Zur dritten Amos-Vision (Am. VII 7–8), BN 48 (1989), 89–104.

33   Vgl. *G. Vanoni*, Art. שׂים *śîm*, ThWAT VII (1992), 761–781, hier 767.

34   In der Zusammenstellung und Diskussion von *Vanoni* (vgl. Anm. 33); vgl. dort auch bes. (765) die Bemerkung, daß die Deutung von אֲנָךְ als »Brecheisen« (so noch *Rudolph*) eine Emendation von בקרב nötig machen würden.

35   Etwa wie beim deutschen »einen Brand legen« oder »(Holz) zulegen«.

36   Ich danke Herrn Fasnacht an dieser Stelle gern für die ausführlichen Informationen und Gedanken zu der von mir im Blick auf Am 7,8 an ihn gerichteten Anfrage und verweise im übrigen auf seine Publikationen, vor allem in diesem Zu-

wird tatsächlich ... erst am Schluss ... in die bereits flüssige Kupferschmelze gegeben ...
Nach der Herausnahme des Tiegels aus dem Feuer ist der Temperaturverlust so groß, dass die Legierung innert weniger Sekunden erstarrt. Und in diesen paar Sekunden muss der ganze Guß gelingen. Dies steht im Gegensatz zum heutigen Bronzeguß ...
Der technische Aspekt des von Ihnen als kritischer Moment bezeichneten »Zinn ins Innere legen« ist meiner Meinung nach unbestritten. Die Frage bleibt selbstverständlich noch abzuklären, ob diese Kenntnisse Allgemeingut waren, ob also dieses Bild gebraucht werden konnte, weil es sofort und von allen verstanden wurde.«
Grundsätzlich kann diese Möglichkeit – auch wenn die technischen Details nicht Allgemeingut waren – bejaht werden, da es im Gebiet Israels im 8. Jh. Metallverarbeitungsanlagen gab[37], die Amos gesehen oder gekannt haben kann.

Für die dritte Vision bedeutet dies, daß sie noch nicht »Gericht«, aber schon »Krise« vorstellt, und zwar eine äußerste Krise, die durch das Einbringen des Zinns bzw., im Wortspiel, des göttlichen »Ich« bewirkt wird. Der Vorgang als solcher ist – wie in den ersten beiden Visionen – riskant, aber er wird nicht geschaut, sondern nur angekündigt und durch das Wortspiel zudem als Metapher kenntlich gemacht, ohne dadurch den beunruhigenden Aspekt zu verlieren. Denn zugleich wird das Wort »ich« des handelnden Gottes, der nicht mehr untätig »vorbeigehen« will, aktiviert. Die Erschließung des Visionsinhalts ist ein sprachlicher Vorgang.
So wird die dritte Vision direkt zur Krisendarstellung gebraucht. Sie hat dadurch Übergangscharakter zwischen den beiden ersten, die reine Visionen bleiben, und der letzten, die eigentlich ein kaum verhülltes Unheils*wort* ist. Die ganze Viererfolge ist somit ein stark formalisierter und komprimierter Rechenschaftsbericht des Propheten darüber, wie er zum Wortboten wurde: von visionären Eindrücken zur Artikulation des Wortes vom Ende. Der älteste prophetische Visionsbericht ist also eine zwar retrospektiv, aber nicht narrativ

sammenhang auf den Beitrag von *W. Fasnacht / L. Flutsch*, Missratene Bronzeobjekte, in: *L. Flutsch* (mit *P. Curdy / W. Fasnacht u.a.*), Erare Humanum est. Pech und Pannen in der Antike. Katalog zur Sonderausstellung des Schweizerischen Landesmuseums Zürich vom 26. Okt. 1994 bis 30. April 1995, Zürich 1994, 32–37 sowie auf *W. Fasnacht*, 4000 Jahre Kupfer- und Bronzeguß im Experiment, in: Experimentelle Archäologie. Bilanz 1994. Symposion in Duisburg August 1993. Archäologische Mitteilungen aus Nordwestdeutschland, Beiheft 8 (1995), 237–246 (Lit!).
37 Nach *H. Weippert*, Palästina in vorhellenistischer Zeit, HdA II/1, München 1988, 329, »läßt wenigstens die Fundverteilung während der ausgehenden Spätbronze- und der beginnenden Eisenzeit die Vermutung zu, daß es Bronzewerkstätten in den traditionellen Städten im Bereich der Jesreel-Ebene (Tell el-mutesellim) und im mittleren Abschnitt des Jordangrabens (Beth-Sean und Tell esṣaʿîdīye) gab ...«

gestaltete Situationsinformation zum aufgetragenen Wort in knapper und eben darum im Wortlaut festgelegter und schriftlich fixierbarer Form[38]. Demgegenüber ist der sekundäre Fremdbericht 7,10–17 eine weitere, nun narrative Ausgestaltung der Umstände und der Art, wie Amos seine Botschaft an Israel übermittelte.

III

Das Bedürfnis, aufgetragenes oder als existentiell entscheidend erlebtes Wort nicht nur mitzuteilen, sondern gewissermaßen auch seinen Empfang zu belegen und so die eigene Einsicht in die Bedeutung dieses Wortes und der Situation, in die es ergeht, wie sie sich in der begleitenden und sie erschließenden Bewußtmachungsfrage bei Amos und Jeremia (oder anders in der Botenbeauftragung bei Jesaja) aufgedrängt hat, für andere nachvollziehbar zu machen, scheint gewissermaßen eine anthropologische Konstante bei Erlebnissen unerwarteter Hellsichtigkeit zu sein[39]. Als solche wurde sie in der traditionsbildenden Wortprophetie zu einer Keimzelle der Schriftprophetie. So führt eine freilich nicht unbedingt gerade Linie von Am 7,1–8 + 8,1–2 (und Jes 6) über Jer 1,11f.13f, sodann über *Ez 1 – 3 bis zu Sach 1,7 – 6,8.
In den »Nachtgesichten« Sacharjas (Sach 1,7 – 6,8), die im Grunde eine Abfolge von in der Endfassung acht Bildern[40] einer einzigen

---

38   Er kann jederzeit repetiert werden, aber er ist auch als Urkunde auf im 8. Jh. in Israel verfügbarem Material – etwa einem einzigen Stück Leder – gut unterzubringen.
39   *H.W. Wolff*, Dodekapropheton 2. Joel/Amos (BKAT XIV/2), Neukirchen-Vluyn 1969, 341 spricht von »Visionsmemorabilien« als Sonderform der von ihm in *ders.*, Dodekapropheton 1. Hosea (BKAT XIV/1), Neukirchen-Vluyn [2]1965, 71f zu Hos 3,1–5 genannten Form des Memorabile. Ein aus der europäischen Neuzeit stammender Beleg für dieses Bedürfnis ist das sogenannte »Mémorial«, das Blaise Pascal nach seinem entscheidenden nächtlichen Offenbarungserlebnis (das ebenfalls eine wortzentrierte, fortan seine Philosophie als Theologie bestimmende Wende begründete), aufschrieb (Text z.B. bei *Pascal*, Pensées. Texte de l'édition Brunschvicg. Edition précédée de la vie de Pascal par Mme Périer, sa sœur. Introduction et notes par *Ch.-M. des Granges*, Docteur ès Lettres, Paris 1961 [Classiques Garnier], 71f und 330, Anm. 27).
40   Die Ursprünglichkeit der Siebenzahl legt sich aus formalen Gründen nahe: Auch hier ist die Abfolge einzelner, gleich aufgebauter und formal stereotyper Teilgesichte als zunächst mnemotechnisch gesicherte Größe erkennbar, die auch inhaltliche Symmetrie bzw. Zentrierung um die Leuchtervision Sach 4,1–5a. 10b–16 aufweist. Durch die Einarbeitung der Josuavision in Sach 3,1–7 und der Worte an Josua (3,8–10), Serubbabel (4,6f.8–10a) und weiterer Einzelworte (2, 10–13.14–17) wurde sie zu einer neuen Dokumentation fortgeschrieben (vgl. dazu meinen Art. Sacharja/Sacharjabuch, TRE XXIX [1998], 539–547).

nächtlichen Schau (Sach 1,8) sind, in der sich die Motivation und Stringenz der in sie eingebetteten Worte zur Situation im zweiten Jahr des Darius erschließt, wird der retrospektive Charakter solcher worterschließender Visions-Selbstberichte deutlich. Das Datum von Sach 1,7 gehört in das literarische Ensemble des chronologisch strukturierten Haggai-Sacharja-Korpus. Gerade durch die so dokumentierte Retrospektive wird aber die fortbestehende Relevanz und Dringlichkeit des seinem Wesen nach im mündlichen Sprechakt vermittelten prophetischen Wortes, das sich somit bei der Verschriftung durch den Verlust seiner nichtverbalen Elemente verändert, für die je momentane Gegenwart erhalten.

Der auch in diesem Fall durch seine Form[41] im Wortlaut gesicherte und weder eigentlich narrativ gestaltete noch variable Visionsbericht als Selbstbericht des Propheten macht den Anspruch des Wortes als Gotteswort plausibel, er verumständet gewissermaßen die Berechtigung der prophetischen Zitationsformel und sichert für das verschriftete Wort die eigentlich mündlich auszudrückende Wortsituation. Hier spricht der Prophet ein für allemal über sein Konzept bzw. Gottes Konzeption hinter dem ihm aufgetragenen Wort.

Deshalb kann schließlich das Wort[42] »Vision« (חזון) zur Prophetenbuchüberschrift werden (Jes 1,1; Ob 1; Nah 1,1). Der Zusatz, »was er schaute (חזה) über Israel« zur alten Überschrift »Die Worte des Amos, der unter den Herdenbeamten von Tekoa war«, ist demnach bei Amos buch- bzw. traditionsimmanent verankert, wird aber auch in Mi 1,1 und Hab 1,1 (sowie Jes 2,1) in die Überschrift eingefügt und setzt dann die semantische Spezialisierung des Verbs חזה auf den prophetischen Wortempfang voraus.

Mehr oder jedenfalls deutlicher erkennbar als die Prophetenworte im engeren Sinne[43] lädt die geschriebene Vision später zur Fortschreibung auch über die prophetisch produktive Phase hinaus ein: Die Debatte darüber, ob in Sach 1 – 6 bereits Elemente der Apokalyptik vorliegen[44], hat sich der Forschung deshalb aufgedrängt,

---

41 Auch bei Sacharja noch durch gleichbleibendes Schema strukturiert; s. oben Anm. 40.

42 *A. Jepsen*, Art. חזה ḥāzāh, ThWAT II (1970), 822–835, hierzu 825: »ḥāzôn ist also ein Geschehen, in dem Worte empfangen werden.« Informativ als Überblick über das Belegmaterial: *D. Vetter*, Art. חזה ḥzh schauen, THAT I (1971), 533–537.

43 Bei denen man nie wirklich sicher sein kann, wo »Fortschreibung« im engeren Sinne und nicht sammelnde, auslegende Überlieferung und Transformation vorliegt.

44 *H. Gese*, Anfang und Ende der Apokalyptik, dargestellt am Sacharjabuch, ZThK 70 (1973), 30–49.

weil die Ereignisapokalyptik[45] als Zukunftsenthüllung Visions-
schilderungen vorlegt, die immer der autorisierten Deutung bedürfen. Der »Deuteengel« der Nachtgesichte Sacharjas ist aber noch
nicht der Engel des pseudonymen Apokalyptikers, dem die Enthüllung des Geheimnisses anvertraut ist, sondern eher eine gewissermaßen personifizierte Bewußtmachungsfrage zur Erschließung
des prophetischen Wortes.
Nach dem Aufhören der Prophetie im Sinne der (mündlichen)
Ausrichtung von Gotteswort in eine je aktuelle geschichtliche Situation hinein bleibt der Visionsbericht als eine Gattung produktiv,
die nun die je neuen Sinnzusammenhänge des gegebenen und
weiterwirkenden, längst verschrifteten Prophetenwortes erschließt.
Für den Apokalyptiker ist Prophetie immer schon Schriftprophetie
und als solche abgeschlossenes Schriftwort, das vom Kundigen erschlossen werden muß (Hos 14,10!). Dessen »mantological wisdom«[46] äußert sich einerseits in der sozusagen wissenschaftlich-
theologischen Kommentarliteratur[47], andererseits in der kreativen
Schriftlichkeit und Fortschreibung[48] der apokalyptischen Visionen. Hierin, nicht in einer gerade nicht mehr möglichen Fortschreibung der Prophetenworte, erweist sich die Apokalyptik als
spätes Kind der Prophetie.

IV

Der prophetische Selbstbericht und vor allem dessen Sonderform
als prophetischer Visionsbericht kann als eine Keimzelle der
Schriftprophetie also bereits bei deren erstem Vertreter im 8. Jh.
erkannt werden, obwohl noch mehr als zwei Jahrhunderte später
die eigentliche prophetische Worterteilung als nur direkt oder indirekt mündlich zu erfolgender Vorgang galt und dies offenbar

---

45   Zum Begriff »Ereignisapokalyptik« und seiner Begründung vgl. *I. Willi-
Plein*, Das Geheimnis der Apokalyptik, VT 27 (1977), 62–81.
46   *K. Larkin*, The Eschatology of Second Zechariah. A Study of the Formation
of a Mantological Wisdom Anthology, Kampen 1994 gebraucht in bezug auf
Deuterosacharja diesen Begriff für die geistesgeschichtliche Einordnung der von
M. Fishbane, Biblical Interpretation in Ancient Israel, Oxford 1985, 443ff dar-
gestellten »mantological exegesis«.
47   Zur Methode der Pescher-Literatur in Qumran vgl. z.B. *M. Fishbane*, Biblical Interpretation, 454f und kurz *H.-J. Klauck*, Art. Pescher, NBL III (Lfg. 11,
1997), 118f; zu ihrer Abgrenzung gegenüber dem Midrasch bzw. der Midrasch-
exegese *F. Böhl*, Art. Midrasch, NBL II (Lfg. 10, 1995), 804f.
48   Der Terminus wurde nicht von ungefähr von *W. Zimmerli* zu Ezechiel einge-
führt; deutliche Fortschreibungen prophetischer Vision werden bereits in Ez 8–
11 klar erkennbar.

auch noch weiterhin so blieb (Ez 20,1). Dies schließt aber die Niederschrift und sogar Archivierung der Worte aus dem Munde des
Propheten nicht aus. Schülerkreis und kollektives Gedächtnis (so
in Jer 26) bewahrten die Worte auf und wollen die im ursprünglichen Sprechakt unmittelbar evidenten Situationsbezüge durch
Fremdberichte und chronologische Angaben sichern. Dadurch
wird das Prophetenwort – auch – vom Gegenwartszeugnis zum historischen Dokument und als solches auch innerbiblisch schon zur
Quelle des Historikers[49].
Erweist sich diesem die Erfüllung des einstigen Wortes in einer re-
trospektiven Beglaubigung vor allem solcher Prophetie, von der die
Überlieferung weiß, die aber selbst nicht Schrift geworden ist, so
hat das Wort doch damit seine prophetische Valenz verloren. Ge-
rade die Unverfügbarkeit des Gotteswortes drängt andererseits zur
»Beschreibung« seines Empfangs und der darin erfahrenen Konzeption, deren Nachvollzug die Wortsituation erfahrbar erhält. Das
Wort bleibt in aller Unverfügbarkeit als Prophetenwort valent und
im prophetischen Geist reaktivierbar. In prophetisch inspirierter
Erneuerung wird es bewahrt, legt Prophetie die Prophetie aus.
Die Buchwerdung der Prophetie ist in letzter Zeit mit Recht ins
Blickfeld der Forschung gerückt[50]. Forschungsgeschichtlich gehört dies in den Kontext des neuen Interesses am Kanon. Dabei
sollte allerdings im Bewußtsein bleiben, daß jedenfalls nach dem
alttestamentlichen Selbstzeugnis Prophetenwort nie als solches ka-
nonische »Schrift« wird, wenn auch die Verschriftung gewissermaßen die Unverfügbarkeit ordnet. In dem Moment, da Prophetie
schriftlich abgeschlossen, also geschlossener Text ist, wird ihr Ende konstatiert (Sach 13,2), obwohl die Auslegung der Schriftprophetie weitergeht bzw. erst recht entwickelt wird. Insofern ist gegenüber dem Begriff »Fortschreibung« im Zusammenhang prophetischer Tradition Vorsicht geboten. »Fortgeschrieben« werden
die situativen Einbettungen der Wortprophetie, und das kann auch
ein Vorgang der Redaktion der verschrifteten, aber noch nicht
Schrift als »Heilige Schrift« gewordenen Prophetenworte im buch-
bildenden Zusammenhang sein. Auslegung von Prophetie durch
Prophetie ist aber als solche, auch wenn sie sich uns nur aus deren
schriftlichen Zeugnissen in den biblischen Büchern erschließt, keine »Fortschreibung« von Schrift, sondern auslegende Verkündi-

---

49   So in der deuteronomistischen Geschichtsschreibung.
50   Vorläufig abschließend seien genannt *O.H. Steck*, Die Prophetenbücher
sowie *R.G. Kratz / Th. Krüger*, Rezeption und Auslegung im Alten Testament und
in seinem Umfeld (OBO 153), Freiburg (Schweiz) / Göttingen 1997, bes. *R.G.
Kratz*, Die Redaktion der Prophetenbücher, in: ebd., 9–27.

gung[51] bzw. Sinnerschließung sprachlicher Zusammenhänge durch »kompetente Sprecher«.

Der nur noch geschlossene Texte auslegende Apokalyptiker aber verwendet kein prophetisches Pseudonym[52] mehr; der Ausleger der Pescher-Literatur kommentiert fertiges Schriftwort. Der Wille zur bewahrenden Vermittlung des aufgetragenen Wortes steht am Anfang der Schriftprophetie; der Abschluß der Prophetenbücher besiegelt das Ende der Prophetie.

---

51 Deshalb kann *O.H. Steck*, Die Prophetenbücher, 128 den »Traditionsvorgang der werdenden Prophetenbücher«, wenn auch »cum grano salis« würzend, »an der Theologie der *Predigt* verdeutlichen«. Auch in den noch in den 60er Jahren üblichen Debatten über die Zulassung von Frauen ins Pfarramt wurde zu deren Befürwortung gern auf den »prophetischen« (und somit für Frauen aus dem Neuen Testament auch fundamentalistisch begründbaren) Charakter der Predigt hingewiesen.

52 Darum ist der von *O.H. Steck*, Die Prophetenbücher, 133, allerdings (z.T. im Gegensatz zu von ihm in diesem Abschnitt zitierter Literatur) sehr vorsichtig vertretenen Bejahung der Frage, ob »Dan 9 also ein Exempel prophetischer Prophetenauslegung« sei, in Aufnahme der von ihm selbst genannten Bedenken, daß »weder Daniel noch der Engel selbst als Prophet bezeichnet sind«, zu widersprechen.

II

Neutestamentlich-apostolische Zeit

Gerhard Dautzenberg

Prophetie bei Paulus

Die hohe Schätzung der Prophetie, welche sich darin ausdrückt, daß z.B. in 1Kor 12,28 die Propheten an zweiter Stelle nach den Aposteln genannt werden, steht in einem eigenartigen Mißverhältnis zu den üblicherweise kargen Auskünften neutestamentlicher Exegese, wenn sie an diesen Komplex rührt. Wer dieser nahezu verschollenen Größe des Urchristentums etwas näherkommen will, muß bereit sein, neue Fragen zuzulassen, die andere Welt des frühen Christentums in ihren eigenen Bedingungen zu verstehen suchen und auch Paulus in dieser Welt lassen[1].

1. Die prophezeienden Frauen (1Kor 11,2–16)

Die Paulusbriefe geben uns die sichersten Hinweise darauf, daß die Prophetie in den Gemeinden der ersten urchristlichen Generation allgemein verbreitet war. 1Kor 11,2–16 wendet sich mit verschiedenen Argumenten gegen den in Korinth eingerissenen Brauch, daß Frauen, die in der Gemeindeversammlung als Vorbeterinnen oder Prophetinnen sprechen, bei dieser Gelegenheit den Schleier ablegen und sich mit entblößtem Gesicht den Anwesenden zuwenden.

Das letzte dieser Argumente lautet: »Wir haben eine solche Sitte nicht und auch nicht die Gemeinden Gottes« (1Kor 11,16). Mit »Gemeinden Gottes« verweist Paulus auf jeden Fall über den Kreis der von ihm gegründeten Gemeinden hinaus, wenigstens auf die aus der antiochenischen Mission hervorgegangenen Gemeinden im östlichen Mittelmeerraum, wenn nicht sogar auf die Gemeinden in Palästina und Jerusalem (vgl. 1Thess 2,14). Auch in diesen Gemeinden treten Frauen im Gottesdienst als Prophetinnen auf, aber sie bleiben verschleiert.

---

1 Literatur s. *G. Dautzenberg*, Propheten/Prophetie IV, in: TRE 27, 503–511, hier 510f.

Es lohnt sich, noch einen Moment bei der Auswertung von 1Kor
11 zu verweilen. Zunächst ist zu vermerken, daß die prophetische
Gabe so mächtig erfahren wurde, daß die von Konvention und
Sitte erzwungene passive und untergeordnete Rolle der Frauen, die
klassisch in den neutestamentlichen Redeverboten bzw. Schweige-
geboten zusammengefaßt ist (1Kor 14,33b–36; 1Tim 2,10–15)[2],
durchbrochen werden konnte.

Zwar wird Joel 3,1–5 (3,1: »eure Söhne und eure Töchter werden
prophetisch reden«) erst in Apg 2,17–21 ausdrücklich in den Zusammenhang urchristlicher Geisterfahrung gebracht, aber nicht
nur das Auftreten von Prophetinnen, sondern auch die allgemeine
Verbreitung der Prophetie in den urchristlichen Gemeinden und
die noch zu besprechenden Formen prophetischer Erfahrung lassen vermuten, daß die Prophetie schon vor Paulus als endzeitliches
Erfüllungsgeschehen im Sinne von Joel 3,1–5 verstanden und ge-
übt wurde[3].

Welche Motive konnten die korinthischen Prophetinnen veranlaßt
haben, den Schleier während ihres Auftretens vor der Gemeinde
abzulegen? Man könnte an rein praktische Überlegungen denken;
das Ablegen der Verhüllung erleichterte sicherlich die Kommunikation. Möglich wäre auch, daß die Prophetinnen die Gemeindeversammlung nicht als »Öffentlichkeit« betrachteten, in welcher
die Verhüllung gefordert war, sondern als Verlängerung oder
Ausweitung des eigenen familiären Umfeldes, was angesichts der
Versammlungen in »Hausgemeinden«, angesichts der Redeweise
von »Brüdern«, »Schwestern« (Röm 16,1; 1Kor 7,15; 9,5) und »Kindern« (1Kor 4,14; 2Kor 6,13; Gal 4,19; 1Thess 2,7.11) naheliegen
konnte. Aber wahrscheinlich wird ihnen ebenso wie Paulus in seiner Reaktion (1Kor 11,3–5.7) in aller Schärfe die soziale Symbolik
der Verhüllung bewußt gewesen sein; sie war zwar von jüdischer
und gelegentlich auch griechischer Sitte gefordert (1Kor 11,13),
war aber zugleich wie das Schweigegebot Symbol der sozialen
Ordnung, der Unterordnung der Frauen unter die Männer als Väter
oder als Eheherren, der Aufteilung der Lebenswelt in die Öffentlichkeit als den den Männern zustehenden Bereich und das Haus
als den Bereich der Frauen[4]. Das heißt: Wenn Prophetinnen ihre
Verhüllung ablegten, zogen sie eine Konsequenz aus der Tatsache,

---

2   S. dazu *G. Dautzenberg*, Zur Stellung der Frauen in den paulinischen Gemeinden, in: *ders.* / *H. Merklein* / *K. Müller*, Die Frau im Urchristentum, Freiburg i.Br.
1983, 182–224, hier 193–205.
3   Schon vor Röm 10,13: *B. Lindars*, New Testament Apologetic, London
1961, 37f.
4   S. dazu *Dautzenberg*, Stellung, 210f.

daß ihnen wie den Männern unter Überspringung sozialer Schranken die Gabe der prophetischen Erfahrung und der Auftrag zur prophetischen Rede zuteil geworden war. Im Grunde realisieren sie einen Aspekt der von Paulus Gal 3,28 im Taufzusammenhang proklamierten, gleichfalls die innergemeindliche Aufhebung wie immer begründeter sozialer Schranken reflektierenden Maxime: »Da ist nicht männlich und weiblich«. Auch Gal 3,28 könnte eine frühe urchristliche Aufnahme von Joel 3,1–5 anzeigen[5].

2. Urchristliche Prophetentraditionen bei Paulus

Die Propheten gehören nach der wahrscheinlich auf die Gemeindeordnung Antiochiens zurückgehenden Trias »Apostel, Propheten, Lehrer« (1Kor 12,28; vgl. Did 11,3; 13,1f; 15,1f) zu den das Gemeindeleben primär bestimmenden Funktionen (vgl. auch ihre Stellung in Röm 12,6–8). Zugleich zeigt sich in dieser Zuordnung zur Gemeinde eine Differenz sowohl zur alttestamentlichen Prophetie wie zum zeitgenössischen Judentum. Die Differenz zur alttestamentlichen Prophetie ist wohl am ehesten durch einen Hinweis darauf zu beschreiben, daß deren Adressaten die Institutionen des Bundesvolkes oder dieses Volk selber waren, der Wirkungskreis urchristlicher Propheten ist durch ihre Zugehörigkeit zur Gemeinde wesentlich beschränkter. Die Differenz zum zeitgenössischen Judentum zeigt sich darin, daß dort fast durchweg[6] die Bezeichnung oder der Titel »Prophet« für zeitgenössische Gestalten gemieden, das Ausbleiben prophetischer Weisung beklagt oder festgestellt wird, während die verstreuten urchristlichen Gemeinden ohne Scheu den Titel »Prophet« gebrauchen und die prophetische Funktion für ein wesentliches Merkmal der Gemeinde halten, so daß nicht von vereinzeltem prophetischem Wirken die Rede ist, sondern Propheten überall da vorauszusetzen sind, wo sich christliche Gemeinden bilden, z.B. in der römischen Gemeinde (Röm 12,6–8).

5 Vgl. *F. Crüsemann*, »... er aber soll dein Herr sein« (Gen 3,16), in: *ders. / H. Thyen*, Als Mann und Frau geschaffen, Gelnhausen 1978, 13–106, hier 92ff; *H. Paulsen*, Einheit und Freiheit der Söhne Gottes, ZNW 71 (1980) 74–95, hier 84; *G. Dautzenberg*, ›Da ist nicht männlich und weiblich‹, Kairos 24 (1982) 181–206, hier 197; *F.W. Horn*, Das Angeld des Geistes, Göttingen 1992, 111f.
6 Außer in Randgruppen: Täuferbewegung, frühe Jesusbewegung, zelotische Gruppen nach Josephus; vgl. *K. Koch*, Propheten/Prophetie II, in: TRE 28, 477–499, hier 494f; *R. Gray*, Prophetic Figures in Late Second Temple Jewish Palestine. The Evidence from Josephus, Oxford 1993; *D.E. Aune*, Prophecy in Early Christianity and the Ancient Mediterranean World, Grand Rapids 1983, 103–152.

Aus der Bezeichnung »Prophet« lassen sich allerdings, auch wenn zutreffend die Prägung vorausgesetzt wird, welche dieser ursprünglich griechische Begriff durch die griechische Bibelübersetzung erhalten hat[7], nur ganz allgemeine Charakteristika prophetischen Wirkens ableiten. Insofern bieten die in 1Kor 12–14 enthaltenen Aussagen über Prophetie und Propheten die einzige Möglichkeit einer näheren Beschreibung urchristlicher Prophetie im Gemeindekreis des Paulus und darüber hinaus zumindest im Bereich der hellenistischen Mission. Abgesehen von wenigen prononcierten Stellungnahmen und Akzentuierungen ist Paulus hier Zeuge der Tradition. Das gilt sicher für die enge Beziehung zwischen der Prophetie und dem Geist, für die Wertung der Prophetie als Geistesgabe (1Kor 14,1; vgl. 12,1.10f; indirekt auch Röm 12,8) und für die Vorstellung, daß ein Prophet auf Grund von Antrieb des Geistes spricht. Mit dem Verständnis der Prophetie als einer Gabe des Geistes bzw. mit der Betonung der Erfahrung des Geistes als der zur Prophetie anleitenden Macht schließt die urchristliche Prophetie an eine in der nachexilischen Prophetie seit Ezechiel ausgebildete Tradition vom Wirken des Geistes Gottes an; vgl. Jes 61,1; Joel 3,1f; Hag 1,14; 2,5; Sach 4,6; 7,12[8].

3. Die prophetische Erfahrung

Aus 1Kor 14,32 scheint hervorzugehen, daß über die Wucht der Inspirationserfahrung unterschiedliche Auffassungen existierten. Paulus wendet sich gegen Tendenzen, welche einer vom Geist geschenkten Offenbarung und ihrem Vermittler, dem Propheten, unbedingte Priorität und unbedingtes Rederecht in der Gemeindeversammlung einräumten, wenn sie nicht sogar eine vom Geist ausgehende Art Zwang oder Nötigung zum Reden behaupteten. Ohne die prophetische Inspiration und den damit verbundenen Auftrag zur prophetischen Rede zu leugnen, weist Paulus die Verantwortung für den Zeitpunkt und die Opportunität der prophetischen Rede dem Propheten zu. Übergeordnetes Kriterium für die miteinander konkurrierenden Ansprüche verschiedener Propheten auf unmittelbares Gehör ist der von Gott gewollte »Friede« der Gemeinde (14,33); mit der Konsequenz, daß auf den Geist Gottes zurückgehende Initiativen nicht miteinander in Konflikt geraten und so den Frieden der Gemeinde stören dürfen oder können.

---

7 *C. Forbes*, Prophecy and Inspired Speech in Early Christianity and its Hellenistic Environment, Tübingen 1995, 318f.
8 Vgl. *J. Barton*, Postexilic Hebrew Prophecy, in: ABD V, 489–495, hier 493.

An die Bemerkung 1Kor 14,32 hängt sich eine wenig ergiebige Diskussion darüber, wie der seelische Zustand zu beschreiben sei, in welchem die Propheten ihre Offenbarungen empfingen. So richtig es ist, die prophetische Rede im Unterschied zur glossolalischen Rede als ein Reden unter Beteiligung des »Verstandes« (νοῦς) zu beschreiben (vgl. 14,19), so unsinnig ist es, für die prophetische Erfahrung, für die Erfahrung von Offenbarung (ἀποκάλυψις) in 14,30 einen außergewöhnlichen seelischen Zustand, nenne man ihn Ekstase oder Trance, auszuschließen. 14,30 setzt voraus, daß bereits Propheten in der Gemeindeversammlung sprechen, das heißt die ihnen zuteil gewordenen Offenbarungen mitteilen, daß aber während der Rede eines Propheten einem anderen Propheten unerwartet eine Offenbarung zuteil wird. In diesem Falle genießt die neue akute Offenbarungserfahrung die Priorität. Der gerade redende Prophet soll schweigen. Die eben erhaltene Offenbarung soll sogleich mitgeteilt werden. Hier ist der zeitliche Abstand zwischen der Offenbarungsempfang und dem vernünftigen Formulieren und Sprechen minimal. Der Übergang von der außergewöhnlichen zu einer mehr gewöhnlichen Bewußtseinsebene ist in diesem Falle fließend.

Aber ist Paulus der Meinung, daß Prophetie in der Gemeindeversammlung immer aus der aktuellen Geist- und Offenbarungserfahrung erwächst? 1Kor 14,26 nennt verschiedene in der Versammlung laut werdende Wortbeiträge. Bei der Glossolalie und der ihr zugeordneten »Übersetzung« (ἑρμηνεία) kann man sich kaum eine von der Gemeindeversammlung unabhängige Entstehungsituation vorstellen oder einen vom Glossolalen vorbereiteten »Text«. Bei »Psalm« und »Lehre« wird es gerade umgekehrt sein. Für die prophetischen Beiträge begegnen zwei verschiedene Bezeichnungen: »Prophetie« (14,6) und »Offenbarung« (14,6.26). Vermutlich bezeichnet die erstere die prophetische Rede im engeren Sinne (vgl. προφητεύειν für das Sprechen der Propheten 11,4f; 14,1.3–5.24.31.39), während die letztere bei der Offenbarungserfahrung und dem Offenbarungsinhalt ansetzt (vgl. ἀποκάλυπτεσθαι 14,30). Aus dem Gefälle der Aussagen in 14,26.29–33 scheint hervorzugehen, daß prophetische Rede durchweg auf Grund von »Offenbarung« erfolgt. Zwar ist nach 14,30 ein akutes Offenbarungsgeschehen während der Versammlung nicht außergewöhnlich, aber wenn zwei oder drei Propheten nacheinander reden (14,29), ist es schon dann, wenn man sich den Verlauf einer Versammlung vorzustellen sucht, wahrscheinlich, daß nicht nur in der Stunde der Versammlung erfahrene Offenbarungen mitgeteilt werden.

Erst recht wird dies wahrscheinlich, wenn man bedenkt, daß Paulus die Prophetie und die Prophetenrede wohl nicht nur wegen ihrer

Verständlichkeit, sondern wegen ihrer Inhalte so hoch schätzt. Diese inhaltliche Seite ist nicht[9] schon mit der bekannten Trias von 1Kor 14,3 beschrieben:»Wer aber prophetisch redet, redet den Menschen Erbauung, Mahnung und Tröstung«. Dies sind die Wirkungen des prophetischen Redens, nicht seine Inhalte oder Formen.

Den unterschiedlichen Wirkungen sind zum Teil unterschiedliche Inhalte und Formen zuzuordnen. 1Kor 14,31 spricht davon, daß »alle lernen und alle ermahnt werden sollen«.

Da »Lernen« und »Ermahntwerden« kaum immer zusammenfallen, wäre mit mindestens zwei unterschiedlichen Arten von »Offenbarungen« zu rechnen. Die hervorgehobene Stellung der Propheten in der »Ämtertrias« 1Kor 12,28 dürfte ihren Grund in der besonderen Art prophetischer, auf Offenbarung beruhender, »Lehre« und »Mahnung« haben. In der Sache gibt es eine Spannung zwischen der Überzeugung von der allgemeinen Begabung mit dem Geist, mit der an Num 11,29 anschließenden Konsequenz, daß eigentlich alle Glieder der Gemeinde prophetisch reden könnten und sollten (1Kor 14,5), und der Erfahrung, daß die prophetische Gabe nicht allen zugeteilt wird (1Kor 12,29).

Aus der alttestamentlichen Prophetenforschung können wir lernen, daß prophetische Spontaneität und prophetische Kenntnis der Traditionen des Bundesvolkes sich keineswegs ausschließen, sondern daß letztere nahezu die Bedingung für das erstere ist. Ähnliches wird auch für die Propheten der paulinischen und hellenistischen Gemeinden gelten. Das heißt, daß wenigstens für einen Teil der in der Gemeindeversammlung mitgeteilten prophetischen Offenbarungen nicht nur mit einem zeitlichen Abstand zwischen der Offenbarungserfahrung und ihrer Mitteilung zu rechnen ist, sondern damit, daß der Prophet seine Offenbarungserfahrung meditiert, bearbeitet, interpretiert, bis er sie schließlich in die Öffentlichkeit der Gemeinde bringt. Von einer »Vorbereitung« des Propheten auf den Empfang der Offenbarung wird man ebenfalls sprechen dürfen: Meditativer Umgang mit den heilsgeschichtlichen und eschatologischen Traditionen, Gebet und Suche nach prophetischer Erkenntnis dürften wohl die geeignetste Form des »Strebens« (vgl. 1Kor 14,1c) nach der Gabe der Prophetie sein[10].

---

9   Wie zuweilen der Eindruck erweckt wird; vgl. Horn, Angeld des Geistes, 130: »Es geht also nicht um die Ansage zukünftiger Dinge, sondern um die Konkretisierung des Willens Gottes in der Gegenwart«.

10   Vgl. Dan 9; zur Vorbereitung des Sehers nach 4Esr und syrBar s. *G. Dautzenberg*, Urchristliche Prophetie, Stuttgart 1975, 90f; zu Jos Bell III,351–354 s. *Gray*, Prophetic Figures, 52–79.

4. Prophetie und Glossolalie

Bevor wir dieser Spur weiter folgen, ist über das Verhältnis der Prophetie zur Glossolalie zu reflektieren. Die spezifische Terminologie für die Glossolalie (γλῶσσαι, λαλεῖν γλώσσῃ/γλώσσαις) begegnet zwar nur in 1Kor 12–14, wir sind aber kaum berechtigt anzunehmen, daß die Glossolalie einzig in der Gemeinde von Korinth aufgetreten sei[11]. Wenn Paulus sich in 14,18 als praktizierenden Glossolalen bekennt, sollte dies nicht als rhetorische Konzession interpretiert werden[12]. Die Korinther werden vielmehr das Charisma der Glossolalie ebenso durch ihn kennengelernt haben wie das Charisma der Prophetie. Paulus stimmt mit ihnen in der Wertung der Glossolalie als eines πνευματικόν, einer Geistesgabe, einer deutlichen Manifestation des Geistes, überein (14,1b.12a.39b). Er wendet sich gegen eine Tendenz, welche die Glossolalie als die Geistesgabe schlechthin wertet und in der Konsequenz dessen eine Dominanz glossolaler Rede in der Gemeindeversammlung anstrebt. Als Reaktion darauf sind außer den theologischen Argumenten in 1Kor 12 und 13 die Beschränkung des glossolalischen Redens in der Gemeindeversammlung auf höchstens drei Beiträge unter der Bedingung, daß sie »übersetzt« werden können (14,27–28), und die grundsätzliche Zuweisung der Glossolalie in den Bereich der persönlichen Gottesbeziehung (14,2.4.28) anzusehen. Vor der Auseinandersetzung mit der korinthischen Entwicklung der Glossolalie konnte auch Paulus von ihr abkürzend und charakterisierend als vom πνεῦμα sprechen (1Thess 5,19) – ähnlich wie die Korinther (vgl. 14,1b.12a) – und sie undifferenzierter empfehlen.

Die Exegese von 1Thess 5,19–22 ist umstritten. Zur formalen Analyse vgl. Horn, Angeld 127: »eine Pentas, inhaltlich eine Trias, mit Folgerungen aus dem dritten Glied. Die ersten beiden Glieder hängen enger zusammen (Einleitung mit μή)«. Horn, 129 versteht im Anschluß an v. Dobschütz das Verhältnis von πνεῦμα V. 19 zu προφητεία V. 20 als das Verhältnis von Genus und Species; es sei beide Male vor dem Hintergrund eines Verständnisses der Prophetie als Wirkung des Geistes nach Joel 3,1 LXX von der Prophetie die Rede. Daher sei es »vom Wortlaut her nicht zwingend, πνεῦμα mit Glossolalie gleichzusetzen«. Es könnte sich umgekehrt verhalten, daß nämlich ursprünglich Glossolalie und Geisterfahrung zusammenfallen, und in einem zweiten Schritt die Prophetie vielleicht wirklich unter Einfluß von Joel 3,1 gleichfalls als Wirkung des Geistes verstanden worden ist. Darauf deutet auch das Gefälle der Argumentation in 1Kor 14 hin. Das würde

11 So *Horn*, Angeld, 255f.
12 *Horn*, Angeld, 201.291: Paulus begegne dem Phänomen Glossolalie als einer Gruppenerscheinung innerhalb der christlichen Kirche erstmals in Korinth. Gegenstimmen (Schlatter, Scroggs) ebd., 249; vgl. zuletzt *Forbes*, Prophecy, 172.

die Nähe und die Differenzen zwischen beiden Charismen erklären. Der Geisterfahrung und vor allem der Glossolalie ist etwas Spontanes und sich leicht der
Kontrolle Entziehendes eigen[13], σβέννυμι in der übertragenen Bedeutung »dämp-
fen, unterdrücken«[14] ist daher gegenüber der Glossolalie weitaus angemessener
als gegenüber der Prophetie.

Auffällig ist die negative Formulierung der ersten beiden Mahnungen. Sowohl die
Glossolalie wie die Bekundungen der Prophetie scheinen in Thessalonike auf
Vorbehalte gestoßen zu sein, während in Korinth ein größerer Teil der Gemeinde
wenigstens das Charisma der Glossolalie überaus hoch schätzte. Angesichts der
doppelten Reserve gegenüber Glossolalie und Prophetie ist 1Thess 5,21f als
Empfehlung an die Gemeinde zu lesen, sich in einer positiven Weise mit diesen
beiden Charismen auseinanderzusetzen – die Spitze der Aussage liegt in dem τὸ
καλόν κατέχετε 5,21b –, nicht als Anweisung zu einer »Unterscheidung der Geister«[15].

Das Nebeneinander von Glossolalie und Prophetie in 1Kor 12–14
beruht also nicht einzig auf der Auseinandersetzung des Paulus
mit Mißständen in den korinthischen Versammlungen, sondern ist
in einer Nähe beider Charismen zueinander begründet. An Gemeinsamkeiten zwischen Glossolalie und Prophetie können wir
schon notieren, daß sie beide als Geistesgaben im engeren Sinne
gelten, daß beide von Paulus in seinen Missionsgemeinden einge-
führt worden sind, vermutlich im gesamten vorpaulinischen Urchristentum verbreitet waren und in unterschiedlichem Ausmaß
mit ekstatischer Geisterfahrung verbunden sind. Während der Prophetie die Redeform der »Offenbarung« in besonderer Weise zukommt, drückt sich die Glossolalie nach 14,14–17 in besonderer
Weise in den Formen des Gebets (προσεύχομαι) und der Danksa-
gung (εὐλογεῖν, εὐχαριστία) aus. Der Glossolale spricht zu Gott,
seine Rede ist unverständlich, er spricht »im Geist«, ohne Beteiligung des Verstandes (14,2.14), infolgedessen »erbaut« er nur sich
selbst (14,4); der Prophet spricht zu den Menschen, er »erbaut« die
Gemeinde (14,3f). Diese nach 1Kor 14 zwischen beiden Charismen bestehenden Unterschiede heben aber bestehende Gemein-

---

13 Dies liegt den von Paulus kritisierten Verhältnissen in der korinthischen
Gemeindeversammlung zugrunde; vgl. auch das von Paulus potentiellen Außen-
stehenden angesichts allgemeiner Glossolalie in den Mund gelegte Urteil: ὅτι
μαίνεσθε (1Kor 14,23). Die Gefahr einer Verselbständigung oder pneumatischen
Anarchie besteht, wenn auch in geringerem Maße, ebenso bei der Prophetie; dies
ist die Voraussetzung für die Argumentation in 1Kor 14,32–33a.
14 Bauer/Aland, Wörterbuch, 1491.
15 So *Horn*, Angeld, 129 unter Berufung auf 1Joh 4,1. Dort wird tatsächlich zu
einem »Prüfen der Geister« aufgefordert. Es handelt sich dabei aber nicht um ein
Anfangs-, sondern um ein Folgeproblem urchristlicher Prophetie und Geistbega-
bung. Üblicherweise werden die traditionsgeschichtlichen Differenzen zwischen
den ältesten Paulusbriefen und den Spätschriften des Neuen Testaments beachtet;
das sollte auch in diesem Falle geschehen.

samkeiten nicht auf. Wenn die Glossolalie »übersetzt« wird, wirkt auch sie »erbauend« auf die Gemeinde (14,5). Das heißt: Von ihrem Inhalt her können beide Charismen eine ähnliche Wirkung entfalten; es ist nicht gefordert, einzig der Prophetie die Wirkung der Erbauung zuzuschreiben.

5. Prophetische Erkenntnis

Überschneidungen bestehen weiterhin in den Inhalten oder Gegenständen, mit welchen sich beide Charismen befassen. 1Kor 14, 23–25 könnte als Beispiel prophetischer Teilhabe an der göttlichen Herzenskenntnis und Bußpredigt verstanden werden, insofern eine gewisse Nähe zur 14,31b genannten Wirkung »damit alle ermahnt werden« haben. Ist eine solche Intention auch bei dem glossolalischen Reden aller oder Einreden aller auf an der Versammlung teilnehmende Ungläubige anzunehmen? Das mag offenbleiben. Anders verhält es sich mit der Beziehung beider Charismen auf den Bereich der göttlichen Geheimnisse, der μυστήρια. Für die Glossolalie ist diese Beziehung mit 14,2c: πνεύματι δὲ λαλεῖ μυστήρια gesichert[16]. Eine abschwächende Interpretation im Sinne von »geheimnisvolle Dinge« (Luther) ist nicht angebracht, der Begriff μυστήριον wird von Paulus in 1Kor 2,7; 4,1; 13,2; 15,51 streng theologisch gebraucht. Religionsgeschichtlich läßt sich darüber hinaus wahrscheinlich machen, daß die Glossolalie als Teilhaben an der Sprache der Engel verstanden wurde (vgl. 1Kor 13,1), so daß die Glossolalen ähnlich wie die Engel und mit ihnen die Geheimnisse der göttlichen Schöpfung und Weltlenkung nachsprechen[17]. Die Beziehung der Prophetie auf die göttlichen Geheimnisse scheint mir durch 1Kor 13,2a.b.c gesichert zu sein.

Die Interpretation des Satzes καὶ ἐὰν ἔχω προφητείαν καὶ εἰδῶ τὰ μυστήρια πάντα καὶ πᾶσαν τὴν γνῶσιν ist umstritten. Häufig wird eine Aufzählung mehrerer charismatischer Fähigkeiten vermutet. Ich verstehe 13,2b.c als Beschreibung eines Ideals prophetischer Erkenntnis[18]. Denn erstens werden Glossolalie und »Glaube« je in ihrer Höchstform (Engelsprachen, Berge Versetzen) vorgestellt. Insofern muß die Prophetie ebenfalls nach ihrer Höchstform beschrieben werden;

16   *G. Bornkamm*, ThWNT IV, 829; *G. Friedrich*, ThWNT VI, 853.
17   TestHiob 48–50; ApkZeph 8; vgl. ApkAbr 17; *G. Dautzenberg*, Glossolalie, in: RAC 11, 225–246, hier 232ff. Zum Thema der Gemeinschaft des Beters und Ekstatikers mit den Engeln vgl. Dan 7–12; äthHen; 4Esr 10–13; 1QH VII 4–5; Frg. 2,i 6; 1QM X 11.
18   Vgl. *Friedrich*, ThWNT VI, 853; zuletzt *K.O. Sandnes*, Paul – One of the Prophets, Tübingen 1991, 94 in Auseinandersetzung mit *O. Wischmeyer*, Der höchste Weg, Gütersloh 1981, 50f.

dies kann aber nur durch 13,2b.c geschehen. Zweitens haben bereits die Überlegungen zu 14,26.30–31 (ἀποκάλυψις) zu der Einsicht geführt, daß Prophetie nicht nur von der Seite der Verkündigung, sondern ebenso von der Seite der prophetischen Erkenntnis und Erfahrung her verstanden werden muß; davon ist in 13,2b.c die Rede. Drittens ist bei der Abgrenzung verwandter Charismen mit Übergängen zu rechnen; während ἀποκάλυψις nach 1Kor 14 im Zusammenhang der Prophetie mit einem ausdrücklichen Bezug zur Mitteilung an die Gemeinde erscheint, behandelt Paulus in 2Kor 12,1 die ihm zuteil gewordenen »Visionen und Offenbarungen« als nur ihn betreffende persönliche Erfahrungen und Auszeichnungen[19]. Viertens: Während in 1Kor 14 die Prophetie in ihrem Gemeindebezug dargestellt wird – das ist sicher das eigentliche Interesse des Paulus –, wird sie in 1Kor 13 wie die Glossolalie theoretisch in ihrem Wert für den Propheten (vgl. für Paulus 2Kor 12,7![20]) angesprochen. Wer die Prophetie nur von ihrem Gemeindebezug her verstehen will, reduziert sie unweigerlich.

Die Beziehung auf die »Geheimnisse« bzw. auf das »Wissen von Geheimnissen« hat ihre nächsten Entsprechungen im frühjüdisch-apokalyptischen Offenbarungsdenken (vgl. z.B. äthHen 46,2; 63, 2; 103,2; Weish 8,8; 4Esr 10,38; 1QH XV 26f; 1QS IX 18). Zum Ideal einer Kenntnis aller Geheimnisse vgl. 1QpHab VII 4f (über den Lehrer der Gerechtigkeit); äthHen 49,2 (über den Erwählten); 3Hen 48C 7 (über Metatron); Lk 10,21f (!)[21]. Vermutlich beruft Paulus sich in 1Kor 15,51f und Röm 11,25 mit dem Stichwort »Geheimnis« auf prophetische Erkenntnis, welche er der Gemeinde mitteilt (weitere in diesem Zusammenhang zu nennende Texte: 1Thess 4,15; Röm 13,11)[22]. Es handelt sich jeweils um Mitteilungen göttlicher Ratschlüsse, die im Zusammenhang mit den als nahe erwarteten Endereignissen stehen. Die solche Mitteilungen enthaltenden Sätze sind umgeben von weiteren Erklärungen, Bezugnahmen auf schon vorhandene apokalyptische Gewißheiten (z.B. das Motiv der »letzten Trompete« in 1Thess 4,16; 1Kor 15,52; vgl. die siebte Trompete Apk 11,7), Schriftauslegungen und paräneti-

---

19 Gegen die von *H.-G. Sundermann*, Der schwache Apostel und die Kraft der Rede, Frankfurt a.M. 1996, 160–171 im Anschluß an H.D. Betz verfolgte Tendenz, 2Kor 12,1–6 als Parodie zu lesen und die Frage offenzulassen, »ob Erlebnisse dieser Art tatsächlich der Wahrheit entsprechen« (168); ähnlich *B. Bosenius*, Die Abwesenheit des Apostels als theologisches Programm, Tübingen 1994, 180–185. Zur Auseinandersetzung mit der Annahme des Vorliegens einer bloßen Parodie s. *U. Heckel*, Kraft in Schwachheit, Tübingen 1993, 63.

20 Der letzte Versuch, die ὑπερβολή τῶν ἀποκαλύψεω aus dem Paulusbild zu entfernen, bei *Sundermann*, Der schwache Apostel, 176: »transparente Verstellung«, »natürlich ironisch zu nehmen«.

21 Vgl. auch das Wissen der Engel Mk 13,32a.b; 1Petr 1,12; 1QH XI 23; XIX 13–14.

22 Zur Textauswahl vgl. *H. Merklein*, Der Theologe als Prophet. Zur Funktion prophetischen Redens im theologischen Diskurs des Paulus, NTS 38 (1992) 402–429.

schen oder doxologischen Schlußbildungen. Daß die mitgeteilten »Geheimnisse« in der rückschauenden Analyse aus der paulinischen Denkbewegung und gedanklichen Verarbeitung frühjüdischer und apokalyptischer Traditionen, aus Schriftstudium und Schriftinterpretation erklärbar oder ableitbar sind, steht nach dem, was oben zur prophetischen ἀποκάλυψις und zur Vorbereitung auf den Empfang der Offenbarung zu Bedenken gegeben wurde, nicht im Widerspruch zum prophetischen Anspruch auf »Offenbarung«.

6. Prophetische Gotteserkenntnis

1Kor 13,8 stellt die beständige Agape den im Eschaton vergehenden Charismen der Prophetie, Glossolalie und Gnosis gegenüber; die Formulierungen sind sehr differenziert: Während die Glossai »aufhören«, heißt es von der Prophetie, daß die Prophezeiungen zunichte werden, und von der Gnosis, daß sie zunichte wird. V. 9 handelt dann nur noch von der Prophetie und der Gnosis, für beide gilt gleichermaßen das ἐκ μέρους und der Gegensatz zum kommenden τέλειον (V. 10), der in V. 11 durch die Gegenüberstellung des Kindes zum Manne erläutert wird. In der Frage, ob V. 12 einen Neueinsatz darstellt und allgemein zur christlichen Gotteserkenntnis spricht oder an die Thematik von 13,8–9 anknüpft, möchte ich für letzteres plädieren. Dafür spricht nicht nur der Kontext, sondern auch die Tatsache, daß V. 12a an die zentrale alttestamentliche Aussage Num 12,6–8 über die indirekte Gotteserkenntnis der Propheten im Vergleich zu jener dem Mose gewährten – στόμα κατὰ στόμα ἐν εἴδει οὐ δι᾽ αἰνιγμάτων – anknüpft[23]. Von der Gotteserkenntnis der Propheten heißt es: ἐν ὁράματι αὐτῷ γνωσθήσομαι καὶ ἐν ὕπνῳ λαλήσω αὐτῷ. Aus der Auslegungstradition zu Num 12,6–8 entnimmt V. 12a zur Charakterisierung der prophetischen Erkenntnis in der Gegenwart mit βλέπομεν einen Hinweis auf visionäre Erfahrungen; vgl. Num 12,6: ἐν ὁράματι mit δι᾽ ἐσόπτρου (Abwandlung von ἐν εἴδει Num 12,8) – einen Hinweis darauf, daß prophetische Erkenntnis nur indirekte Gotteserkenntnis sein kann; und mit ἐν αἰνίγματι (Differenz zur Gotteserfahrung des Mose Num 12,8) einen Hinweis auf den geheimnisvollen Charakter der prophetischen Erfahrungen, welche wie Rätsel der Auflösung und weiterer Entschlüsselung bedürfen.

1Kor 13,12a scheint mir im Vergleich zu Num 12,6–8 das auch dort enthaltene visionäre Moment noch weiter zu betonen[24], insofern auf einer Linie mit Apg 2,17f (Joel 3,1–2) – der Abstand zu den ὀπτασίαι von 2Kor 12,1 ist nicht erheblich, während das Moment der Gottesrede nicht aufgenommen wird. In seiner Zielrich-

23 Vgl. zum Folgenden *Dautzenberg*, Urchristliche Prophetie, 172–197.
24 Wer in Einlassungen zur urchristlichen Prophetie nur das Phänomen der »prophetischen Rede« betrachten und weiter Visionen und Träume als mögliche Medien der Offenbarung aus der urchristlichen Prophetie der ersten Generation ausschließen will, ist in der Gefahr, sich einzig mit sekundären Phänomenen zu beschäftigen (zu *F. Hahn*, Prophetie und Lebenswandel, in: *H. Merklein*, Neues Testament und Ethik. FS R. Schnackenburg, Freiburg i.Br. 1989, 527–537, hier 531, Anm. 13).

tung hält der Vers fest, daß prophetische Erkenntnis eine Art von
außergewöhnlicher Gotteserkenntnis vermittelt – vgl. im Kontext
von μυστήριον-Aussagen (!) Röm 11,33–36; 1Kor 2,10–13.16 –,
welche jedoch von der unmittelbaren Gotteserkenntnis im Eschaton unterschieden ist.

7. Der rätselhafte Charakter der prophetischen Erfahrungen –
Prophetie und »Unterscheidung der Geister«

Der Prophetie und der Glossolalie werden mit den διακρίσεις
πνευμάτων (»Unterscheidung der Geister«) und der ἑρμηνεία
γλωσσῶν (»Übersetzung glossolalischer Reden«) im Katalog 1Kor
12,10 je ein weiteres Charisma zugeordnet. Entsprechend sehen
die Regeln für das Auftreten von Glossolalen und Propheten in
der Gemeindeversammlung vor, daß nach den Reden der Glossolalen jemand als Übersetzer tätig wird und daß nach den Reden der
Propheten »die anderen« das διακρίνειν (»unterscheiden«) üben.
Während vom »Übersetzen« auf Grund der intensiven Auseinandersetzung mit der Glossolalie in 1Kor 12 und 14 immer wieder
die Rede ist, fehlen weitere Erwähnungen des διακρίνειν. Die übli-
che Auffassung versteht das διακρίνειν als eine »Unterscheidung
der Geister« (12,10) im strengen Sinne, das heißt als Prüfen, ob der
Prophet vom Geist Gottes oder von dämonischen Geistern inspiriert gesprochen habe[25].
Diese etablierte Interpretation der διακρίσεις πνευμάτων stützt sich
erstens auf das Verständnis von 1Kor 12,1–3 als einer Anweisung
zur Unterscheidung der Geister – dies ist nur eine von mehreren
möglichen Interpretationen[26]; zweitens auf 1Joh 4,1 – außer den
sprachlichen Differenzen vgl. das oben zu 1Thess 5,21 Gesagte.
Ich trete dagegen für ein Verständnis des διακρίνειν im Sinne von
»prüfen, deuten« ein. Zur Begründung:

---

25 *W. Grudem*, A Response to Gerhard Dautzenberg on 1 Cor 12.10, BZ NF 22
(1978) 253–270 versucht darüber hinaus, die διακρίσεις πνευμάτων von der voranstehenden προφητεία abzukoppeln und sie nicht nur auf die Prophetie, sondern
allgemein auf Geistäußerungen zu beziehen. Im übrigen sind bei Grudem fast alle
möglichen Gegenargumente zu der im Folgenden vertretenen Position gesammelt. Zum Teil beruhen diese ebenfalls auf dem Versuch, die prophetische Erfahrung und Rede von den übrigen Offenbarungsmedien, die gedeutet wurden, von Visionen, Träumen, prophetischen und biblischen Texten abzuheben, und weiter auf
dem Versuch, aus den gelegentlichen bis zufälligen, spärlichen und aus sehr unterschiedlichen Überlieferungsräumen und -zeiten stammenden sprachlichen neutestamentlichen und urchristlichen Belegen zur Prophetie eine sprachliche Regel-
haftigkeit abzuleiten.
26 Vgl. *Dautzenberg*, Urchristliche Prophetie, 143ff.

a) Diese Bedeutung von διακρίνω ist im Rahmen des zweistufigen jüdischen Offenbarungsverständnisses sowohl in der Schriftinterpretation wie in der Erschließung des Gehalts von Träumen und Visionen nachweisbar[27]; sie wird weiter durch die analoge Verwendung des Synonyms συγκρίνειν in 1Kor 2,13 nahegelegt[28]; Visionen und Träume dürften a fortiori zu den Formen der prophetischen Erkenntnis gehört haben; sie können nach dem reichen biblischen und frühjüdischen Vergleichsmaterial für die urchristliche Prophetie nicht ausgeschlossen werden.

b) Die oben in Anschluß an den Begriff der ἀποκάλυψις und an das ἐν αἰνίγματι von 1Kor 13,12 angestellten Überlegungen über den Prozeß der prophetischen Erkenntnis lassen Raum für eine prüfende und deutende Beschäftigung mit den Erkenntnissen eines Propheten.

c) Die Anweisung Röm 12,6: εἴτε προφητείαν κατὰ τὴν ἀναλογίαν τῆς πίστεως nötigt in keiner Weise zu einer dämonologisch ausgerichteten »Unterscheidung der Geister«, weist aber auf einen zwischen prophetischer Erkenntnis und prophetischer Verkündigung liegenden Gestaltungs- oder Interpretationsprozeß hin, welcher sich am »Glauben« als der *fides quae* ausrichten soll. Konkret könnte sich das in einer *interpretatio christiana* apokalyptischer Stoffe und Traditionen ausgewirkt haben.

d) Der Plural πνεύματα in διακρίσεις πνευμάτων fordert keineswegs eine Deutung im dämonologischen Sinne; diese Deutung wird vielmehr von 1Joh 4,1 her und das heißt von späteren Erfahrungen her eingetragen. Im Kontext ist wie bei den vergleichbaren Pluralbildungen in 14,12.32 vielmehr an konkrete Auswirkungen oder Gestaltungen des Pneumas zu denken. Wenn die Gemeinde dämonisch bedroht wird (vgl. 2Kor 2,11; 11,3.13f), reagiert Paulus anders und kaum dadurch, daß er ein von Dämonen mißbrauchtes Charisma derart empfiehlt, wie es in 1Kor 14 der Fall ist.

---

27 Belege bei *G. Dautzenberg*, Zum religionsgeschichtlichen Hintergrund der διακρίσις πνευμάτων, BZ NF 15 (1971) 93–94; *ders.*, TRE 27, 506.

28 *Grudem*, Response, 259–263 versucht von der Spärlichkeit der Belege für διακρίνω in der angegebenen Bedeutung auf die Unwahrscheinlichkeit dieser Bedeutung für 1Kor 12; 14 zu schließen. Er übersieht, daß auf der griechischen Seite κρίνω und seine Komposita δια-, ἐπι- und συγκρίνω im Deutungszusammenhang als Äquivalente für hebr. פתר, aram. פשׁר gebraucht werden. Außer den Beispielen aus der griechischen Bibelübersetzung, aus Philo und Josephus ist besonders auf TestAbr Rez. A IV 2 hinzuweisen (διακρίνω als Funktion des *angelus interpres* für die von Abraham gesehene Vision); ferner auf Eusebius, Praep Ev 9,29,16 (διακρίνω und ἐπικρίνω in der Einleitung des Eusebius zu den Zitaten aus dem Tragiker Ezechiel über die dem Mose gewordene Traumoffenbarung [Thronvision] und deren Deutung durch Jitro). Interessant auch grBar 11,7: ὁ τὰς ἀποκαλύψεις διερμηνεύων.

e) Weshalb sollte ausschließlich der Prophetie eine dämonologische Untersuchung zugeordnet sein, während die hochpneumatische Glossolalie in dieser Hinsicht nicht verdächtigt wird?

8. Über den Umgang mit prophetischer Erkenntnis – zu 1Kor 2,6–16

Im Kreis der nachpaulinischen Gemeinden hat die Prophetie nach dem Ausweis der Deuteropaulinen und der Pastoralbriefe kaum mehr jene Bedeutung gehabt, welche Paulus ihr in 1Kor 12–14 zuweist. Ob sie diese Bedeutung in den paulinischen Missionsgemeinden je erreicht hat, läßt sich nach den in 1Thess 5,20; 1Kor 12–14 vorausgesetzten Schwierigkeiten und Widerständen in den Gemeinden bezweifeln. Ich vermute, daß die Prophetie sosehr mit frühjüdischen apokalyptischen Überlieferungen und Fragestellungen verbunden war, daß sie im hellenistischen Urchristentum ohne lebendige Verbindung zu diesem Hintergrund keine Entwicklungsmöglichkeiten hatte. Man kann nur noch fragen, welche Spuren dieses hochgeschätzte Charisma aus den judenchristlichen Anfängen des Christentums in den Paulusbriefen und im Christentum hinterlassen hat.

Es stellt ein gewisses Wagnis dar, den schwierigen Abschnitt 1Kor 2,6–16 in diesem Zusammenhang zu interpretieren[29]. Zugegeben, das Stichwort »Prophetie« fällt darin nicht, aber andere Stichworte begegnen: μυστήριον 2,7; vgl. 13,2; γινώσκειν 2,8; vgl. 13,2.8.12; ἀποκαλύπτω 2,10; vgl. 14,6.26.30; das πνεῦμα als Vermittler der Offenbarung 2,10 und als die das Sprechen oder Formulieren bestimmende Macht 2,13; συγκρίνω 2,13; vgl. διακρίνω 14,29 – beide Male als Geschehen unter Pneumatikern. Hinzu kommen mit μυστήριον, βάθη τοῦ θεοῦ 2,10 und der Verwendung des Zitats Jes 40,13 in 2,16 enge Beziehungen zu dem für die urchristliche Prophetie reklamierten Abschnitt Röm 11,25.33–36.

Die Vermeidung des Stichworts »Prophetie« läßt sich in mehrfacher Hinsicht erklären. In der korinthischen Gemeinde hatte sie nicht das Ansehen, vielleicht auch nicht die Kraft, welche sie nach der Meinung des Paulus haben sollte. Bereits zu 1Kor 13 haben wir gesehen, daß Prophetie unter dem Gesichtspunkt der Erkenntnis der Geheimnisse und der Gotteserkenntnis besprochen werden

---

29 Vgl. meinen früheren und ausführlicheren Versuch einer Auslegung von 1Kor 2,6–16 unter der Voraussetzung einer Differenzierung zwischen Kerygma und Prophetie: *G. Dautzenberg*, Botschaft und Bedeutung der urchristlichen Prophetie, in: *J. Panagopoulos* (Hg.), Prophetic Vocation in the New Testament and Today, Leiden 1977, 130–161, hier 139–157.

kann, hier (2,7) werden ihre Inhalte unter dem Gesichtspunkt der von Gott für seine Erwählten vorherbestimmten »Weisheit« angesprochen. Paulus selber stellt sich als Verkünder dieser »Weisheit« (2,6f) und als Teilnehmer am Deutungsgeschehen unter den Pneumatikern dar (2,13–16), als ob auch die Grenzen zwischen seiner Rolle als Apostel und seiner Beteiligung am prophetischen Diskurs fließend wären; vgl. 1Kor 14,6. Es ist deutlich, daß 2,6–16 anders als 2,1–5 nicht von der Erstverkündigung in Korinth sprechen will und sich auf andere Weise als 1,18–31 mit dem korinthischen Verlangen nach Weisheit auseinandersetzt. Während 1,18–31 kreuzestheologisch argumentiert, das heißt das Kerygma kreuzestheologisch interpretiert und darauf besteht, daß die Erwählung der Gemeinde nur kreuzestheologisch verstanden werden kann, spricht 2,6–16 davon, daß den Erwählten grundsätzlich eine besondere »Weisheit« von Gott zubestimmt ist, welche in seinem verborgenen und den Weltmächten verborgen bleibendem Heilsplan besteht (2, 7: θεοῦ σοφία ἐν μυστηρίῳ).

Die Weitergabe dieser »Weisheit« und der Umgang mit ihr sind nur in einem pneumatischen Milieu möglich, unter »Vollkommenen«, unter »Pneumatikern« (2,13f). In dieser Sicht erscheint der Gekreuzigte als der κύριος τῆς δόξης, als der Träger und Vermittler der göttlichen Herrlichkeit (vgl. 2Kor 4,4–6); sein Geist (νοῦς 2,16b), identisch mit dem Geist Gottes (2,11.12), läßt »uns« an den Ratschlüssen (2,16a), an den »Tiefen Gottes« (2,10) teilhaben.

Das Offenbarungsgeschehen wird in zwei Stufen beschrieben. Die V. 9–12 handeln davon, daß Gott durch seinen Geist die für diejenigen, die ihn lieben, bestimmten Heilsgüter offenbart hat. Diese Heilsgüter sind Gott nicht sozusagen »äußerlich«, sondern haben am Wesensgeheimnis Gottes teil. Nur der Geist kann sie erschließen (2,11.16). Das macht den theologischen Rang dieser Offenbarung deutlich. Die V. 13–16 behandeln den Umgang mit der durch den Geist vermittelten Offenbarung im Kreis der Pneumatiker. Er beschränkt sich nicht auf die inspirierte Weitergabe der erhaltenen Offenbarung, sondern hat als wesentliches Moment das »Deuten« (συγκρίνειν) der geistgewirkten Mitteilungen. Welcher Art diese Mitteilungen sind, wird nicht gesagt. Die Anwesenheit des gleichfalls geistgewirkten Deuteverfahrens, das sowohl aus der Traum- und Visionsdeutung wie aus der Schriftdeutung bekannt ist, läßt es kaum zu, Visionen und Auditionen auszuschließen. Das »Deuten« selber ist nach der Sprachform – συγκρίνοντες Partizip Präsens – und nach dem Gegenstand – die »Tiefen Gottes«[30] – ein unabge-

---

30 Vgl. nur Röm 11,33! Zum religionsgeschichtlichen Hintergrund vgl. 1QM X 11; *Dautzenberg*, Urchristliche Prophetie, 212f.

schlossenes Geschehen. Die Teilnahme an diesem Geschehen, am
Nachvollzug der Gedanken und Absichten Gottes, erhebt den
Pneumatiker über den Psychiker, der für diese Offenbarungen un-
empfänglich bleibt und sie als Torheit (μωρία) beurteilt. Dem in 2,
16 ausgedrückten Hochgefühl erlebter Teilhabe an den göttlichen
Ratschlüssen stehen spannungsreich das »durch einen Spiegel, im
Rätsel« und der eschatologische Vorbehalt von 1Kor 13,12 gegen-
über.

Während der theologische Rang dieses pneumatischen Offenba-
rungsgeschehens sehr präzise herausgearbeitet wird, bleibt der
Text, was die Inhalte der Offenbarung angeht, bei den allgemein-
sten Bestimmungen: »was Gott denen bereitet hat, die ihn lieben«
(2,9d), »das uns von Gott Geschenkte« (2,12). Das wird kaum ein
Zufall sein, sondern mit der Absicht des Paulus zusammenhängen,
nicht ein konkretes Offenbarungsgeschehen mit einem bestimmten Inhalt zu schildern, sondern den Bereich der pneumatischen
Offenbarung möglichst allgemein und umfassend anzudeuten: V.
7f lassen an den göttlichen Heilsplan denken, V. 9 an die endzeitlichen Heilsgüter, V. 8b mit κύριος τῆς δόξης an hohe Christologie. Ihre Einheit gewinnen diese Andeutungen in der Vorstellung
von einer gestuften Teilhabe am göttlichen Thronbereich, insofern
könnten noch die Stoffe und Themen der Apokalypse in der
Fluchtlinie des in 1Kor 2,6–16 beschriebenen Offenbarungsden-
kens liegen. Die prophetischen Erfahrungen sind nur in Ausnah-
mefällen als solche verschriftet worden. Überlieferungsgeschicht-
lich gesehen dürften sie aber wahrscheinlich großen Einfluß auf
die Entwicklung der urchristlichen Verkündigung und der paulinischen Theologie ausgeübt haben (vgl. Eph 3,5). Sie wäre von
1Kor 2,6–16 her auf verarbeitete prophetische Erkenntnisse und
Offenbarungen zu befragen. Inhalt und Gestaltung von Röm 11,
25–34 können als Beispiel für die Fragen gelten, welche die urchristlichen Pneumatiker bewegten, und für ihre Versuche, die Geheimnisse Gottes nachzudenken.

Elisabeth Schüssler Fiorenza

Die Worte der Prophetie

Die Apokalypse des Johannes theologisch lesen[1]

Trotz der zahlreichen historisch-kritischen Untersuchungen bleibt die frühchristliche Prophetie ein schwer erfaßbares Phänomen. Dies ist nicht nur auf die Spärlichkeit der Quellen zurückzuführen, sondern auch auf die methodologischen Prämissen und theologischen Voraussetzungen der Forschung zur Prophetie hin zu untersuchen.

Obwohl die Johannesapokalypse beansprucht, die »Worte der Prophetie« zu sein, halten rigide Unterscheidungen zwischen dem Verständnis der Prophetie in der Hebräischen Bibel (des Alten Testaments) und im christlichen (Neuen) Testament, zwischen dem der jüdischer Apokalyptik und dem der frühchristlichen Prophetie, zwischen dem des Paulus und dem der Johannesapokalypse die Forschung davon ab, die Johannesapokalypse als historische Quelle und theologisches Modell frühchristlicher Prophetie auszuwerten.

Hinzu kommt, daß das Buch wegen seines angeblich »jüdischen« Charakters oft als der altisraelitischen Prophetie oder der jüdischen Apokalyptik und nicht der urchristlichen Prophetie zugehörend eingestuft wird. Eine solche literaturgeschichtliche Einordnung beruht auf dem theologischen Vorurteil, daß eine Schrift nicht genuin christlich sein könne, wenn sie »jüdisch« gefärbt ist[2].

---

1 Für Hilfe bei der Übersetzung möchte ich mich bei Christine Schaumberger bedanken.

2 Als eine neuere umfassende Diskussion der Interpretation der Apokalypse vgl. *Arthur W. Wainwright*, Mysterious Apocalypse. Interpreting the Book of Revelation, Nashville: Abingdon Press 1993. Vgl. auch den Überblicksartikel von *Traugott Holtz*, Literatur zur Johannesapokalypse 1980–1996, in: Theologische Rundschau 62 (3/1997), 368–413. Holtz scheint jedoch den rhetorischen Paradigmenwechsel in der Apokalypseforschung nicht zu begreifen. Für eine englische Übersicht vgl. *Frederick J. Murphy*, The Book of Revelation, in: Currents in Research 2 (1994), 181–225.

I. Das Methodenproblem

Während ich in meinen früheren Veröffentlichungen[3] argumentiert habe, daß die Johannesapokalypse eine bedeutende historische Quelle frühchristlicher Prophetie sei, möchte ich sie hier als theologisches Werk untersuchen. Eine solche Untersuchung des Prophetieverständnisses der Johannesapokalypse steht jedoch großen Schwierigkeiten gegenüber, da die Bibelwissenschaft sich über die Methoden, mit denen eine biblische Theologie ausgearbeitet werden kann, nicht im entferntesten einig ist.
Die Prophetie in der Johannesapokalypse theologisch zu untersuchen scheint deshalb nur auf den ersten Blick ein unkompliziertes Unternehmen zu sein. Da »Prophetie« ein theologischer Begriff ist, könnte man glauben, daß es genügt, einfach die Aussagen des Autors über Prophetie/ProphetInnen zu systematisieren und die Methoden der narrativen Konstruktion des prophetischen Universums der Johannesapokalypse aufzuspüren. Aber es muß gefragt werden, ob wir die »Worte der Prophetie« in der Johannesapokalypse nur deshalb als »theologisch« ansehen, weil wir voraussetzen, daß »ProphetIn/Prophetie« theologische Begriffe sind, während wir annehmen, daß z.B. »WahrsagerInnen« oder »SchamanInnen« kulturelle Begriffe sind und daher in den Forschungsbereich der vergleichenden Religionswissenschaften gehören? Mit anderen Worten: Was macht eine kulturelle, historische, literarische oder soziologische Beschreibung und Analyse eines religionsgeschichtlichen Phänomens theologisch?
Wie gesagt, ob und wie eine biblische oder auch eine neutestamentliche Theologie artikuliert werden kann, wird seit geraumer Zeit kontrovers diskutiert[4]. Das Aufkommen einer Vielfalt von Methoden wie z.B. Textkritik, historische Kritik, Literarkritik, psychologische Kritik und Ideologiekritik – eine Vielfalt, die heute zumindest in Nordamerika in der Bibelwissenschaft allgemein anerkannt ist – hat die traditionelle theologische Forschung infrage gestellt, aber noch kein allgemein akzeptiertes neues theologisches Modell hervorgebracht. Nachdem Wortfeld-Studien und das heilsgeschichtliche Paradigma überholt sind und nicht länger als Muster dienen können, werden Wesen und Rhetorik biblischer Theo-

---

3 Vgl. *Elisabeth Schüssler Fiorenza*, Apokalypsis and Propheteia. Revelation in the Context of Early Christian Prophecy, in: *Elisabeth Schüssler Fiorenza*, The Book of Revelation. Judgment and Justice, 2., erweiterte Auflage, Minneapolis: Fortress 1999, 133–156.
4 Vgl. *Hendrikus Boers*, What is New Testament Theology?, Philadelphia: Fortress 1979.

logie infrage gestellt. Traditionell unterscheiden InterpretInnen hermeneutisch die historisch-kritische Methode als deskriptivem von der theologischen Methode als normativem Ansatz. Da sie es oft als die Aufgabe biblischer Theologie ansehen, dogmatische Schlüsselkonzepte des Texts wie z.B. »G*ttes Handeln in der Geschichte«[5] oder die »Göttlichkeit Christi« zu reformulieren, suchen sie diese Konzepte im Text ausfindig zu machen und den biblischen Text als Belegstelle für dogmatische Glaubenssätze auszunutzen.

Mit dem Aufkommen der form- und redaktionskritischen Methoden haben BibelwissenschaftlerInnen zunehmend versucht, individuelle biblische Schriften theologisch separat zu lesen. Ganze Bände unter anderem über »die Theologie des Paulus« oder »die Theologie von Q« wurden publiziert. In jüngerer Zeit haben BibelwissenschaftlerInnen z.B. narrative Kritik angewendet, um die literarischen Charaktere oder die Perspektive der Erzählerin / des Erzählers theologisch auszuwerten oder mit Hilfe der *reader-response-Kritik* den theologischen Sinn eines Textes in der Interaktion von LeserIn und Text zu verorten. Studien zur sozialen Welt wiederum haben die grundlegende Einsicht der Wissenssoziologie übernommen, daß die soziale Ordnung, die vom Text dargestellt wird, und die symbolische Ordnung, die in den Text eingeschrieben ist, in Korrelation stehen. Norman Peterson unterscheidet zum Beispiel zwischen symbolischem Universum und Theologie. Während nach Peterson das symbolische Universum »die Welt, wie sie gesehen wird« ist, ist Theologie die systematische Reflexion über dieses Universum. Die sozialen Rollen in der »Welt, wie sie gesehen wird« stehen daher in Korrelation mit den sozialen Rollen in der Gesellschaft[6].

Traditionell wurde Theologie als »Glaube, der begreifen will« verstanden. Nach dieser Definition hat Theologie eine hermeneutische Absicht und ein hermeneutisches Ziel. Doch Theologie im ursprünglichen Sinn des Wortes *theo-legein* bedeutet entweder das Sprechen über G*tt (genitivus objectivus) oder das »Sprechen G*ttes« (genitivus subjectivus). *Theo-legein* ist am besten als rhetorisches Handeln verstanden[7]. Das Subjekt ist im traditionellen

---

5 Durch die Schreibweise G*tt versuche ich die Gebrochenheit, Mehrdeutigkeit und Unbestimmtheit menschlicher G*tt-Rede anzudeuten.

6 Vgl. *Norman R. Peterson*, Rediscovering Paul. Philemon and the Sociology of Paul's Narrative World, Philadelphia: Fortress 1985, 29–30.

7 In ihrer Diskussion der Arbeit der »SBL Pauline Theology Group« weist Jouette M. Bassler darauf hin, daß erstens darüber, was unter Theologie verstanden wird, keine Übereinstimmung existiert und zweitens dem Begriff »Theologie« eine ganze Skala an Bedeutungen gegeben wird. Statt Theologie im Sinn von Sy-

Verständnis von Theologie der »Glaube«, während es im rhetorischen Verständnis von Theologie die/der InterpretIn oder G*tt
selbst ist. Wenn Theologie als das sprechende Handeln G*ttes definiert und als »Wort G*ttes« verstanden wird, dann nähert sich der
Wortsinn von Theologie dem der Prophetie an. Theologie und
Prophetie werden fast identisch. Aber während Theologie, verstanden als »das Sprechen G*ttes«, ihre menschliche Vermittlung verdunkelt, bringt Prophetie diese klar zum Ausdruck, da sie darauf
besteht, daß G*tt durch den Mund der/s ProphetIn spricht. Prophetie verlangt daher nach kritisch-theologischer Reflexion[8] oder
nach der Unterscheidung der Geister, da nicht alle Geister von
G*tt sind.

Theologie, verstanden im Sinne von »Sprechen über G*tt«, erfordert kritische Überlegung und Verantwortlichkeit. Theologie, so
verstanden, ist kein System, sondern eine rhetorische Praxis, die
Sprache nicht primär als Signifikation und die Aufgabe der biblischen Wissenschaft nicht primär als Ermittlung des Textsinns versteht. Vielmehr sieht sie Sprache als eine Form von Machtausübung,
die konkrete Menschen und Situationen beeinflußt[9] Wenn aber
Sprache im klassischen Sinn von Rhetorik als machtvolle Bestimmung von Wirklichkeit verstanden wird, dann wird eine Ethik der
Interpretation erforderlich[10]. Kritisch zu analysieren und zu evalu-
ieren, wie religiöse Menschen über G*tt sprechen, ist also nicht
nur eine theologisch-religiöse, sondern vor allem auch eine sozial-
kulturelle Aufgabe.

Daher habe ich in verschiedenen Arbeiten versucht, eine kritisch-
feministische Hermeneutik und Ethik der Interpretation nicht nur
in historischer, sondern auch in theologischer Hinsicht zu artikulie-

---

stem, Kern oder Kohärenz zu verstehen, definiert Bassler Theologie als »*Handeln*«; vgl. *Jouette M. Bassler*, Paul's Theology. Whence and Whither?, in: *David
M. Hay* (Hg.), Pauline Theology. Volume II: 1&2 Corinthians, Minneapolis:
Fortress 1991, 3–17; vgl. auch *Steven J. Kraftchick*, Seeking a More Fluid Modell. A Response to Jouette M. Bassler, in: ebd., 18–34.

8   Vgl. auch die Definition von Theologie durch *Victor Furnish*, Paul the Theo-
logian, in: *Robert T. Fortna / Beverly Gaventa* (Hg.), The Conversation Contin-
ues. Studies in Paul and John in Honor of J. Louis Martyn, Nashville: Abingdon
1990, 25. Nach Furnish ist Theologie eine »kritische Reflexion der Glaubenssätze, Riten und sozialen Strukturen, in denen eine Erfahrung letzter Wirklichkeit
Ausdruck gefunden hat«. Meine eigene Definition ist spezifischer.

9   Vgl. *Jane Tompkins*, The Reader in History. The Changing Shape of Literary
Response, in: *Jane Tompkins* (Hg.) Reader-Response Criticism. From Formal-
ism to Poststructuralism, Baltimore: The John Hopkins University Press 1980,
201–232.

10   Vgl. meinen Aufsatz: The Ethics of Interpretation: Decentering Biblical
Scholarship. SBL Presidential Address, in: JBL 107 (1988), 3–17.

ren[11]. Zu diesem Zweck habe ich vorgeschlagen, an die Stelle eines systematischen Entwurfs biblischer Theologie einen kritischen Prozeß rhetorischer Analyse zu setzen. Wie andere BefreiungstheologInnen argumentiere ich, daß nicht die moderne Frage, ob G*tt existiert, sondern die ethische Frage, welchen G*tt religiöse Gemeinschaften und ihre Heiligen Schriften verkünden, heute die zentrale theologische Frage darstellt. Verkündigen ChristInnen einen G*tt der Ausbeutung, Ungerechtigkeit und Unterdrückung oder einen G*tt der Befreiung und des Wohlseins?

Wenn die kritische Darstellung, Reflexion und Bewertung der »G*ttesrhetorik« bzw. dessen, wie Traditionen und Gläubige über ihren G*tt sprechen und wie ihre Praxen des *theo-legein* ihr Selbstverständnis, ihre Weltanschauungen und sozio-politischen Verhältnisse prägen, die Aufgabe der Theologie insgesamt ist, dann ist es die Aufgabe *biblischer Theologie*, kritisch darzustellen und zu reflektieren, wie die Schrift über das G*ttliche spricht. Als konstitutiv für einen solchen kritischen Ansatz habe ich sieben rhetorische Analysestrategien biblischer Theologie identifiziert[12]: die Hermeneutik der Erfahrung, der systemischen Analyse, des Verdachts, der Bewertung, der Erinnerung, der Imagination und der Veränderung. Diese methodischen Strategien sind kritisch-hermeneutische Analysemittel, die auf jeder Ebene der Textuntersuchung und Textinterpretation eingesetzt werden müssen.

Eine solche facettenreiche Analyse setzt einen kritisch-hermeneutischen Prozeß in Gang, der die Rhetorik eines Textes oder einer Tradition[13] im Hinblick auf eine Ethik der Befreiung untersuchen und kritisch beurteilen kann, wie biblische Schriften über G*tt sprechen. Solch ein kritisches Durcharbeiten und Bewerten biblischer Texte und ihrer G*tt-Rhetorik, die ihre theologischen Werte und Visionen eingehend untersuchen kann, versteht die Bibel nicht als das unmittelbare, direkte Wort G*ttes. Vielmehr setzt sie voraus, daß G*ttes Offenbarung in und durch menschliche Sprache,

---

11   Vgl. mein neues Buch: Ethics and Rhetorics: The Politics of Biblical Interpretation, Minneapolis: Fortress Press 1999.

12   Vgl. meine Bücher: Brot statt Steine. Die Herausforderung einer feministischen Interpretation der Bibel, Freiburg (Schweiz): Exodus 1988; Sharing Her Word. Feminist Biblical Interpretation in Context, Boston: Beacon Press 1998.

13   Für eine Ausarbeitung meines rhetorischen Modells siehe mein Buch: Das Buch der Offenbarung. Vision einer gerechten Welt (Orig. 1991, aus dem Amerikanischen übers. von Melanie Graffam-Minkus). In der jüngeren Forschung über die Apokalpse scheint dieser Ansatz an Boden zu gewinnen; vgl. z.B. *Robert M. Royalty Jr.*, The Rhetoric of Revelation, in: SBL 1997 Seminar Papers, Atlanta: Scholars Press 1997, 596–617; *Pete Antonysamy Abir*, The Cosmic Conflict of the Church, Frankfurt a.M.: Peter Lang 1995, 250–309.

meist durch die Sprache von Elitemännern, vermittelt ist[14]. Deshalb muß gefragt werden, ob und wie die Schrift über den lebendigen G*tt, der/die ein G*tt der Gerechtigkeit, der Liebe und des Wohlseins (der Erlösung) ist, spricht. Dieser Prozeß kritischer theoethischer Reflexion befaßt sich nicht einfach damit, *die* Theologie eines biblischen Buches oder einer/eines biblischen AutorIn ein für allemal zu (re)produzieren. Vielmehr ist er an einem dauernd weitergehenden kritisch-konstruktiven Prozeß des Theologie-»Machens« als einer hermeneutischen Rhetorik der Befreiung interessiert[15].

Statt in die endlose und oft fruchtlose Debatte einzusteigen, ob die Johannesapokalypse prophetisch oder apokalyptisch sei, möchte ich dem Beispiel Pablo Richards folgen, der argumentiert, daß in moderner Sprache ἀποκάλυψις der Gegensatz von Ideologie ist. Doch charakterisiert dann Richard Ideologie völlig negativ als das, »was Realität verschleiert und Herrschaft legitimiert«[16]. Ein solch negatives Verständnis von Ideologie ist jedoch fraglich geworden. Mit der feministischen Theoretikerin Michèle Barrett verstehe ich daher Ideologie als sich auf einen Prozeß der Mystifizierung oder der verzerrten Repräsentation beziehend. Ideologie ist eher »verzerrte Kommunikation« (Habermas) als einfach falsches Bewußtsein.

Genau dies ist der Bedeutungskern des Begriffs Ideologie, der wiedergewonnen werden muß: diskursive und signifikatorische Mechanismen, die auf eine Vielzahl verschiedener Weisen verschleiern, legitimieren, naturalisieren oder universalisieren können, die aber alle mystifizierend genannt werden können.[17]

Die fundamentale Annahme kritischer Theorie geht davon aus, daß jede Form sozialer Ordnung eine Form von Herrschaft ist und daß kritisch-emanzipatorische Interessen den Kämpfen um Veränderung dieser Herrschaft- und Unterordnungsverhältnisse Zündstoff geben. Solche Machtverhältnisse erzeugen Formen verzerrter

---

14　Vgl. *Terence E. Fretheim*, Is the Biblical Portrayal of God Always Trustworthy?, in: *Terence E. Fretheim / Karlfried Fröhlich*, The Bible As Word of God in a Postmodern Age, Minneapolis: Augsburg Fortress 1998, 97–112.

15　Zur Ausarbeitung dieses Ansatzes vgl. meine Bücher: But She Said. Feminist Practices of Biblical Interpretation, Boston: Beacon Press 1992; Jesus – Miriams Kind, Sophias Prophet. Kritische Anfragen feministischer Christologie (Orig. 1994, aus dem Amerikanischen übers. von Melanie Graffam-Minkus / Bärbel Mayer-Schärtel), Gütersloh: Gütersloher Verlagshaus 1997.

16　Zitiert nach der engl. Fassung: *Pablo Richard*, Apocalypse. A People's Commentary on the Book of Revelation, Maryknoll: Orbis Books 1995, 26.

17　*Michèle Barrett*, The Politics of Truth. From Marx to Foucault, Stanford: Stanford University Press 1991, 167.

Kommunikation, die auf seiten der Handelnden zu Selbstbetrug in bezug auf ihre Interessen, Bedürfnisse und Wahrnehmung sozialer und religiöser Realität führen[18]. Theologisch gesprochen: Sie sind strukturelle Sünde.

Der Begriff der Ideologie muß in einer Sprachtheorie situiert werden, die die Wege, auf denen Sinn mit Formen von Macht gefüllt wird, betont ... Ideologie untersuchen heißt nicht, einen besonderen Typ von Diskurs zu analysieren, sondern die Weisen ... zu untersuchen, auf die Sinnbegriffe dazu dienen, Herrschaftsverhältnisse aufrechtzuerhalten[19].

John B. Thompson hat auf drei wesentliche Formen oder Strategien hingewiesen, die bei der Art, wie Ideologie funktioniert, beteiligt sind: Legitimation, Dissimulation und Reifizierung (wörtlich: Verdinglichung). Alle drei Formen können in der Johannesapokalypse in ihren Diskursen des Tadels und der Vision identifiziert werden. Die erste Strategie ist die der Legitimation auf der Grundlage der Tradition, während die zweite Strategie Herrschaftsverhältnisse durch Methoden verschleiert, die selbst oft aus dem Denken strukturell ausgeschlossen werden. Nach Jürgen Habermas dient Ideologie folglich dazu zu verhindern, »daß die Grundlagen der Gesellschaft (und ich würde hinzufügen: die Worte der Prophetie) zum Gegenstand des Denkens und der Reflexion gemacht werden«[20]. Die dritte Form, in der Ideologie wirksam wird, ist Reifizierung oder Naturalisierung, die einen vorübergehenden, kulturell, historisch und sozial begrenzten Zustand so repräsentiert, als sei er permanent, natürlich, zeitlos oder direkt von G*tt geoffenbart. Ideologie trägt damit zur Zerstörung des Selbstwertgefühls unterdrückter Menschen bei, die die Legitimation ihrer eigenen Unterordnung und ihres angeblich angeborenen minderen Status verinnerlicht haben.

Biblische Theologie als Ideologiekritik hat die Aufgabe zu untersuchen, wie die Schrift zu solchen kulturellen oder religiösen Unterdrückungsdiskursen beiträgt. Doch die Kritik biblischer Ideologie kommt nicht nur von außerhalb, sondern auch von innerhalb der Schrift. Als immanente Kritik weist sie hin auf die Diskrepanz zwischen den grundlegenden christlichen Werten von Freiheit, Wohlsein (Erlösung) und Gleichheit und den objektiven Herr-

---

18 Vgl. *Raymond A. Morrow*, Critical Theory and Methodology, Thousand Oaks: Sage Publications 1994, 130–149.
19 *John B. Thompson*, Studies in the Theory of Ideology, Cambridge: Polity Press 1984, 254.
20 Vgl. *Jürgen Habermas*, Ideology, in: *Tom Bottomore* (Hg.), Modern Interpretations of Marx, Oxford: Blackwell 1981, 166.

schaftsverhältnissen, die biblische Diskurse wie die der Johannesoffenbarung strukturieren.

II.   Prophetie – als Wort G*ttes

Die Apokalypse beansprucht, »Worte der Prophetie« zu sein, die
Johannes durch die Vermittlung von Engeln erhalten hat. Ähnlich
wie die prophetischen Bücher der Hebräischen Bibel beginnt die
Johannesapokalypse mit einer sorgfältig ausgearbeiteten dreiteiligen Einleitung. Wie Amos (1,1–2) wird auch die Johannesapokalypse mit einer Überschrift (1,1–3) und einem Motto (1,7f) eingeleitet, die sowohl Inhalt als auch Perspektive des Buches ankündigen. Der in die traditionelle Form des prophetischen Prologs
eingefügte briefliche Gruß (1,4–6) ähnelt dem der paulinischen
Briefe[21]. Diese sorgfältig komponierte Einleitung charakterisiert
die Johannesapokalypse formal als Werk prophetischer Rhetorik,
das die Funktion eines an sieben christliche Gemeinden in Kleinasien adressierten offenen pastoralen Briefes hat. Die sorgfältige
Ausarbeitung des Prologs und die Anordnung »zu schreiben« (1,
11.19) zeigen, daß der Autor sein Werk als literarische Prophetie
versteht.

Der Prolog der Johannesapokalypse beschreibt also sowohl den
Inhalt des Buches als auch die Autorität hinter seiner Kommunikationskette. Er definiert die Schrift des Johannes auf doppelte Weise
als »Offenbarung (ἀποκάλυψις) Jesu Christi« und als »Worte der
Prophetie«. Das griechische Wort für Offenbarung taucht nur hier
auf, wo es als Name für das gesamte Werk zu dienen scheint. Es ist
jedoch wichtig zu erwähnen, daß der ursprüngliche Titel des Buches *nicht* »Offenbarung« oder »Apokalypse« des Johannes, sondern »Offenbarung« oder »Apokalypse« Jesu Christi lautet. Die
populäre Bezeichnung »Offenbarung/Apokalypse des Johannes«
wurde erst später hinzugefügt, als das Buch in den Kanon aufgenommen wurde. Sie wurde offensichtlich aus den ersten drei Versen abgeleitet und vermutlich in Analogie zu den Titeln der anderen jüdischen und christlichen Apokalypsen formuliert, die großen
Personen der Vergangenheit wie Abraham, Esra, Baruch oder Petrus zugeschrieben wurden.

Im Unterschied zu anderen jüdischen und christlichen Apokalypsen beansprucht die Johannesapokalypse aber nicht die Autorität

---

21 Vgl. *Martin Karrer*, Die Johannesoffenbarung als Brief. Studien zu ihrem
literarischen, historischen und theologischen Ort, Göttingen: Vandenhoeck &
Ruprecht 1986.

des Johannes, sondern die Autorität Jesu Christi. Auf ähnliche Weise besteht Paulus darauf, daß er das Evangelium nicht von menschlichen Autoritäten empfangen, sondern »allein durch eine Offenbarung Jesu Christi« (Gal 1,12ff) gelernt habe. Der vollständige Titel »Jesus Christus« kommt nur in Apk 1,1f und in dem brieflichen Gruß Apk 1,5 vor, findet sich sonst aber nirgendwo im Buch. Der Autor scheint hiermit absichtlich auf das paulinische linguistische und theologische Verständnis von ἀποκάλυψις anzuspielen, das fast synonym ist mit der Gabe der Prophetie (vgl. 1Kor 14). Daher kennzeichnet er sein Werk abwechselnd als »Offenbarung Jesu Christi« und »Worte der Prophetie«.

Die »Worte der Prophetie« kommen von G*tt, der sie Jesus gab, der sie wiederum – durch einen Engel – den christlichen ProphetInnen und besonders dem Seher Johannes weitergegeben hat. Folglich wird die Johannesapokalypse nicht durch Johannes, sondern durch G*tt autorisiert. Die Worte der Prophetie künden an, daß das eschatologische Gericht und die Erlösung unmittelbar bevorstehen: »Die Endzeit ist nahe«. Was nach G*ttes Plan in unmittelbarer Zukunft stattfinden muß, ist den ProphetInnen offenbart worden. Obwohl der Ausdruck »DienerInnen« alle ChristInnen beschreiben kann, kennzeichnet er hier wahrscheinlich christliche ProphetInnen, da nach Am 3,7 G*tt nichts tut, ohne es G*ttes DienerInnen, den ProphetInnen, zu offenbaren. Die Autorität der Johannesapokalypse wird folglich auf doppelte Weise begründet: Die AutorInnen der Johannesapokalypse sind G*tt und Jesus Christus, und die Worte der Prophetie werden übermittelt durch einen Engel und durch Johannes.

Daß die Worte G*ttes und die »Offenbarung Jesu Christi« durch einen Engel[22] übermittelt werden, entspricht dem traditionellen apokalyptischen Stil. Daß darüber hinaus diese Prophetie nicht ausgesprochen, sondern »signifiziert« oder »gezeigt« wird, ist ebenfalls Kennzeichen apokalyptischen Stils. Solch literarischer apokalyptischer Stil ähnelt dem der Poesie, insofern er nicht logisch argumentiert, sondern seine Vision in literarischen Symbolen und Bildern auszudrücken sucht, die nicht nur den Intellekt der LeserInnen/HörerInnen ansprechen, sondern auch ihre Emotionen.

Der erste Abschnitt des Prologs schließt mit einem Makarismus, einer Seligpreisung oder einem Segen, für jene, die die »Worte der Prophetie« lesen oder hören. Diese Seligpreisung macht deutlich,

---

22 Als ausführliche Studie der Angelologie der Apokalypse in ihrem sozialgeschichtlichen Kontext vgl. *Peter Carrell*, Jesus and the Angels. Angelology and the Christology of the Apocalypse of John, Cambridge: Cambridge University Press 1997.

daß die Johannesapokalypse als rhetorisches Werk verstanden wird, das in der Gemeindeversammlung vorgetragen werden soll. Wer je das ganze Buch »gehört« hat, wird zustimmen, daß es, wenn es laut vorgelesen wird, zu leben beginnt. Wie wir aus den paulinischen Briefen und der Didache wissen, wurde von christlichen ProphetInnen allgemein erwartet, daß sie in der liturgischen Versammlung der Gemeinde sprachen. Johannes hofft eindeutig, daß sein Schreiben während seiner Abwesenheit als eine solche prophetische Ansprache im Gottesdienst der ἐκκλησία vorgelesen werden soll.

Zusammenfassend kann festgehalten werden: Die Einleitung der Johannesapokalypse stellt eine Kette von Offenbarungsautorität auf, die auf G*tt beruht und entweder durch Christus oder den interpretierenden Engel Johannes übermittelt wird, der sie dann an seine Leser-/HörerInnen weitergibt. Strenggenommen sind die »Worte der Prophetie« nicht Diskurs des Johannes, sondern beanspruchen, göttlicher Diskurs zu sein. Der/Die _wirkliche_ AutorIn der Offenbarung ist nicht Johannes, sondern G*tt, der auferstandene Jesus und der Geist. Derjenige, »der wie ein Mensch aussieht«, und der Geist »sprechen« zu den ἐκκλησίαι, und Johannes transkribiert nur ihre Botschaft (1,11.19; 2,1–3,22).

Auch der Epilog der Johannesapokalypse verdeutlicht, daß weder eine historische und eschatologische Darstellung noch eine Voraussage der Zukunft die Intention des Buches ist. Vielmehr dient es prophetischer Ermahnung und Interpretation. Die Absicht dieses sehr langen Epilogs ist der Nachweis prophetischer Authentizität. Johannes segnet nicht nur jene, die die Worte der Prophetie lesen, hören und an ihnen festhalten (22,7; vgl. 1,3), sondern fügt am Ende auch einen Fluch an (22,18f). Jedem, der dem Buch etwas hinzufügen würde, droht er die entsetzlichen Plagen an, die seine Schrift vorhersagt. Gleichzeitig warnt er davor, aus dem Buch auch nur irgend etwas wegzunehmen. Eine solche eindringliche Beschwörung ist ein Hinweis dafür, daß Johannes nicht sicher ist, wie sein Werk aufgenommen und geachtet werden würde. Damit scheint er einer kritischen Prüfung seines Werks zuvorkommen zu wollen, da allgemein vorausgesetzt wurde, daß die Prophetie der Unterscheidung der Geister und der Überprüfung der ProphetInnen bedarf. Daß Johannes seine prophetischen RivalInnen schmäht und die himmlische Bestätigung und den göttlichen Ursprung der Johannesapokalypse so nachdrücklich betont, zeigt seine große Autoritätsunsicherheit an und kennzeichnet seinen Diskurs als den einer kognitiven Minderheit in der christlichen Gemeinde.

Die Weise, wie Johannes nachdrücklich auf der göttlichen Autorschaft der Johannesapokalypse besteht, hat das theologische Verständnis von Schriftautorität entscheidend beeinflußt. Seine Schilderung des Offenbarungsprozesses legt eher ein Verständnis der Schrift als das »von G*tt diktierte Wort« als ein Verständnis der Schrift als inspirierte rhetorische Reaktion biblischer AutorInnen auf spezifische theo-ethische, in partikularen sozio-rhetorischen Situationen entstehende, Probleme nahe. Die frühchristliche Überzeugung, daß die Gemeinde die Geister unterscheiden und die Worte und den Lebensstil der ProphetInnen prüfen müsse, wird dabei zu leicht vergessen. Das Resultat ist ein Mangel an kritisch-theologischem Denken und spiritueller Fähigkeit, die Texte der Schrift kritisch zu beurteilen. Deshalb ist es dringend notwendig, daß das Theologiestudium Studierende zu einer kritischen Haltung gegenüber allen menschlichen Worten, die die Autorität G*ttes beanspruchen, befähigt. Was der Geist (das πνεῦμα) heute uns an unserem eigenen partikularen sozio-politischen Ort und in unsere rhetorischen Situation hineinsagt, muß in einer theo-ethischen Praxis rhetorischer Analyse und Ideologiekritik bewertet werden, die in den heutigen politischen Kämpfen gegen Herrschaft die Macht G*ttes zu Gerechtigkeit und Wohlsein aufspüren kann.

III. Prophetie als Entmystifizierung der Herrschaftsmächte

Als prophetische Offenbarung ist die Johannesapokalypse aber auch Ideologiekritik, die die destruktiven imperialen Mächte Roms zu entmystifizieren sucht. Die Macht- und Gerechtigkeitsfrage ist daher das zentrale rhetorische Problem der Johannesapokalypse[23]. Ihre theologische Schlüsselfrage lautet: Wem gehört die Erde? Wer regiert diese Welt? Da die Johannesapokalypse den Standpunkt derer einnimmt, die arm sind und wenig Macht haben, drückt sie ihre

---

23 *Leonard L. Thompson* (The Book of Revelation. Apocalypse and Empire, New York / Oxford: Oxford University Press 1990, 185–195) argumentiert, daß die dualistische Rhetorik des Johannes nicht primär gegen Rom gerichtet sei, sondern »eine binäre Opposition und Grenzziehung – zur Unterscheidung von InsiderInnen und OutsiderInnen« herzustellen suche. Sein Buch ist Teil eines entpolitisierenden Trends in der Apokalypseforschung, der weitverbreitete Akzeptanz gewonnen hat. Auf ähnliche Weise lehnt *Stephen L. Cook* (Prophecy And Apocalypticism. The Postexilic Social Setting, Minneapolis: Fortress 1995) die besonders von Otto Plöger und Paul Hanson vertretene »Konventikel-Annahme« ab, die annimmt, daß apokalyptische Schriften von den VerliererInnen politischer Machtkämpfe stammen, und argumentiert dagegen, daß apokalyptische Texte »*keine* Produkte entfremdeter, marginalisierter oder gar relativ ausgebeuteter Gruppen sind« (2). Dieser Trend zur Entpolitisierung in der Apokalypseforschung muß im Licht des konservativen politischen Gebrauchs der Apokalypse im besonderen und der apokalyptischen Symbolisierung im allgemeinen problematisiert und kritisch diskutiert werden.

alternative Visionswelt und ihr symbolisches Universum in sozio-
ökonomischer Sprache und politisch-mythologischer Bildlichkeit
aus[24]. Das zentrale theologische Symbol der Johannesapokalypse
ist der Thron, der entweder befreiende göttliche oder aber todbrin-
gende dämonische Macht anzeigt.

Christlicher Glaube an Jesus Christus – nicht als einen von vielen
kultischen Göttern, sondern als den Herrn der Welt – mußte notwendigerweise in Konflikt mit der Proklamation der römischen
Staatsreligion geraten:»Der Kaiser ist der Herr!« Die Johannesapokalypse besteht darauf, daß der, der »alles neu macht«, und der, der
»Herr der Herren und König der Könige« ist, ein und derselbe ist.
Das Kommen und die Herrschaft G*ttes und Christi bringt nicht
nur den ChristInnen, sondern allen, die jetzt von politischen Gewal-
ten unterdrückt und niedergemetzelt werden, totale Erlösung. Umgekehrt besteht die Johannesapokalypse darauf, daß das Gericht
G*ttes und Christi die Zerstörung all derer mit sich bringen wird,
»die die Erde verderben«. Die treibende Kraft, die hinter der politischen Herrschaft der imperialen Weltmacht, die »die Erde ver-
dirbt«, steht, sind nicht bloß Menschen. Es ist Satan, die antigöttli-
che Macht par excellence. Während die Himmel jauchzen über
den Sturz des Teufels, muß die Erde Qual ausstehen:

>»Wehe euch, Erde und Meer! Denn der Teufel ist zu euch hinabgestiegen mit
>grimmigem Zorn, weil er weiß, daß er nur noch kurze Zeit hat.« (12,12)

Der Drachenteufel hat dem Tier aus dem Meer, dem römischen
Kaiser, »seine Macht und seinen Thron und seine große Gewalt«
(13,2) gegeben. Es scheint, als sei diese Macht absolut und universal. Sie trifft zugleich ChristInnen und NichtchristInnen.

Da die politische Macht Roms kultisch verstanden wurde, mußte
sich auch die Symbolwelt der Johannesapokalypse auf kultisch-
religiöse Symbole beziehen, um ihre Leser-/HörerInnen von den
prachtvollen Symbolen und dem kultischen Drama des Kaiserkultes abzubringen[25]. Doch eine solches Aufnehmen kultisch-religiö-
ser Symbole war schwierig, weil die ChristInnen keine kultischen
Institutionen, keine PriesterInnen, Opfer oder Tempel hatten. Daher mußte Johannes seine kultische Sprache und Symbolik nicht
nur aus dem traditionellen Tempelkult Israels übernehmen, sondern auch aus den in Kleinasien populären Kultfeiern borgen.

---

24 Vgl. *J. Nelson Kraybill*, Imperial Cult and Commerce in John's Apocalypse, Sheffield: Sheffield Academic Press, 1966.
25 Vgl. *David Aune*, The Influence of Roman Imperial Court Ceremonial on the
Apocalypse of John, in: Biblical Research 28 (1983), 5–26.

Johannes übernimmt traditionelle jüdisch-kultische Symbole wie Tempel, Altar, Priester, Opfer, Gewänder, Hymnen, Weihrauch und kultische Reinheit, um eine symbolische Alternative zum Glanz des Kaiserkults zu entwerfen. Damit sucht er besonders JüdInnen und JudenchristInnen, die in dieses kultischen Tradition »zu Hause« sind, anzusprechen, um sie zu überreden, seine Visionswelt zu akzeptieren. Die Aufnahme der kultischen Symbole und Institutionen Israels durch die Johannesapokalypse dient somit rhetorischen Interessen[26]. Die kultischen Symbole der Johannesapokalypse beschreiben und verweisen nicht auf tatsächliche kultische Praktiken von JüdInnen und ChristInnen in Kleinasien, wie einige ApokalypseauslegerInnen annehmen. Vielmehr gebraucht der Autor die traditionelle Kultsymbolik als »evokative Sprache,« um eine alternative Welt zum Kaiserkult zu beschwören.

Die Johannesapokalypse borgt ihre Sprache und Symbole aber nicht nur von jüdischen Kulteinrichtungen. Die himmlische Liturgie, die im Thronraum G*ttes gefeiert wird (Apk 4f), weist zugleich auffallende Ähnlichkeiten mit dem orientalischen Hofzeremoniell und dem Kaiserkult auf. Genau wie G*tt beschrieben wird – eine Schriftrolle haltend –, wird in der römischen Kunst auch der Kaiser abgebildet: umgeben von seinem Rat, eine Petition oder einen Brief als offene Schriftrolle in der Hand haltend. Darüber hinaus spielen die Hymnen der Johannesapokalypse auf die im Hofzeremoniell erwähnten Lobeshymnen an. Hymnische Akklamationen und Zeichen der Ehrerbietung waren nicht dem Kaiser vorbehalten, sondern wurden auch seinen RepräsentantInnen bei den Feiern des Kaiserkults in den Provinzen erbracht. Außerdem waren sprechende und sich bewegende Götterbilder und feurige Lichtzeichen in kultischen Kontexten nicht unbekannt und wurden vermutlich auch im Kaiserkult gebraucht. Schließlich sind die Visionen des Neuen Jerusalem eine Erfüllung der idealen hellenistischen kosmopolitischen Stadt und der idyllischen Projektionen der Pax Romana.

Kurzum: Wie Widerstandsdichtung fordert die Johannesapokalypse den symbolischen Diskurs der hegemonialen römischen Kolonialmacht heraus, indem sie einen alternativen symbolischen Diskurs herstellt, der die teuflische Macht Roms zu entlarven sucht, um so für ihre Leser-/HörerInnen die Überzeugungskraft des Kaiserkultes abzuschwächen. Die Johannesapokalypse sucht durch ihre Symbol- und Visionswelt ihre Leser- und HörerInnen dazu zu motivieren, nur G*tt – und nicht den Staat, die Religion und den Kult

---

26 David Barr weist durchgängig auf den mündlichen und narrativen Charakter des Buches hin; vgl. *ders.*, Tales of the End, Santa Rosa: Polebridge Press, 1998.

Roms – zu verehren, selbst dann, wenn eine solche Entscheidung
ihr Leben und ihr Wohlergehen aufs Spiel setzen würde. Die Symbolwelt der Johannesapokalypse ist damit am besten als rhetorische
Antwort auf ihre politisch-historische und religiös-kommunikative
Situation zu verstehen. Die Perspektive und rhetorische Absicht
des Autors können jedoch nur dann zutage treten, wenn die rhetorische Situation, die die johanneische Visionswelt bedingt hat, so
rekonstruiert wird, daß die rhetorische Symbolwelt der Johannesapokalypse als »treffende« Antwort auf ihre historisch-rhetorische
Situation verstanden werden kann.
Das Bestehen auf einer solchen historischen Verortung der rhetorischen Macht der Johannesapokalypse bedeutet aber nicht, daß ihre
Symbolsprache und ihre theologische Visionswelt heute unkritisch
übernommen werden könnten. Als partielle theologische Antwort
in einer bestimmten sozio-historischen Situation verlangt die narrative Symbolisation der Johannesapokalypse vielmehr nach kritischer Beurteilung und theo-ethischer Bewertung in der gegenwär-
tigen rhetorischen Situation der AuslegerIn. Solch eine kritisch-
ideologische Bewertung ist gerade deshalb notwendig, weil die
Symbolwelt der Johannesapokalypse nicht nur ein theo-ethisches
Modell *von* ihrer eigenen sozio-politischen Welt, sondern auch ein
theo-ethisches Modell *für* sozio-politisches Handeln heute ist. Die
Sprache und die Metaphern, die wir gebrauchen, bestimmen die
Wahrnehmung der Welt, in der wir leben.
Die Bildwelt der Johannesapokalypse, ihre Sprechen über das
Göttliche, wurzeln im nahöstlichen Hofprotokoll und im römischen
Kaiserzeremoniell. Dadurch, daß die Johannesapokalypse G*ttes
Herrlichkeit und Macht mit der Herrlichkeit und Macht des römi-
schen Kaisers vergleicht und Christus als »göttlichen Krieger« und
»König der Könige« darstellt, ist sie in Gefahr, göttliche Macht als
»Macht über«, als »Herrschaftsmacht« im Sinne des römischen Im-
perialismus zu verstehen. Obwohl Johannes diese Herrschaftsspra-
che und Bilder zu verändern suchte, ist es zweifelhaft, ob ihm dies
gelungen ist. Bilder des Nährens und des Mitfühlens G*ttes, wie
Apk 7,16f und 21,3f, könnten als Korrektiv dienen. Doch sie sind
nicht stark genug, um die Herrschaftssprache und Symbolik der
Johannesapokalypse über G*tt und Christus grundlegend zu
verändern. Da die Johannesapokalypse nicht der einzige biblische
Text ist, der das Bild G*ttes als das eines allmächtigen Herrscher-
Königs gebraucht und dadurch Militarismus und Herrschaft theologisch legitimiert, ist es notwendig, die imperiale Anti-Sprache[27]

27 Anknüpfend an *Michael A. Halliday* (Language as Social Semiotic. The Social Interpretation of Language and Meaning, London 1978) definiert *John E.*

und herrscherliche G*tt-Rhetorik der Johannesapokalypse durch Symbole und Bilder für G*tt zu ersetzen, die demokratische Verantwortung und Widerstandsfähigkeit gegen alle entmenschlichenden und unterdrückenden Mächte fördern können.

Ferner führt die rhetorische Visionswelt der Johannesapokalypse die sozio-politischen Symbole zweier Städte (Babylon/Rom – Neues Jerusalem) ein, um den Gegensatz zwischen zwei Welten, der Welt von Ausbeutung und Unterdrückung und der der Befreiung und des Wohlseins, zu betonen. Die Mächte hinter diesen beiden Städten werden durch Tierfiguren dargestellt (zwei Tiere / das Lamm). Die beiden kontrastierenden Stadtsymbolisierungen wiederum werden als weiblich (Hure/Braut) vorgestellt, so daß ein Gegensatz zwischen zwei Gruppen durch miteinander verbundene Bilder konstruiert wird: Hure – Tier – Babylon auf der einen und Braut – Lamm – Neues Jerusalem auf der anderen Seite[28].

Die weiblichen Bilder sowohl für die unterdrückende als auch für die eschatologische befreite Gemeinschaft sind traditionell und konventionell. Das prophetische Bild der Ehe Jahwes mit Israel (vgl. Hos 2,19; Jes 54,5f; Ez 16,8) könnte dem Mythos der Heiligen Hochzeit abgeschaut sein, der ein typisches Element im Mythos des Heiligen Kriegs ist.

Johannes borgt auch für das grausige Bild der Hure prophetisches Repertoire (vgl. bes. Ez 16 und 23). Städte wurden herkömmlicherweise weiblich dargestellt, da in der Antike, wie auch heute noch üblich, das grammatische Geschlecht von »Stadt« weiblich war. Darüber hinaus greift die theo-ethische Rhetorik der Johannesapokalypse auf das prophetische Beschimpfungsarsenal zurück, wenn

---

Hurtgen (Anti-Language in the Apocalypse of John, Lewiston: Mellen Biblical Press 1994, 50f) Anti-Sprache folgendermaßen: »Anti-Sprache ist die Sprache des sozialen Widerstands. Sie ist eine Sprache wie jede andere Sprache, die dazu dient, die sozialen Strukturen auszudrücken und aufrechtzuerhalten. ... Gruppen, die sich auf die äußeren Ränder der Gesellschaft verwiesen sehen (die Apokalypse des Johannes paßt hierhin), bietet Anti-Sprache eine Form des Protests gegen die Standardgesellschaft, der sie oppositionell gegenüberstehen, an.« Nach Halliday (165f) ist Anti-Sprache bestimmt durch *Re-Lexikalisierung*, d.h. neue Wörter für alte, und *Über-Lexikalisierung*, d.h. mehrfache Wörter für dasselbe Konzept. Beides ist charakteristisch für die Sprache der Johannesapokalypse.

28 Vgl. bes. das Werk von *Tina Pippin*, Death and Desire: The Rhetoric of Gender in the Apocalypse of John. Literary Currents in Biblical Interpretation, Louisville: Westminster / John Knox Press 1992; *Tina Pippin*, The Heroine and the Whore. Fantasy and the Female in the Apocalypse of John, Semeia 60 (1992), 69; *Tina Pippin*, The Revelation to John, in: *Elisabeth Schüssler Fiorenza* (Hg.), Searching the Scriptures, Bd. 2, New York: Crossroad 1994, 109–130 und *Tina Pippin*, Eros and the End. Reading for Gender in the Apocalypse of John, Semeia 59 (1992), 193–210. Vgl. auch *Adela Yarbro Collins*, Feminine Symbolism in the Book of Revelation, Biblical Interpretation 1 (1993), 20–33.

sie von Götzendienst als »Unzucht« und als »Befleckung mit Frauen« spricht.

Ein solcher Gebrauch von weiblichen Symbolen zur Darstellung des Gegensatzes zwischen der Welt Roms und der Welt G*ttes verformt die Vorstellungskraft von Leser-/HörerInnen. Statt politische Mächte und soziale Realitäten anzusprechen, verzeichnet eine solche Sprache nicht nur das, worum es der Johannesapokalypse geht, sondern konstruiert auch Weiblichkeit in den dualistischen Begriffen von gut und übel, rein und unrein, göttlich und dämonisch, hilflos und machtvoll, Braut und Verführerin, Ehefrau und Hure. Statt »Hunger und Durst« nach einer gerechten Welt zu erwecken, fördert eine solche dualistische Weiblichkeitssymbolisation, wenn sie nicht adäquat übersetzt wird, Vorurteile und Ungerechtigkeiten gegen Frauen.

Die Gefahr, eine solche weibliche Symbolisation wörtlich zu verstehen, besteht besonders dann, wenn LeserInnen die beißende Polemik des Johannes gegen eine führende Prophetin nicht genau überprüfen und statt dessen den Gegensatz zwischen der Macht Roms und der Macht G*ttes durch weibliche Sprachfiguren naturalisieren und festschreiben[29].

IV. Prophetie als Ort des Konflikts und geistlichen Ringens

Die Spannungen und Widersprüche zwischen den alltäglichen Erfahrungen von Drangsal und der theologischen Überzeugung, an der königlichen Macht G*ttes teilzuhaben (1,6; 5,10)[30], hat wahrscheinlich schwierige theologische Fragen hervorgerufen, und diese scheinen von verschiedenen führenden ProphetInnen in den Kirchen Kleinasiens unterschiedlich beantwortet worden zu sein. Über eine solche fortlaufende Debatte informiert uns die Apokalypse des Johannes implizit durch ihre Auseinandersetzung mit konkurrierenden christlichen ApostelInnen und ProphetInnen, die in mehreren Gemeinden Kleinasiens anscheinend größeren Einfluß hatten als Johannes.

Die *erste* Debatte, die vertuscht ist, aber immer noch aufgespürt werden kann, ist die Debatte des wohl jüdischen Autors mit Teilen der jüdischen Gemeinde in Kleinasien. In den sogenannten sieben

29 Vgl. auch mein Kapitel: The Rhetoricality of Apocalypse and the Politics of Interpretation, in: The Book of Revelation. Judgment and Justice, 2., erweiterte Auflage, Minneapolis: Fortress 1999, 205–236.
30 Vgl. meine Dissertation: Priester für Gott. Studien zum Herrschafts- und Priestermotiv in der Apokalypse, Münster: Aschendorff 1972.

Sendschreiben zu Beginn des Buches[31] erwähnt Johannes zweimal jene, die »behaupten, sie seien JüdInnen, es aber nicht sind« und nennt sie »Synagoge des Satans«. Archäologische und literarische Quellen geben Hinweise darauf, daß in jeder der in der Johannesapokalypse erwähnten Städte die jüdische Gemeinde gut in die koloniale römische Kultur und die einheimischen asiatischen Kulturen integriert war. Römische Protektion und Privilegien – wie z.B. das Recht, sich in Synagogen zum Gottesdienst und zum Studium zu versammeln, jüdische Gesetze und Bräuche einzuhalten, Synagogen zu bauen und Geldmittel anzunehmen, aber auch die Befreiung vom Militärdienst und von der Teilnahme an der römischen Zivilreligion – waren in der hellenistischen und in der römischen Zeit der jüdischen Gemeinden in Kleinasien garantiert worden.

Der Konflikt zwischen der jüdischen Gemeinde und einigen »christlichen« (d.h. »messianischen«) JüdInnen entstand anscheinend in sozialen Situationen, in denen die »christliche« Gemeinde benachteiligt wurde. Das Sendschreiben an Smyrna (2,8–11) spricht von der Drangsal und Armut der Gemeinde in Zusammenhang mit der Verleumdung derer, die »sich JüdInnen nennen, es aber nicht sind«. Johannes lobt die Gemeinde in Philadelphia dafür, daß sie das Wort Christi bewahrt und den Namen dessen, der den Schlüssel Davids hat, nicht verleugnet hat. Smyrna und Philadelphia hatten angeblich »wenig Macht« und erduldeten Verleumdung, Armut, Drangsal, Gefangenschaft und Lebensbedrohung. Sie sind die einzigen Gemeinden, die nur Lob und keinen Tadel erhalten.

Es ist schwer zu sagen, ob die, die »behaupten, sie seien JüdInnen, es aber nicht sind« als JüdInnen im allgemeinen oder als JüdInnen, die ChristInnen sind, zu verstehen sind. Letzteres ist möglich, weil zur Zeit der Johannesapokalypse ChristInnen wie Johannes noch Mitglieder der jüdischen Gemeinde waren und wohl eine besondere Partei oder Gruppe innerhalb des Judentums, ähnlich den PharisäerInnen oder den EssenerInnen, darstellten. Jedenfalls kommt die hohe Wertschätzung des Judentums durch Johannes nicht nur darin zum Ausdruck, daß er traditionelle jüdische Sprache und Symbolik wählt, sondern auch darin, daß er seinen RivalInnen den Ehrentitel »JüdIn« abspricht und sie statt dessen als »Synagoge des Satans« verunglimpft.

Weshalb sollten [»christliche«] JüdInnen andere [»christliche«] JüdInnen verleumdet und ihnen Schwierigkeiten und Verfolgung verursacht haben? Die Verheißung der eschatologischen Umkehr in 3,9 weist darauf hin, daß der Konflikt um »Ehre« und Legitima-

---

31 Vgl. *Colin J. Hemer*, The Letters to the Seven Churches of Asia in Their Local Setting, Sheffield: JSOT Press 1986.

tion ging. Wenn Johannes wie sie argumentiert hat, dann bestand ihre Verleumdung wahrscheinlich darin, daß [»christliche«] JüdInnen in Smyrna und Philadelphia den lokalen »christlich«-jüdischen Gemeinden in Smyrna und Philadelphia die angestammten jüdischen Vorrechte und die jüdische Legitimation abgesprochen haben. Sie taten dies vielleicht, um sich von denjenigen [»christlichen«] JüdInnen in Smyrna und Philadelphia, die arm waren und wenig Macht, aber großen »messianischen« Eifer hatten, zu distanzieren. Wenn dies zutrifft, dann wäre der Konflikt zwischen jüdischen GlaubensgenossInnen in Smyrna und Philadelphia religiös-politischer Natur gewesen. Diejenigen [»christlichen«] JüdInnen, die hochangesehene Mitglieder ihre asiatischen Gemeinden waren und die die von Rom der jüdischen Gemeinde gewährten Privilegien genossen, hielten es vermutlich für politisch notwendig, sich von den »messianischen« revolutionären Gruppen ihres eigenen Volkes zu distanzieren, die nicht nur in Palästina, sondern auch in der griechisch-römischen Diaspora dazu neigten, zur Rebellion gegen Rom anzustiften.

Dieser Konflikt um Werte und Status des »wahren Judentums« konnte zum Konflikt ums Überleben für jene ChristInnen werden, die als jüdische MessianistInnen identifiziert wurden. In seiner Interpretation dieser *aktuellen* sozio-politischen Situation schafft oder vertieft Johannes diesen rhetorisch-politischen Konflikt, indem er den Konflikt zwischen [»christlichen«] JüdInnen verschiedener Überzeugung mit eschatologischer Drangsal, Gefangenschaft und Tod in Verbindung bringt. Es ist Johannes, der diese rhetorischen Auseinandersetzung um Status, Identität und Werte als den Ort des Ringens um eine »genuin jüdische« Politik und religiös-politische Strategie gegenüber der imperialen Macht und Zivilreligion Roms ein- und weiterschreibt. Er tut dies in einer historischen Situation, in der JudenchristInnen eine religiöse Minderheitengruppe ohne Rechte und Macht waren.

Nach der Trennung von Judentum und Christentum in zwei verschiedene Religionen und dem politischen Aufstieg des Christentums als Erbe des Römischen Reichs änderte sich die rhetorische Situation der LeserInnen der Johannesapokalypse drastisch. Christliche PredigerInnen, die heute die Anklage des Johannes gegen das Judentum als die »Synagoge Satans«, wiederholen, tun dies in einer rhetorischen Situation, in der ChristInnen in der Mehrzahl und JüdInnen oft zu einer verleumdeten Minderheit gehören. Die auf Selbsterhaltung und jüdische Identität zielende defensive Rhetorik der Johannesapokalypse wird dann in eine Sprache des Hasses verdreht. Durch die Jahrhunderte hindurch und heute noch hat die Verunglimpfung seiner GlaubensgenossInnen durch Johannes antijudaistischen Haß, Verunglimpfung und Verfolgung des wahren Judentums als christliche Reaktion hervorgerufen. Besonders nach dem Holocaust darf eine solche biblisch-theologische Sprache nicht mehr toleriert werden.

Der *zweite* Konflikt, der der Polemik des Johannes eingeschrieben ist, ist der Konflikt mit anderen ProphetInnen, die die römische Macht nicht als unterdrückend wahrnahmen und sie nicht als übel verurteilten. Johannes polemisiert in den an die Gemeinden in Ephesus, Pergamon und Thyatira gerichteten Sendschreiben gegen diese prophetische Konkurrenz. Ephesus verdient Lob, weil es die falschen ProphetInnen zurückgewiesen und Haß auf die Werke der sogenannten NikolaitInnen gezeigt hat, während Pergamon dafür kritisiert wird, daß es diejenigen toleriert, die an den Lehren Bileams festhalten. Die Gemeinde in Thyatira wiederum erntet Tadel, weil sie den Einfluß und die Lehre einer Prophetin, die Johannes Isebel nennt, und ihrer Schule anerkennt. Alle drei Bezeichnungen – »NikolaitInnen«, »BalaamitInnen« und »Isebel«[32] – stempeln ProphetInnen, die ihren AnhängerInnen das Essen von Götzenfleisch und die Teilnahme an heidnischen religiösen Festen erlaubten, theologisch negativ ab.

Eine Hermeneutik der historischen Imagination, die unterdrückte Stimmen ins Wort »zu hören« sucht (Nelle Morton), fragt daher: Wie könnten diese ProphetInnen theologisch für ein Zusammenleben mit der heidnischen Gesellschaft argumentiert haben? Sie scheinen die Teilnahme von ChristInnen an heidnischen Kultmahlen und am Kaiserkult gebilligt zu haben, eine Praxis, die Johannes durchweg als »Unzucht« und »Ehebruch« abstempelt. Sie haben vielleicht argumentiert, daß nicht nur wohlhabende Leute bei festlichen Banketten und beruflichen Ereignissen Opferfleisch essen dürften, sondern auch arme Leute, die sich kaum leisten konnten, ihren Speisezettel mit Fleisch anzureichern. Die Ausdrücke »Essen von Götzenopferfleisch« und »die tiefen Dinge des Satan kennen« geben einige Hinweise auf ihre theologischen Argumente und ihre Legitimation.

Diese ProphetInnen könnten z.B. behauptet haben, daß die Göttlichkeit des Kaisers eine politische Fiktion zur Förderung der Einheit des Römischen Reichs sei. Teilhabe an der römischen Zivilre-

---

32 *David E. Aune* (Prophecy in Early Christianity and the Ancient Mediterranean World, Grand Rapids: W. Eerdmas 1983, 178) weist auf, daß das Orakel für Isebel, das sich in Apk 2,20b–23b findet, »sechs Strukturelemente enthält, die für die prophetische Rhetorik des Johannes charakteristisch sind«. Diese sind: Tadel, Forderung nach Reue, Androhung des Gerichts, erneute Forderung nach Reue, erneute Androhung des Gerichts, Schlußfolgerung.

ligion müsse politisch als Teil der Bürgerpflicht der einzelnen verstanden werden. Wenn dies aber der Fall ist, warum dann den Kaiserkult ablehnen? Warum nicht einen Kompromiß mit der imperialen Macht Roms ausarbeiten? Zugegeben, Jesus wurde von den
Römern als politischer Verbrecher hingerichtet, aber dies war ein
politisches Mißverständnis seines theologischen Anspruchs, der
Messias zu sein. Hat Paulus, der große Apostel, nicht gepredigt,
daß ChristInnen staatlichen Autoritäten nicht widerstehen, sondern
Ehre erweisen sollen, wem Ehre gebührt (Röm 13,7)? Sich anders
zu verhalten, würde religiösen Fanatismus, reine Torheit oder ge-
fährliche Illusion bedeuten.
Wie die KorintherInnen und Paulus haben die kleinasiatischen
ProphetInnen vermutlich argumentiert, daß »Götzen nichts sind«
und daß »ein Götze keine wirkliche Macht hat« über die, die Christus von den kosmischen Mächten dieser Welt erlöst hat. Daher ist
für die geisterfüllten ChristInnen die Teilnahme am Alltagsleben
der griechisch-römischen Gesellschaft und an den Formalitäten des
Kaiserkults völlig harmlos. Die Macht G*ttes und Christi begründen eine völlig andere Ordnung als die politisch-religiöse Ordnung
Roms[33]. Wie der Autor der Ersten Petrusbriefes, der gegen Ende
des ersten Jahrhunderts ebenfalls an ChristInnen in Kleinasien geschrieben hat, haben sie vielleicht darauf bestanden: »Unterwerft
euch um des Herrn willen jeder menschlichen Ordnung, sei es dem
Kaiser als dem höchsten Herrn, sei es den Statthaltern ... Fürchtet
G*tt. Ehrt den Kaiser« (1Petr 2,13f.17).
Der Unterschied in der theologischen Perspektive scheint nicht sosehr ein Unterschied der Lehre gewesen zu sein. Vielmehr scheint
er in einer ganz anderen Erfahrung und politisch-religiösen Bewertung der Macht und des Einflusses Roms in Kleinasien zu wurzeln. Obwohl wir den sozialen Status der prophetisch-christlichen
Gruppen, mit denen Johannes konkurriert, nicht kennen, wissen
wir doch, daß einige der Gemeinden, an die er schreibt, Armut, Ver-
bannung, Gewalt und Hinrichtung erfahren haben. Er hat großes
Lob für diejenigen Gemeinden, die arm sind und Belästigungen
von ihren griechisch-römischen, asiatischen und jüdischen Nach-
barInnen erfahren müssen. Im Gegensatz dazu kritisiert er die Gemeinde von Laodizea scharf, die sich selbst als reich und wohlha-
bend betrachtet.
Eine dieser leitenden ProphetInnen in Kleinasien war interessan-
terweise eine Frau, die Anspruch auf den offiziellen Titel »Prophetin« hatte. Im Gegensatz zu ihr wendet Johannes diesen Titel niemals auf sich selbst an, entweder weil er nicht als Prophet angese-

---

33 Für ein solches Argument siehe z.B. Joh 18,36.

hen wurde oder weil sein prophetischer Status umstritten war. Doch Johannes argumentiert gegen diese Prophetin nicht deshalb, weil sie *als Frau* prophetisches Amt und prophetische Führungsrolle innehatte, sondern weil er mit ihren Lehren nicht einverstanden war. Sein Angriff weist darauf hin, daß Frauen nicht nur zu den ZuhörerInnen des Johannes gehörten, sondern auch, daß sie führende Positionen in den Gemeinden Kleinasiens innehatten.

Solche einflußreiche Position und Führungsrolle von Frauen in den asiatischen Gemeinden hätte völlig mit den allgemeinen religiösen und politischen Positionen, aber auch dem sozio-kulturellen Einfluß von Frauen in Kleinasien übereingestimmt. Eine Grabinschrift aus Smyrna, die wohl aus dem zweiten oder dritten Jahrhundert u.Z. stammt, erwähnt eine Jüdin namens Rufina, die Präsidentin der Synagoge war. Diese Inschrift bezeugt, daß zumindest einige JüdInnen über so viel Eigentum verfügten, daß sie Synagogen bauen, SklavInnen besitzen und freilassen und führende AmtsinhaberInnen in der Synagoge sein konnten[34].

Darüber hinaus ist es vielleicht von Bedeutung, daß Johannes diese konkurrierende Prophetin mit der phönizischen Prinzessin Isebel vergleicht. Die Wahl des Namens Isebel könnte nicht nur dadurch bedingt sein, daß die Königin Isebel heidnische religiöse Praktiken unterstützte und sich den ProphetInnen Jahwes widersetzte. Dieser Name könnte auch auf den hohen Status und den Reichtum der Prophetin anspielen, weil Isebel ungefähr 850 ProphetInnen des Baal und der Aschera unterstützte und als Königin großen Einfluß und große Macht in Israel ausübte (vgl. 1Kön 16–21; 2Kön 9f). Ironischerweise wurde während der amerikanischen Sklaverei das Bild der Hure Isebel zum beliebten Zerrbild, das weiße elitäre Männer für schwarze Frauen gebrauchten[35].

Zusammenfassend läßt sich sagen: Johannes setzt sich nicht ernsthaft mit alternativen theologischen Ansichten auseinander, sondern verunglimpft und dämonisiert diejenigen, die diese Ansichten vertreten. Seine Beschimpfungen suchen seine RivalInnen dadurch, daß er ihre religiöse Legitimation in Zweifel zieht, um sie zu neutrali-

---

34 Vgl. mein Buch: In Memory of Her. A Feminist Reconstruction of Christian Origins, Ausgabe zum 10jährigen Jubiläum, New York: Crossroads 1994, 249f (deutsch: Zu ihrem Gedächtnis. Eine feministisch-theologische Rekonstruktion der christlichen Ursprünge [aus dem Amerikanischen übers. von Christine Schaumberger], Gütersloh: Gütersloher Verlagshaus ²1993, 302ff) und vor allem *Bernadette Brooten*, Women Leaders in the Ancient Synagogue. Inscriptional Evidence and Background Issues, Chico: Scholars Press 1982.
35 Vgl. *Patricia Hill Collins*, Black Feminist Thought. Knowledge, Consciousness and the Politics of Empowerment, Boston: Unwin Hyman 1990, 170–194.

sieren und auszuschalten. Er charakterisiert dagegen seine eigene theologische Antwort als vom Himmel und von G*tt kommend, während er behauptet, daß hinter den Argumenten seiner GegnerInnen der Satan steht. Während noch verteidigt werden könnte, daß Johannes die imperiale Macht Roms und seiner Vasallen als böse verteufelt, ist die Verteufelung seiner Gegner auf keinen Fall theologisch akzeptabel, da die Verunglimpfung seiner prophetischen KonkurrentInnen nicht Strukturen und Institutionen, sondern Individuen, die den Gemeinden in Kleinasien wohlbekannt waren, dämonisiert. Eine solche Sprache der Verteufelung und des Hasses muß daher theologisch zurückgewiesen werden, auch wenn sie sich in einem Buch der Heilgen Schrift findet. Die Auslegung der Johannesapokalypse ist in Gefahr, diese theologische Rhetorik der Beschimpfung, des Zum-Schweigen-Bringens und der Repression, weiter- und festzuschreiben, wenn sie die prophetischen RivalInnen des Johannes als ungläubige JüdInnen oder gnostische HäretikerInnen charakterisiert. Sie schreibt auch dann die Sprache des Hasses weiter, wenn sie seine Beschuldigung »Isebels« des Ehebruchs und der Geilheit wiederholt. Solche frauenfeindliche Diskurse legitimieren die soziale und religiöse Entwürdigung von Frauen und tragen zu einer pornographischen Vergewaltigungskultur bei.

Kurz: Ich habe hier versucht, das theologische Prophetieverständnis der Johannesapokalypse und ihrer symbolischen Visonswelt kritisch zu diskutieren und zu bewerten. Indem ich die Fallgruben ihrer göttlichen Autoritätsansprüche unterstrichen habe, habe ich zu zeigen versucht, daß die polemische Rhetorik des Johannes ideologischen Funktionen dient. Gleichzeitig habe ich argumentiert, daß biblische Theologie als ein Prozeß kritisch-hermeneutischer Reflexion neu formuliert werden muß, ein Prozeß, der in der Lage ist, die Geister zu unterscheiden und das »Gift« zu benennen, das im Namen G*ttes verbreitet wird. Der jüdische Exeget Mayer Gruber hat die Einsicht formuliert, die nur gewonnen werden kann, wenn man sich auf einen solchen Prozeß kritisch-theologischer Reflexion einläßt:

»Eines der Dinge, die wir lernen sollten, ist, wie das Herstellen eines Dialogs zwischen unserer persönlichen Erfahrung, der Erfahrung der ProphetInnen und der sich immer weiter ausdehnenden Disziplin der Bibelwissenschaften uns helfen kann, weiter über das hinaus zu sehen, was der Prophet/die Prophetin gesehen hat, und dabei zu manchem Gift, das der Prophet/die Prophetin fälschlich für Medizin gehalten haben mag, ein Gegengift zur Verfügung zu stellen.«[36]

---

36 *Mayer I. Gruber*, A Re-Evaluation of Hosea 1–2. Philology Informed By Life Experience, in: *Ingrid Rosa Kitzberger* (Hg.), The Personal Voice in Biblical Interpretation, New York: Routledge 1999, 1174.

Mayer Gruber weist darauf hin, daß er erst dann, als er seine Erfahrungen auf sein wissenschaftliches Arbeiten an den klassischen Prophetenbüchern Einfluß nehmen ließ, in der Lage war, den giftigen Charakter prophetischer Beleidigungen zu erkennen. Obwohl eine feministische Kollegin ihn mehrmals auf die in Hos 2,23–25 eingeschriebene pornographische Gewalt hingewiesen hatte, war er trotz langjährigen Studiums dieses prophetischen Buches nicht fähig, dessen Sprache der Gewalt zu erkennen. Statt dessen versicherte er seinen StudentInnen, daß G*tt von dem klassischen Propheten als treuer Ehemann gezeichnet werde, der bereut, daß er seine Ehefrau früher vernachlässigt hat. Mayer Gruber legte ihnen sogar nahe, daß nach Hosea G*tt das Recht von Frauen verteidigt, ihren Ehemännern, die sie vernachlässigen und hinter sexuellen GespielInnen her sind, untreu zu sein[37]. Erst nach persönlichen Begegnungen mit zahlreichen Frauen, die als Erwachsene oder Kinder sexuelle Gewalt erfahren mußten, konnte er das »moralische Dilemma, das G*ttes verbaler Mißbrauch und die Androhung physischen Mißbrauchs gegen Seine [sic] Ehefrau und ihre Kinder in Hos 2,4–15 ... darstellt«[38] erkennen.

Das symbolische Universum und die prophetische Visionswelt der Johannesapokalypse ist fraglos gewalttätig. Man könnte hier besonders auf die Gewalt hinweisen, die in der Johannesapokalypse vom Thron G*ttes aus gegen die ganze Menschheit im allgemeinen und Isebel im besonderen entfesselt wird. Bevor man, so wie ich es hier getan habe, argumentieren kann, daß das grundlegende theologische Paradigma der Johannesapokalypse nicht der Heilige Krieg und die Zerstörung, sondern Gerechtigkeit und Gericht, nicht Vorhersage bestimmter Ereignisse, sondern Ermahnung und Drohung sind, ist es notwendig, sich mit theologischer Ideologiekritik zu befassen, um die von der Johannesapokalypse im Namen G*ttes verkündete Gewalt kritisch beim Namen zu nennen und zu bewerten. Zu lernen, wie man sich für eine solch kritisch-theologische Beurteilung engagiert, ist besonders wichtig für diejenigen, die die Schrift als Wort G*ttes verkünden, wenn sie nicht weiterhin G*tt als einen G*tt verkünden wollen, der entmenschlichende Unterdrückung und rachsüchtige Zerstörung legitimiert.

Wenn man, wie ich es tue, mit Mayer Gruber glaubt, daß G*tt ein G*tt der Gerechtigkeit und Liebe ist und daß G*tt pornographische Gewalt und beißende Entwürdigung nicht will, ist es notwen-

---

37 *Mayer I. Gruber*, Marital Fidelity and Intimacy. A View From Hosea 4, in: *Athalya Brenner* (Hg.), A Feminist Companion to the Latter Prophets. The Feminist Companion to the Bible. Sheffield: Sheffield University Press 1995.
38 *Mayer I. Gruber*, A Re-Evaluation, 178.

dig, eine kritisch-biblische Theologie zu artikulieren, die das zer-
störerische Gift ebenso wie das nährende Brot, das von der Schrift
bereitgestellt wird, identifizieren kann. Um biblische Theologie im
Interesse von Gerechtigkeit und Wohlsein für alle zu artikulieren,
müssen sowohl das Selbstverständnis biblischer Wissenschaft als
auch der theologische Gebrauch biblischer Texte ideologiekritisch
hinterfragt und verändert werden.

III
Antike und Folgezeit

Georg Schöllgen

Der Niedergang des Prophetentums in der Alten Kirche

Gegen Anfang des 2. Jahrhunderts standen die frühchristlichen Propheten, die viele Gemeinden des 1. Jahrhunderts wesentlich mitgeprägt hatten, immer noch in außerordentlich hohem Ansehen. Die Geistrede hatte als Gottesrede höchste Geltung und sicherte ihnen, die Gott so offensichtlich zu seinem Sprachrohr erwählt hatte, eine schwer zu überbietende Autorität. Noch um die Wende vom 1. zum 2. Jahrhundert verhängt eine Kirchenordnung, die Didache, härteste Sanktionen gegen die Störung der Geistrede:

»Keinen Propheten, der im Geist redet, dürft ihr auf die Probe stellen oder beurteilen. Denn jede Sünde wird vergeben werden, diese Sünde aber wird nicht vergeben werden«[1].

Weniger als ein Jahrhundert später sind die Propheten in der Großkirche nahezu ausgestorben[2]. Keine der Kirchenordnungen des 3. Jahrhunderts erwähnt sie[3], und Origenes[4] hält sie für eine Größe vergangener Zeiten; ganz offensichtlich ist er weder in Alexandrien noch in Caesarea je einem Propheten begegnet.

Im folgenden soll den Ursachen dieser Entwicklung nachgegangen und gefragt werden, was dem Wirken der Propheten in den Gemeinden den Boden entzogen hat.

---

1   Did. 11,7 (SC 248, 184 *Rordorf/Tuilier*); vgl. *D.E. Aune*, Prophecy in early Christianity and the ancient mediterranean world, Grand Rapids 1983, 225.
2   *H. Kraft*, Vom Ende der urchristlichen Prophetie, in: *J. Panagopoulos* (ed.), Prophetic vocation in the New Testament and today (NT.S 45), Leiden 1977, 162–185.
3   Dies ist um so aussagekräftiger, als sich diese Kirchenordnungen, die Syrische Didaskalie und die Traditio Apostolica (beide in die 1. Hälfte des 3. Jahrhunderts zu datieren), in erster Linie um die Problembereiche des Gemeindelebens kümmern, zu denen die Propheten im 2. Jahrhundert nach Ausweis aller Quellen unzweifelhaft gehören; vgl. *G. Schöllgen*, Der Abfassungszweck der frühen Kirchenordnungen, in: JbAC 40 (1997), 55–77.
4   *Origenes* c. Cels. 7,11 (GCS Orig. 2, 163,6–16); vgl. auch *G.A. Hällström*, Charismatic succession. A study on Origen's concept of prophecy, Helsinki 1985, 39–60.

I

Die kirchengeschichtliche Forschung ist von einer befriedigenden Lösung dieser Frage oder gar einem allseits akzeptierten Konsens noch weit entfernt. Dies liegt wohl auch daran, daß das große Interesse am frühchristlichen Amt, das sich im Zuge der Aufbruchsstimmung in der katholischen Kirche nach dem II. Vatikanum entwickelte, die Propheten nahezu vollständig ausgespart hat. Bischof, Presbyter und Diakone und daneben auch Frauen und Laien standen im Mittelpunkt einer auf das kirchliche Amt fixierten Forschung. Propheten blieben eine fremde Größe, da sie im eigenen Gemeindekonzept keine Rolle spielten[5]. Von charismatischen Gruppierungen abgesehen, die – aufs Ganze gesehen – doch eher am Rande der etablierten Gemeinden und Theologien blieben, hatte die Vorstellung einer Geistrede, mit der Gott direkt in das Leben der Gemeinde eingriff und sich dabei eines mehr oder weniger festen Personenkreises als prophetischer Übermittler bediente, eher den Beigeschmack des Unseriösen, der religiösen Halbwelt. Das Verschwinden der altchristlichen Propheten irritierte folglich nur wenig, und man gab sich schnell mit den Erklärungsmodellen der Harnack-Generation zufrieden, wiewohl deren Schwächen bereits seit langem bekannt waren.
Wenn sich heute Unbehagen am Übergewicht der Diskussion um Amt und Institution regt und der Ruf nach einer Erneuerung des Prophetischen in der Kirche zunimmt, mag es reizvoll sein, den umgekehrten Prozeß des Niedergangs der Propheten in der Alten Kirche zu verfolgen und auf seine Ursachen hin zu befragen.
Die gängigen Deutungen lassen sich auf zwei Typen reduzieren. Der erste Erklärungsversuch, wie ihn in aller Kürze bereits Overbeck vorgetragen hatte[6], sieht den Niedergang des Prophetentums als das Ergebnis eines Machtkampfs zwischen den Amtsträgern, besonders den Bischöfen, einerseits und den Charismatikern andererseits, als deren exponierteste Vertreter die Propheten gelten. Die zunehmend an Bedeutung gewinnenden Bischöfe hätten sich in einem langen und zähen Kampf ihrer charismatischen Konkurrenz entledigt, weil sie nur so ihr Ziel, den monarchischen Episkopat mit der uneingeschränkten Herrschaft über die Gemeinde, er-

---

5 Einen kurzen, allerdings nicht vollständigen Überblick über die neuere Forschung zu den christlichen Propheten außerhalb des Neuen Testaments gibt *M. Wünsche*, Der Ausgang der urchristlichen Prophetie in der frühkatholischen Kirche. Untersuchungen zu den Apostolischen Vätern, den Apologeten, Irenäus von Lyon und dem Antimontanistischen Anonymus, Stuttgart 1997, bes. 13–18.
6 *F. Overbeck*, Zur Geschichte des Kanons, Chemnitz 1880, 111f; vgl. *Wünsche*, Ausgang, 1–5.15.

reichen konnten. Der Monopolanspruch auf die Gemeindeleitung schloß die Propheten notwendig aus, da sie sich mit der Geistrede auf eine Instanz göttlichen Ursprungs berufen konnten, die der Autorität der Bischöfe grundsätzlich überlegen war.

Der Amerikaner James L. Ash[7] hat dieses Modell modifiziert: Er will nachweisen, daß die Bischöfe des 2. Jahrhunderts den Prophetenstand verdrängt haben, indem sie – angefangen bei Ignatius – das Charisma der Prophetie für sich selbst reklamierten und auf diese Weise ihre Konkurrenten überflüssig zu machen versuchten. In der Person des Bischofs sei der Gegensatz von Charisma und Amt aufgehoben worden; der Niedergang der Propheten als reiner Charismatiker sei die notwendige historische Konsequenz dieser Entwicklung gewesen.

Die Overbeck-Ash-Deutung gehört zu einem weitverbreiteten Interpretationstyp, der kirchengeschichtliche Entwicklungen bzw. Auseinandersetzungen grundlegend als Kampf um Einfluß, Macht, Prestige und materielle Vorteile versteht und anderen Faktoren, etwa theologischen Argumenten, lediglich Hilfscharakter zugesteht[8]. In der Tat ist die Entwicklung hin zum monarchischen Episkopat, wie er sich seit dem frühen 3. Jahrhundert zunehmend als ideales Modell der Gemeindeleitung präsentiert, von einem Kampf des Bischofs gegen seine innergemeindlichen Konkurrenten begleitet worden. Die Kirchenordnungen der Wendezeit vom 2. zum 3. Jahrhundert liefern deutliche Indizien dafür, daß sich die zunehmende Hierarchisierung der Gemeinden nicht ohne nachhaltige Konflikte etwa mit dem einflußreichen Stand der Witwen vollzogen hat[9].

Doch gerade für einen Machtkampf des Bischofs mit den Charismatikern, der vielen modernen Betrachtern so plausibel, ja für den Prozeß der Institutionalisierung der Kirche geradezu notwendig erscheint, fehlt in den Quellen des 2. Jahrhunderts nahezu jeder Hinweis. Ganz im Gegenteil: Es gibt Stellen, in denen die Autorität der Amtsträger ausdrücklich durch die Autorität der Propheten

---

7 *J.L. Ash*, The decline of ecstatic prophecy in the early church, in: TS 37 (1976), 227–252; *A.A.T. Ehrhardt*, The Apostolic succession in the first two centuries of the church, London 1953, 91f.

8 Vgl. in soziologischem Gewand die Folgerungen von *Ash*, Decline, 249: »The evidence suggests that the ecstatic prophecy of montanism was rejected because of developments more sociological than theological«. Der Missionserfolg habe eine festere Autoritätsstruktur gefordert, als sie »erratic ecstatics« hätten bieten können.

9 Vgl. *G. Schöllgen*, Die Anfänge der Professionalisierung des Klerus und das kirchliche Amt in der Syrischen Didaskalie (JbAC, Erg.-Bd. 26), Münster 1998, 146–172.

und Lehrer gestützt wird. So versucht die Didache das lädierte Ansehen der Bischöfe und Diakone mit dem Hinweis wiederherzustellen, daß sie der Gemeinde einen ähnlichen Dienst erweisen wie die hochangesehenen Propheten und Lehrer[10].

Einen Kampf von Bischöfen gegen Propheten hat es erst spät im Streit mit der prophetischen Bewegung der Montanisten gegeben. Es wird zu zeigen sein, daß wir uns damit bereits in der Spätzeit des Niedergangs des Prophetenstandes befinden. Wichtiger noch ist, daß der Montanismus durchaus nicht amtsfeindlich ist[11] und keine der antimontanistischen Quellen des 2. und frühen 3. Jahrhunderts die Legitimität von Prophetie und Prophetentum generell in Frage stellt[12]. Montanus und seine Gefährtinnen Priszilla und Maximilla werden vielmehr als Pseudopropheten bekämpft, die das wahre Prophetentum pervertiert hätten.

Auch die These von Ash, der Prophetenstand sei untergegangen, weil die Bischöfe selbst zu Propheten geworden seien, hält der Überprüfung an den Quellen nicht stand. Lediglich ein einziger Bischof des 2. Jahrhunderts, Polykarp von Smyrna, wird an einer Stelle διδάσκαλος ἀποστολικὸς καὶ προφητικός[13] genannt, ohne daß sich genau erheben ließe, was damit gemeint ist. Ein weiterer, Ignatius von Antiochien, hat offensichtlich vom Geist inspiriert geredet[14]. Aber er ist nicht als Prophet bezeichnet worden und hat sich wohl auch selbst nicht so verstanden. Doch selbst wenn die Zeitgenossen Polykarp und Ignatius für Propheten gehalten hätten, könnte man diese beiden außergewöhnlichen Gestalten nicht als zureichenden Nachweis für eine generelle Aneignung des prophetische Charismas durch das Bischofsamt ansehen.

Wesentlich weiter verbreitet als das Erklärungsmodell von Overbeck/Ash ist eine Deutung, die das Ende der Prophetie als eine Folge theologischer Einsicht bzw. Notwendigkeit begreift. Sie verknüpft das Ende der Prophetie mit der Entstehung des neutestamentlichen Kanons[15]. Die Kirche sei im Verlauf des 2. Jahrhunderts immer mehr zur Einsicht gelangt, daß die Zeit der göttlichen Offenbarung zum Abschluß gekommen sei und sich damit die Not-

---

10 Did. 15,1f (SC 248, 192–194 *Rordorf/Tuilier*); zur Interpretation vgl. *G. Schöllgen*, Didache – Zwölf-Apostel-Lehre, in: FC 1, Freiburg u.a. ²1992, 70–73.

11 Vgl. *Wünsche*, Ausgang, 3f.

12 Vgl. ebd., 264–297. Ganz im Gegenteil: Der antimontanistische Anonymus besteht darauf, daß die Gabe der Prophetie in der Kirche bis zur Wiederkunft Christi erhalten bleiben muß (Eus. h.e. 5,17,4 (GCS 9,1, 472 *Schwartz*).

13 Mart. Polyc. 16,2 (14 *Musurillo*).

14 Ign. Philad. 7,1 (198 *Fischer*); vgl. *Ash*, Decline, 235.

15 Klassisch bei *A. v. Harnack*, Lehrbuch der Dogmengeschichte 1, Tübingen ⁴1909, 386f.

wendigkeit ergebe, die authentischen Dokumente dieser Offenbarung in einem Kanon zusammenzufassen und vor illegitimen Zusätzen und Veränderungen zu schützen[16]. Das so entstandene Neue Testament habe einen Zustand beendet, in dem es für die Propheten möglich war, mit der Geistrede die Offenbarung fortzuschreiben und den Gemeinden autoritative Weisungen zu geben. Häufig zitiert findet sich in diesem Zusammenhang das muratorische Fragment mit seiner Feststellung über die Propheten, deren Zahl vollendet sei[17]. Die Auseinandersetzung mit der montanistischen Prophetie, die unter Berufung auf Orakel die Gemeindedisziplin habe verschärfen wollen, habe zum endgültigen Bruch mit der Prophetie und ihrer Vertreibung aus der Kirche geführt.

Auch dieses Erklärungsmodell verfügt auf den ersten Blick über einen hohen Grad an Plausibilität. Daß die Vorstellung vom Ende der Epoche der Offenbarung den Propheten und ihrer frei verkündeten Gottesrede den Boden entzog, ist unschwer einzusehen. Doch wiederum stellt sich der Sachverhalt bei näherem Hinsehen wesentlich komplexer dar[18]. Sieht man einmal von den Montanisten ab, so deutet nichts darauf hin, daß die Propheten des 2. Jahrhunderts in Konkurrenz mit den Schriften der Offenbarung treten wollten, wie sie dann später im Kanon gesammelt wurden[19]. Soweit wir den Inhalt ihrer Geistrede kennen bzw. erschließen können, handelt es sich in erster Linie um prophetische Seelsorge, praktische Hilfen für den einzelnen, konkrete Anweisungen an die Gemeinde – kaum etwas, das über die Alltagssorgen der Christen hinausreicht[20]. Von theologischer Kreativität, von einem Fortschreiben der Offenbarung kann nicht die Rede sein. Auch die Montanisten haben nach dem Ausweis aller Quellen, selbst ihrer schärfsten Gegner, den Kanon des Alten wie des Neuen Testaments, soweit er in der Großkirche galt, nicht in Frage gestellt, sondern ausdrücklich respektiert[21]. Zwar veranstalteten sie akribische Sammlungen der Orakel ihrer Propheten. Doch gibt es nicht den geringsten

---

16 Vgl. *H. v. Campenhausen*, Die Entstehung der christlichen Bibel, Tübingen 1968, 257–270; *ders.*, Kirchliches Amt und geistliche Vollmacht in den ersten drei Jahrhunderten, Tübingen ²1963, 199; zur Kritik *Ash*, Decline, 228.
17 Fragm. Murat., Z. 78f. (32 *Preuschen*).
18 Grundlegende Kritik schon bei *Ash*, 249.
19 Vgl. *Ash*, Decline, 243.249.
20 Vgl. etwa Did. 11,7–12 (SC 248, 184–188 *Rordorf/Tuilier*); Past. Herm. mand. 11,1–21 (228–234 *Leutzsch*).
21 Detaillierte Belege bei *H. Paulsen*, Die Bedeutung des Montanismus für die Herausbildung des Kanons, in: VigChr 32 (1978), 22–28 gegen *A. v. Harnack*, Das muratorische Fragment und die Entstehung einer Sammlung apostolisch-katholischer Schriften, in: ZKG 3 (1879), 407.

Hinweis darauf, daß sie diese Bücher zu kanonischem Rang erhoben oder gar über den Kanon gestellt hätten[22]. Die Schriften des Kanons und die Prophetie sind von den Montanisten nicht als Größen verstanden worden, die sich gegenseitig ausschließen oder auch nur in Konkurrenz zueinander treten müßten. Ähnlich haben es wohl auch ihre großkirchlichen Gegner gesehen[23]. Die Montanisten sind nicht bekämpft worden, weil sie Propheten waren, sondern weil man sie aus einer Vielzahl von Gründen für Pseudopropheten hielt. Als Kriterium ihrer Falschprophetie galt nicht nur die spezifische Form der Ekstase[24], in der sie ihre Prophetien artikulierten, sondern auch der Anspruch, ihre disziplinären Neuerungen seien für die gesamte Kirche verbindlich. Die montanistische Prophetie erhob somit den Anspruch, nicht nur – wie bei den christlichen Propheten ansonsten üblich – in das Leben der Einzelgemeinde regelnd einzugreifen, sondern durch die Geistrede letztinstanzlich die Disziplin der Gesamtkirche zu bestimmen. Auch wenn die disziplinären Verschärfungen der Montanisten eher marginal waren, stellte dieser Anspruch einen der wesentlichen Gründe für die Ablehnung und Ausgrenzung der Neuen Prophetie dar. Er blieb jedoch auf die Montanisten beschränkt und ist kein Charakteristikum frühchristlicher Propheten. Deswegen kann er auch nicht für den Niedergang des Prophetentums allgemein verantwortlich sein.

Eine Theorie, die das Ende der Prophetie als notwendige Folge des Abschlusses der Offenbarung und der Bildung des Kanons begreift, läßt sich, wie Paulsen gegen Harnack und die übrigen Verfechter des theologiegeschichtlichen Erklärungsmodells nachgewiesen hat[25], in den Quellen des 2. und 3. Jahrhunderts nicht belegen. Zudem gibt es eine Anzahl großkirchlicher Quellen, die weiterhin mit der Möglichkeit der Prophetie rechnen und darin offensichtlich keinen Widerspruch zur Abgeschlossenheit des Kanons sehen. Die Legitimität christlicher Prophetie und damit auch des Prophetenstandes ist in der Großkirche nie bestritten worden[26].

Die beiden gängigen Erklärungsmodelle scheitern somit an den Quellen. Dies gilt auch für den jüngsten Erklärungsversuch von Wünsche, der einen großen Teil der einschlägigen Quellen des 2. Jahrhunderts noch einmal gründlich durchgearbeitet und die

---

22 *Paulsen*, Bedeutung, 30–32; *v. Campenhausen*, Entstehung, 265.
23 E.g. *Epiphan.* pan. haer. 48,1,3; 49,2,1 (GCS 31, 219.242 *Holl*); *Philastr.* haer. 49,1 (CCL 9, 238 *Bulhart*); *Paulsen*, Bedeutung, 23.
24 Vgl. dazu unten S. 112.
25 Vgl. oben Anm. 25.
26 Im Detail nachgewiesen von *Wünsche*, Ausgang; vgl. die Zusammenfassung ebd., 298.

Schwächen der gängigen Interpretationen aufgewiesen hat. Doch auch er versteht das Verschwinden des hergebrachten Typus von Propheten, der sich durch die – in irgendeiner Weise ekstatisch geprägte – Geistrede auszeichnet, als Ergebnis eines in erster Linie durch die Apologeten getragenen theologischen Reflexionsprozesses, der das prophetische Charisma auf die Lehrer überträgt[27]. Kann die theologische Reflexion der Apologeten (etwa des Justin Martyr), deren Schriften sich nicht an die Kerngemeinden, sondern an ein überwiegend gemeindefernes Publikum im Umkreis der Philosophenschulen richteten, derartig einschneidende Folgen wie das Verschwinden eines in den Gemeinden seit langem eingewurzelten Standes von höchstem Ansehen haben? Läßt sich ein Prophet, dessen Geistrede unantastbar ist, von einem Theologen maßregeln? Überschätzt hier nicht der moderne Theologe den Einfluß der Schultheologie auf die Kirchengeschichte? Plausibler ist es wohl, die Übertragung des prophetischen Charismas auf die Lehrer als Reaktion auf den bereits erfolgten Niedergang des Prophetentums anzusehen. Da das Prophetische in der Großkirche als ein unverzichtbarer Teil christlicher Gemeinden angesehen wird[28], interpretiert man nun die Lehrtätigkeit als prophetisches Tun.

II

Im folgenden soll ein nicht oder doch zumindest unzureichend beachteter Aspekt des Niedergangs der Propheten vor Augen geführt werden, ohne den m.E. die Krise und der Untergang des Prophetentums in der Großkirche nicht verstanden werden kann. Grundlegend ist der von Wünsche im Detail geführte Nachweis, daß die Quellen des 2. Jahrhunderts nie gegen Prophetie und Prophetentum als solche, sondern immer nur gegen falsche Propheten kämpfen.

Ausgangspunkt meiner Überlegungen ist die Beobachtung, daß die Quellen des 2. Jahrhunderts fast ausnahmslos im Zusammenhang materieller Mißstände auf frühchristliche Propheten zu sprechen kommen. Während die theologischen Kriterien der Unterscheidung von wahren und falschen Propheten stark differieren,

27 Ebd., 132–200; vgl. auch den Abschnitt über Irenäus ebd., 200–241. Prophetisch an den Lehrern ist ihre »Fähigkeit, die alttestamentlichen Prophezeiungen auf die kirchliche Gegenwart *anzuwenden*, das heißt, ihre Erfüllung in der Gegenwart zu erkennen und auszusprechen und zugleich den paränetischen Gehalt dieser schon ergangenen Prophezeiungen zum Tragen zu bringen« (ebd., 168 zu Justin).
28 Vgl. unten S. 115.

findet sich in fast allen Texten der Vorwurf der Geldgier, die als sicheres Merkmal des Pseudopropheten gilt. Die wichtigsten Belege seien kurz vorgestellt.

Bereits die Didache kämpft im 11. Kapitel gegen wandernde Apostel und Propheten, die die Gastfreundschaft der Gemeinden durch überlange Aufenthalte ausnutzen und Geldforderungen stellen. Während es sich die Kirchenordnung bei den Aposteln recht einfach macht und die Mißstände durch eine rigide Beschränkung der Aufenthaltsdauer auf einen, im Notfall zwei Tage abstellen will[29], sind die Probleme bei den Propheten wesentlich schwieriger in der Griff zu bekommen; denn sie verfügen als herausragendes Merkmal ihres Standes über die Geistrede, eine Gabe göttlichen Ursprungs, die menschlicher Beurteilung entzogen war[30]. Den Propheten während der Geistrede auf die Probe zu stellen, gilt, wie schon erwähnt, als ein schweres Vergehen, das – als einzige Sünde überhaupt – unvergebbar ist[31]. Da die Gemeinde den Anweisungen der Geistrede grundsätzlich Folge zu leisten hatte, wäre sie den betrügerischen Propheten schutzlos ausgeliefert gewesen, wenn ihr die Kirchenordnung nicht mit dem Kriterium der Uneigennützigkeit ein Instrument an die Hand gegeben hätte, mit dessen Hilfe sie Propheten von Pseudopropheten unterscheiden konnte. Fordert der Prophet in der Geistrede Geld oder Speise für sich, dann hat er sich als falscher Prophet entlarvt[32]. Die Mißstände bei den wandernden Charismatikern – Lehrern, Aposteln und besonders Propheten – sind offensichtlich bereits um die Wende vom 1. zum 2. Jahrhundert so drängend, daß die Didache sich genötigt sieht, ihnen drei ihrer sechzehn Kapitel zu widmen[33].

---

29 Did. 11,4–6 (SC 248, 184 *Rordorf/Tuilier*); es wird ausdrücklich festgelegt, daß der Apostel lediglich Brot bzw. Nahrung für eine einzige Tagesreise annehmen darf; offensichtlich gab es Apostel bzw. Wandercharismatiker, die auch Geld gefordert hatten, was die Kirchenordnung als sicheres Indiz für Pseudoprophetie ansieht.

30 Did. 11,7–12 (SC 248, 184–188 *Rordorf/Tuilier*); zur Interpretation vgl. *Schöllgen*, Didache, 61–64 mit der Literatur vor 1990; L. *Cirillo*, Fenomeni profetici in tre settori della chiesa antica: Siria-Palestina, Mesopotamia, Roma, in: A. *Penna* (ed.), Il profetismo da Gesù di Nazaret al montanismo, Bologna 1993, 111–122; A. *Milavec*, Distinguishing true and false prophets. The protective wisdom of the Didache, in: JECS 2 (1994), 126–129; *Ash*, Decline, 230f; anders *Wünsche*, Ausgang, 33–39.

31 Vgl. das Zitat Did. 11,7 (SC 248, 184 *Rordorf/Tuilier*) oben S. 97.

32 Did. 11,9.12 (SC 248, 186–188 *Rordorf/Tuilier*); v. *Campenhausen*, Amt, 78 zur Stelle: »... die Übereinstimmung von Leben und Lehre, das Fehlen persönlicher Habgier und Genußsucht (erscheinen) als das sicherste Kriterium, um den wahren Propheten zu erkennen«.

33 Die Kapitel 12 und 13 sind die konsequente Fortführung der Bestimmungen des 11. Kapitels. Kap. 12 will die Ausnutzung der christlichen Gastfreundschaft

Das Problem der Pseudopropheten beherrscht in ähnlicher Weise das 11. Mandatum des Pastor Hermae[34]. Auch hier handelt es sich um Personen, die außerhalb der Gemeinde stehen[35], wahrscheinlich zugereiste Wanderpropheten, die im kleinen Kreis[36] Christen Antworten auf Fragen nach ihrer persönlichen Zukunft geben[37]. Sie pflegen einen aufwendigen Lebensstil, und der Pastor wirft ihnen umfangreiche Betrügereien vor. Als Pseudopropheten erweisen sie sich nicht zuletzt, weil sie ein Entgelt verlangen; erst nach der Bezahlung beginnen sie ihre Prophetentätigkeit[38]. Für den Pastor ist die Annahme von Geld und der damit verbundene Lebensstil eines der wichtigsten Kriterien für die Überführung des Pseudopropheten[39]: Der Geist Gottes äußert sich spontan auf eigenen Antrieb und gibt seine Prophetien unentgeltlich; bezahlte Prophetien können nur von einem πνεῦμα ἐπίγειον[40] – einem irdischen Geist – stammen[41].

durch wandernde Christen, die nicht Lehrer, Apostel oder Propheten waren, einen Riegel vorschieben, Kap. 13 regelt das Recht auf Unterhalt für den Fall, daß sich ein wandernder Prophet oder Lehrer, der bereits von der Gemeinde als ἀληθινός anerkannt ist, in einer Gemeinde niederlassen will. Eine andere, allerdings sehr hypothetische Interpretation der Apostel und Propheten jetzt bei *J.A. Draper*, Weber, Theissen and the »wandering charismatics« in the Didache, in: JECS 6 (1998), 541–576.

34 Vgl. *J. Reiling*, Hermas and Christian prophecy (NT.S 37), Leiden 1973; *N. Brox*, Der Hirt des Hermas (KAV 7), Göttingen 1991, 251–268; überzeugend der Nachweis ebd., 1f, daß sich Hermas selbst nicht als Prophet verstanden hat; *Schöllgen*, Anfänge, 40f.

35 Past. Herm. mand. 11,13f (232 *Leutzsch*). Die Falschpropheten können sich in der Gemeinde nicht halten. Die Gemeinde hat offensichtlich die Gabe der Unterscheidung der Geister; vgl. *Brox*, Hirt, 262; *Reiling*, Hermas, 66–73.

36 Sie wirken also nicht mehr – wie die Propheten der Didache – in der Mitte der Gemeinde.

37 Past. Herm. mand. 11,2f.5f.8 (228–230 *Leutzsch*); der hier gebrauchte Terminus μάντις rückt den Pseudopropheten in die Nähe der heidnischen Wahrsagerei; vgl. *Reiling*, Hermas, 45–47.79–96; *M. Dibelius*, Der Hirt des Hermas, Tübingen 1923, 538; *Aune*, Prophecy, 226f.

38 Past. Herm. mand. 12 (232 *Leutzsch*).

39 Vgl. *Reiling*, Hermas, 50–55 (mit jüdischen und paganen Parallelen); 70f; *Brox*, Hirt, 261.265 mit dem Hinweis darauf, daß es unter den Christen offensichtlich viele, im Text Zweifler genannte, gab, die Anhänger der Pseudopropheten waren.

40 Past. Herm. mand. 12 (232 *Leutzsch*).

41 *Brox*, Hirt, 265 meint, daß mand. 11 kein Zeugnis für den Verfall oder Entartungen des christlichen Prophetentums im 2. Jahrhundert sei und die dort bezeugten Pseudopropheten im Gegenteil als »eine der Folgen des nachweislichen Synkretismus im Christentum des 2. Jahrhunderts« verstanden werden müßten. Daß dies eine Alternative darstellt, ist schwer einzusehen. Gerade die Aufnahme von Elementen paganer Mantik (einschließlich der Forderung nach Bezahlung) ist als ein Verfallsphänomen anzusehen. Christliche Propheten nähern sich ihren paga-

Einen besonders krassen Fall prophetischer Geldgier schildert Irenäus in seinem Abschnitt über den Valentinschüler Marcus[42]. Daß Marcus die Gabe der Prophetie besaß, kann auch der Autor von Adversus haereses nicht leugnen. Doch will er den Nachweis führen, daß diese Gabe nicht Frucht des Heiligen Geistes, sondern eines Dämons ist, »mit dessen Beihilfe es so aussieht, als könne er selbst wahrsagen«[43]. Ein wichtiges Argument ist die Bereicherungs-absicht des Propheten. Marcus machte sich auf seinen Reisen[44] an wohlhabende Frauen heran und versprach, sie an seiner χάρις teil-haben zu lassen und auf diese Weise zu Prophetinnen zu machen. Er spekulierte auf großzügige Dankesgaben und tatsächlich ist er, wenn wir Irenäus hier folgen dürfen, auf diese Weise zu einem »riesigen Vermögen«[45] gekommen. Ein konstitutives Kriterium wahrer Prophetie ist dagegen die Unentgeltlichkeit[46]. Das Thema Pseudopropheten greift Irenäus noch einmal zusammenfassend im 4. Buch von Adversus haereses auf. Ihre Prophetengabe ist nicht von Gott verliehen, sie fingieren die prophetische Rede aus zwei Motiven: eitler Ruhmsucht (vana gloria) und Gewinnsucht (quae-stus)[47]. Diesen Betrug an Gott werden sie vor seinem Gericht zu verantworten haben.

Ob der Held der lukianischen Satire »Über den Tod des Peregri-nus« sich tatsächlich als Prophet verstanden hat, wird sich wohl kaum zureichend klären lassen[48]. Daß προφήτης[49] unter den Ti-teln, die Lukian ihm zuschreibt, der einzige ist, für den sich im christlichen Bereich Belege finden, mag dafür sprechen, daß ihn die zeitgenössischen Christen tatsächlich für einen Propheten ge-halten haben. Bedeutsamer ist in unserem Zusammenhang, wel-ches Bild Lukian von den betrügerischen Wandercharismatikern zeichnet, die um die Mitte des 2. Jahrhunderts die christlichen Gemeinden heimsuchten. Dabei ist der Satiriker ein so wichtiger

---

nen Pendants immer mehr an und verlieren damit das Vertrauen eines Großteils der Gemeinden.

42   Iren. Haer. 1,13,3f (SC 264, 194–200 *Rousseau/Doutreleau*).
43   Iren. Haer. 1,13,3 (SC 264, 194 *Rousseau/Doutreleau*); Übersetzung nach *N. Brox*, in: FC 8,1, Freiburg u.a. 1993, 219.
44   Zur Wanderexistenz des Marcus und seiner Schüler Iren. Haer. 1,13,6f (SC 264, 201.205 *Rousseau/Doutreleau*).
45   Iren. Haer. 1,13,3f (SC 264, 197 *Rousseau/Doutreleau*).
46   Iren. Haer. 2,32,4 (SC 294, 340–342 *Rousseau/Doutreleau*).
47   Iren. Haer. 4,33,6 (SC 100, 814 *Rousseau u.a.*).
48   *H.D. Betz*, Lukian von Samosata und das Neue Testament, Berlin 1961, 5–13; *ders.*, Lukian von Samosata und das Christentum, in: NT 3 (1959), 226–237; weitere Literatur bei *Schöllgen*, Anfänge, 41, Anm. 52; 41–44 ausführlicher zur Christenpassage und der Schilderung der betrügerischen Wandercharismatiker.
49   Luc. Peregr. 11 (3,191 *Macleod*).

Zeuge nicht etwa, weil er über detailliertere und intimere Kenntnisse der frühen Gemeinden verfügte als die einschlägigen christlichen Quellen, sondern weil er wiedergibt, was einem distanzierten Zeitgenossen an Ondits über die Christen zu Ohren kam. Daß es eine große Zahl von wandernden Schwindlern gab, die versuchten, die Christen finanziell auszunehmen, war somit bereits über den engeren Bereich des innerkirchlichen Nachrichtensystems hinausgedrungen und galt als charakteristisch für die christlichen Gemeinden. Die Christen werden bei Lukian als leichtgläubige Menschen gezeichnet, die sich als willige Objekte von mancherlei Betrügern geradezu anbieten:

»Kommt nun bei ihnen (sc. den Christen) ein Schwindler und betrügerischer Mensch vorbei, der weiß, wie's gemacht wird, so ist er alsbald in kurzer Zeit reich geworden und lacht die einfältigen Leute aus«[50].

Dem entspricht, daß Peregrinus sich von den Christen »nicht geringe Einkünfte« und »beträchtliche Geldmittel« beschafft haben soll und sich von den gastgebenden Gemeinden so reichlich versorgen ließ, daß er »in allem Überfluß« lebte[51].
Die Vorwürfe, die Apollonius gegen die montanistischen Prophetinnen erhebt, sind allseits bekannt und brauchen hier nur kurz in Erinnerung gerufen zu werden[52]. Maximilla und Priszilla sollen für ihre Prophetien Geschenke, Geld, Gold, Silber und kostbare Gewänder angenommen haben. Das auf diese Weise zusammengetragene Vermögen war schließlich so groß, daß sie einen aufwendigen Lebensstil führen konnten und in der Lage waren, Geld gegen Zinsen auszuleihen[53]. Die Annahme von Geld und δῶρα – ein Begriff, der in der griechischen Antike häufig mit der Konnotation der Bestechung verbunden war[54] – ist für Apollonius der sichere Beweis dafür, daß es sich bei Maximilla und Priszilla um Pseudoprophetinnen handelte[55]. Auch Montanus selbst wirft er vor, eine Art Kirchensteuersystem aufgebaut zu haben, um die wandernden Verkündiger seiner Lehre bezahlen zu können[56].
Als Ergebnis dieses kurzen Überblicks, der noch durch die prophetischen Wanderasketen der pseudoklementinischen Briefe Ad

---

50 Luc. Peregr. 13 (3,192 *Macleod*).
51 Luc. Peregr. 13.16 (3,192f *Macleod*).
52 Ausführlich *Schöllgen*, Anfänge, 45–48.
53 Eus. h.e. 5,18,4.6–8.11 (GCS 9,1, 474.476–478 *Schwartz*).
54 A. *Stuiber*, Geschenk, in: RAC X (1978), 691.
55 Eus. h.e. 5,18,11 (GCS 9,1, 478 *Schwartz*).
56 Eus. h.e. 5,18,2 (GCS 9,1, 472 *Schwartz*); zur Mobilität der Verkünder vgl. *Schöllgen*, Anfänge, 45, Anm. 81.

virgines[57] und weitere Parallelen[58] ergänzt werden könnte, darf festgehalten werden, daß die überwiegende Zahl der Quellen des 2. Jahrhunderts, die auf Propheten zu sprechen kommen, gegen den Mißstand der materiellen Bereicherung kämpfen. Der Vorwurf der Geldgier ist dabei nicht ein beliebiges Superadditum aus der Hexenküche antihäretischer Rhetorik[59], sondern gilt den meisten Texten als zuverlässigstes Kriterium für die heikle Unterscheidung von Propheten und Pseudopropheten[60].

Wie konnte dieser theologisch eher belanglose Vorwurf ein solches Gewicht erhalten?

Verständlich wird dies auf dem Hintergrund der Lebensform der Propheten des 2. Jahrhunderts. Wenig beachtet wurde bisher, daß es sich bei der Mehrzahl der aufgeführten Fälle um Wanderpropheten handelt[61]. Sichere Belege für ein Gemeindeprophetentum im Sinne des 1. Korintherbriefes gibt es trotz gegenteiliger Thesen Reilings m.E. nicht mehr[62]. Die nicht oder zumindest nicht ursprünglich zur Gemeinde gehörenden Wanderpropheten scheinen das Gros der Vertreter ihres Standes auszumachen.

---

57 Vgl. dazu ausführlich *Schöllgen*, Anfänge, 48–50; den kritisierten Wanderasketen, die auch über prophetische Fähigkeiten verfügen (ep. 1,11,10 [54 *Beelen*; 21f *Funk/Diekamp*; 117 *Duensing*]), wird vorgeworfen, ihre Gaben bei vermögenden Christen und sogar bei Heiden um heidnische Wahrsager zur Schau zu stellen und zum Gelderwerb einzusetzen, also »mit Christus Handel zu treiben« (ep. 1,10,4; 2,6,3f [46.88–90 *Beelen*; 175.183f *Duensing*]). Diese Kritik steht nicht im Zusammenhang antihäretischer Polemik.

58 Vgl. die bettelnden Wanderpropheten bei Kelsos (Orig. c. Cels. 7,9 [GCS Orig. 2, 161 *Koetschau*]); wiederum ein Beleg paganer Herkunft, wenn es sich tatsächlich, wie von Kelsos angenommen, dabei um Christen handelt (positiv *Aune*, 41f mit einschlägiger Bibliographie zu den unterschiedlichen Positionen; dazu *R.J. Hauck*, The more divine proof. Prophecy and inspiration in Celsus and Origen, Atlanta 1989, 76–104; vgl. auch Asc. Jes. 3,21–31 (gehört zu den christlichen Interpolationen wohl vom Ende des 1. Jahrhunderts).

59 Er gehört selbstverständlich zur Topik der frühchristlichen Häretikerpolemik; vgl. dazu *H.-U. Perels*, Besitzethik in den Apokryphen Apostelgeschichten und in der zeitgenössischen christlichen Literatur, Diss. Heidelberg 1976, 51–71. Das bedeutet aber nicht, daß er schlechthin aus der Luft gegriffen ist. Ein Topos kann sich nur durchsetzen, wenn er über genügende Plausibilität verfügt; und Plausibilität erhält er auf lange Sicht nur durch Rückkoppelung mit der Realität. Lukians Peregrinussatire ist die Probe aufs Exempel: Wenn die Ausnutzung der Christen durch betrügerische Wandercharismatiker schon der am christlichen Gemeindeleben nur mäßig interessierten heidnischen Öffentlichkeit bekannt war und als charakteristisch galt, kann es sich nicht einfach um eine Erfindung christlicher Ketzerpolemik handeln. Die Qualifizierung eines Vorwurfs als Topos bedeutet nur, daß man sich nicht sicher sein kann, ob er in jedem Einzelfall zutrifft.

60 Vgl. *Brox*, Hirt, 261; *v. Campenhausen*, Amt, 261.

61 Vgl. *Reiling*, Hermas, 8f.

62 *Reiling*, Hermas, 10f.124–143; Gegenargumente bei *Brox*, Hirt, 258.

Sie gehören zur größeren Gruppe der frühchristlichen Wandercharismatiker, die – anders als die Amtsträger in den Ortsgemeinden – ihren angestammten Beruf aufgegeben, Heimat, Familie und Besitz hinter sich gelassen haben und für ihren Lebensunterhalt auf charismatisches Betteln angewiesen waren[63]. Die Unsicherheit dieser Lebensform ist wohl eine der wesentlichen Ursachen für die beklagten Mißstände: Manche Propheten, besonders diejenigen, die beim Betteln weniger Erfolg hatten, werden hin und wieder zur Technik der Geistrede gegriffen haben, um ihr Publikum dazu zu bringen, sie mit einer ordentlichen Mahlzeit, Geld und Proviant für die nächste Zeit zu versorgen. Die Gabe der Prophetie stand also immer in Gefahr, für die Sicherstellung des Lebensunterhalts instrumentalisiert zu werden.

Die wandernde Lebensform, die sich der ständigen Kontrolle durch eine Ortsgemeinde entzog, öffnete aber auch dem Mißbrauch durch manifeste Betrüger Tür und Tor. Die vorgestellten Quellen machen deutlich, daß sich seit Beginn des 2. Jahrhunderts die Klagen über falsche Apostel, Lehrer und besonders Propheten häufen, die nichts anderes im Sinn hatten, als die naiven Christen auszunehmen. Lukians Peregrinussatire belegt, daß die Ausnutzung der Gemeinden durch Wandercharismatiker sogar in der nichtchristlichen Umwelt notorisch geworden war.

Nichtsdestoweniger waren die Wandercharismatiker kein ausschließlich oder auch nur vornehmlich christliches Problem. Auch im paganen Bereich lassen sie sich im 1. und 2. Jahrhundert n.Chr. in großer Zahl über das ganze Mittelmeerbecken verstreut nachweisen. Zwei Haupttypen sind zu unterscheiden: zum einen die Wanderpriester meist orientalischer Herkunft, von denen die Gallen und Metragyrten des Attis- und Kybelekultes die größte Aufmerksamkeit auf sich zogen[64], zum andern die kynischen Wanderphilosophen[65]. Beide Gruppen teilten mit ihren christlichen Pendants so-

---

63 Vgl. dazu *G. Theißen*, Legitimation und Lebensunterhalt. Ein Beitrag zur Soziologie urchristlicher Missionare, in: *ders.*, Studien zur Soziologie des Urchristentums (WUNT 19), Tübingen [2]1983, 211f; *ders.*, Wanderradikalismus, in: ebd., 79–105; kritisch dazu *W. Stegemann*, Wanderradikalismus im Urchristentum?, in: *W. Schottroff / W. Stegemann* (Hg.), Der Gott der kleinen Leute 2, München 1979, 104–115; *U. Luz*, Die Kirche und ihr Geld im Neuen Testament, in: *W. Lienemann* (Hg.), Die Finanzen der Kirche, München 1989, 535–541; *T. Haraguchi*, Das Unterhaltsrecht des frühchristlichen Verkündigers, in: ZNW 84 (1993), 178–194 mit dem Versuch einer Entwicklungsgeschichte des frühchristlichen Unterhaltsrechts; *G. Agrell*, Work, toil and sustenance, Lund 1976; *St.J. Patterson*, Didache 11–13. The legacy of radical itinerancy in early Christianity, in: *C.N. Jefford* (ed.), The Didache in context, Leiden u.a. 1995, 312–329.
64 Dazu ausführlich *Schöllgen*, Anfänge, 21–25.
65 *Schöllgen*, Anfänge, 26–31.

wohl die asketische Grundhaltung mit dem Verzicht auf Familie, Heimat und Besitz als auch die Abhängigkeit vom charismatischen Betteln und damit von der Spendenbereitschaft des Publikums. Im 1. und frühen 2. Jahrhundert scheinen sich religiöse wie philosophische Wandercharismatiker außerordentlicher Popularität und weitverbreiteter Hochachtung erfreut zu haben, die Gallen auch aufgrund ihrer ausgeprägten prophetischen Fähigkeiten. Seinen zahlenmäßigen Höhepunkt scheint das Wandercharismatikertum der Kaiserzeit in der 1. Hälfte des 2. Jahrhunderts erreicht zu haben; eine zeitgenössische Quelle beklagt sich gar, daß die Zahl der Wanderphilosophen größer sei als die der Handwerker[66]. Viele Zeugnisse bis in die Epigraphik hinein belegen, daß ihr charismatisches Betteln häufig außerordentlich erfolgreich war und weit mehr als den einfachen Lebensunterhalt erbrachte. So kann ein Priester der Kybele in einer syrischen Inschrift des frühen 2. Jahrhunderts stolz darauf hinweisen, daß er auf jeder seiner 20 Bettelfahrten mehr als 40 πῆραι – Bettelsäcke – zusammengebracht habe[67].

Die große Spendenbereitschaft des Publikums mußte den Mißbrauch geradezu provozieren, und tatsächlich mehren sich auch im paganen Bereich seit Beginn des 2. Jahrhunderts die Klagen über habgierige Betrüger und Scharlatane, die ihr Publikum als Gallen, Metragyrten oder Kyniker mit effektvollen Tricks zu täuschen wußten[68].

In der Folge wuchs die Skepsis des Publikums, dem es zunehmend schwerfiel, wahre und betrügerische Wandercharismatiker auseinanderzuhalten. Schlechte Erfahrungen reduzierten die Spendenbereitschaft des Publikums und ließen Kyniker wie Gallen mehr und mehr ins Zwielicht rücken. Bald gibt es deutliche Anzeichen, daß die Lebensform der Wandercharismatiker an Attraktivität einbüßt. Apuleius und besonders wieder Lukian sind die Chronisten dieses bis ins Detail nachvollziehbaren Niedergangsprozesses. In den Quellen des späten 2 und des 3. Jahrhunderts spielen die Gallen und Kyniker, die noch um die Mitte des 2. Jahrhunderts als wahre Landplage dargestellt wurden, kaum noch eine Rolle[69].

---

66   Dio Chrysostomus or. 55,4.16 (2, 185.189 *Armin*).
67   Vgl. *Ch. Fossey*, Inscriptions de Syrie, in: BCH 21 (1897), 39–65, hier 59f, Nr. 68; vgl. *A. Deissmann*, Licht vom Osten. Das Neue Testament und die neuentdeckten Texte der hellenistisch-römischen Welt, Tübingen ⁴1923, 86–88; πήρα scheint so etwas wie ein Terminus technicus für den Bettelsack der Wandercharismatiker gewesen zu sein und wird als solcher auch von den Synoptikern gebraucht: Mt 10,10; Mk 6,8; Lk 9,3; 10,4; 22,35f.
68   Z.B. *Apul*. met. 8,27,1–29,1 (242–244 *Helm*); durchgängig Lukian von Samosata; weitere Stellen bei *Schöllgen*, Anfänge, 28.
69   *Schöllgen*, Anfänge, 31–33.

Der zeitlich parallel verlaufende Niedergang der christlichen Wandercharismatiker unterscheidet sich nicht wesentlich von der paganen Entwicklung und ist Teil desselben Verfallsprozesses. Die Didache und Lukians Peregrinussatire bezeugen für die christlichen Wanderpropheten, -lehrer und -apostel die gleichen, aus der ungesicherten Existenz der wandernden Lebensform entsprungenen Mißstände wie bei den Kynikern und Gallen. Der Niedergang der Wanderpropheten ist somit Teil des Verfalls des mediterranen Wandercharismatikertums insgesamt. Die bislang wenig beachtete Polemik gegen die Geldgier und Betrügereien der Propheten weisen somit auf eine sozialgeschichtliche Erklärung dieses Phänomens, die jeder theologiegeschichtlichen vorangehen muß.

III

Diese Einschätzung läßt sich an der umstrittenen Frage der prophetischen Ekstase gut illustrieren[70]. Der großkirchliche Autor Miltiades hatte in der 2. Hälfte des 2. Jahrhunderts eine Schrift gegen die Montanisten verfaßt, in der er aufweisen wollte, daß ein wahrer Prophet – anders als die montanistischen – nicht in Ekstase redet[71]. Viele moderne Interpreten wie etwa Bacht[72] folgen Miltiades zumindest soweit, als sie ekstatische Prophetie für typisch pagan und nicht ursprünglich christlich halten und die Ausgrenzung des Montanismus als eine notwendige Folge der theologisch illegitimen Aufnahme heidnischer Elemente in die christliche Prophetie deuten.

Sie haben sicher insofern recht, als ekstatische Elemente in der paganen Prophetie wie im Montanismus eine wesentlich größere Rolle spielten als ansonsten in der christlichen Prophetie. Doch hätten sich die Montanisten des 2. Jahrhunderts, deren Argumentation wir leider nicht kennen, da ihre Schriften nahezu vollständig untergegangen sind[73], unschwer darauf berufen können, daß der

---

70 Vgl. *Ch. Trevett*, Montanism. Gender, authority and the New Prophecy, Cambridge 1996, 86–95.

71 Eus. h.e. 5,17,1 (GCS 9,1, 470 *Schwartz*).

72 Die prophetische Inspiration in der kirchlichen Reflexion der vormontanistischen Zeit, in: ThQ 125 (1944), 1–18, bes. 6 (mit ausführlichen Angaben zur älteren Literatur); *ders.*, Wahres und falsches Prophetentum: Ein kritischer Beitrag zur religionsgeschichtlichen Behandlung des frühen Christentums, in: Biblica 32 (1951), 237–262; vgl. auch *P. de Labriolle*, La polémique antimontaniste contre la prophétie extatique, in: RHLR 11 (1906), 97–145.

73 Daß es eine breite Diskussion um die Erlaubtheit und die Form der Ekstase gegeben hat, zeigt schon die sieben Bücher umfassende, leider untergegangene Schrift Tertullians »de ecstasi«; Belege bei *A. v. Harnack*, Geschichte der alt-

frühchristlichen Überlieferung Ekstase durchaus nicht fremd ist,
daß etwa die Apostelgeschichte von Petrus berichtet, er habe ἐν ἐκστάσει den Himmel offen gesehen[74], oder von Paulus, er sei beim
Gebet im Tempel ἐν ἐκστάσει geraten[75]. Der Didache läßt sich zumindest soviel entnehmen, daß die Zeugen einer Geistrede den
Eindruck hatten, nicht der Prophet selbst, sondern ein anderer,
nämlich der Geist Gottes, spreche durch ihn und bediene sich seiner. In diesem Sinne kann man generell bei der Geistrede von einer Ekstase als einem »Außer-sich-Geraten« sprechen[76]. Noch
deutlicher beschreibt der Apologet Athenagoras – ein Zeitgenosse
des frühen Montanismus – den ekstatischen Inspirationsvorgang
der Propheten:

»..., die gemäß der Ekstase (ἔκστασις) der Gedanken in ihnen, wobei das göttliche
Pneuma sie bewegte, das verkündeten, was ihnen eingegeben wurde, wobei das
göttliche Pneuma sie benutzte, wie ein Flötenspieler eine Flöte bläst«[77].

Wenn selbst die kanonischen Schriften von Aposteln ekstatische
Zustände bezeugen und ein gewisses Maß von Ekstase so offensichtlich auch zur frühchristlichen Prophetie gehört, fragt man
sich, warum Miltiades gerade dieses so erkennbar schwache und
leicht zu widerlegende Argument gegen die Montanisten anführt
und der antimontanistische Anonymus sein Publikum derart über-
zeugen konnte, daß noch Eusebius seine Darlegungen in seine
Montanismuspassage aufgenommen hat.
Wünsche hat mit einer wichtigen Differenzierung die Grundlagen
zu einer Antwort gegeben[78]. Er weist darauf hin, daß die Polemik
des antimontanistischen Anomymus[79] immer von παρέκστασις –

christlichen Literatur bis Eusebius 1,2, Leipzig ²1958, 672f. Zu weiteren Spuren
dieser Diskussion bei Tertullian *de Labriolle*, Polémique, 112–117. Vgl. auch
Epiphan. pan. haer. 48,2–12 (GCS 31, 217–237 *Holl*), der sich wahrscheinlich
auf eine frühe antimontanistische Quelle stützt; dazu *Wünsche*, Ausgang, 281–
286.
74 Apg. 11,5.
75 Apg 22,17.
76 Did 11,7f; vgl. *Schöllgen*, Didache, 61f; *Ash*, Decline, 230f.
77 Athenag. Leg. 9,1 (20 *Schoedel*); gemeint sind hier die alttestamentlichen
Propheten; vgl. dazu *Wünsche*, Ausgang, 181f.287f. Auffallend ist die Nähe zur
Terminologie der montanistischen Orakel mit ähnlichen musikalischen Metaphern; vgl. Epiphan. pan. haer. 48,4,1 (GCS 31, 224f *Holl*). Vgl. auch zur Ekstase im Alten Testament Justin. Mart. dial. 115,3 (2, 192 *Archambault*); dazu
Wünsche, Ausgang, 286f.
78 *Wünsche*, Ausgang, 269–289.
79 Von Miltiades wissen wir in diesem Zusammenhang nicht mehr als die zitierte Bemerkung des antimontanistischen Anomymus, er habe ein Buch gegen
die Montanisten geschrieben, worin er aufzeigt, »daß ein Prophet nicht in der

also falscher ἔκστασις – spricht, wenn sie die prophetische Ekstase der Montanisten meint. »Damit ... führt der Anonymus einen Begriff ein, der es ihm erlaubt, eine häretische von einer ... kirchlich akzeptablen Ekstase zu unterscheiden«[80]. Nicht die Ekstase selbst, sondern ihre spezifisch montanistische Form ist der Stein des Anstoßes. Hier liegt der trennende Unterschied zur Großkirche. Wie schildert nun der Anonymus die Ekstase der Montanisten?

> »Der Pseudoprophet spricht in falscher Ekstase (παρέκστασις), der Zügellosigkeit und Mangel an Ehrfurcht folgt. Er fängt mit freiwilliger Unwissenheit (ἀμαθία) an und geht sodann in unfreiwillige Raserei (μανία) der Seele über. Weder im alten noch im neuen Bund wird man einen Propheten nennen können, der in solcher Weise vom Geist ergriffen worden wäre«[81].

Was die falsche Ekstase der Montanisten von der kirchlichen Prophetie unterscheidet, ist für den Anomymus zum einen die willentliche Herbeiführung dieses Zustandes (im Unterschied zur göttlichen Initiative bei wahrer Ekstase – ein traditionelles Motiv, das wir in etwas anderer Form schon von der Respondierprophetie des Pastor Hermae kennen[82]), zum andern die offensichtlich spektakuläre Raserei bzw. Besessenheit (κατοχή), die begleitet wird von einer fremdartigen, unverständlichen Rede im Enthusiasmos[83] und im Wahnsinn (ἐκφρόνως), die der Prophetie nicht angemessen (ἀκαίρως) und abnorm (ἀλλοτριοτρόπως)[84] ist.

Es ist ganz offensichtlich das Spektakuläre an der montanistischen Ekstase, das von den großkirchlichen Gegnern als fremd und dem Christentum unangemessen empfunden wurde. Es gibt mehrere zeitgenössische Zeugnisse dafür, daß spektakuläre Ekstase dieser Art als ein Charakteristikum der Gallen und verwandter Vertreter des paganen Wanderpriestertum galt. Eine Passage aus den Metamorphosen des Apuleius mag dies illustrieren:

> »Gleich mit dem ersten Eintritt fliegen sie (die Gallen) sofort rasend umher, ein mißtönendes Geheul ausstoßend, und mit gesenktem Haupt verdrehen sie lange den Nacken in schlüpfrigen Bewegungen, schütteln die herabhängenden Haare im Kreise, fallen manchmal beißend über ihre eigenen Muskeln her und schneiden sich schließlich mit dem zweischneidigen Eisen, das sie tragen, jeder in die eigenen Arme. Indessen gerät einer von ihnen noch toller ins Toben; und aus tiefster

Ekstase reden darf« (Eus. h.e. 5,17,1). Die eigentlich Polemik gegen die prophetische Ekstase der Montanisten stammt vom Anonymus, wobei unklar bleibt, ob er sich dabei auf Miliades stützt.

80 *Wünsche*, Ausgang, 268.
81 Eus. h.e. 5,17,2 (GCS 9,1, 470 *Schwartz*).
82 Vgl. oben S. 105.
83 Eus. h.e. 5,16,7 (GCS 9,1, 462 *Schwartz*).
84 Eus. h.e. 5,16,9 (GCS 9,1, 464 *Schwartz*).

Brust wiederholt aufstöhnend, simuliert er, wie von dem Hauch eines göttlichen Numens erfüllt, in trunkenem Wahnsinn ... Er beginnt durch eine laute Prophezeiung sich selber mit einer ausgetüftelten Lüge aufs heftigste anzuklagen, als hätte er etwas gegen die Ordnung der heiligen Religion angestiftet, und fährt fort, auch noch eine gerechte Bestrafung der Untat an der eigenen Person von seinen Händen zu fordern. Er ergreift also die Geißel ...; damit peitscht er sich und schlägt sich immerzu mit den Knoten, gegen den Schmerz von den Hieben durch seine Einbildungskraft wunderbar gefeit ... Aber sobald sie endlich müde oder jedenfalls der eigenen Zerfleischung satt geworden sind und mit der Schinderei ein Ende machen, bringt man ihnen viele Spenden – Kupfer-, ja sogar Silbermünzen. ... Gierig rafften sie alles zusammen und stopften es in die zu diesem Erwerb mit Fleiß vorbereiteten Säcke (*sacculi*) ... Auf diese Weise plünderten sie umherstreifend diese ganze Gegend aus«[85].

Spektakuläre Ekstase gehört neben der finanzielle Ausbeutung des Publikums offensichtlich zu den notorischen Charakteristika des im Verfall begriffenen religiösen Wandercharismatikertums des späten 2. Jahrhunderts[86]. Daß sich die montanistischen Propheten – zumindest in den Augen ihrer Gegner – in hohem Maße dieser ekstatischer Techniken bedienten, rückte sie in den Augen nicht nur des paganen Publikums[87], sondern zunehmend auch vieler ihrer christlichen Zeitgenossen in die Nähe der Gallen und verwandter Vertreter der religiösen Halbwelt. Der Kampf gegen die spektakuläre Ekstase in der Prophetie ist somit weniger ein Streit um die theologische Legitimität der Ekstase als der Versuch, die Kirche endgültig aus dem Dunstkreis der ins Zwielicht geratenen religiösen Wandercharismatiker zu befreien.

Welch einschneidende Veränderungen die offensichtlichen Mißstände für den Umgang der Gemeinden mit den Propheten hatten, möchte ich zum Abschluß am Beispiel der Bewertung der Geist-

---

85 Apuleius met. 8,27,3–29,1 (242 *Helm*). Die Übersetzung orientiert sich an Helm.

86 Weitere Parallelen bei *H. Graillot*, Le culte de Cybèle, mère des dieux, à Rome et dans l'empire Romain, Paris 1912, 302–305; *F. Cumont*, Die orientalischen Religionen im römischen Heidentum, Leipzig ³1931, 50f zu den fanatici der Mâ-Bellona; *E. Rohde*, Psyche. Seelencult und Unsterblichkeitsglauben bei den Griechen 2, Leipzig/Tübingen ²1898, 11–22.56–69; *W. Speyer*, Realität und Formen der Ekstase im griechisch-römischen Altertum, in: *ders.*, Frühes Christentum im antiken Strahlungsfeld, Tübingen 1989, 353–368; *G. Sfameni Gasparro*, Oracolo, divinazione, profetismo nel mondo greco-romano da Augusto alla fine del II secolo, in: *R. Penna* (ed.), Il profetismo da Gesù al montanismo, Bologna 1993, 11–42. Zu den Propheten und Orakeln der Gallen vgl. die Belege bei *Graillot*, Culte, 306f und *Schöllgen*, Anfänge, 23, Anm. 140; bei den Kynikern *F.G. Downing*, Cynics and Christian origins, Edinburgh 1992, 131; allgemein zur spektakulären Ekstase unter den zeitgenössischen Wandercharismatikern *Bacht*, Prophetentum, 247–249.

87 Zu Kelsos als einem Vertreter dieser Position vgl. *Hauck*, Proof, 94–99.

rede aufzeigen. Wie groß die Achtung, ja Scheu vor der Geistrede noch um die Wende vom 1. zum 2. Jahrhundert war, ist bereits mehrfach zur Sprache gekommen. Die Didache verbietet es mit der härtestdenkbaren Sanktion, jeden, der sich als Prophet ausgibt und damit auch den als Pseudopropheten Verdächtigen, während der Geistrede auf die Probe zu stellen[88]. Die Kirchenordnung will offensichtlich um jeden Preis die Gefahr vermeiden, den durch den wahren Propheten redenden Geist und damit Gott selbst auf die Probe zu stellen.

Etwas mehr als ein halbes Jahrhundert später ist von dieser Scheu nahezu nichts mehr übriggeblieben. Schon aus der Frühzeit der montanistischen Bewegung berichtet Eusebius von Gegnern, die sich bemühen, den Propheten Montanus mit allen Mitteln am Reden zu hindern[89]. Nur wenig später haben nach dem Zeugnis des antimontanistischen Anonymus zwei großkirchliche Bischöfe versucht, den Geist der Prophetin Maximilla auf die Probe zu stellen und zu widerlegen, ein Vorhaben, das von den Anhängern der Prophetin nur mit Gewalt verhindert werden konnte[90]. Auf Widerspruch scheint dieser Übergriff aber nur bei den Montanisten gestoßen zu sein. Alle großkirchlichen Autoren, davon allein drei aus dem späten 2. Jahrhundert[91], zeigen offene Zustimmung zu diesem Widerlegungsversuch und sehen im Widerstand der Anhänger nichts als das Eingeständnis des dämonischen Charakters ihrer Prophetie.

Offensichtlich hatte die Geistrede ihre Unantastbarkeit verloren; die Furcht davor, Gott selbst auf die Probe zu stellen, und damit eine unvergebbare Schuld auf sich zu laden, scheint es gegen Ende des 2. Jahrhunderts in der Großkirche nicht mehr zu geben.

Zur Erklärung des Erosionsprozesses prophetischer Autorität hilft wieder ein Blick auf die paganen Parallelen. Trafen die religiösen Wandercharismatiker noch im frühen 2. Jahrhundert speziell im ländlichen Bereich noch auf Verehrung oder doch zumindest Respekt, so wandelte sich diese Haltung aufgrund des ständigen Mißbrauchs ihrer charismatischen Fähigkeiten zunehmend in ihr Gegenteil: Distanz und Skepsis machte sich bei den Betrogenen breit; ja nicht selten gab man die Gallen und Metragyrten öffentlich der Lächerlichkeit preis[92].

---

88 Did. 11,7 (SC 248, 184 *Rordorf/Tuilier*).
89 Eus. h.e. 5,16,8 (GCS 9,1, 462 *Schwartz*).
90 Eus. h.e. 5,16,16f; 5,18,13 (GCS 9,1, 466.478 *Schwartz*).
91 Der antimontanistische Anonymus; Apollonius (ebd.); Apollinarius, Bischof von Hierapolis: Eus 5,19,3 (GCS 9,1, 480 *Schwartz*).
92 *Schöllgen*, Anfänge, 22–25.

Es gibt für einen Propheten wohl keinen gefährlicheren Gegner als die Skepsis des Publikums. Wer einmal von einem Propheten betrogen worden ist oder doch zumindest von solchen Vorfällen gehört hat, wer spektakuläre Ekstase für heidnisch hält, wer die Warnungen seines Bischofs vor falschen Propheten beherzigt, wird einem unbekannten, Unterkunft, Nahrung und Gehör heischenden Wanderpropheten nur mit großen Vorbehalten gegenübertreten. Je eindrucksvoller der Prophet auf der Klaviatur seiner charismatischen Fähigkeiten spielt, je mehr er auf ekstatische Geistrede setzt, desto skeptischer und distanzierter wird sein Publikum. Dieser Skepsis ist er letztlich hilflos ausgeliefert, da er sich auf keine andere Legitimation als auf seine Geistrede berufen kann.

Die frühchristlichen Propheten sind also nicht vom Kanon ausgegrenzt und auch nicht von bischöflichen Konkurrenten verdrängt worden, sie sind in erster Linie an sich selbst gescheitert, an den Mißständen, die sie in den allgemeinen Sog des niedergehenden Wandercharismatikertums rissen und die Hochachtung der Gemeinden in tiefe Skepsis umschlagen ließ.

Ernst Dassmann

Umfang, Kriterien und Methoden frühchristlicher Prophetenexegese

Die Prophetenbücher der Alten Testaments haben die frühchristliche Verkündigung von Anfang an stark beeinflußt. Ihre Rezeption ist in der exegetischen und patristischen Forschung sorgfältig untersucht worden[1]. So liegt es nahe, die Fülle von Einzelbeobachtungen, die inzwischen angehäuft worden ist, einmal daraufhin zu überprüfen, wie sich die frühchristliche Prophetenexegese entwickelt hat und ob sich bestimmte Regeln der Auswahl, Verwendung und Auslegung alttestamentlicher Prophetentexte in der frühchristlichen Literatur feststellen lassen.

Frühchristliche Literatur bedeutet dabei eine Einschränkung, weil das Vorkommen der Prophetengestalten und prophetischer Themen in der frühchristlichen Kunst oder die Auswahl von Prophetenlesungen in der Liturgie eine besondere Beachtung verdienten, die hier jedoch ausgelassen werden müssen, um den Rahmen eines Jahrbuchaufsatzes nicht zu sprengen.

I

Einen ersten Hinweis auf die Bedeutung der Prophetenexegese in der frühen Kirche bietet die Fülle der erhaltenen oder nur bezeugten Homilien und Kommentare, die sich mit den alttestamentlichen Pro-

---

1 *H.J. Sieben*, Exegesis Patrum = Sussidi Patristici 2 (Rom 1983) 43–49; zahlreiche Literaturhinweise finden sich in dem jeweiligen Kapitel *Specialia in Vetus Testamentum* der einzelnen Bände der Bibliographia Patristica 1–35 (Berlin 1956–97). Ausführliche Materialsammlungen und Literaturhinweise bietet das Reallexikon für Antike und Christentum; vgl. *J. Daniélou*, Daniel: RAC 3 (1957) 575–585; *E. Dassmann*, Hesekiel: RAC 14 (1988) 1132–1191; *ders.*, Jeremia: RAC 17 (1996) 543–631; *P. Jay*, Jesaja: ebd. 764–821; *H. Schmid / W. Speyer*, Baruch: JbAC 17 (1974) 175/90 (Wiederabdruck demnächst in RAC Suppl.-Bd. 1); *E. Dassmann*, Amos: RAC Suppl.-Bd. 1, Lfg. 3 (1985) 333–350; *A. Strobel*, Habakuk: RAC 13 (1986) 203–226; *M. Stark*, Joel: RAC 18 (1998) 388–414; *E. Dassmann / J. Engemann / K. Hoheisel*, Jonas: RAC 18 (1998) 670–699.

phetenbüchern befassen. Der älteste erhaltene Schriftkommentar in der Kirche überhaupt ist Hippolyts Erklärung des Danielbuches[2]. Daneben sind von Hippolyt nur noch ein Kommentar zum Hohenlied (bis Kap. 3,7), eine Psalmenhomilie sowie kleinere Abhandlungen über die Segen Jakobs und Moses und über David und Goliath überliefert[3]. Im Schrifttum des Origenes, des größten Schriftexegeten der frühen Kirche, nehmen die Propheten einen breiten Raum ein – soweit die Nachrichten das noch erkennen lassen. Erhalten sind neben 20 Homilien zu Jeremia noch lateinische Übersetzungen von Jesaja- und Ezechielhomilien, dazu lateinische Jeremiahomilien, die inhaltlich zum größten Teil mit den griechischen übereinstimmen[4]. Von Origenes' zahlreichen Kommentaren zum Alten Testament gibt es nur vier Bücher zum Hohenlied[5]. Eusebius erwähnt noch »dreißig Bücher über Jesaja, welche bis zum dritten Teil, d.h. bis zur Erscheinung der vierfüßigen Tiere in der Wüste, reichen (Jes. 30,6) ..., ebenso fünfundzwanzig Bücher zu Ezechiel«[6]. Darüber hinaus kannte Eusebius einen Origeneskommentar zu den zwölf Kleinen Propheten, von dem ihm ebenfalls noch 25 Bücher vorlagen[7]. Natürlich hat sich Origenes' Auslegungsarbeit nicht auf die Propheten beschränkt. Ob sie zumindest einen Schwerpunkt seiner Schriftexegese gebildet haben, läßt sich bei dem Ausmaß der Vernichtung, das sein Schrifttum nach seiner Verurteilung im 6. Jahrhundert im byzantinischen Reich erfahren hat, nicht mehr sicher beurteilen. Auch Viktorin von Pettau, der erste lateinisch schreibende Exeget, hat zahlreiche heute nicht mehr vorhandene Kommentare zu alttestamentlichen Büchern verfaßt. Dazu gehörten Jesaja-, Ezechiel- und Habakukauslegungen[8]. Diodor von Tarsus, der den Ruhm der antiochenischen Exegetenschule begründete,

---

2   *B. Altaner / A. Stuiber*, Patrologie (Freiburg/Basel/Wien [8]1978) 167; *C. Scholten*, Hippolytos II (von Rom) : RAC 15 (1991) 504–507.
3   *Altaner/Stuiber*, Patrologie (o. Anm. 2) 167.
4   *Origenes*, Hom. in Jer. (GCS 6. Origenes 3 *Klostermann* 1/194); (GCS 33. Origenes 8 *Baehrens* 290–317); Hom. in Jes. (GCS 33. Origenes 8 *Baehrens* 242–289); Hom. in Ez. (GCS 33. Origenes 8 *Baehrens* 319–454); *Dassmann*, Jeremia (o. Anm. 1) 588f.
5   *K.S. Frank*, Hoheslied: RAC 16 (1994) 69.
6   *Eusebius*, Hist. eccl. 6,32,1 (GCS 9,2. Eusebius 2,2 *Schwartz* 586); vgl. *Hieronymus*, Comm. in Jes. praef. (CCL 74. Hieronymus 1,3 *Reiter* 1f); über weitere sechs Bücher zu Jesaja, die zu der von *Hieronymus*, Ep. 33,4,2 (CSEL 54. Hieronymus 1,1 *Hilberg* 255,17) genannten Zahl von 36 führen würden, vgl. *R. Gryson / D. Szmatula*, Les commentaires patristiques sur Isaïe d'Origène à Jérôme : RevÉtAug 36 (1990) 13–15; kritisch dazu *Jay*, Jesaja (o. Anm. 1) 805.
7   *Eusebius*, Hist. eccl. 6,36,2 (GCS 9,2. Eusebius 2,2 *Schwartz* 590).
8   *Hieronymus*, Ep. 61,2 (CSEL 54. Hieronymus 1,1 *Hilberg* 577f); Ep. 84,7,6 (CSEL 55. Hieronymus 1,2 *Hilberg* 130).

soll alle Bücher des Alten Testaments – damit auch alle Propheten – erklärt haben[9].

Ab dem 4. Jahrhundert gelingt es nur noch wenigen Vätern, das Alte Testament in größerem Umfang zu kommentieren. Bei der Auswahl, die sie notwendigerweise treffen müssen, stehen die Propheten auffällig im Vordergrund; eine ähnlich starke Beachtung erfahren nur noch die Psalmen sowie Erklärungen zum Hohenlied, zu Hiob und zu den Weisheitsbüchern. Eindeutig zurück treten dagegen der Pentateuch – wenn man von der Auslegung der Schöpfungsgeschichte in den verschiedenen Hexaemerakommentaren absieht – und die übrigen geschichtlichen Bücher. Dieses Auswahlprinzip zeigt sich besonders bei den beiden großen Exegeten der östlichen und westlichen Kirche. Theodoret von Kyros im Osten hat alle Propheten, die Psalmen und das Hohelied kommentiert. Aus den geschichtlichen Büchern behandelte er nur Einzelprobleme in Frage und Antwort[10]. Hieronymus im Westen hat sämtliche Propheten, die Psalmen und das Buch Kohelet ausgelegt, dazu nur noch ausgewählte Quaestiones hebraice in Genesim. Zu Jesaja hat sich Hieronymus neben seinem Kommentar noch in selbständigen Schriften geäußert[11].

Schaut man auf die Väter, die sich nicht im eigentlichen Sinn als Exegeten, sondern als predigende Bischöfe mit der Auslegung der Heiligen Schrift befaßt haben, stößt man auf ähnliche Schwerpunkte.

Im Osten schreibt Eusebius von Caesarea Erklärungen zu Jesaja und zu den Psalmen[12]. Johannes Chrysostomus' Schwerpunkt liegt bei Jesaja, wenn der armenisch überlieferte Kommentar zu Jes 8– 64 echt ist; sicher geht auf Chrysostomus ein anderer Jesajakommentar zurück, der mit Jes 8,10 endet; außerdem hielt er mehrere Homilien zur Berufung des Propheten in Jes 6 sowie eine Homilie zu Jes 45,7, aber auch Predigten zur Genesis und über einzelne Psalmen[13]. Ein umfangreicher Kommentar zu Jesaja sowie zum Zwölfprophetenbuch stammt von Cyrill von Alexandrien; er hat außerdem über die Psalmen gearbeitet, wie spätere Katenen beweisen; sein Hauptinteresse gilt jedoch dogmatischen Fragen[14]. Weniger ausgeprägt ist die Vorliebe für zusammenhängende Prophetenexegese allein bei den Kappadokiern sowie bei Hesychius von

---

9   *Altaner/Stuiber*, Patrologie (o. Anm. 2) 318.
10   Ebd. 341.
11   Ebd. 399; *Jay*, Jesaja (o. Anm. 1) 809f.
12   *Altaner/Stuiber*, Patrologie (o. Anm. 2) 222.
13   Ebd. 324f.
14   Ebd. 285.

Jerusalem. Von letzterem sind neben Kommentaren und Predigten
zu verschiedenen alttestamentlichen Schriften nur einige Glossen
zu Jesaja erhalten[15]. Von Basilius von Caesarea könnte ein Kommentar zu Jesaja 1–16 stammen; bekannter sind seine Hexaeme-
ron- sowie seinen Psalmenhomilien[16]. Von Gregor von Nazianz
sind überhaupt keine exegetischen Arbeiten über alttestamentliche
Schriften bekannt; Gregor von Nyssa hat sich mit der Schöpfungsgeschichte, den Psalmen, dem Hohenlied und mit Kohelet beschäftigt[17].

Im Westen ist die Anzahl an Prophetenkommentaren geringer.
Von Hilarius sind nur Arbeiten zu den Psalmen und zu Hiob bezeugt[18]. Ambrosius scheint eine besondere Affinität zu Jesaja gehabt zu haben. Er hat einen Jesajakommentar verfaßt, worauf er
selbst im Lukaskommentar verweist, der sich jedoch mit Ausnahme von einigen Fragmenten bei Augustinus nicht erhalten hat[19].
Augustinus hatte sich nach seiner Bekehrung in Mailand bei Ambrosius Rat geholt, welche Bücher der Heiligen Schrift er zur Vorbereitung auf die Taufe lesen sollte. Der Bischof hatte ihn auf den
Propheten Jesaja hingewiesen, »wohl weil er so deutlich wie kein
anderer das Evangelium und die Berufung der Heiden vorausver-
kündet hat«[20]. Warum ausgerechnet Ambrosius' Jesajakommentar
verlorengegangen ist, bleibt rätselhaft. Unter den anderen alttestamentlichen Arbeiten des Mailänder Bischofs ragen besonders sein
Hexaemeron und die Psalmenerklärungen heraus[21]. Auch von Augustinus sind keine Prophetenkommentare oder ausgesprochene
Homilienreihen zu prophetischen Schriften bekannt. Nun war Augustinus insgesamt gesehen kein Kommentator. In dieser Litera-
turgattung hat er nur einige Expositionen zu Paulusbriefen hervorgebracht[22]. Im Alten Testament hat er sich um die Auslegung
der Genesis und von Einzelfragen aus den geschichtlichen Büchern gemüht, vor allem aber um die Erklärung der Psalmen[23].
Sein Gegenspieler, Bischof Julian von Aeclanum, dürfte dagegen

15 Ebd. 333; *J. Kirchmeier*, Hésychius de Jérusalem: DicSpir 7 (1969) 400.
16 *Altaner/Stuiber*, Patrologie (o. Anm. 2) 292.
17 Ebd. 305.
18 Ebd. 363.
19 *Ambrosius*, Expos. evang. Luc. 2,56 (CCL 14 *Adriaen* 54f); Fragm. in Jes.
(CCL 14 *Ballerini* 403–408) [vgl. Clavis PL[2] 142]; *M.G. Mara*, Ambrogio di
Milano, Ambrosiaster e Niceta: Patrologia 3. A cura di A. *di Berardino* (Torino
1978) 155.
20 *Augustinus*, Conf. 9,5,13 (CCL 27. Augustinus 1,1 *Verheijen* 140,8–10);
E. Dassmann, Ambrosius: Augustinus-Lexikon 1 (1986–94) 272.
21 *Altaner/Stuiber*, Patrologie (o. Anm. 2) 381.
22 Ebd. 431.
23 Ebd. 430.

neben einem Hiobkommentar einen Commentarius in prophetas minores III zu Hosea, Joel und Amos geschrieben haben[24]. Gregor der Große schließlich hat sich am ausführlichsten mit dem für eine spirituelle Theologie besonders fruchtbaren Hiobbuch beschäftigt; ferner gibt es von ihm Hoheliedhomilien und – was die Propheten betrifft – die Homiliae in Ezechielem[25]. Vielleicht dürfen ihm aber auch sechs Bücher In librum primum Regum expositionum zugeschrieben werden[26]. Atypisch ist das Schrifttum des Isidor von Sevilla, der aber auch andere Intentionen verfolgt als seine bischöflichen Vorgänger[27].

Diese nicht vollständige, aber doch repräsentative Übersicht dürfte die Bedeutung unterstreichen, welche die Prophetenexegese für die frühe Kirche besessen hat. Man könnte eine Art Gegenprobe machen, indem man die in einem kurzen Zeitraum verfaßten Auslegungen einzelner Propheten zusammenstellt. Zum Propheten Amos z.B. entstanden in der exegetisch so fruchtbaren Zeit am Ende des 4. und Anfang des 5. Jahrhunderts auf dem Höhepunkt des literarischen Schaffens der Schulen von Antiochien und Alexandrien innerhalb einer einzigen Generation nicht weniger als fünf umfangreiche Kommentare von Hieronymus, Julian, Theodor von Mopsuestia, Theodoret von Kyros und Cyrill von Alexandrien. Hinzu kommen vorher bereits verlorengegangene Amosauslegungen von Klemens von Alexandrien und Origenes sowie ein Epraem dem Syrer zugeschriebener Amoskommentar, von dem eine im 9. Jahrhundert durch einen Mönch Severus verfaßte Katene erhalten ist[28].

Ähnlich eindrucksvoll ist das Auslegungswerk zum Propheten Ezechiel, obwohl mancher Kommentator vor ihm zurückgeschreckt sein mag, galt er doch schon den Rabbinen als besonders schwierig auszulegen. Von Rabbi Hananiah ben Hezekiah wird berichtet, er habe 300 Krüge Öl in seiner Studierlampe verbrennen müssen, ehe es ihm gelungen sei, den Propheten mit der jüdischen Lehrmeinung in Einklang zu bringen[29]. Trotzdem gibt es folgende bezeugte oder noch erhaltene Kommentare, Traktate oder sonstige Erklärungen zu mehr oder weniger umfangreichen Ezechieltexten: aus der Frühzeit Teilauslegungen von Hippolyt, einen fünfundzwanzig Bücher umfassenden Kommentar und vierzehn in

---

24 Clavis PL² 776; *Dassmann*, Amos (o. Anm. 1) 341.
25 *Altaner/Stuiber*, Patrologie (o. Anm. 2) 468f.
26 Clavis PL² 1719.
27 *Altaner/Stuiber*, Patrologie (o. Anm. 2) 494f.
28 Belege bei *Dassmann*, Amos (o. Anm. 1) 340–344.
29 Talmud bShab 13,b; bHag 13a; *S. Spiegel*, Ezekiel or Ps. Ezekiel?: Harv TheolRev 24 (1931) 245.

Hieronymus' Übersetzung erhaltene Homilien von Origenes sowie
einen Kommentar des Viktorin von Pettau. Ab dem 4. Jahrhundert
folgen im Osten Kommentare Theodorets von Kyros und von Po-
lychromius von Apamea, ein Cyrill von Alexandrien zugeschriebener Kommentar – wahrscheinlich von Bischof Stephanus von
Siunik (gest. 736) –, eine Katene des Severus von Edessa (um
850–860) mit Fragmenten Ephraems des Syrers und eine Reihe
nestorianisch geprägter Auslegungen der syrischen Kirche vom
6.–9. Jahrhundert. Im Westen beschränkt sich die umfassende
Auslegung Ezechiels auf die bereits erwähnten Arbeiten von Hieronymus und Gregor dem Großen[30].

Dieses Ergebnis überrascht nicht, denn die kirchliche Verkündigung war neben den Psalmen von Anfang an vor allem an den
»Propheten« interessiert, mehr jedenfalls als am »Gesetz«, dessen
christologischer Sinn sehr viel schwieriger zu erheben war als aus
den prophetischen Büchern, die zwar in verhüllter Weise, aber an
vielen Stellen unüberhörbar von Christus zu sprechen schienen. In
den Paulusbriefen und Evangelien begleiten Prophetenworte das
Christusgeschehen sehr viel direkter und unmittelbarer als die Bücher der Tora, in denen das Gesetz erst heilsgeschichtlich ent-
machtet werden mußte, ehe das gleichsam Prophetische der Patri-
archen, des Mose und des David christologisch fruchtbar gemacht
werden konnte[31]. Als in der durch Markion heraufbeschworenen
Krise die Bedeutung des Alten Testamentes für die Christusver-
kündigung radikal infrage gestellt wurde, kam die Kultkritik der
Propheten, kamen die »unguten Gebote und Satzungen«, die Gott
nach Ez 20,24f strafweise seinem Volk auferlegt hatte, den christlichen Auslegern gerade recht, um das alttestamentliche Zeremo-
nialgesetz als überholt zu erweisen und so das in Gott gründende
Sittengesetz, das Christus in seiner Reinheit wiederhergestellt hatte,
zu retten[32].

Die Problematik einer angemessenen Auslegung des Alten Testamentes verlor in der Folgezeit nichts von ihrer Brisanz. Noch die
christologischen und soteriologischen Fragen des 4. und 5. Jahrhunderts verlangten nach einem prophetisch verankerten Offenba-
rungsfundament, das durch eine immer genauere Erklärung der
Prophetenbücher gesichert werden mußte.

---

30 Belege und weitere Hinweise auf Einzelauslegungen bei *Dassmann*, Hesekiel
(o. Anm. 1) 1151–1156.
31 *H. von Campenhausen*, Die Entstehung der christlichen Bibel = BeitrHist
Theol 39 (Tübingen 1968) 28–75.
32 Ebd. 109–113.

II

Was faszinierte die Väter an den alttestamentlichen Propheten? Sieht man von den Kommentaren und Predigtreihen ab, die eine fortlaufende oder doch wenigstens kontinuierliche Betrachtung der Prophetenschriften erforderten, könnte die Auswahl der bevorzugt herangezogenen Stellen vielleicht Auskunft geben, die sich häufig zu regelrechten Auslegungsschwerpunkten und Überlieferungssträngen verdichten. Für die Auswahl lassen sich verschiedene Gründe angeben. Vor allem am Anfang werden Testimoniensammlungen den Blick der frühchristlichen Schriftsteller auf eine begrenzte Auswahl von Prophetenworten gelenkt haben, die ihrerseits von den Hinweisen des Neuen Testaments auf die christologisch relevanten Weissagungen der Propheten beeinflußt war. Später rücken dogmatische Entwicklungen bestimmte Verse in den Blickpunkt, die erst jetzt zu biblischen *loci classici* für eine bestimmte Lehrmeinung werden. Verbreitete Anwendung finden darüber hinaus die sittlichen Mahnungen der Propheten, die der eigenen Moralpredigt biblisches Kolorit und eine von der göttlichen Offenbarung geforderte Dringlichkeit verliehen. Manchmal scheint eine besonders einprägsame sprachliche Formulierung oder ein treffendes Bild die Beliebtheit eines Prophetenwortes provoziert zu haben. Die hier angedeuteten Auswahlprinzipien – Testimoniensammlungen, messianisch-christologische Weissagungsqualität, dogmatische Verwertbarkeit, moralische Fruchtbarkeit sowie sprachliche Schönheit einzelner Bilder und Vergleiche – sollen im Folgenden an einigen Beispielen erläutert werden.

1. Für die Frühzeit läßt sich der Einfluß von Testimoniensammlungen eindeutig nachweisen. Er muß allerdings erschlossen werden, weil sich vor Cyprians Schrift Ad Quirinum testimoniorum libri tres keine entsprechenden Sammlungen erhalten haben[33]. Nachdem um 130–135 der Barnabasbrief 2,5 zur Kritik der jüdischen Opfer ein längeres Zitat aus Jes 1,11–3 angeführt hat, fährt er in 2,7f mit der Einleitungsformel λέγει δὲ πάλιν fort: »Habe ich etwa euren Vätern geboten, als sie aus dem Land Ägypten auszogen, mir Brandopfer und Schlachtopfer darzubringen? Statt dessen habe ich ihnen das geboten: Keiner von euch soll in seinem Herzen dem

---

33   *R. Hodgson*, The Testimony Hypothesis: JournBiblLit 98 (1979) 361–378; *P. Prigent*, Les testimonia dans le Christianisme primitif (Paris 1981); *L.W. Barnard*, The Use of Testimonies in the Early Church and in the Epistle of Barnabas: *ders.*, Studies in the Apostolic Fathers and Their Background (Oxford 1966) 109–135; *Ch. Wolff*, Jeremia im Frühjudentum und Christentum = TU 118 (1976) 178.187.

Nächsten Böses nachtragen, und einen Meineid liebt nicht!«[34] Das
wie ein einziges Prophetenwort klingende Zitat ist in Wirklichkeit
ein Mischzitat aus Jer 7,22.23a und Sach 8,17a, dem sich wenig
später noch eine Reminiszenz aus Ps 51(50),19 anschließt[35]. Die
Kombination von Jeremia und Ps 51 findet sich – unabhängig
vom Barnabasbrief – wenig später bei Justin[36]. Das kann kein Zufall sein. Ebenso dürfte die Stellenkombination im Barnabasbrief
9,1–3 auf eine Testimonienvorlage zum Stichwort »Hören« zurückgehen, in der in eine ganze Reihe von Jesajazitaten Wendungen aus
Jer 4,4 und vielleicht auch 7,2 eingefügt worden sind[37].
Bei genauerem Zusehen fällt auf, daß im Barnabasbrief bei Anein-
anderreihungen von Schriftverweisen die Jesajazitate in der Regel
sehr exakt sind und z.T. wortwörtlich mit dem LXX-Text übereinstimmen, während die Verwendung der anderen Propheten un-
genau ist und der Wortlaut nicht selten Anklänge an andere biblische Bücher aufweist. Den Genauigkeitsgrad der Jesajazitate erreichen nur noch die Psalmenzitate. Das weist darauf hin, daß dem
Verfasser des Barnabasbriefes wahrscheinlich Handschriften bzw.
Exzerpte des Propheten Jesaja und der Psalmen zur Verfügung
standen, während die übrigen Schriftzitate, wenn nicht aus dem
Gedächtnis, dann aus Testimoniensammlungen stammen dürften.
Die große Zahl der Jesajazitate und die verschwindend kleine Zahl
z.B. der Jeremiazitate muß darum nicht auf den unterschiedlichen
Beliebtheitsgrad der beiden Propheten hinweisen, sondern hängt
von der Quellenlage ab[38]. Nicht jede frühchristliche Gemeinde
und nicht jeder frühchristliche Schriftsteller besaß eine komplette
Abschrift des Alten Testamentes. Mit Sicherheit läßt sich auf die
Benutzung einer Testimonienvorlage schließen, wenn auffällige
Veränderungen, Verknüpfungen oder Reihungen von Schriftzita-
ten in verschiedenen Väterschriften unabhängig voneinander vorkommen. Solche Übereinstimmungen gibt es z.B. mehrfach zwischen Barnabas und Justin[39].

---

34 *Barn.* 2,5.7f (*Funk/Bihlmeyer*[2] 11). Übersetzung nach Didache (Apostelleh-
re), Barnabasbrief, Zweiter Klemensbrief, Schrift an Diognet. Eingeleitet, herausgegeben, übertragen und erläutert von *K. Wengst* = Schriften des Urchristentums 2 (Darmstadt 1984) 141.143.
35 Ebd. 143.
36 *Justin*, Dial. 22,6f (*Goodspeed* 115).
37 *Wengst* (o. Anm. 34) 161.163.123f; *Prigent* (o. Anm. 33) 50f.
38 *Wengst* (o. Anm. 34) 126f; *P. Prigent*, L'Épître de Barnabe I–XVI et ses
sources (Paris 1961) 29–60.
39 Vgl. neben *Barn.* 2,7f (*Funk/Bihlmeyer*[2] 11) und *Justin*, Dial. 22,6f (*Goodspeed* 115) noch Jes 16,1f und Jer 2,12f in *Barn.* 11,2f (*Funk/Bihlmeyer*[2] 23) und
Justin, Dial. 114,5 (*Goodspeed* 232).

Bei letzterem besteht ein auffälliger Unterschied zwischen der Verwendung von Prophetenworten in der Apologie und im Dialog. In der ersten Apologie 47,5 deutet Justin das Hadrianedikt, das den Juden den Aufenthalt in Jerusalem und Judäa verbot, als die Erfüllung einer Jesajaweissagung: »Ihr Land liegt öde, vor ihren Augen weiden ihre Feinde es ab, und keiner von ihnen wird darin wohnen können«. In Wirklichkeit ist dieses Zitat eine Mischung aus Jes 1,7 und Jer 2,15 (50,3; 52,27)[40]. Noch ungenauer sind zwei weitere Stellen aus der Apologie, wo Justin unter Hinweis auf Jeremia entweder Dan 7,13 oder eine entsprechende Stelle aus dem Neuen Testament über die Wiederkunft des Menschensohnes auf den Wolken des Himmels im Sinn hat[41], sowie eine Stelle, bei der unter dem Namen des Jesaja Jer 9,26 über die Beschneidung nicht der Vorhaut, sondern der Herzen zitiert wird[42]. Daß Justin an allen drei Stellen, an denen Jeremiaworte in der Apologie vorkommen, eine falsche Autorzuweisung vornimmt, muß wiederum nicht an einer Geringschätzung des Jeremia liegen, sondern wird auf eine fehlerhafte Vorlage oder ein unzuverlässiges Gedächtnis zurückgehen. Sicher hatte Justin bei der Abfassung der Apologie keinen Jeremiatext zur Hand – im Gegensatz zum Dialog, in dem zahlreiche Jeremiazitate septuagintagetreu angeführt und weit auseinanderliegende Stellen kombiniert werden[43]. Daß sich Justin im Dialog mit dem Juden Tryphon – selbst wenn es sich dabei um ein fiktives Gespräch handelt – sorgfältiger auf die Verwendung der alttestamentlichen Schriften vorbereitet hatte, ist verständlich.

Die Bedeutung biblischer Stellensammlungen ließe sich bei den kirchlichen Schriftstellern des 2. und 3. Jahrhunderts weiterverfolgen, wobei davon ausgegangen werden kann, daß mit fortschreitender Zeit Bischöfe und kirchliche Lehrer vermehrt vollständige oder ausgewählte Texte einzelner biblischer Schriften besaßen und auch die liturgischen Lesungen die Kenntnis alttestamentlicher Texte verbreiteten und vertieften. Doch lassen noch die von Augustinus in zahlreichen Varianten angeführten Jeremiastellen nach den Textvorlagen oder nach der Arbeitsweise des Bischofs fragen[44]. Cyprians um die Mitte des 3. Jahrhunderts zusammengestellte Testimoniensammlung in drei Büchern zeigt, daß diese für den biblischen Hintergrund der Traditionsbildung so wichtige Schriftgattung noch

---

40 *Justin*, Apol. 1,47,5 (*Goodspeed* 59).
41 *Justin*, Apol. 1,51,6 (*Goodspeed* 62).
42 *Justin*, Apol. 1,53,11 (*Goodspeed* 65).
43 *Justin*, Dial. 28,2f (*Goodspeed* 122); *Wolff* (o. Anm. 33) 178–186; *P. Prigent*, Justin e l'AT (Paris 1964) 173f.191–194.
44 *A.M. La Bonnardière*, Biblia Augustiniana. AT. Livre de Jérémia = ÉtAug (Paris 1972) 71–75; *Dassmann*, Jeremia (o. Anm. 1) 75f.

längere Zeit von Belang war. Von den etwa 125 Verweisen auf Jesaja, die sich im gesamten Werk Cyprians finden, hat der Bischof 74
in die Sammlung übernommen. Ihnen stehen 35 Stellen aus Jeremia, 5 aus Ezechiel sowie 5 aus Daniel gegenüber; noch geringer
ist die Zahl der Testimonien aus dem Dodekapropheton[45]. Letztlich
waren es die prophetischen Hinweise auf Christus, die zur Aufnahme einer Stelle in Sammlungen und Textauswahlen führten. Und da
übertraf Jesaja, dessen Gottesknechtslieder geradezu wie ein Evangelium gelesen wurden, alle anderen Propheten. Daß mit der Zahl
der christologischen Stellen auch die Kenntnis anderer Partien eines
Prophetenbuches wuchs, liegt nahe. So dürften sich die neutestamentlichen Erfüllungszitate prophetischer Verheißungen, die Verbreitung von biblischen Handschriften und Büchern, die Zahl der
in den Testimonien aufgeführten Stellen sowie die Vertrautheit mit
den Prophetenschriften samt ihrer Präsenz in der frühchristlichen
Verkündigung und Literatur gegenseitig bedingen.

2. Die Kirchenväter haben im Licht des Neuen Testaments das
Alte Testament, besonders aber die Propheten, auf die Erfüllung in
Christus hin gelesen. Bei Jesaja sind es die Immanuelweissagung
aus 7,14, die Verheißung des Messiaskindes in 9,5, die Beschreibung der Herrschaft des Messias und seines Friedensreiches in 11,
1–10, die Vorhersage des Vorläufers Johannes in 40,3–5 und vor
allem die Gottesknechtslieder in 42,1–7, 49,1–9, 50,4–9a und 53,
1–12 sowie die von Jesus selbst zitierten und auf sich angewandten
Verse aus 61,1f, welche die Schwerpunkte der Auslegung bilden.
Die patristische Jesajarezeption ist so intensiv erforscht, daß hier
nicht näher auf sie eingegangen werden soll[46].
Auch aus den anderen Prophetenbüchern werden vornehmlich die
Stellen ausgewählt, die als messianische Weissagungen galten und
einen christologischen Bezug haben – sei es, daß sie auf Jesus als
den kommenden Messias direkt oder auf die mit ihm in Verbindung stehenden Ereignisse von der Ankündigung seiner Geburt
bis zur Ausgießung des Geistes am Pfingstfest hindeuten. Aus diesem Grunde sind Stellen wie Mi 5,1 mit dem Hinweis auf Bethlehem als Geburtsort des Messias, Hos 11,1 mit der Erwähnung seines Aufenthaltes in Ägypten, Jer 31,5 mit dem Bericht über den

---

45 *Jay*, Jesaja (o. Anm. 1) 803f; vgl. den Index CSEL 3,3. Cyprian 3 *Hartel*
331–334.
46 *Gryson/Szmatula* (o. Anm. 6) 3–41; P. *Jay*, L'exégèse de saint Jérôme d'ap-
rès son Commentaire sur Isaïe (Paris 1985); *ders.*, Jesaja (o. Anm. 1); R. *Loon-
beek*, Étude sur le Commentaire d'Isaïe attribué à S. Basile = MémLicDactyl (Louvain 1955); M. *Simonetti*, Sulle fonti del Commento a Isaia di Gerolamo: Augu-
stinianum 24 (1984) 451–469.

Kindermord in Bethlehem, die Ankündigung eines Vorläufers des Messias in Mal 3,1.23 sowie der Bericht in Jon 2,1 über das Verweilen des Propheten im Bauch des Fisches als Hinweis auf die Grabesruhe Christi oder die Geistausgießung am Ende der Tage in Joel 3,1f in der Väterliteratur stets gegenwärtig.

Letztere Prophetie, deren Erfüllung durch die Petruspredigt am Pfingstfest in Apg 2,17f bezeugt wird, verkündet zunächst die Universalität des Erlösungswerkes Christi für alle Menschen in allen Völkern. Athanasius, Epiphanius und Cyrill von Alexandrien benutzen die Stelle aber auch, um im Verein mit Joh 1,14 die vollkommene Menschwerdung des Logos zu unterstreichen[47]; die Erfüllung der Prophetie in Christus markiert zugleich die Ablösung des alten Israel durch das neue sowie die Konstituierung der Kirche aus den Völkern[48]. Andere trinitätstheologische und pneumatologische Anwendungen der Stelle sind durch ihre christologische Auslegung natürlich nicht ausgeschlossen.

Daniel, in dessen Buch sich nicht so deutliche christologisch ausgerichtete Stellen finden, galt vielen Vätern ebenfalls als Prophet, der auf Christus hinweist. Christus verbirgt sich für sie in dem Engel, der den Jünglingen im Feuerofen Kühlung bringt und schon von Hippolyt auf den Logos gedeutet wird[49], vor allem aber in dem Menschensohngesicht aus Dan 7,13f. Theodoret von Kyros nennt Daniel sogar den Propheten, der klarer als alle übrigen die Ankunft Christi verkündigt habe[50]. Alle diese Zuweisungen sind ebenfalls so gebräuchlich, daß sie hier nicht weiter aufgelistet zu werden brauchen[51].

Die Väter haben aber auch dort Christi Person und Heilswerk in der prophetischen Botschaft durchscheinen sehen, wo es durch das Neue Testament nicht abgedeckt und auf den ersten Blick nicht erkennbar war. Für diese weniger bekannte christologische Verwendung von Prophetenworten seien ein paar Beispiele angegeben.

---

47   Belege bei *Stark*, Joel (o. Anm. 1) 406–409.

48   Ebd. 407.

49   *Hippolyt*, Comm. in Dan. 2,30 (GCS 1. Hippolyt *Bonwetsch* 98–100).

50   *Theodoret von Cyrus*, Comm. in Dan. praef. (PG 81,1260 AB); vgl. *Daniélou* (o. Anm. 1) 579.

51   *F.M. Abel*, S. Jérôme et les prophéties messianiques: RevBibl 13 (1916) 423–440; 14 (1917) 247–269, hat allein aus den Prophetenkommentaren zweiundsiebzig Stellen erhoben, die Hieronymus für direkt messianisch hält; vgl. *W. Hagemann*, Wort als Begegnung mit Christus. Die christozentrische Schriftauslegung des Kirchenvaters Hieronymus = TriererTheolStud 23 (Trier 1970) 34–40. Für das der Vätertheologie vorausgehende alttestamentlich-prophetisch geprägte Christusbild des Neuen Testamentes vgl. *J. Coppens*, Le messianisme et sa reliève prophétique. Les anticipations vétérotestamentaires. Leur accomplissement en Jesus = BiblEphemTheolLovan 38 (Gembloux 1974) 163–242.

Aus dem Buch des Propheten Jeremia, von dem Origenes sagt, daß in ihm Jeremia »unzählige Male anstelle unseres Herrn Jesus Christus genannt wird«[52], und in dessen sogenannten »Confessiones« (Jer 20,7–18) viele Vätern den leidenden Christus vorausgeschaut gesehen haben[53], ist es ein Vers wie Jer 11,19, der durchgehend christologisch gedeutet wird: »Ich war wie ein argloses Lamm, das zum Schlachten geführt wird, und ahnte es nicht, daß sie gegen mich Anschläge planten: ›Laßt uns den Baum im Safte vernichten! Wir wollen ihn ausrotten aus dem Land der Lebendigen, daß seines Namens nicht mehr gedacht wird!‹« Nicht nur das arglose Lamm, das Assoziationen an das Gottesknechtslied in Jes 53,7 wecken könnte, sondern auch der Hinweis auf den zu vernichtenden Baum durchziehen die gesamte Vätertheologie.

Es beginnt bereits mit Justin, der beklagt, die Juden hätten besagte Stelle aus dem Propheten ausgemerzt, um diesen Hinweis auf Christus in ihren Heiligen Schriften zu tilgen – ein Vorwurf, der allerdings nicht zutrifft[54]. Tertullian läßt zwar den symbolträchtigen Hinweis auf das arglose Lamm aus, deutet aber den Anschlag auf den im Saft stehenden Baum auf Kreuz und Eucharistie[55]. In Cyprians Testimonien erscheint Jer 11,19 zweimal als Hinweis auf Christus und seinen Kreuzestod[56]. Bei Origenes gehört das ἀρνίον ἄκακον ἀγόμενον τοῦ θύεσθαι (das arglose Lamm, das geopfert wird) zu einem häufig gebrauchten Bildwort, das den zentralen theologischen Sachverhalt des Opfertodes Christi auf den kürzesten Ausdruck bringt[57]. In der 10. Jeremiahomilie hat Origenes darüber hinaus Jer 11,18–12,9 ausführlich ausgelegt und sonst meist übergangene Nebenzüge erläutert. Im Satz vom Lamm, das zur Schlachtbank geführt wird, ist es die Bemerkung οὐκ ἔγνων (»und ich erkannte es nicht«), die er mit Hilfe von 2Kor 5,21: »Er hat den, der die Sünde nicht kannte, für uns zur Sünde gemacht« zu erklären versucht. Den zweiten Teil von Vers 11,19: »Laßt uns den Baum im Safte vernichten« übersetzt Origenes mit der LXX:

---

52 *Origenes*, Hom. in Jer 14,5 (GCS 8. Origenes 3 *Klostermann* 110,23f).

53 Auf sie geht allein Ambrosius mehr als zwanzigmal ein; vgl. *Dassmann*, Jeremia (o. Anm. 1) 617.

54 *Justin*, Dial. 72,2f (*Goodspeed* 182); vgl. *Prigent*, Justin et l'AT (o. Anm. 43) 173f.

55 *Tertullian*, Adv. Marc. 3,19,3; 4,40,3 (CCL 1. Tertullian 1 *Kroymann* 533.656); Adv. Iud. 10,12 (CCL 2. Tertullian 2 *Kroymann* 1378); *A. Viciano*, Cristo salvador y liberador del hombre (Pamplona 1986) 371f; *Dassmann*, Jeremia (o. Anm. 1) 575.

56 *Cyprian*, Testim. 2,15.20 (CSEL 3,1. Cyprian 1 *Hartel* 80.88).

57 *Origenes*, Comm. in Joh. 1,22; 6,51.53.55 (GCS 10. Origenes 4 *Preuschen* 27.160–164); De pascha 48 (*Guérand/Nautin* 248).

»Kommt, wir wollen Holz in sein Brot werfen«. Das Holz ist für Origenes das Kreuz, das in der Absicht der Feinde die Lehre Jesu zunichte machen sollte, ihr aber wie das Holz im Bitterwasser von Ex 15,23–25 nur mehr Süße verliehen hat[58]. Die im 3. Jahrhundert entwickelten Grundzüge einer christologischen Auslegung von Jer 11,19 bleiben in der Folgezeit im Osten (bei Eusebius[59], Athanasius[60], Cyrill von Jerusalem[61], Gregor von Nyssa[62], Theodoret[63], Olympiodor[64]) wie im Westen (bei Lactantius[65], Hilarius[66], Ambrosius[67] und Hieronymus[68]) erhalten.

Eine ähnliche Überlieferungskontinuität weist Jer 17,9 auf: »Ränkevoll ohnegleichen ist das Herz und verkommen, wer begreift es?« Der christologische Sinn erschießt sich – wenn überhaupt – erst aus der verkürzten LXX-Version: καὶ ἄνθρωπός ἐστιν· καὶ τίς γνώσεται αὐτόν, die ab Irenäus bei Hippolyt, Tertullian, Cyprian, Lactantius, Gregor von Nyssa, Epiphanius, Hilarius, Ambrosius und Augustinus zum Hinweis auf die gottmenschliche Natur Christi wird[69]. Bei den Lateinern fehlt in dieser Aufzählung nur Hieronymus, der – auf dem hebräischen Text fußend – eine allegorische Auslegung bewußt ablehnt[70].

---

58 *Origenes*, Hom. in Jer. 10,1f (GCS 8. Origenes 3 *Klostermann* 71–73).
59 *Eusebius*, Eclogae propheticae 3,33 (PG 22,1160).
60 *Athanasius*, Oratio de incarnatione verbi 35,3 (SChr 199 *Kannengiesser* 388); *Ch. Kannengiesser*, Les citations bibliques du traité athanasien ›Sur l'incarnation du verbe‹ et les ›Testimonia‹: *A. Benoit / P. Prigent* (Hg.), La Bible et les Pères. Colloque de Strasbourg (Paris 1971) 153.159f.
61 *Cyrill von Jerusalem*, Catech. 13,19 (*Reisch/Rupp* 2,76).
62 *Gregor von Nyssa*, De tridui spatio (Gregorii Nysseni Opera 9 *Gebhardt* 276f); Testim. 6 (PG 64,213B).
63 *Theodoret von Cyrus*, Interpretatio in Jer. 11,19 (PG 81,576); vgl. *G.W. Ashby*, Theodoret of Cyrrhus as exeget of the OT (Grahamstown 1972) 93.
64 *Ps-Chrysostomus [Polychronius von Apamea]*, Comm. in Jer. 11,19 (PG 64,869A); zur Verfasserfrage dieser Stelle vgl. Clavis PG 3882; *A. de Adalma*, Repertorium ps-chrysostomicum (Paris 1965) nr. 239; *Altaner/Stuiber*, Patrologie (o. Anm. 2) 322; *L. Dieu*, Le commentaire sur Jérémie du Ps-Chrysostome serait-il l'oeuvre de Polychronius d'Apamée?: RevHistEccl 14 (1913) 687–701.
65 *Lactantius*, Inst. 4,18,27f (CSEL 19,1. Lactantius 1 *Brandt* 357).
66 *Hilarius*, Tractatus mysteriorum 1,35 (CSEL 65. Hilarius 4 *Feder* 26).
67 *Ambrosius*, Expos. in ps. 118 16,33–37 (CSEL 62. Ambrosius 5 *Petschenig* 369–371); Fid. 4,12,165 (CSEL 78. Ambrosius 8 *Faller* 215); Explan. ps. 35,2f; 37,33f; 43–45; 39,14–16 (CSEL 64. Ambrosius 6 *Petschenig* 50f.161–164.171–174.219–222).
68 *Hieronymus*, Comm. in Jer. 2,110,2 (CCL 74. Hieronymus 1,3 *Reiter* 117).
69 Belege bei *Dassmann*, Jeremia (o. Anm. 1) 571.573.575f.584.609.613. 615.617f.
70 *Hieronymus*, Comm. in Jer. 3,74,1–4 (CCL 74. Hieronymus 1,3 *Reiter* 165–167).

Ein Beispiel aus Ezechiel für eine vom Wortlaut kaum nahegelegte und erst durch komplizierte Überlegungen gewonnene christologische Bedeutung einer Stelle liefert die Aufforderung Jahwes in Ez 9,4: »Ziehe mitten durch die Stadt, durch Jerusalem, und präge ein Kennzeichen auf die Stirn der Männer, die über all die Greueltaten, die man in ihrer Mitte verübte, stöhnen und klagen«. Origenes will neben σημεῖον in der LXX σημείωσις τοῦ ταῦ bei Aquila und Theodotion gelesen haben[71]. Da der Buchstabe Taw in manchen archaisch-hebräischen, samaritanischen oder phönizischen Schreibweisen die Form eines stehenden oder liegenden Kreuzes hatte, lag die Auslegung von Ez 9,4 als Besiegelung mit dem Kreuzzeichen nahe, die neben Origenes bereits Tertullian so formuliert: »Der Herr spricht zu mir: Gehe mitten durch das Tor, mitten durch Jerusalem und mache das Zeichen Tau auf die Stirne der Männer. Es ist nämlich der Buchstabe Tau der Griechen, unser T, Figur des Kreuzes, welches dereinst auf unserer Stirne getragen werden wird beim wahren und allumfassenden Jerusalem«[72]. Bei der eschatologischen, soteriologischen und baptismalen Bedeutung des Kreuzeszeichens und der schon früh bezeugten Bekreuzigung wird das häufige Vorkommen der Ezechielstelle bei den Vätern verständlich[73].

3.   Über das christologische Interesse hinaus kann die dogmengeschichtliche Entwicklung dazu führen, daß ein Prophetenwort, das über Jahrhunderte hinweg kaum oder gar keine Beachtung gefunden hat, plötzlich in den Mittelpunkt der theologischen Auseinandersetzung gerät. Ein Beispiel dafür findet sich bei Amos. Da es im ganzen Amosbuch keine eindeutig und notwendig christologisch zu interpretierenden Aussagen von dem Rang gibt, wie sie in Mi 5,1–3, Sach 9,9 oder Mal 3,1–3 anzutreffen sind, beginnt dieser wahrlich nicht kleine unter den kleinen Propheten die Väterexegese erst spät zu beschäftigen; er kann noch im 4. und 5. Jahrhundert von einzelnen kirchlichen Autoren vollständig übergangen werden. Eine Ausnahme macht Am 4,13: »Denn siehe, Jahwe hat die Berge gebildet und den Wind erschaffen, er tut den Menschen seine Gedanken kund ... ›Herr, Gott der Heerscharen‹ ist sein Name«. Welche Brisanz diese auf den ersten Blick wenig

71   *Origenes*, Selecta in Hes. 9 (PG 14,800); vgl. *F.J. Dölger*, Beiträge zur Geschichte des Kreuzzeichens II: JbAC 2 (1959) 15f; *Dassmann*, Hesekiel (o. Anm. 1) 1165.
72   *Tertullian*, Adv. Marc. 3,22,5f (CCL 1. Tertullian 1 *Kroymann* 539); *Dassmann*, Hesekiel (o. Anm. 1) 1165.
73   *D. Ramos-Lissón*, La tipologia soteriologica de la ›Tau‹ en los padres latinos : ScriptTheol 10 (1978) 230–234.

auffällig erscheinende Aussage enthält, verrät erst die LXX-Version: Ἰδοὺ ἐγὼ στερεῶν βροντὴν, καὶ κτίζων πνεῦμα, in der das Machen (Erschaffen) des Pneuma von den die Gottheit des Heiligen Geistes bestreitenden Pneumatomachen des 4. Jahrhunderts auf seine Geschöpflichkeit gedeutet wird. Um die Schwierigkeit zu beheben, kann man – wie z.b. Athanasius – exegetisch argumentierend erklären, daß πνεῦμα ohne Artikel oder sonstigen Zusatz in der Heiligen Schrift niemals den Heiligen Geist meint und in Am 4,13 entsprechend dem Donner als Wind verstanden werden muß[74]; oder man kann – wie es Hieronymus in der Vulgata tut – bereits durch die Übersetzung *quia ecce formans montes et creans ventum* die dogmatische Klippe vermeiden[75]. Wer wie Ambrosius oder Fulgentius von Ruspe bei *spiritus* bleibt, muß sich weiterhin bemühen, das dogmatisch mögliche Mißverständnis auszuräumen, oder wie Augustinus darauf vertrauen, daß der Textzusammenhang von vornherein den pneumatomachischen Mißbrauch der Stelle ausschließt[76].

Eine ähnliche Entdeckung wie Am 4,13 erfuhr die Weissagung über das verschlossene Tor des Tempels in Ez 44,1–3: »Dann brachte er mich zurück in Richtung nach dem äußeren Tor des Heiligtums, das nach Osten schaute; es war aber verschlossen. Der Herr sprach zu mir: ›Dieses Tor bleibt verschlossen; es darf nicht aufgetan werden, und niemand darf durch dasselbe hineintreten; denn der Herr, der Gott Israels, ist hier eingezogen; darum bleibe es verriegelt. Nur der Fürst darf darin verweilen, um vor dem Antlitz des Herrn das Opfermahl zu verzehren ...‹« Abgesehen von Justin, der den ἡγούμενος-Fürsten einmal in eine Testimonienreihe über die Messianität Jesu einreiht[77], und Origenes, der die verschlossene Pforte auf die Materie deutet, durch die Gott auf die Schöpfung einwirkt und den Fürsten als Vorbild Christi betrachtet[78], bleibt die Stelle lange Zeit unbeachtet. Aufmerksamkeit erregt sie erst im Zusammenhang mit der Entfaltung der Mariologie ab dem ausgehenden 4. Jahrhundert. Jetzt wird nicht nur in Trak-

---

74 *Athanasius*, Ep. ad Serap. 1,3 (PG 26, 536B); vgl. *H.R. Smythe*, The Interpretation of Amos 4,13 in St. Athanasius and Didymus: JournTheolStud 51 (1950) 158f.
75 Biblia sacra iuxta Vulgatam versionem. Recensuit *R. Weber* II (Stuttgart ³1983) 1391; vgl. *Hieronymus*, Comm. in Amos 4,12f (CCL 76. Hieronymus 1,6 *Adriaen* 268–272).
76 *Dassmann*, Amos (o. Anm. 1) 346f.
77 *Justin*, Dial. 118,2 (*Goodspeed* 236).
78 *Origenes*, Hom. in Hes. 14,1–3 (GCS 33. Origenes 8 *Baehrens* 450–454); vgl. *W. Neuss*, Das Buch Ezechiel in Theologie und Kunst bis zum Ende des 12. Jahrhunderts = BeitrGeschAltMönch 1–2 (1912) 41f.

taten und Kommentaren, sondern auch in Hymnen und liturgischen
Texten das geschlossene Tempeltor, das der Herr durchschritten
hat, ohne es zu öffnen, zum prophetischen Hinweis auf die immer-
während Jungfräulichkeit Mariens[79]. So interpretiert Ambrosius[80], vielleicht angeregt durch Amphilochius von Ikonium[81], und
Hieronymus stimmte zu, obwohl er natürlich um die näherliegen-
de christologische Bedeutung der Stelle wußte, nach der das verschlossene Osttor die Heilige Schrift oder das Paradies meint, das
Christus geöffnet hat und dennoch verschlossen blieb, weil die
Schrift und die Mysterien Gottes immer nur annähernd verstanden
werden können. Aber er bekennt: »Schön ist die Auslegung mehrerer Exegeten, die unter dem verschlossenen Tor ... die Jungfrau
Maria verstehen, die sowohl vor der Geburt als nach der Geburt
beständig Jungfrau blieb ... Damit sollten die widerlegt werden,
welche meinen, sie habe nach der Geburt des Erlösers dem Josef
Söhne geboren«[82].

Die Kontinuität dieser Auslegung in den folgenden Jahrhunderten
ist beeindruckend. Sie wird neben bekannten Vätern in West und
Ost wie Rufin, Sedulius, Johannes Cassianus, Isidor, Cyrill von
Alexandrien, Theodoret, Severus von Antiochien und Johannes Da-
mascenus auch von vielen pseudonymen- und anonymen Schriften
aufrechterhalten[83].

Bei der mariologischen Exegese von Ez 44,1–3 handelt es sich weniger um Auslegung als um Anwendung der Bibel, wie sie für die
patristische Zeit typisch ist. Das Begreifen der Heiligen Schrift erschließt sich schrittweise mit dem zunehmenden Glaubensverständ-
nis der Kirche. Die Wirkung ist wechselseitig. Aus der Heiligen
Schrift kann nichts durch Auslegung erhoben werden, was dem
lebendigen Glaubenssinn der Kirche widerspricht; bleibt wiederum
die Auslegung in dem von der *regula fidei* gesteckten Rahmen, darf

---

79 Dieser Aspekt ist sorgfältig untersucht worden; vgl. *J.A. de Adalma*, La
virginidad ›in partu‹ en la exégeses patristica: Salmanticensis 9 (1962) 113–
153; *ders.*, Virgo Mater = BiblTheolGranadina 7 (Granada 1963) 129–182; *K.
Harmuth*, Die verschlossene Pforte. Eine Untersuchung zu Ez 44,1–3 (Diss. Breslau 1933); *A. Kasting*, Das verschlossene Tor Ez 44,1–3: WissenschWeish 16
(1953) 179–182; *A. Müller*, Ecclesia-Maria = Paradosis 5 (Freiburg i.d. Schweiz
1951) 207–210.

80 *Ambrosius*, Inst. virg. 52–57 (PL 16, 234f).

81 *Amphilochius von Ikonium*, Oratio 2. In occursum Domini 3 (CCG 3 *Date-
ma* 45–47).

82 *Hieronymus*, Comm. in Hes. 44,1–3 (CCL 75. Hieronymus 1,4 *Glorie*
646f); vgl. *J. Huhn*, Das Geheimnis der Jungfrau-Mutter Maria nach dem Kirchen-
vater Ambrosius (Würzburg 1954) 202f.

83 Belege bei *Dassmann*, Hesekiel (o. Anm. 1) 1180; *ders.*, Ezechiel: Marien-
lexikon 2 (1989) 434.

sie sich zu einer Vielfalt von Interpretationen entfalten entsprechend der Unerschöpflichkeit der Heiligen Schrift, die niemals ganz oder endgültig verstanden werden kann[84]. Vor allem Augustinus hat auf die Glaubensregel der Kirche als hermeneutisches Prinzip der Schriftauslegung hingewiesen. Im Hinblick auf Ez 44,1–3 muß allerdings bemerkt werden, daß er die mariologische Verwendung dieser Stelle nicht aufgegriffen hat, obwohl er selbstverständlich die immerwährende Jungfräulichkeit Mariens vertritt[85].

Rätselhaft bleibt ein Wort bei Tertullian *de vacca illa, quae peperit et non peperit*, das bei Ezechiel zu finden sein soll und von Tertullian und von Gregor von Nyssa ebenfalls mariologisch gedeutet wird. Es ist nicht im kanonischen Ezechielbuch enthalten, sondern stammt aus einem Apokryphon Ezechielis jüdischen Ursprungs aus der Zeit von 50 v.Chr. bis 50 n.Chr., von dem einige Fragmente erhalten geblieben sind[86].

Es gibt noch zahlreiche weitere Stellen aus den Prophetenbüchern, die zur biblischen Begründung dogmatischer Sätze herangezogen worden sind. Für Ezechiel wäre noch zu verweisen auf das ἤλεκτρον-Hellgold, das zusammen mit dem Feuer in Ez 1,26f nach Chalkedon die Zweinaturenlehre Christi abzusichern hilft, oder auf die Auswertung von Ez 37 für die Auferstehungslehre[87], für Jesaja auf die als *locus classicus* der Jungfrauengeburt Mariens bereits erwähnte Stelle Jes 7,14[88]. Aus Joel haben die Arianer den Vers 2, 25, in dem die Heuschrecken als ἡ δύναμις ἡ μεγάλη bezeichnet werden, benutzt, um den Hoheitstitel Christi als δύναμις τοῦ θεοῦ abzuwerten, wie Athanasius ihnen vorzuwerfen nicht müde wird[89]. Hab 2,4 stützt für viele Väter die Rechtfertigungslehre[90]; Hab 2,3 und viele andere Prophetenworte haben als Bausteine für die patristische Eschatologie gedient[91].

4. Außerordentlich stark sind die prophetischen Schriften ebenso in der frühchristlichen Sündenvergebungs- und Bußlehre vertre-

---

84   E. *Dassmann*, Augustinus (Stuttgart 1993) 97.

85   *De Aldama*, Virginidad (o. Anm. 79) 137; R. *Hillier*, Joseph the Hymnographer and Mary the Gate: JournTheolStud NS 36 (1985) 311–320.

86   E. *Dassmann*, Ezechiel, Ezechielschriften. II. Apokryphe Schriften: LThK³ 3 (1995) 1143.

87   *Dassmann*, Hesekiel (o. Anm. 1) 1163.1173–1176.

88   *Jay*, Jesaja (o. Anm. 1) 814f.

89   *Stark*, Joel (o. Anm. 1) 405f.

90   *Strobel*, Habakuk (o. Anm. 1) 220f.

91   Vgl. z.B. Jes 60; 66,18–24; Jer 30f; Ez 38f (Gog und Magog); Dan 7 (vier Tiere und Menschensohn); Joel 4,2.12 (Tal Josaphat); Amos 5,18–20; B. *Daley*, Eschatologie. In der Schrift und Patristik = HbDogmGesch IV, 7a (Freiburg/Basel/Wien 1986) passim.

ten, die neben der dogmatischen Seite eine moralisch-disziplinäre
Bedeutung besitzt, was auf einen weiteren Aspekt in der frühchristlichen Prophetenexegese hinweist. Über die Bußlehre im engeren
Sinn hinaus haben die Väter nämlich gern auf die phophetische
Predigt zurückgegriffen, um mit ihrer Hilfe die eigenen Mahnungen und Weisungen zu bekräftigen, die auf eine christliche Lebensgestaltung abzielen.

Das gilt z.B. für das Fasten, das in der gesamten frühchristlichen
Spiritualität einen hohen Stellenwert besitzt. Notwendigkeit, Motivation, Vernachlässigung und Mißbrauch des Fastens haben die
Väter stark beschäftigt. Ein wichtiger Prophetentext, der gleichsam
zum Kern der frühchristlichen Fastenlehre geworden ist, findet
sich in Joel 1,13–15 und 2,12–17. Joel 2,12f:»Bekehrt euch zu
mir von ganzem Herzen mit Fasten, Weinen, Klagen! Zerreißt dabei euer Herz und nicht eure Kleider, bekehrt euch zum Herrn, eurem Gott. Denn gnädig ist er und barmherzig, langmütig und reich
an Güte; er läßt sich des Unheils gereuen«. Er weist ab dem 5. Jahrhundert als Einleitung von Fastenpredigten auch auf die liturgische Verwendung des Textes hin[92]. Dabei betonen die Väter, daß
Fasten in rechter Gesinnung zu erfolgen hat, nicht Selbstzweck
sein darf und mit guten Werken verbunden werden muß. Erst zusammen mit dem Üben von Gerechtigkeit und Almosengeben wird
Selbstkasteiung zu einem Gott wohlgefälligen Fasten. Diese Verknüpfung, die häufig im Zusammenhang mit Kult- und Opferkritik vorgetragen wird, ist allen Propheten zu eigen[93].

Die Übernahme und Aktualisierung von ethisch bestimmten Prophetenworten machte den Vätern um so weniger Mühe, als viele von
Jesus und dem Neuen Testament bereits aufgegriffen worden waren und die oft polemische Absetzung von jüdischen Fastenbräuchen sich in der Kirche längst durchgesetzt hatte. Gerade die Moralpredigt der Propheten konnte ohne exegetische Mühen im Literalsinn übernommen werden, da die Ethisierung und Verinnerlichung der kultischen und zeremoniellen Forderungen der Tora
schon von ihnen selbst vorgenommen worden war. In den neun
von Leo dem Großen erhaltenen Predigten über das Herbstfasten
werden diese Zusammenhänge paradigmatisch dargestellt[94], die
schon Klemens von Alexandrien kurz skizziert hatte[95].

---

92   *Stark*, Joel (o. Anm. 1) 404.

93   Z.B. Jes 1,11–13; 58,1–12; Jer 14,12; Sach 7,5–10.

94   Besonders *Leo d. Gr.*, Tract. 87,3; 88,1; 89,1; 92,2 (CCL 138A *Chavasse*
543f.546.551.569f).

95   *Klemens von Alexandrien*, Paed. 3,90,1–4 (GCS Clemens Alexandrinus 1³
Stählin/Treu 285f).

Als Paradestelle für die positiven Wirkungen des Fastens, zumal wenn es mit Umkehr und guten Werken verbunden ist, gilt vielen Vätern Jon 3,1–10[96]. Ihre Verwendung beginnt schon im römischen Klemensbrief[97] und bei Justin[98] und durchzieht die gesamte patristische Literatur.

Auf die allgegenwärtige Präsenz der Propheten in der patristischen Sittenpredigt braucht hier nicht weiter eingegangen zu werden, ebensowenig auf die zahlreichen Sonderanwendungen bestimmter Prophetenworte bei einzelnen Vätern, wie z.b. die Begründung des Verbots der Schwagerehe bei Basilius[99] und des Vorrangs der Seelsorge vor der Medizin bei Gregor von Nazianz[100] mit Am 2,7 oder den Hinweis auf den Tadel als Arznei gegen geistliche Krankheiten in der Basiliusregel mit Berufung auf Jer 8,22[101]. Sie bieten keine exegetischen Erkenntnisse, sondern dokumentieren meist nur die biblische Belesenheit des kirchlichen Autors.

Hingewiesen sei dafür noch auf einige Prophetenworte, in denen die Väter Hauptanliegen ihrer spirituellen Unterweisung ausgesprochen fanden. Das gilt z.B. von dem Hunger nach dem Wort Gottes in Am 8,11. Kein anderer Vers als dieser, der wahrscheinlich nicht zum ursprünglichen Amosgut, sondern zur späteren deuteronomistischen Redaktion gehört[102], ist so häufig aufgegriffen worden wie die Weissagung: »Siehe, es kommen Tage ..., da sende ich Hunger ins Land, nicht Hunger nach Brot, nicht Durst nach Wasser, sondern nach dem Hören des Gotteswortes«. Mit ihr verband sich die Vorstellung, daß der Mensch nicht allein vom Brot lebt, sondern von jedem Wort, das aus dem Munde Gottes stammt; sie findet sich bereits in Dtn 8,3 und wird von Jesus in Mt 4,4 (vgl. Lk 4,4) wiederholt. Vor allem die großen Exegeten unter den Vätern wie Origenes oder Hieronymus haben den Satz immer wieder aufgegriffen. Aber auch andere wie Chromatius, Cassiodor oder Gregor der Große zitieren ihn als ein Wort des Amos, als Prophetenspruch oder einfach als Wort der Heiligen Schrift[103]. Ob bei den knappen Formulierungen *cibus verus* oder *fames verbi* noch

---

96   Vgl. die Stellenangaben in Biblia Patristica 1–6 (Paris 1975–95).
97   *1Clem.* 7,7 (*Funk/Bihlmeyer*[2] 39,6–8).
98   *Justin*, Dial. 107,2f (*Goodspeed* 223f).
99   *Basilius*, Ep. 160,3 (CUFr *Courtonne* 2,90).
100   *Gregor von Nazianz*, Oratio 2,20 (SChr 247 *Bernardi* 116).
101   *Basilius*, Reg. fus. 55,3 (PG 31,1048A); vgl. *K.S. Frank*, Basilius von Caesarea. Die Mönchsregeln (St. Ottilien 1981) 191.
102   *H.W. Wolff*, Dodekapropheton 2 = Biblischer Kommentar. Altes Testament 14,2 (Neukirchen-Vluyn [2]1975) 379f; *W.H. Schmidt*, Alttestamentlicher Glaube (Neukirchen-Vluyn [8]1996) 364.
103   Belege bei *Dassmann*, Amos (o. Anm. 1) 348f.

die Herkunft der Vorstellung aus Amos bewußt ist, kann bezweifelt werden. Das Wissen um den heilsamen und heilshaften Hunger nach dem Gotteswort ist durch die deuteronomistische Amosstelle zum sprirituellen Allgemeinbesitz nicht nur der jüdischen, sondern auch der christlichen Frömmigkeit geworden.

Stellen aus Ezechiel (vgl. 3,17–21; 33,1–9; 34,1–24), die breiten Widerhall gefunden haben, enthalten Mahnungen des Propheten an die Wächter und Hirten des Volkes, die neben ihrer Bußauslegung von den Vätern sehr konkret auf ämtertheologische und kirchenpolitische Fragen angewendet worden sind. Einige kirchliche Amtsträger beziehen einzelne Mahnungen bzw. Vorwürfe des Propheten direkt auf sich selbst. Sie weisen darauf hin, daß es Aufgabe des Bischofs als *speculator omnium* ist, die Sünder mit Wort und Tat zur Umkehr zu bewegen oder zu strafen, wenn sie selbst gerettet werden wollen. Bei Tertullian und Cyprian wird mit den Ezechielstellen in der Auseinandersetzung um die Möglichkeit einer Wiederaufnahme der vom Glauben Abgefallenen in die Kirche argumentiert[104], ebenso bei der Frage, ob kirchliche Vorsteher vor der Verfolgung fliehen dürfen[105]. Johannes Chrysostomus verteidigt mit den schweren Anforderungen, die Ezechiel an das Hirtenamt stellt, seinen früheren Entschluß, sich der Übernahme des Priesteramtes zu entziehen[106]. Was alles vom Bischof verlangt wird, wenn er den Forderungen des Propheten gerecht werden will, zählt Gregor der Große im Anschluß an Ez 3,17 auf: »Ich sehe mich genötigt, bald Streitfragen von Kirchen, bald die von Klöstern zu schlichten, mich oft auch um die Lebensumstände und Tätigkeiten einzelner zu kümmern. Ein andermal ist es die Sorge um die Anliegen der Bürger, die Schrecken der hereinbrechenden Schwerter der Barbaren, die Angst vor den Wölfen, die der anvertrauten Herde nachstellen«[107]. Das kirchliche Wächteramt erfordert gleichsam einen Rundumblick. Die Lebensführung der Christen in der eigenen Gemeinde muß – wenn nötig – korrigiert, Häretiker müssen abgewehrt, staatliche Ansprüche in die Schranken gewiesen werden. Gerade auch gegenüber den christlichen Kaisern müssen der rechte Glaube und die Freiheit der Kirche gewahrt werden.

---

104   Z.B. *2Clem.* 15,1 (*Funk/Bihlmeyer*[2] 78,10–13); *Faustus von Riez*, Sermo 11 (CSEL 21 *Engelbrecht* 263); *Ps-Cyprian*, De duodecim abusuis saeculi 10 (CSEL 3,3. Cyprian 3 *Hartel* 168).
105   *Cyprian*, Ep. 57,4; 68,4 (CSEL 3,2. Cyprian 2 *Hartel* 654f.747); *Tertullian*, Fug. 11,2 (CCL 2. Tertullian 2 *Thierry* 1149); vgl. *B. Kötting*, Darf ein Bischof in der Verfolgung die Flucht ergreifen?: *ders.*, Ecclesia peregrinans 1 = MünstBeitrTheol 54,1 (Münster 1988) 536–548.
106   *Johannes Chrysostomus*, Sac. 6,1 (SChr 272 *Malingrey* 306).
107   *Gregor d. Gr.*, Hom. in Hes. 1,11,6 (CCL 142 *Adriaen* 171).

Mit Berufung auf Ezechiel zieht Ambrosius darum Kaiser Theodosius wegen des Blutbades von Thessalonike zur Rechenschaft oder verbietet ihm, den Wiederaufbau der Synagoge von Kallinikum zu veranlassen. Mit Ezechiel wendet sich Facundus von Hermiane gegen Papst Vigilius wegen seines Versagens im Dreikapitelstreit[108].

Diese wenigen Bemerkungen über Fasten, Schriftfrömmigkeit und Hirtenpflicht sind nicht mehr als einige Beispiele für die schier unerschöpfliche Fülle von Anregungen, welche die Väter für Sittenlehre, Moralpredigt und Mahnung zu christlicher Lebensgestaltung aus den Propheten geschöpft haben. Dabei besitzen längst nicht alle Prophetenworte die Qualität von geoffenbarten Wahrheiten, die sonst nirgends zu finden gewesen wären. Manche Mahnung hätte ebensogut mit dem Ausspruch eines stoischen Philosophen unterstrichen oder mit der eigenen Lebenserfahrung begründet werden können. Wenn die Väter in einem solchen Ausmaß mit den Propheten argumentieren, dann zum einen wegen der Autorität, welche die Propheten wie die Apostel als vom Geist Gottes erfüllte Menschen besitzen, zum anderen, um in biblischer Sprache reden zu können. Die Heilige Schrift liefert das Gewand, in welches die eigenen Gedanken gekleidet werden.

5. Das führt zu einem letzten Gesichtspunkt, der Vorkommen und Auswahl von Prophetenworten in der frühchristlichen Literatur zu erklären vermag: Neben typologischem Charakter, Christuszeugnis, dogmatischer Brauchbarkeit und moralischer Überzeugungskraft waren es die sprachliche Kraft, die Einprägsamkeit einer Formulierung, die Anschaulichkeit eines Bildes, die den Gebrauch von Prophetenworten begünstigt und zu einer biblisch gesättigten Sprechweise im kirchlichen Raum geführt haben.

Das sollte beachtet werden, wenn in Editionen oder patristischen Untersuchungen die Auflistung der biblischen Testimonien ausgewertet wird[109]. Es gibt biblische Bilder und Vergleiche von solcher suggestiven Kraft, daß sie nicht nur in verschiedenen alt- und neutestamentlichen Schriften abgewandelt werden, sondern auch so sehr in den Sprachschatz eines frühchristlichen Schriftstellers eingehen, daß er sie verwenden kann, ohne sich ihres Ursprungs bewußt zu sein. Das gilt z.B. von dem bereits angesprochenen Hirtenbild, das neben dem Ezechielbuch in Jes 23,1–4; Jer 3,15; 23, 16f; 31,10, in mehreren Psalmen und nicht zuletzt im 10. Kapitel

---

108 Belege bei *Dassmann*, Hesekiel (o. Anm. 1) 1173.
109 *F. Stuhlhofer*, Der Ertrag von Bibelstellenregistern für die Kanongeschichte: ZeitschrAlttWiss 100 (1988) 244–261.

des Johannesevangeliums vorkommt. Wenn nicht wörtlich zitiert, der Name des biblischen Autors erwähnt oder ein nur für einen bestimmten Text charakteristischer Zug angeführt wird, ist eine eindeutige Zuweisung auf die biblische Herkunft der patristischen Formulierung nicht möglich.

Ein weiteres Beispiel liefert das Bild vom Töpfer, das Paulus in Röm 9,21 gebraucht. Da neben Jer 18,3–6 und 19,11 auch mehrere andere alttestamentliche und zwischentestamentarische Schriften, Jesaja, Hiob, das Weisheitsbuch, Ps.-Salomon und das Testament der Zwölf Propheten das Töpferbild verwenden[110], lassen sich Ableitungen und Abhängigkeiten unmöglich präzis angeben[111]. Das trifft übrigens ebenso für die zahlreichen anderen Beziehungen zu, die man zwischen Jeremia und Paulus geglaubt hat feststellen zu können, so daß Jeremia zum großen Vorbild des Paulus hochstilisiert worden ist[112]. Das Jeremiabuch besitzt fraglos einprägsame Wendungen, etwa vom Gesetz, das ins Herz geschrieben wird (Jer 31,33), vom vergeblichen Rühmen des Weisen (Jer 9,22), von der Berufung vom Mutterschoß an (Jer 1,5), vor allem die Verheißung des neuen Bundes (Jer 31,31), die sich in den paulinischen Briefen wiederfinden. Eine genauere Analyse ergibt jedoch, daß ihre Herleitung von Jeremia nicht zwingend ist[113]. Was für Paulus zu beobachten ist, gilt es auch in der Folgezeit für die kirchlichen Schriftsteller zu beachten.

Auf der anderen Seite enthält vor allem Jeremia – ähnlich wie Hiob – eine große Zahl so charakteristischer Formulierungen, daß ihre Verwendung im späteren kirchlichen Schrifttum nur auf den Propheten zurückgehen kann, mag es dem Schriftsteller, der sie gebraucht, bewußt sein oder nicht.

Neben dem bereits erwähnten Bild vom »arglosen Lamm« und dem Töpfergleichnis[114] sei nur noch auf die »löchrigen Zisternen«

---

110   Jes 29,16; 45,9; 64,7; Hiob 10,9; 33,6; Weish 15,7; Sir 33,13; Ps-Salom 17,23; Test XII Naph 2,2.

111   Auf Jer 18,6 scheinen u.a. zu rekurrieren: *2Clem.* 8,1–3 (*Funk/Bihlmeyer*[2] 74); *Theophilus*, Autol. 2,26 (SChr 20, 164 *Bardy*); *Origenes*, Comm. in Rom. 7,17 (PG 14,1148); Fragmenta in Lament. 94 (GCS 6. Origenes 3 *Klostermann* 269); Hom. in Num. 16,4 (GCS 30. Origenes 7 *Baehrens* 142f); *Methodius*, Convivium 3,5 (SChr 95 *Musurillo/Debidour* 98); *Ephraem*, Op. (S 2,131 EF); *Basilius*, Comm. in Jes. 5,144 (PG 30,352f); *Johannes Chrysostomus*, Hom. in Mt. 64,1 (PG 57, 609); *Epiphanius*, Haer. 64,35,9.37,1 (GCS Epiphanius 2[2] *Holl/ Dummer* 456.51f); *Hilarius*, Tractatus super Ps. 2,39–41 (CSEL 22 *Zingerle* 66– 68).

112   *K.H. Rengstorf* : TheolWbNT 1 (1933) 440.

113   *Dassmann*, Jeremia (o. Anm. 1) 558–560; *D. Marafioti*, Sant' Agostino e la nuova alleanza (Roma 1995).

114   Vgl. o. S. 128f und o. auf dieser Seite.

(Jer 2,13), den Vergleich bestimmter Menschen mit »geilen Hengsten« (Jer 5,8) sowie das Bildwort vom »Säen in die Dornen« hingewiesen (Jer 4,3).

In Jer 2,13 klagt der Prophet: »Eine zweifache Untat verübte mein Volk! Es verließ mich, den Quell sprudelnden Wassers, um sich Zisternen zu graben, Zisternen mit Rissen, die das Wasser nicht halten«. Verständlich, daß dieser vor allem in heißen Ländern sprechende Vergleich zu zahlreichen Übertragungen reizte. Justin stellt mit Hinweis auf ihn die christliche Taufe neben die jüdische Beschneidung[115] oder – indem er seine Argumentation noch mit Stellen aus Jesaja, Ezechiel und dem Matthäusevangelium verknüpft – das geistliche Schriftverständnis der Christen dem fleischlichen der Juden gegenüber[116]. Cyprian verwendet die Stelle wieder im baptismalen Kontext[117], Origenes häufiger im Hinblick auf die Heilige Schrift[118]. Lactantius vergleicht die trockenen Brunnen mit den Häretikern, die sich vom lebendigen Wasser abgewandt haben[119]. Auch im 4. Jahrhundert geht die Verwendung von Jer 2,13 lückenlos weiter. Unter den östlichen Theologen sind Eusebius[120], Athanasius (in Kombination mit Jer 17,13 und Baruch 3,12)[121], Didymus[122], Basilius[123], Gregor von Nyssa[124], Johannes Chrysostomus[125] und Epiphanius[126] zu nennen. Im Westen kann Ambrosius die vielfältigen Anwendungsmöglichkeiten des Verses verdeutlichen. Er benutzt ihn, um zu erklären, daß Gott zugleich verzehrendes Feuer und Quell des Heils sein kann[127], um die Nichtigkeit der Häretikertaufe und die Nutzlosigkeit jüdischer Waschungen zu be-

---

115 *Justin*, Dial. 14,1; 19,2 (*Goodspeed* 106.111).

116 *Justin*, Dial. 140,1–4 (*Goodspeed* 262); zum Vorwurf, die Juden mißverstünden die Propheten, vgl. S. *Heid*, Frühjüdische Messianologie in Justins ›Dialog‹: JBTh 8 (1994) 235 und Anm. 123.

117 *Cyprian*, Unit. eccl. 11 (CSEL 3,1. Cyprian 1 *Hartel* 219).

118 *Origenes*, Hom. in Num. 12,4; 17,4 (GCS 30. Origenes 7 *Baehrens* 106. 161); Selecta in Ps. 17,15f; 27,1 (PG 12,1229.1284); Expositio in Prov. 27,40 (PG 17,241).

119 *Lactantius*, Inst. 4,30,1 (CSEL 19,1. Lactantius 1 *Brandt* 394).

120 *Eusebius*, Comm. in Jes. 1,81.84; 2,46f.56 (GCS Eusebius 9 *Ziegler* 145f. 160.355.360.395f).

121 *Athanasius*, Oratio contra Arianos 1,19,1f (Athanasius Werke I,1 2. Lfg. *Savvidis* 128); Decr. Nicaen. 12,2 (Athanasius Werke 2,1 *Opitz* 10f); Ep. Serap. 1,19 (PG 26,573).

122 *Didymus*, Trin. 2,6,22,2 (BKP 52 *Seiler* 178).

123 *Basilius*, Ep. 8,2; 46,3 (CUFr *Courtonne* 1,23f.120f).

124 *Gregor von Nyssa*, Comm. in Cant. 9,4,15 (Gregorii Nysseni Opera 6 *Langerbeck* 292).

125 *Johannes Chrysostomus*, Hom. in Rom. 3,2 (PG 60,413).

126 *Epiphanius*, Anc. 19,2 (GCS 25. Epiphanius 1 *Holl* 27).

127 *Ambrosius*, Off. 1,24,105 (CUFr *Testard* 146f).

tonen[128] oder auf die Sehnsucht der Kirche insgesamt oder der einzelnen Seele nach der wahren Gottesweisheit hinzuweisen[129].

In Vers 5,8 klagt Jeremia über die Verkommenheit Jerusalems, dessen männliche Bewohner Ehebruch treiben und ins Dirnenhaus gehen. »Wie Hengste wurden sie, feist und geil. Jeder wieherte nach seines Nächsten Weib«. Daß dieser drastische Hinweis auf die ἵππους θηλυμανεῖς bzw. die *equos adhinnientes* sich dem Gedächtnis der Kirchenväter eingeprägt hat, verwundert nicht. Und so findet man ihn aufgegriffen und auf Glaubensabfall, Unbeherrschtheit und sexuelle Verirrungen angewandt bei Irenäus, Klemens, Origenes, Methodius, Eusebius, Athanasius, Basilius, Gregor von Nazianz, bei zahlreichen westlichen Vätern und in der Mönchsliteratur[130].

Ähnlich eindrucksvoll ist Jeremias Warnung in Vers 4,3: »Denn also spricht der Herr zu den Leuten von Juda und zu Jerusalem: ›Brecht euch einen Neubruch um und sät nicht in die Dornen!‹« Das Säen *super spinas*, das die Kirchenväter gewiß auch an die verschiedenen Fassungen des Gleichnisses vom Sämann im Neuen Testament erinnert hat (Mt 13,3–9; Mk 4,1–9; Lk 8,4–8), wird häufig in Verbindung mit Reflexionen über die Fruchtbarkeit des Wortes Gottes von Justin[131], Tertullian[132], Hippolyt[133] und besonders intensiv von Origenes, dem das Fruchtbarwerden des Gotteswortes ein ständiges Anliegen ist, aufgegriffen. In der 5. Jeremiahomilie erläutert er ausführlich, was dieses Wort sowohl für den Lehrenden wie für den Hörenden bedeutet[134].

Die Wirkungsgeschichte des »Dornenwortes« ließe sich leicht weiterverfolgen; ebenso unschwer ließen sich zusätzliche sozusagen »geflügelte Worte« bei Jeremia und anderen Propheten angeben. Bei Jesaja sei an die Sieben Gaben des Geistes Gottes (11,2), das

---

128 Oder Jer 15,18; vgl. *Ambrosius*, Myst. 4,23 (CSEL 73. Ambrosius 7 *Faller* 98).

129 *Ambrosius*, Isaac 1,2 (CSEL 32,1. Ambrosius 1 *Schenkl* 642f); weitere Stellen vgl. *Dassmann*, Jeremia (o. Anm. 1) 617.

130 Vgl. Biblia Patristica 1 (1975) 162f; 2 (1977) 162; 3 (1980) 129; 4 (1987) 126; 5 (1991) 194; 6 (1995) 88.

131 *Justin*, Dial. 28,2f (*Goodspeed* 122)

132 *Tertullian*, Adv. Marc. 1,20,4; 4,1,6; 4,11,9; 5,4,10; 5,13,7; 5,19,11 (CCL 1. Tertullian 1 *Kroymann* 461.546.567.674.703.723); Adv. Iud. 3,7. 6,2 (CCL 2. Tertullian 2 *Kroymann* 1345f.1353f); Pud. 6,2 (CCL 2. Tertullian 2 *Dekkers* 1289).

133 *Hippolyt*, Paschahomilie 10,1f (SChr 27 *Nautin* 137–139).

134 *Origenes*, Hom. in Jer. 5,13 (GCS 6. Origenes 3 *Klostermann* 41–43); vgl. noch Hom. in Num. 23,8 (GCS 30. Origenes 7 *Baehrens* 220); Hom. in Iud. 7,2 (ebd. 505f); Fragm. in Mt. 294 (GCS 41,1 Origenes 12,1 *Benz/Klostermann* 131); Fragm. in Luc. 30,9,62 (GCS 35. Origenes 9 *Rauer* 247).

»Tauet Himmel« (45,8) oder an das Bild vom glimmenden Docht und dem geknickten Rohr (42,3) erinnert. Doch die wenigen erwähnten Stellen mögen genügen, um zu zeigen, daß neben dem typologisch-christologischen, dogmatischen oder moralischen Gehalt auch die Plastizität einer Formulierung das Weiterwirken eines Prophetenwortes in der frühchristlichen Verkündigung gesichert haben kann.

III

Der Einleitungssatz des Hebräerbriefes: »Viele Male und auf vielerlei Weise hat Gott einst zu den Vätern gesprochen durch die Propheten« (1,1) hat dazu beigetragen, daß ohne Vorbehalte und Einschränkungen die Prophetenschriften des Alten Testaments von Anfang an in die kirchliche Verkündigung integriert worden sind.

In welchem Maße und auf welche Weise, dazu wurde im Vorhergehenden einiges mitgeteilt. Es ging dabei weniger um Theorien über die patristische Schrifthermeneutik, die Regeln allegorischer Schriftdeutung, um die literarische oder historische Angemessenheit oder Fruchtbarkeit der Väterexegese[135], sondern mehr um eine Tatsachenbeschreibung. Zunächst wurde gefragt, welche Väter sich durch Kommentare, Homilien oder andere Weisen der Auslegung um die Prophetenschriften gemüht haben und in welchem Verhältnis die Prophetenexegese zum Bemühen um die Rezeption der übrigen alttestamentlichen Schriften steht. Nicht eingegangen werden konnte auf den Charakter der einzelnen Kommentare. Aus welchem Anlaß sie entstanden, zu welchem Zweck und für wen sie geschrieben worden sind, kann verschieden beantwortet werden und wäre in jedem Einzelfall noch genauer zu untersuchen – wozu die Vorarbeiten noch weithin fehlen[136]. Das Interesse mancher patristischer Kommentatoren richtet sich durchaus auf textkritische und historische Fragen. Väter wie Eusebius, Ephraem oder Theo-

---

135 Vgl. dazu aus neuerer Zeit *M. Simonetti*, Lettera e/o allegoria (Rom 1985); *Ch. Jacob*, Allegorese: Rhetorik, Ästhetik, Theologie: Neue Formen der Schriftauslegung, hg. von *Th. Sternberg* = QuaestDisp 140 (Freiburg/Basel/Wien 1992) 131–163; *ders.*, Der Antitypos als Prinzip ambrosianischer Allegorese. Zum hermeneutischen Horizont der Typologie: StudPatr 25 (Leuven 1993) 107–114; *Dassmann*, Augustinus (o. Anm. 84) 54–72; *J. Pepin*, Hermeneutik: RAC 14 (1988) 751–771 (mit Literatur).

136 *B. Studer*, Delectare et prodesse. Zu einem Schlüsselwort der patristischen Exegese: *ders.*, Dominus Salvator. Studien zur Christologie und Exegese der Kirchenväter = StudAnselm 107 (Rom 1992) 431–461.

doret, aber auch Hieronymus wollen durchaus Informationen zu Personen, Orten und Sachen in den untersuchten Schriften geben, deren Wert bis heute nicht vergangen ist. Der Einfluß der großen Schulen von Antiochien und Alexandrien macht sich bemerkbar und beeinflußt das Ausmaß ihrer allegorischen Auslegung[137]. Neben persönlichen Interessen und schulischen Vorgaben können auch kirchliche Situationen und dogmatische Kontroversen die Kommentare beeinflussen. So macht sich z.B. bei Hieronymus oder Julian von Aeclanum der pelagianische Streit in den Prophetenkommentaren durchaus bemerkbar[138].

Kommentare und Homilien über alttestamentliche Schriften enthalten natürlich nur einen Teil der frühchristlichen Prophetenexegese. Auch Väter, die keinen Propheten kommentiert oder zusammenhängend über ihn gepredigt haben, haben Prophetenworte zitiert und mit ihnen argumentiert. Nach welchen Kriterien haben sie dabei ausgewählt? Hier spielen zunächst Neigungen und Bibelkenntnisse eine Rolle. Bibelkundige Autoren reihen oft Zitate oder Anklänge an Prophetenworte wie einen Flickenteppich aneinander, wobei dem einzelnen Ausspruch kein großes Gewicht zukommt, insgesamt sich aber eine von biblischer Sprache gesättigte Diktion ergibt. Andere Väter bringen dagegen sehr viel seltener biblische Zitate, die dafür aber länger sind und argumentativ ausgewertet werden.

Sehr nüchtern wird man auch in Betracht ziehen müssen, daß vor allem in der Frühzeit die Kenntnis der Propheten von den verfügbaren Texten abhing – und das werden nicht immer vollständige Codices, sondern oft genug unvollständige Handschriften, Exzerpte oder Zusammenstellungen von Testimonien gewesen sein –, worüber ebenfalls noch eingehender geforscht werden müßte[139].

Neben diese äußeren Auswahlkriterien treten innere, allen voran die heilsgeschichtliche Verkündigung, die von Anfang an mit dem Schema von Verheißung und Erfüllung aufgeschlüsselt wurde. Auch wenn dieser Schlüssel nach heutigem exegetischem Verständnis lediglich unzulänglich oder in vielen Fällen gar nicht paß-

---

137 *Ch. Schäublin*, Untersuchungen zu Methode und Herkunft der antiochenischen Exegese = Theophaneia 23 (Köln/Bonn 1974); *F.A. Specht*, Der exegetische Standpunkt des Theodor von Mopsuestia und des Theodoret von Kyros in der Auslegung messianischer Weissagungen (München 1871); *Th. Hainthaler*, Antiochenische Schule und Theologie: LThK[3] 1 (1993) 766f; *W. Bienert*, Alexandrinische Schule: ebd. 377–379; *Pepin*, Hermeneutik (o. Anm. 135) 762–766.
138 *Hieronymus*, Comm. in Jer. prol. 3f (CCL 74. Hieronymus 1,3 *Reiter* 1f); Pelagius als *indoctus calumniator* vgl. *G. Grützmacher*, Hieronymus 3 (1908) 212–221; *Dassmann*, Jeremia (o. Anm. 1) 598.
139 Vgl. o. S. 123–126.

te[140], am Anfang sicherte er das Überleben der Kirche, die sich nicht als eine neu erfundene Sekte, sondern als das von Urzeiten von Gott gewollte und von den Propheten vorhergesagte neue Israel zu begreifen lernte. Die Propheten hatten dazu den Weg gewiesen und waren für die Selbstfindung der Kirche unverzichtbar. Man konnte auf sie nicht verzichten, selbst wenn Gregor der Große sagt: »Wenn das Evangelium spricht, muß der Prophet verstummen«[141].

---

140   Vgl. die in JBTh 8 (1994) enthaltenen Beiträge, bes. *W.H. Schmidt*, Aspekte der Eschatologie im Alten Testament 11f; *E. Zenger*, »So betete David für seinen Sohn Salomo und für den König Messias«. Überlegungen zur holistischen und kanonischen Lektüre des 72. Psalms 59f.71f.
141   *Gregor d. Gr.*, Hom. in Hes. 1,10,6 (CCL 142 *Adriaen* 146f).

Günter Stemberger

Propheten und Prophetie in der Tradition des nachbiblischen Judentums

Im Rahmen eines Aufsatzes kann es nicht darum gehen, eine Ge-
samtdarstellung der prophetischen Tradition im nachbiblischen
Judentum zu bieten; schon die bloße Bibliographie zum Thema
würde den Rahmen sprengen. Die folgende Skizze kann nicht
mehr als einige wichtige Fragestellungen aufgreifen und wesentliche Entwicklungslinien nachzeichnen.

I. Die Zeit des Zweiten Tempels

Prophetie ist in nachbiblischer Zeit nicht einfach ausgestorben.
Vielmehr hat sie, wie schon in der Spätzeit der Bibel angebahnt,
stufenweise andere Formen und Ausdrucksweisen angenommen,
ist in diverse Formen der Apokalyptik übergegangen und hat sich
angesichts eines immer klarer abgegrenzten Corpus an autorita-
tiven religiösen Schriften immer stärker als inspirierte Auslegung
ausgeformt[1]. Das ist schon in den Fortschreibungen der klassischen Propheten deutlich, mehr noch in späteren Texten wie Sir
24,33; 39,1.6–8. Auf all das ist aus Raumgründen hier nicht einzugehen; nur drei Bereiche seien hier kurz angesprochen.

1. Propheten und Prophetisches in Qumran

In den Texten von Qumran, ob gemeindeeigen oder nicht, spielt
die Prophetie eine große Rolle[2]. Die Mehrzahl der Texte spricht

---

1 Siehe *P.D. Hanson*, The Dawn of Apocalyptic, Philadelphia 1975; *L.L. Grab-
be*, Poets, Scribes, or Preachers? The Reality of Prophecy in the Second Temple
Period, SBL 1998 Seminar Papers. Part Two, Atlanta 1998, 524–545; *M. Hen-
gel*, »Schriftauslegung« und »Schriftwerdung« in der Zeit des Zweiten Tempels,
in: *ders.* / *H. Löhr* (Hg.), Schriftauslegung im antiken Judentum und im Urchristentum (WUNT 73), Tübingen 1994, 1–71.
2 Einen neuesten Überblick dazu bietet *J.J. Bowley*, Prophets and Prophecy at
Qumran, in: *P.W. Flint* / *J.C. Vanderkam* (Hg.), The Dead Sea Scrolls After Fifty
Years II, Leiden 1999, 354–378.

von Prophetie als Teil der biblischen Vergangenheit. Namentlich als Propheten angeführt werden in der Einleitung zu Zitaten Jesaja (CD IV,13 und öfter), Jeremia (4Q385B Frg. 16,2.6: kein Zitat), Ezechiel (CD 3,21), Sacharja (CD 19,7), Samuel (11Q05 = 11QPs^a XXVIII,8.13), aber auch Daniel (4Q174 = Flor IV,3), womit man sich von späterer, rabbinischer Abgrenzung Daniels von den Propheten abhebt. David hat die Psalmen durch Prophetie gesprochen, da Gott ihm einen verständigen Geist der Erleuchtung verlieh (11QPs^a XXVII,3–4.11; daß die Psalmen in Qumran als prophetische Texte gesehen wurden, geht auch daraus hervor, daß es dazu Pescharim gibt). Auch nennt man pauschal Gottes »Knechte, die Propheten« (4Q166 = pHos^a II,5 u.ö.). Auf der anderen Seite erwartet man für die Endzeit, d.h. für die nahe bevorstehende Zukunft einen Propheten wie Mose (4Q175 = Test 1–8); im Rahmen der endzeitlichen Erwartungen ist der Prophet von großer Bedeutung[3]. Er wird vor allem auch das wahre Verständnis des Gesetzes lehren, wie aus 1QS IX,10f hervorgeht, wonach man sich an die Satzungen halten soll, in denen die Männer der Einung begannen unterwiesen zu werden, bis der Prophet und die Gesalbten Aarons und Israels kommen. J. Maier verweist zur Stelle auf Josephus, Ant 4,218, der Dtn 17,8f (Wenn ein Verfahren den örtlichen Behörden zu schwierig ist, sollen sie zum Tempel gehen »und vor die levitischen Priester und den Richter treten, der dann amtiert ... An den Wortlaut der Weisung, die sie dich lehren ... sollst du dich halten«) so umformuliert: »Und man lasse den Hohenpriester *und den Propheten* und den Ältestenrat zusammenkommen und äußern, was ihnen richtig zu sein scheint«.

Von besonderem Interesse ist die Frage, wieweit die Leute von Qumran mit Prophetie in der eigenen Zeit gerechnet haben. Wie der Pescher zu Habakuk deutlich macht, ist der eigene Lehrer dem Propheten Habakuk im Verständnis der Endzeit überlegen; ihm wurde von Gott mehr geoffenbart als Habakuk: »Die Vollendung der Zeiten hat Er ihm [Habakuk] nicht kundgetan. Und wenn es heißt: *damit eilen kann, der darauf liest,* so geht seine Deutung auf den Anweiser der Gerechtigkeit, dem Gott kundgetan hat die Gesamtheit der Mysterien der Worte seiner Diener, der Propheten« (1QpHab VII,2–5)[4]. Wer so inspiriert den Worten der Propheten

---

3 Dazu siehe *J.J. Collins*, The Scepter and the Star: The Messiahs of the Dead Sea Scrolls and Other Ancient Literature (ABDRL 10), New York 1996, 102–135; *F. García Martínez*, Messianische Erwartungen in den Qumranschriften, in: JBTh 8 (1993), 171–208; *J. Zimmermann*, Messianische Texte aus Qumran (WUNT II/104), Tübingen 1998.

4 Alle Zitate von Qumrantexten: *J. Maier*, Die Qumran-Essener. Die Texte vom Toten Meer, 3 Bände, München 1995–96.

neue Klarheit hinzufügen kann, muß in besonderer Weise an der Prophetengabe teilhaben (auch wenn die Texte von Qumran den Lehrer, wohl bewußt, nie als Propheten bezeichnen); durch sie allein kann er auch die Tora autoritativ auslegen.

Die Frage der Falschpropheten scheint ein akutes gegenwärtiges Problem gewesen zu sein. In 11Q19 (Tempelrolle) LIV,8–19 werden zwar einfach die entsprechenden Abschnitte aus Dtn 13,2–18; 17,2–5 aufgenommen. Daß hier aber auch aktuelle Probleme aufscheinen, könnte aus 4Q339 hervorgehen, einer Liste falscher Propheten; der bisher nur aus der rabbinischen Literatur belegte Begriff »Lügenprophet« (נביא שקר) findet sich hier (in der Überschrift, in Aramäisch) zum ersten Mal. Besonders relevant ist die Auffüllung der letzten Zeile. Die in den vorausgehenden Zeilen genannten Personen sind alle Falschpropheten, die aus der Bibel bekannt sind. In der letzten Zeile sind nur die Schlußbuchstaben עון erhalten. Anfangs schlug E. Qimron vor, zu ergänzen: יוחנן בן שמעון und darin Johannes Hyrkan zu sehen, der laut Josephus mit Prophetengabe ausgezeichnet war (Bell 1,68f; Ant 13,300), aus Sicht der Qumranleute dagegen ein Falschprophet gewesen sei[5]. Die offizielle Edition des Textes ergänzt dagegen mit einem neueren Vorschlag Qimrons הנביאה די מן גבעון und bezieht dies auf den im Text zuvor genannten Falschpropheten von Jer 28,1, der aus Gibeon stammt[6]. Damit fiele ein Hinweis auf einen aktuellen Falschpropheten weg; auch läßt die aramäische Sprache fraglich erscheinen, ob der Text überhaupt der Gemeinde von Qumran zuzurechnen ist[7].

Doch bleiben die hochinteressanten Texte 4Q375.376 über die Beurteilung eines Propheten. Ihr Herausgeber J. Strugnell bezeichnet beide Texte, deren Zusammengehörigkeit wahrscheinlich, doch nicht ganz sicher ist, als »Apocryphon of Moses«[8]; J. Maier dagegen betont: »Der Text enthielt kein ›Moseapokryphon‹, sondern Torah, hier unter anderem einen Sühneritus mit folgendem Urteils-Offenbarungsritus der priesterlich-richtenden Höchstinstanz ... wegen umstrittener Falschprophetie«[9]. Inhaltlich bezieht jedoch

---

5 *E. Qimron*, On the List of False Prophets from Qumran (hebr.), Tarbiz 63 (1993f), 273–275.

6 *M. Broshi / A. Yardeni*, Qumran Cave 4. XIV (DJD 19), ed. *M. Broshi u.a.*, Oxford 1995, 77–79.

7 *M. Morgenstern*, Language and Literature in the Second Temple Period, JJS 48 (1997), 130–145 bezeichnet den Text als »a wholly academic document of no obvious practical purpose. It is tempting to see the list of false prophets as a form of educational exercise, but the texts are too broken to allow for any far-reaching conclusions« (140f).

8 *J. Strugnell*, DJD 19, 111–136.

9 *J. Maier*, Die Qumran-Essener II, 324.

auch Strugnell den Ritus nicht auf die biblische Vergangenheit, sondern auf die Gegenwart des Autors, sei dieser nun ein Mitglied der Qumrangemeinde gewesen oder nicht: »this pseudepigraphon was transmitting or developing general legal traditions concerning the presence and testing of prophecy and the use of the sardonyx and other stones, which probably imply their current use in the writers's time, whether that was the Persian, Ptolemaic, or even early Hasmonean Period«[10].

4Q375 spricht zuerst in biblischen Formulierungen vom Gehorsam gegen alles, »was dein Gott dir befiehlt aus dem Mund des Propheten ... Doch der Prophet, der auftritt und der [Abwegiges] unter dir redet, [um]dich [abzuwen]den von deinem Gott, soll getötet werden« (Frg. 1 I,1–5; vgl. Dtn 13; 17,8ff; 18,9–22). Ohne direkte biblische Vorlage setzt der Text mit dem Fall fort, daß der Stamm, aus dem der Prophet kommt, für ihn eintritt: »Er wird nicht getötet, denn er ist gerecht, ein Prophet, ein [ve]rläßlicher, ist er!« (6f). Dann hat man zum Tempel vor den gesalbten Hohenpriester zu kommen – offenbar, um diese Aussage zu prüfen. Umstritten ist, worauf sich der Einwand der Stammesgenossen des beschuldigten Propheten bezieht: Beruft man sich auf die einwandfreie Vergangenheit des Propheten, der nun das Volk von Gott wegführt (Dtn 13)[11], oder darauf, daß der als Falschprophet (Dtn 18) beschuldigte Mann in Wirklichkeit ein wahrer Prophet ist?[12] Damit würde sich die Anklage, der Prophet wende von Gott ab, als falsch erweisen, und nicht einfach sein früherer Wandel als Milderungsgrund angeführt (wofür ein Ordal im Tempel wohl kaum der geeignete Test wäre). Er würde als »glaubwürdiger Prophet« (נביא נאמן) bestätigt; übrigens dieselbe Wendung wie in 1Makk 14,41 προφήτης πιστός. Wie dort ist auch in 4Q375 damit nicht notwendig ein eschatologischer Prophet gemeint.

Die zweite Kolumne des Textes ist sehr lückenhaft; ein Ritual nach Art des Versöhnungstages soll wohl den Propheten prüfen; Nähe-

---

10 *J. Strugnell*, DJD 19, 131. Wie er betont, ist im Lauf der Forschung immer weniger wahrscheinlich geworden, daß 4Q375.376 aus Qumran stammt, doch möchte er diese Möglichkeit nicht völlig von der Hand weisen. Anders *G. Brin*, Issues concerning Prophets (Studies in 4Q375), in: *ders.*, Studies in Biblical Law. From the Hebrew Bible to the Dead Sea Scrolls (JSOT.S 176), Sheffield 1994, 128–164 (zuvor schon in JSP 10 [1992], 19–51; ebenso in: *J.H. Charleswort* [Hg.], Qumran Questions [The Biblical Seminar 36], Sheffield 1995, 28–60), 159f, der die beiden Texte nicht als Einheit sehen möchte und gegen Strugnell es als gesichert ansieht, daß 4Q175 »stemmed from the Judaean Desert sect«.
11 So *G. Brin*, 156.
12 So *J. Strugnell*, DJD 19, 118f. Siehe auch *J. Zimmermann*, Messianische Texte, 233ff.

res ist leider nicht festzustellen. Wenn 4Q376, wie zu vermuten ist, tatsächlich zum selben Ritual gehört, spielen beim Test des Propheten die Edelsteine auf dem Ornat des Hohenpriesters eine entscheidende Rolle: Leuchtet der linke Stein auf, ist dies offenbar entscheidend (1Q29, ein eng verwandter Text, spricht vom Aufleuchten des rechten Steins). Daß das Aufleuchten der Steine als Orakel verwendet wurde, geht klar aus Josephus (Ant 3,214f) hervor. Josephus schreibt allerdings auch, daß die Steine zweihundert Jahre vor Abfassung seines Werkes – d.h. um etwa 100 v.Chr. – zu leuchten aufgehört hatten (Ant 3,218); die Aussage ist jedoch zu vage und auch historisch zu wenig gesichert, als daß man daraus allein auf vorqumranische Entstehung des Textes schließen könnte. Nur erwähnt sei die Hypothese, wonach der als falscher Prophet und Irreführer Angeklagte der Gründer der Gemeinde von Qumran gewesen sei, den der Text zu rechtfertigen versuche, ebenso die Vermutung, der Lehrer der Gerechtigkeit habe bei seiner Verdrängung aus dem Amt des Hohenpriesters die Amtskleider in die Wüste mitgenommen, womit das Orakel in Jerusalem nicht mehr verfügbar gewesen wäre. Beides läßt sich nicht erweisen; der Text bietet eine allgemeinere Regelung und kaum einen historischen Einzelfall.

Ob man den Text nun Qumran zuspricht oder nicht, er rechnet auf jeden Fall mit der Möglichkeit von Propheten in der eigenen Zeit und auch mit der Möglichkeit, umstrittene prophetische Ansprüche zu verifizieren. Die Realität von Propheten in der eigenen Gegenwart (oder in der direkt bevorstehenden Endzeit?) besagt aber auch ein sicher qumranischer Text aus dem Bereich der Regeln, 4Q265 Frg. 7 II,7f: »Wenn im Rat der Einung vorhanden sind fünfz[ehn –] [und den P]ropheten, steht fest der Rat der Einu[ng]«[13]. Wesentliche Aufgabe des Propheten in der Gemeinschaft ist wohl die authentische Auslegung der Tora und damit die Anweisung der Halakha, wie dies ja auch für die prophetische Gründergestalt der Gemeinde beansprucht wird.

2. Josephus und die Prophetie

Josephus betont in seiner Nacherzählung der biblischen Geschichte das prophetische Element weit mehr als seine biblischen Vorlagen; neben Mose als Prophet ohnegleichen (Ant 4,329: »ein Prophet wie kein anderer, so daß, was immer er äußerte, es schien, daß man Gott selbst sprechen hörte«) hebt er mehrfach David als Pro-

---

13   Text in The Dead Sea Scrolls Study Edition, hg. von *F. García Martínez / E.J.C. Tigchelaar,* Bd. I, Leiden 1997, 548.

pheten hervor (unter anderem in Ant 6,166: »er begann zu prophezeien, da der göttliche Geist [von Saul] auf ihn übergegangen
war«) und nennt Daniel »einen der größten Propheten« (Ant 10,
266). Propheten sind für ihn Sprecher Gottes, die auch allein die
heiligen Schriften, von Gott belehrt und somit widerspruchsfrei,
niederschreiben konnten (Ap 1,37), Deuter der Vergangenheit
und Vorhersager der Zukunft, nicht jedoch Sozialprediger oder
Verkünder messianischer Weissagungen[14].
Josephus kennt prophetische Gestalten auch in der nachbiblischen
Zeit. So hebt er unter allen hasmonäischen Fürsten besonders Johannes Hyrkan (134–104) hervor: »Er wurde von Gott der drei
größten Dinge für würdig erachtet, der Herrschaft über das Volk,
der hohenpriesterlichen Würde und der Prophetie; denn die Gottheit war mit ihm und ermöglichte ihm, die Zukunft vorherzusehen
und vorherzusagen; so sagte er auch voraus, daß seine beiden ältesten Söhne nicht an der Herrschaft bleiben würden« (Ant 13,300).
Schon früher hat Josephus geschildert, wie Mose gewissermaßen als
Kontrolle gegen möglichen Mißbrauch von Propheten (προφητῶν
κακουργίαις) vorsah, daß die Edelsteine auf den Schulterstücken
des Hohenpriesters und seinem Brustschild im Tempelkult durch
ihr Aufleuchten als Orakel dienten und den Sieg in einer Schlacht
ankündigen konnten (Ant 3,214–217). Dieses Orakel wirkte nach
Auffassung des Josephus offenbar noch zu Zeiten des Johannes
Hyrkan; denn er stellt fest, 200 Jahre vor der Niederschrift seines
Werkes hätten die Steine zu leuchten aufgehört (Ant 3,218). Nimmt
man die Zahl wörtlich, wäre dies gegen Ende der Herrschaft Johannes Hyrkans gewesen; er wäre demnach der letzte Hohepriester
gewesen, der noch das Orakel der Steine auf dem hohenpriesterlichen Ornat nutzen konnte[15].
Den Essenern spricht Josephus besonderes Interesse für Prophe-
tensprüche sowie eigene prophetische Begabung zu: »Unter ihnen
gibt es welche, die beanspruchen, die Zukunft vorauszuwissen, von
Kindheit an geschult in heiligen Büchern, verschiedenen Formen
der Reinigung und prophetischen Sprüchen (προφητῶν ἀποφθέγ-
μασιν); und selten, wenn überhaupt, irren sie in ihren Vorhersagen« (Bell 2,159).
Es ist nicht ganz eindeutig, was genau die »Apophthegmata der
Propheten« sind, die diese Essener so besonders studieren – ange-

---

14   Siehe *L. Feldman*, Prophets and Prophecy in Josephus, JTS 41 (1990),
386–422; *C.T. Begg*, The »classical prophets« in Josephus' »Antiquities«,
Louvain Studies 13,4 (1988), 341–357.
15   *J. Blenkinsopp*, Prophecy and Priesthood in Josephus, JJS 25 (1974),
239–262.

sichts der zahlreichen Pescharim in Qumran ist aber wohl doch an die biblischen Prophetentexte zu denken.

Mehrfach nennt Josephus Essener beim Namen, deren Vorhersagen sich bewahrheitet haben und bringt Beispiele dafür: so Judas gegenüber Hyrkans Sohn Antigonus (Bell 1,78; in der Parallele Ant 13,311 heißt es, daß zum Zeitpunkt der Weissagung Jünger bei ihm im Tempel waren, die in der Kunst der Vorhersage belehrt werden wollten), Manaemus, der Herodes die Zukunft vorhersagte (Ant 15,373ff), und Simon, der Archelaus, dem Sohn des Herodes, seinen Unheil kündenden Traum zu deuten wußte (Bell 2,113). Auch wenn Josephus dergleichen Vorhersagen nicht explizit als Prophetien bezeichnet, rückt er sie doch klar in die Nähe der Prophetie[16].

Prophetische Terminologie verwendet Josephus auch, um gewisse Vorhersagen im Vorfeld des Jüdischen Krieges zu schildern, insbesondere die Ereignisse um Jesus, den Sohn des Ananias (Bell 6,300–309), auch wenn er diesen nie als Propheten bezeichnet[17]. Verschiedene andere, die in diesem Zusammenhang mit prophetischem Anspruch auftraten, beurteilt Josephus als Falschpropheten (Bell 2,258–265; 6,285–8).

Auch sich selbst sieht Josephus als Propheten nach den Vorbildern von Jeremia und Daniel[18]. Er nennt sich selbst nie direkt einen Propheten, zitiert aber Aussagen anderer über ihn, die ihn sehr wohl in prophetischer Terminologie schildern; seine Fähigkeit als Traumdeuter stellt ihn in eine Linie mit dem biblischen Joseph, aber auch mit dem Propheten Daniel. Er sieht es als seine Aufgabe, sein Volk gleich Jeremia auf die bevorstehende Zerstörung des Tempels und Jerusalems hinzuweisen, und überbringt dann auch Vespasian die Ankündigung, er werde Kaiser werden (Bell 3,400: »Ich komme zu dir als Bote größerer Ereignisse ... von Gott gesandt«). Seine prophetische Begabung sieht Josephus an seine Herkunft aus einer hohen priesterlichen Familie gebunden (explizit Bell 3,352), denn Prophetie und Priestertum sind für ihn, wie schon betont, eng verknüpft.

---

16   *R. Gray*, Prophetic Figures in Late Second Temple Jewish Palestine. The Evidence from Josephus, Oxford 1993, 80–111.

17   Dazu *Gray*, 158–163; *M.A. Wes*, Mourning becomes Jerusalem. Josephus, Jesus the Son of Ananias, and the Book of Baruch (I Baruch), in: *J.N.Bremmer / F. García Martínez* (Hg.), Sacred History and Sacred Texts in Early Judaism. A Symposium in Honour of A.A. van der Woude, Kampen 1992, 118–150.

18   Siehe *D. Daube*, Typology in Josephus, JJS 31 (1980), 18–36; *G.L. Johnson*, Josephus: Heir Apparent to the Prophetic Tradition?, in: SBL 1983 Seminar Papers, Chico 1983, 337–346; *W.C. van Unnik*, Die Prophetie bei Josephus, in: *ders.*, Flavius Josephus als Schriftsteller, Heidelberg 1978, 41–54.

3. Der Abschluß der Bibel und die These vom Ende der Prophetie

Nach Auffassung jüdischer wie christlicher Forscher besteht ein
gewisser Zusammenhang zwischen dem Abschluß der Bibel und
dem Aufhören der Prophetie in Israel. Dies scheinen eine Reihe
von Texten aus der Zeit des Zweiten Tempels und der rabbinischen Literatur zu belegen. Setzt man die These vom Aufhören
der Prophetie jedoch absolut, bekommt man mit einer Reihe anderer Texte und Phänomene des nachbiblischen Judentums Probleme, Schwierigkeiten auch mit offeneren Vorstellungen von Ka-
nonisierung, die sich infolge der biblischen und parabiblischen
Texte in Qumran durchzusetzen beginnen; so ist die These auch
immer mehr kritisch in Frage gestellt worden[19].
Aus dem im vorigen Abschnitt Gesagten ist schon klar, daß für Josephus prophetische Phänomene bis in seine eigene Zeit vorhanden waren. Dennoch wird gerade Josephus immer wieder als
Kronzeuge für die These vom Bewußtsein seiner Zeit genannt, daß
die Prophetie aufgehört habe. Nachdem er die Propheten als die
allein autorisierten Schreiber der biblischen Geschichte genannt
hat (Ap 1,37-40), fährt er fort: »Von Artaxerxes bis in unsere Zeit
ist zwar alles aufgezeichnet worden, wird aber nicht gleich glaubwürdig wie das Vorausgehende erachtet, weil es keine genaue Abfolge von Propheten mehr gibt« (Ap 1,41). Was die biblischen
Propheten auszeichnet und von späteren prophetischen Phänomenen abhebt, ist gerade ihre Kontinuität. Die lückenhafte und nicht
sehr zuverlässige historische Überlieferung Israels in nachbiblischer Zeit erklärt sich Josephus damit, daß es anders als in der biblischen Zeit mit ihrer absolut zuverlässigen Tradition später keine
ununterbrochene Kontinuität von Propheten mehr gab und damit
auch keine neuen heiligen Schriften anerkannt werden konnten.
Daß aber in unregelmäßiger Folge immer wieder prophetisch be-
gabte Menschen auftreten, ist damit zugleich impliziert und an an-

---

19   So schon *R. Meyer*, Der Prophet aus Galiläa, Darmstadt 1970 (Nachdr. von
1940); *E.E. Urbach*, When did Prophecy cease? (hebr.), Tarbiz 17 (1945f), 1–11.
In neuerer Zeit etwa *D.E. Aune*, Prophecy in Early Christianity and the Ancient
Mediterranean World, Grand Rapids 1983, 103–152; *Th.W. Overholt*, The End of
Prophecy: No Players without a Program, JSOT 42 (1988), 103–115; *F.E. Green-
spahn*, Why Prophecy Ceased, JBL 108 (1989), 37–49; *R. Then*, »Gibt es denn
keinen mehr unter den Propheten?« Zum Fortgang der alttestamentlichen Prophetie in frühjüdischer Zeit (BEATAJ 22), Frankfurt a.M. 1990; *L. Troiani*, I profeti e
la tradizione profetica nell'età greco-romana, in: *A. Vivian* (Hg.), Biblische und
judaistische Studien. FS P. Sacchi (JudUm 29), Frankfurt a.M. 1990, 245–255;
R. Gray, Prophetic Figures, bes. 7–34; *J.R. Levison*, Did the Spirit Withdraw
from Israel? An Evaluation of the Earliest Jewish Data, NTS 43 (1997), 35–57.

deren Stellen ausdrücklich ausgesagt. Josephus fällt somit als Zeuge für diese These aus[20].

Drei Stellen aus dem ersten Makkabäerbuch gelten ebenfalls als Belege für die Überzeugung, daß es in der eigenen Zeit keine Propheten mehr gebe. 1Makk 4,46 heißt es, daß Judas und seine Leute die Steine des entweihten Altars an einem passenden Platz auf dem Tempelberg niederlegten, »bis ein Prophet komme und entscheide, was damit geschehen solle«. Damit ist im Prinzip nur gesagt, daß im Augenblick kein Prophet da war, der eine solche Entscheidung treffen konnte. 9,27 spricht von der Bedrängnis nach dem Tod des Makkabäers Judas, einer großen Bedrängnis »wie seit den Tagen der Propheten nicht mehr«. So die Einheitsübersetzung, wonach die Zeit der Propheten schon lange zurückliegt. Genauer überträgt den griechischen Wortlaut ἀφ' ἧς ἡμέρας οὐκ ὤφθη προφήτης αὐτοῖς K.-D. Schunck: »wie sie nicht mehr gewesen war seit den Tagen, da ihnen kein Prophet mehr erschien«[21]. Damit ist nur gesagt, daß sie schon längere Zeit keinen Propheten mehr erlebt hatten, nicht aber, daß Propheten prinzipiell ein Phänomen der Vergangenheit sind. 14,41 schließlich spricht von der Bestätigung Simeons als Anführer und Hoherpriester, »bis ein wahrer (oder: zuverlässiger) Prophet auftrete« (ἕως τοῦ ἀναστῆναι προφήτην πιστόν). Nur wer von der These ausgeht, die Prophetie habe mit der biblischen Zeit geendet, wird hier sofort an den endzeitlichen Propheten denken. An sich besagt der Text nur, daß man zu diesem Zeitpunkt niemanden als zuverlässigen Propheten kannte und die erbliche Führung des Volkes im Prinzip weiterhin – wie einst bei Saul oder vor allem David – an eine prophetische Bestätigung gebunden wissen wollte. Wenn man Johannes Hyrkan als echten Propheten anerkannte, wie dies Josephus impliziert, war dieser Vorbehalt wohl erledigt.

Schließlich wird in diesem Zusammenhang auch oft die syrische Baruch-Apokalypse genannt. Dort verweist der Seher darauf, daß die Väter in früheren Zeiten noch Helfer hatten, »Rechtschaffene, Propheten und Heilige«. Jetzt aber sind »(zu den Vätern) versammelt die Gerechten, und die Propheten sind entschlafen«; man kann nicht mehr auf die Gebete der Väter, das Flehen der Propheten und den Beistand der Gerechten hoffen (syrBar 85,1.3.12). Der Apokalyptiker betont, daß in der Unheilssituation nach der Zerstörung Jerusalems Israel auf keinen Beistand der Heiligen des

---

20 Siehe z.B. *R.Meyer*, Art. προφήτης, ThWNT VI (1959), 813–828; *W.C. van Unnik*, Die Prophetie 47ff; *R. Gray*, Prophetic Figures, 7–34.
21 *K.-D. Schunck*, I. Makkabäerbuch (JSHRZ I/4), Gütersloh 1980, 335. Vgl. *J.A. Goldstein*, I Maccabees (The Anchor Bible), Garden City 1976, 376: »from the time that prophets ceased to appear among them«.

Volkes mehr rechnen kann. Wollte man aber das »Entschlafen der Propheten« als absolutes Ende der Prophetie verstehen, müßte man analog auch vom Ende der Gerechtigkeit sprechen; so deutet aber niemand.

Alle genannten Stellen besagen zwar das Fehlen autoritativer Propheten in konkreten Situationen, sind jedoch nicht so zu verstehen, daß es nach Meinung ihrer Autoren schon seit langem Propheten überhaupt nicht mehr gibt. Man ist sich zwar des Unterschieds zwischen den biblischen Propheten und jenen späterer Zeit bewußt, insofern man auf die biblische Zeit prinzipiell als ein Goldenes Zeitalter zurückblickt. Wer aus heutiger Sicht diese Unterschiede allzu stark betont, um damit den tiefen Graben zwischen biblischer Prophetie und später so genannten Phänomenen entsprechend hervorzuheben, übersieht die Entwicklungen, die schon innerhalb der durchaus nicht einheitlichen biblischen Prophetie stattfanden. B.D. Sommer betont, daß spätere prophetische Phänomene vor allem in Qumran bzw. im 1. Jahrhundert n.Chr. bezeugt und mit damaligen eschatologischen Erwartungen zu verbinden sind und damit nicht über die allgemeine Erwartung eines endzeitlichen Propheten hinausgehen; das sei nicht als Beleg für das Fortleben der Prophetie zu verstehen, sondern für ihr Wiederaufleben in endzeitlicher Stimmung[22]. Dabei übergeht er den Fall des Johannes Hyrkan und bewertet diese Zeugnisse insgesamt zu gering.

Daß sich angesichts dieser dürftigen Belege die These vom Ende der Prophetie so allgemein durchsetzen konnte, ist darin begründet, daß sie sowohl christlicher als auch jüdischer Polemik sehr gelegen kam. Jüdischerseits ist es die Perspektive des rabbinischen Judentums, von dem aus – wie gleich anschließend gezeigt wird – diese These viel leichter zu argumentieren ist und das im Lauf der Jahrhunderte zum normativen Judentum geworden ist, das man gegen diverse innere Erneuerungsbewegungen zu verteidigen versucht; christlich paßt die These bestens in das Schema, wonach das nachbiblische Judentum die Kraft einer prophetischen Religion verlor und immer mehr in toter Gesetzlichkeit versank, woraus Johannes der Täufer und Jesus sich als die endzeitlichen Prophetengestalten umso klarer abhoben[23].

---

22 *B. Sommer*, Did Prophecy Cease? Evaluating a Reevaluation, JBL 115 (1996), 31–47.

23 *E.E. Urbach*, When did Prophecy cease, 9–11 rechnet mit der Möglichkeit, christliche Polemik, daß das jüdische Volk wegen seiner Ablehnung Jesu als des Messias die Prophetie verloren habe (Origenes, Celsus VII,8; vgl. schon Justin, Dialog 87,3–5: nach Christus ist bei den Juden kein Prophet mehr aufgetreten, der Geist auf Jesus übergegangen), habe die jüdische Gegenthese hervorgerufen, die Prophetie habe schon lange vor der Zeit Jesu geendet.

II. Propheten und Prophetie im rabbinischen Judentum

1. Nochmals: Das Ende der Prophetie

Anders als die Literatur aus der Zeit des Zweiten Tempels besagen viele rabbinische Texte eindeutig, daß die Zeit der Propheten vorbei ist, und suchen auch einen Zeitpunkt für ihr Ende anzugeben. So heißt es in SOR 30 (Milikowsky, 439) zu Dan 8,21 und 11,3f: »Das ist Alexander der Makedonier, der zwölf Jahre herrschte. Bis hierher prophezeiten die Propheten im heiligen Geist. Von da an neige dein Ohr und höre die Worte der Weisen«.
Für den Seder Olam herrschte Alexander direkt nach der biblischen Zeit; somit ist dies kein Widerspruch zur Aussage von tSot 13,3 (Lieberman, 231; zahlreiche spätere Parallelen): »Seit die letzten Propheten Haggai, Sacharja und Maleachi starben, wich der heilige Geist von Israel; dennoch aber ließ man sie die Himmelsstimme (בת קול) hören«. Die rabbinische Aussage über die fünf Dinge, die im Zweiten Tempel im Gegensatz zum salomonischen Tempel fehlten – »Feuer und Lade, Urim und Tummim, Salböl und der heilige Geist« (yTaan II,1,65a; Parallelen mit Abweichungen)[24] – kann trotz der engen Verbindung zwischen heiligem Geist und Prophetie nicht eine alternative Position belegen, wonach schon mit dem Untergang des Tempels auch die Prophetie von Israel gewichen sei. Explizit wird auf das Wirken von Propheten zur Zeit auch noch des Zweiten Tempels hingewiesen[25]. Erst mit dem Abschluß der Bibel, nach rabbinischer Auffassung in der Perserzeit, hört auch die Prophetie auf: Da die Niederschrift aller biblischen Schriften auf Propheten zurückgeht, kann man in einer Art Zirkelschluß aus der Tatsache, daß keine späteren Bücher in die heilige Schrift aufgenommen wurden, folgern, daß Prophetie – zumindest in der Form, die zur Abfassung heiliger Schriften qualifiziert – damals aufgehört habe[26].

---

24 bYom 21b stellt zu der Liste einschränkend fest: »sie waren noch vorhanden, halfen aber nicht mehr«.
25 So etwa bSan 99a: »Sacharja prophezeite im Zweiten Tempel«; PesK 16,10 (Mandelbaum, 278): »acht Propheten, die nach (der Zerstörung des) Tempel(s) prophezeiten, und zwar: Joel, Amos, Zefanja, Haggai, Sacharja, Ezechiel und Jeremia« (Abweichungen in den MSS).
26 Dazu siehe *Ch. Milikowsky*, The End of Prophecy and the Closure of the Bible in Judaism of Late Antiquity (hebr.), Sidra 10 (1994), 83–94. Nicht folgen kann ich Milikowsky jedoch in der Auffassung, auch schon zur Zeit des Zweiten Tempels sei diese These gut belegt. Daß Propheten die biblischen Bücher verfaßt haben, besagt explizit Josephus; bBB 14b–15a führt ebenso die Niederschrift der meisten biblischen Texte auf Propheten zurück. Für die Niederschrift einiger Bücher werden die »Männer der Großen Versammlung« und die dazugehörenden Esra

Mit dem Ende der eigentlichen Prophetie sind aber nicht auch schon alle ihre Formen verschwunden. Die Himmelsstimme bedeutet einen gewissen Nachklang der Prophetie; doch läßt sie sich nur noch vereinzelt hören, um vor allem zukünftige oder ferne Ereignisse mitzuteilen; wo es um Fragen der religiösen Praxis geht, hat sie keine Verbindlichkeit[27]. Auch kann man sagen: »Von dem Tag an, da der Tempel zerstört wurde, wurde die Prophetie den Propheten genommen und den Narren und Kindern gegeben« (bBB 12b). Damit ist nicht einfach abgewertet, was sich in der Gegenwart prophetisch gebärdet oder auf prophetische Autorität beruft; vielmehr wird damit wohl auch positiv anerkannt, daß über diese unvollkommenen Medien sich Gott noch immer mitteilen kann[28]. Ähnlich heißt es, wenn einem beim Aufstehen ein Bibelvers einfällt, sei dies eine »kleine Prophetie« (bBer 57b; im Drucktext auch 55b); auch dem Traum gesteht man prophetischen Charakter zu, betrachtet ihn als »ein Sechzigstel der Prophetie« (bBer 57b)[29].
Zentral aber ist die Aussage, daß die Rabbinen die Nachfolge der Propheten angetreten haben. Das geht nicht nur aus dem schon gebrachten Zitat des Seder Olam hervor, sondern wird auch in bBB 12a (vor der Aussage über die Narren und Kinder) explizit betont:

»Es sagte Rabbi Abdimi von Haifa: Von dem Tag an, da der Tempel zerstört wurde, wurde die Prophetie von den Propheten genommen und den Weisen gegeben.

und Nehemia genannt. Da zu dieser Gruppe aber auch die letzten Propheten gerechnet werden, ist zumindest die Anwesenheit von Propheten bei der Niederschrift der heiligen Bücher auch hier vorausgesetzt. In tYad II,14 (Rengstorf, 358) gilt als Kriterium dafür, ob bestimmte Schriften »die Hände verunreinigen«, ob sie »im heiligen Geist gesagt« sind; heiliger Geist und Prophetie sind für die Rabbinen engst verbunden: siehe *P. Schäfer*, Die Vorstellung vom hl. Geist in der rabbinischen Literatur (StANT 28), München 1972.
27 Siehe *P. Kuhn*, Offenbarungsstimmen im Antiken Judentum (TSAJ 20), Tübingen 1989: »Entscheidendes Merkmal der b. q. gegenüber der prophetischen Offenbarung durch den hl. Geist ist nicht ihre Aussagequalität, sondern ihre Spärlichkeit und Unverfügbarkeit« (311). Zwar beruft man sich auf eine Himmelsstimme, um den Vorrang der Schule Hillels über die Schule Schammais festzustellen (bEr 13b: »Diese wie jene sind Worte des lebendigen Gottes, doch die Halakha ist gemäß dem Haus Hillels«), weist aber andererseits in konkreten Einzelfragen deren Entscheidung als irrelevant zurück (z.B. im Streit mit R. Eliezer ben Hyrkan yMQ III,1,1c–d mit dem für die Rabbinen elementaren Hinweis auf Dtn 30,12: Die Tora »ist nicht im Himmel«).
28 Besonders ist hier an die prophetische Qualität von Schriftversen zu denken, die man zufällig aus dem Mund von Kindern hört; dazu siehe *L. Blau*, Art. Augury, JE 2 (1902), 307–310, hier 309; *P. Kuhn*, Offenbarungsstimmen, 312f.
29 Dazu siehe *P.S. Alexander*, A Sixtieth Part of Prophecy: The Problem of Continuing Revelation in Judaism, in: *J. Davies u.a.* (Hg.), Words Remembered, Texts Renewed. FS J.F.A. Sawyer, Sheffield 1995, 414–433.

Aber ein Weiser ist doch ein Prophet?! So meinte er:
Obwohl sie von den Propheten genommen wurde, wurde sie von den Weisen nicht genommen.
Es sagte Amemar: Und ein Weiser ist einem Propheten überlegen, denn es heißt:
›Und ein Prophet [hat] ein Herz der Weisheit‹ (Ps 90,2)[30]. Wer nimmt von wem?
Sage: Der Kleine vom Großen!«

Die Propheten haben einst ihre Funktion gehabt – nicht als unabhängige Künder des Gotteswortes, sondern als Tradenten der Mose am Sinai verliehenen Tora. Ganz deutlich macht dies mAvot 1,1: »Mose empfing Tora vom Sinai und gab sie Josua weiter und Josua den Ältesten und die Ältesten (gaben sie weiter) den Propheten und die Propheten gaben sie weiter den Männern der Großen Versammlung«. Zu dieser imaginären Körperschaft am Ende der biblischen Zeit gehören auch die letzten Propheten, Haggai, Sacharja und Maleachi, aber auch verschiedene Älteste. Von dieser Versammlung geht nach mAvot die Traditionslinie der Tora nahtlos über Simeon den Gerechten usw. direkt in das Rabbinat über. Die Propheten sind nach diesem Text nichts anderes als ein Glied in der Traditionskette (wohl deshalb zitieren Rabbinen Prophetentexte oft als קבלה, als »Tradition«) und hatten zu ihrer Zeit keine andere Funktion als die Rabbinen in ihrer eigenen Zeit. Normative Offenbarung hat ein für allemal auf dem Sinai stattgefunden. Späterer Anspruch auf direkte Offenbarung ist mehr als suspekt, Einbettung in die Tradition ist alles.

2. Prophetie und Halakha

Mose als der Künder der Tora ist der Prophet schlechthin; in der durch ihn geschriebenen Tora sind auch alle späteren Propheten und Schriften enthalten. In yMeg I,7,70d heißt es, als Mordechai und Ester die Gedenktage von Purim einführen wollten,

»waren 85 Älteste, davon mehr als dreißig Propheten, darüber besorgt. Sie sagten: Es steht geschrieben: ›Das sind die Gebote, die der Herr dem Mose geboten hat‹ (Lev 27,34). Das sind die Gebote, die uns durch den Mund Moses geboten wurden. Und so sagte uns Mose: Kein anderer Prophet wird euch von nun an etwas erneuern. Mordechai und Ester aber wollen uns etwas erneuern! Sie rührten sich von dort nicht weg und diskutierten die Sache, bis der Heilige, gepriesen sei er, ihre Augen erleuchtete und sie es geschrieben fanden in der Tora, in den Propheten und in den Schriften. Das bedeutet es, wenn geschrieben steht: ›Und es sagte

---

30   So nach rabbinischem Verständnis übersetzt; Einheitsübersetzung: »Dann gewinnen wir (וְנָבִא) ein weises Herz«. Textvarianten und Konjekturvorschläge zeigen die Schwierigkeit des Verses. Vgl. yAZ II,8,41c: »Beliebter sind die Worte der Ältesten als die Worte der Propheten«, denn im Gegensatz zum Propheten muß der Weise seine Worte nicht durch ein Zeichen bewahrheiten.

der Herr zu Mose: Schreib dies als Erinnerung in ein Buch‹ (Ex 17,14). ›Dies‹ ist die Tora, wie du sagst: ›Und das ist die Tora, die Mose den Israeliten vorgelegt hat‹ (Dtn 4,44). ›Erinnerung‹ sind die Propheten: ›Und man schrieb vor ihm ein Buch der Erinnerung für die, die den Herrn fürchten‹ (Mal 3,16). ›In ein Buch‹, das sind die Schriften: ›Esters Worte bestätigten diese Sache mit Purim und wurden in ein Buch geschrieben‹ (Est 9,32).
Rab und Rabbi Chanina ... sagten: ›Diese Rolle [d.h. das Buch Ester] wurde Mose vom Sinai gesagt; in der Tora aber gibt es kein Früher und Später‹.
R. Jochanan und R. Schim'on ben Laqisch. R. Jochanan sagte: Propheten und Schriften werden aufgehoben werden, die fünf Bücher der Tora aber werden nicht aufgehoben werden. Was ist der Belegvers? ›Eine laute Stimme, und sie wird nicht enden‹ (Dtn 5,22).
R. Schim'on ben Laqisch sagte: Auch die Esterrolle und die Halakhot werden nicht aufgehoben werden« (begründet aus dem Vergleich von Dtn 5,22 mit Est 9,28)[31].

Dieser Text macht ganz explizit, daß in der Tora des Mose schon die ganze Offenbarung enthalten war. Die Propheten und die späteren Schriften verdeutlichen nur, was in dieser Tora schon enthalten ist; sie fügen nichts Neues hinzu. Ohne die Sünde Israels wären all diese ergänzenden Schriften nie notwendig gewesen, die Tora zusammen mit dem Buch Josua als Anweisung für die Landverteilung hätte völlig genügt (bEr 54a). Am Ende der Zeiten, wenn das Verständnis der Tora vollkommen sein wird, sind diese Erläuterungen nicht mehr notwendig und können daher abgeschafft werden.
Ausdrücklich formuliert ein späterer Text, ShemR 28,6 (vgl. Tan Jitro 11), diese Rückbindung aller Prophetie an die Offenbarung am Sinai:

»›Dann sprach Gott alle diese Worte‹ (Ex 20,1). Es sagte R. Isaak: Alles, was die Propheten in jeder einzelnen Generation prophezeien werden, empfingen sie vom Berg Sinai. Denn so sagt Mose zu Israel: ›(Nicht mit euch allein schließe ich diesen Bund), die heute hier mit uns stehen, sondern auch mit denen, die heute nicht mit uns sind‹ (Dtn 29,14). Es steht nicht: ›die heute mit uns *stehen*‹, sondern ›mit uns *sind*‹: Das sind die Seelen, die einst geschaffen werden und an denen noch nichts Wirkliches ist und von denen kein Stehen ausgesagt wird. Doch obwohl sie zu jener Stunde noch nicht waren, erhielt jeder einzelne das Seine. Und so heißt es: ›Ausspruch. Wort des Herrn an Israel durch (wörtl.: in den Händen von) Maleachi‹ (Mal 1,1). Es heißt nicht ›in den Tagen Maleachis‹, sondern ›in der Hand Maleachis‹; denn die Prophetie war schon in seiner Hand vom Berg Sinai an. Doch bis zu dieser Stunde wurde ihm nicht die Erlaubnis gegeben zu weissagen. Und so sagte Jesaja: ›Seit das geschieht, bin ich dabei‹ (Jes 48,16). Es sagte Jesaja: Seit dem Tag, da die Tora am Sinai gegeben wurde, war ich da und empfing diese Prophetie. ›Und jetzt hat Gott mich und seinen Geist gesandt‹ (ebd.). Bis dahin wurde ihm nicht die Erlaubnis gegeben zu prophezeien.

---

31 Vgl. bMeg 14a: »Es lehrten die Rabbanan: 48 Propheten und 7 Prophetinnen prophezeiten Israel, und sie verminderten nicht und fügten nicht hinzu zu dem, was in der Tora geschrieben ist, ausgenommen die Lesung der (Ester-)Rolle«.

Und nicht nur alle Propheten erhielten vom Sinai ihre Prophetie, sondern auch die Weisen, die in jeder Generation erstehen – jeder einzelne erhielt das Seine vom Sinai«.

Jeder einzelne Prophet war an seine Prophetie gebunden, ausgenommen Mose,»der alle Worte der Propheten und das Seine sagte. Und wer immer weissagte, (weissagte) nach Art des Mose« (ShemR 42,8). Eine direkte Konsequenz aus dieser Sicht der Propheten ist die Praxis der Schriftlesung in der Synagoge, daß nämlich Prophetentexte nur sekundär gegenüber der Tora und ganz auf diese ausgerichtet vorgetragen werden, ebenso die Tatsache, daß in rabbinischer Zeit Prophetentexte kaum selbständig kommentiert, sondern primär im Zusammenhang der Tora besprochen werden. Wenn man den Grundsatz ernst nimmt, daß die Offenbarung am Sinai auch schon jede Aussage der späteren Propheten in sich enthielt, ergibt sich daraus auch ganz natürlich der rabbinische Grundsatz:»Kein Prophet ist berechtigt, von nun an (etwas) zu erneuern« (Sifra Bechuqqotai Pereq 13 [Weiss 115d]; bTem 16a und öfter). Weder sind Prophetenworte Basis gesetzlicher Auslegung – »Worte der Tora lernen wir nicht aus den Worten der Tradition« (im Sinn von Prophetie: bHag 10b; bBQ 2b) –, noch können sie Worte der Tora ergänzen, aufheben oder abändern. Der einzige legitime Weg der Entwicklung der Halakha ist die methodische Auslegung der Tora, wie es die Rabbinen machen. Wo immer man eine halakhische Praxis direkt auf einen Prophetentext zurückführt oder als Verordnung eines Propheten bezeichnet, setzt man voraus, daß dieser damit den Sinn der Tora wiedergibt[32]. Umso auffälliger ist, wenn Sifre Dtn § 175 (Finkelstein, 221) zu Dtn 18,15:»Einen Propheten wie mich wird dir der Herr, dein Gott, aus deiner Mitte unter deinen Brüdern erstehen lassen. Auf ihn sollt ihr hören« so kommentiert:»Auch wenn er dir sagt: Übertrete eines von den Geboten, die in der Tora gesagt sind – wie Elija auf dem Berg Karmel – gemäß der (Notwendigkeit der) Stunde, höre auf ihn«[33].
Der Akzent liegt dabei eindeutig auf»*eines* von den Geboten«, dessen Einhaltung ein Prophet *in einer bestimmten Notsituation* aussetzen darf, wie aus den Parallelen hervorgeht. So heißt es tSan

---

32 Siehe *E.E. Urbach*, Halakhah and Prophecy (hebr.), Tarbiz 18 (1946f), 1–27.
33 Dazu siehe *B.S. Jackson*, The Prophet and the Law in Early Judaism and the New Testament, Jewish Law Association Studies 7 (1994), 67–112, hier 81ff. Das nicht toragemäße Verhalten Elijas, von dem hier die Rede ist, ist der Bau eines Altars auf dem Karmel (1Kön 18,30) gegen das Gebot der Kultzentralisation in Jerusalem.

14,13 (Zuckermandel, 437):»Wer prophezeit, um ein Wort von
den Worten der Tora zu entwurzeln (לעקור), ist schuldig. R. Schim-
'on sagt: Wenn er prophezeit, um ein wenig aufzuheben (לבטל) und
ein wenig aufrecht zu halten, ist frei. Beim Götzendienst aber –
selbst wenn er ihn heute aufrecht hält und morgen aufhebt, ist er
schuldig«.»Entwurzeln« bedeutet hier die absolute Aufhebung,
»aufheben« eine zeitbedingte und begrenzte Entscheidung (»ein
wenig«; vgl. bYev 90b), die also nur bestimmte Aspekte eines hala-
khischen Bereichs betrifft. Wichtig ist die Schlußfolgerung, die
man aus dem Verhalten des Elija und der daraus zu entnehmen-
den Befugnis der Propheten zieht:»Dasselbe gilt für die Rabbinen« (bSan 90a). Auch die Rabbinen können Einzelgebote der
Tora unter bestimmten Umständen auf Zeit außer Kraft setzen –
dazu braucht es keinen Propheten.

3. Propheten als Künder der Zukunft

Die Rabbinen schränken also ganz deutlich Aufgaben und Voll-
machten der Propheten ein. Als treue Traditionsträger und Ausleger der Tora, als Verkünder der Weisungen der Tora in ihrer Zeit
tun sie nichts anderes als später die Rabbinen[34]. Den Propheten allein eigen ist dagegen die Ankündigung zukünftiger Ereignisse.
So wird z.b. David immer wieder Prophet genannt, weil er in den
Psalmen die eigene Zukunft und die seines Volkes ausgedrückt
hat.»Alle Propheten haben die [heidnischen] Reiche in ihrem Tun
gesehen« (WaR 13,5 [Margulies, 280]). Als Belege folgen der erste
Mensch (die vier Flüsse von Gen 2,10 symbolisieren die vier Reiche
Babylonien, Medien, Griechenland und Rom, die einst Israel unter-
drücken würden), Abraham (Gen 15,12), Daniel (Dan 7) und Mose
(Dtn 14,7–8: Kamel, Hase, Klippdachs und Schwein als unreine
Tiere). Dieses Textbeispiel, nur eines von vielen, zeigt zugleich, wie
weit die Rabbinen den Begriff des Propheten gefaßt haben.
Doch sogar im Gebiet der Zukunftsvision sind die Rabbinen bemüht, die Reichweite der prophetischen Aussagen einzugrenzen:
»Alle Propheten haben nur von den Tagen des Messias prophezeit.
Doch für die kommende Welt (gilt): ›Kein Auge hat es gesehen,
nur du, Gott, allein, was Gott dem tun wird, der auf ihn wartet‹ (Jes
64,3)« (bSan 99a). Die messianische Zeit aber, so betont dann Samuel, unterscheidet sich von der Gegenwart allein dadurch, daß es
keine Verknechtung durch die Weltreiche mehr gibt. Die Fortsetzung des Textes schränkt noch mehr ein: Die prophetischen Aus-

---

34 Man kann daher Propheten auch als Rabbi ansprechen; so etwa PesK 16,10
(Mandelbaum, 278):»Rabbi Jesaja«.

sagen gelten nur denen, die Buße taten, aber auch schon von den vollkommen Gerechten gilt Jes 64,3; nach nochmals anderen beziehen sich die Worte der Propheten auf jene, die die Rabbinen in jedweder Weise unterstützen, von den Weisen selbst aber gilt wieder Jes 64,3. In Krisenzeiten wie im frühen 7. Jahrhundert, als Palästina zuerst unter persische Herrschaft fiel (614–628), dann kurz unter Byzanz zurückkam, um bald darauf von den Arabern überrollt zu werden (ab 632; 638 Übergabe Jerusalems), konnte zwar die Betrachtung prophetischer Texte in apokalyptische Naherwartung kippen (so im Sefer Zerubbabel oder einem Eleazar ha-Kallir zugeschriebenen Gedicht); im allgemeinen aber waren die Rabbinen streng darauf bedacht, daß Prophetendeutung die Hoffnung auf die von Gott verheißene Erlösung wachhielt, ohne aber einer konkreten Endzeitberechnung oder einem eschatologischen Aktionismus Vorschub zu leisten.

4. Propheten als Gegenstand des Strafrechts

Die Propheten der biblischen Zeit – d.h. die Prophetentexte im weitesten Sinn – fügten sich bei richtiger Auslegung problemlos in die religiöse Welt der Rabbinen ein. Doch war auch in der eigenen Zeit die Möglichkeit gegeben, daß jemand mit dem Anspruch auftrat, als Prophet gesandt zu sein, und unter Berufung auf diese Autorität in die religiöse Praxis eingriff oder mit Endzeitbotschaften Unruhe stiftete. Gegen solche falschen Ansprüche mußte man auf der Hut sein. So kommt es, daß die Mischna allein im Strafrecht überhaupt von Propheten spricht. Laut mSan XI,1 ist die Todesstrafe durch Erdrosseln unter anderem anzuwenden auf »den Ältesten, der sich gegen den Entscheid des Gerichtshofes auflehnt, den Lügenpropheten und den, der im Namen eines Götzen prophezeit«:

»Der Lügenprophet und wer prophezeit, was er nicht gehört hat und was ihm nicht gesagt wurde (wird von Menschenhand getötet). Wer aber seine Prophetie unterdrückt, wer die Worte eines Propheten mißachtet und ein Prophet, der seine eigenen Worte übertritt, dessen Tötung erfolgt durch Gott; denn es heißt: ›Ich selbst ziehe ihn zur Rechenschaft‹ (Dtn 18,19).
Wer im Namen eines Götzen prophezeit und sagt: So hat der Götze gesagt – sogar wenn er sich an die Halakha hält, um das Unreine unrein und das Reine rein zu erklären« (mSan XI,5–6).

Die Strafandrohung der Mischna betrifft sowohl den, der fälschlich beansprucht, Prophet zu sein, aber auch den, der sich als Prophet berufen fühlt, doch diesem Ruf nicht folgt, wie schließlich auch den, der dem Prophetenwort eines anderen nicht gehorcht. Hier stellt sich die Kriterienfrage, wie man fremden Anspruch und eigene Erfahrung richtig beurteilen kann; die Mischna stellt diese Frage gar nicht direkt, und auch spätere Texte geben mit dem Verweis auf bestätigende Zeichen keine wirkliche Antwort, da man sich auch der Fragwürdigkeit der Zeichen bewußt ist. Die Tosefta kommentiert mSan XI,5, indem sie für die einzelnen Fälle biblische Beispiele bringt (tSan 14,14–15 [Zuckermandel, 437]), ein wenig breiter auch ySan XI,7f,30b–c und bSan 89a–90a. Man findet alle Aussagen der Mischna schon biblisch belegt – aktuelle Probleme in diesem Gebiet scheint es nicht zu geben, zumindest nicht so, daß man explizit darauf reagieren müßte. Die Domestizierung der Prophetie und der Ersatz ihrer Autorität durch die eigene scheint den Rabbinen, soweit ihre eigene Wahrnehmung reichte, gelungen zu sein.

III.   Prophetie in der mittelalterlichen Tradition

Wie in vielen anderen Bereichen der Religions- und Geistesgeschichte des Judentums brachte das Mittelalter auch in der Frage der Prophetie gegenüber der rabbinischen Tradition wesentliche Weiterentwicklungen und tiefgreifende Veränderungen. Dies hing unter anderem auch mit dem islamischen Anspruch, daß Mohammed der Prophet schlechthin sei, und dem daraus erwachsenden islamischen Interesse am Thema zusammen. So befaßt man sich – im Anschluß an islamische Vorbilder – in der Religionsphilosophie im Mittelalter ständig von neuem damit. Bedeutung gewinnt das Thema der Prophetie aber auch in der Auseinandersetzung mit dem Christentum, das sich als die Erfüllung der prophetischen Verheißungen sieht. Schließlich wird die Prophetie auch in der allgemeinen jüdischen Religiosität immer wichtiger. So macht man sich auch erst jetzt daran, die prophetischen Bücher der Bibel, die bisher nie einen durchgehenden Midrasch erhalten hatten, immer von neuem zu kommentieren.

1.   Die Intellektualisierung der Prophetie in der Religionsphilosophie

Schon in der Verdrängung des Propheten durch den Rabbi zeigte sich eine Verschiebung des Akzents: Nicht ein dem Menschen nicht verfügbares Ergriffenwerden durch den Geist Gottes, der jemanden zu seinem Sprecher macht, ist das Wesentliche, sondern die geistbegabte, zugleich aber kontrollierbare Deutung heiliger Texte. Damit ist schon hier ein gewisser intellektueller Zugang zur Prophetie gegeben, wie er auch im hellenistischen Judentum schon immer da war[35]. Im Mittelalter wurde dieser Zugang zentral, die natürliche Prophetie rückte im Rahmen der philosophischen Intellektlehre und Erkenntnistheorie immer mehr in den Mittelpunkt. Am wenigsten ist dies noch bei Saadja Gaon (882–942) der Fall. Er wendet sich explizit gegen Leute, die sagen, daß die Vernunft für die Erkenntnis Gottes sowie von Gut und Böse ausreicht, und erklärt, daß schon allein die Tatsache, daß es Boten Gottes gegeben habe, ihre Notwendigkeit beweise. Vieles, was die Propheten mitteilten – und das umfaßt für Saadja die ganze Bibel –, ist zwar auch durch Vernunft erreichbar, doch nur mühsam und in langem Nachdenken. Propheten sind Mittler der geoffenbarten Gebote ebenso wie Interpreten der durch reine Vernunft einsichtigen Gesetze. Um ihrer göttlichen Sendung sicher zu sein, brauchen sie Zeichen; Wunderzeichen müssen sie aber auch tun, um sich gegenüber ihren Hörern als authentische Propheten auszuweisen. Doch haben sie keine ständige Wundermacht, wie sie sich auch sonst nicht über normale Menschen erheben, weder durch beständige Gesundheit noch durch großen Reichtum oder Fehlen menschlicher Bedürfnisse, wie Saadja wieder explizit gegen andere Meinungen betont (Sefer Emunot we-Deot III,3–5)[36].

Deutlicher als Saadja vertrat sein etwas älterer Zeitgenosse, Isaak Israeli (ca. 855–955), ein Neuplatoniker, eine weitgehende Gleichsetzung von Philosophie und Prophetie, die beide im Grunde dieselbe Aufgabe haben, die Menschheit den Aufstieg der Seele, die Befreiung von der Materie und die Vereinigung mit dem göttlichen Licht zu lehren[37]. Eine erste scharfe Reaktion gegen jeden Versuch, Prophetie und philosophische Erkenntnis auf dieselbe Ebene zu heben, finden wir bei Jehuda Hallevi (ca. 1075–1141), der auf islamischer Seite in Al-Ghazali sein Vorbild hatte[38]. Zwar sind auch für Hallevi gewisse natürliche geistige, sittliche und körperliche Eigenschaften Voraussetzungen für den Empfang der Prophetie. Doch bedarf prophetische Wahrnehmung eines direkten Einwirkens Got-

35 Dazu siehe unter anderem *J.R. Levison*, The Spirit in First Century Judaism (AGAJU 29), Leiden 1997; *ders.*, Two Types of Ecstatic Prophecy according to Philo, SphA 6 (1994) 83–89; *D. Winston*, Two Types of Mosaic Prophecy according to Philo, JSP 4 (1989), 49–67.

36 Zum philosophiegeschichtlichen Kontext, vor allem auch der Auseinandersetzung mit der karäischen Auffassung der Prophetie, siehe *H. Ben-Shammai*, On a Polemical Element in Saadya's Theory of Prophecy (hebr.), Jerusalem Studies in Jewish Thought 7 (1988), 127–146.

37 *A. Altmann / S.M. Stern*, Isaac Israeli. A Neoplatonic Philosopher of the Early Tenth Century (ScJ 1), Oxford 1958, 135–140.209–217.

38 *S.S. Gehlhaar*, Prophetie und Gesetz bei Jehuda Hallevi, Maimonides und Spinoza (JudUm 19), Frankfurt a.M. 1987; *Y. Silman*, Philosopher and Prophet. Judah Halevi, the Kuzari, and the Evolution of His Thought, New York 1995.

tes (Kuzari II,2), ist auf das Land Israel bezogen (II,14) und nur
gebürtigen Juden zugänglich (I,115); sie haben die Disposition
zur Prophetie direkt von Adam geerbt, jedoch nur am Sinai diese
Befähigung als gesamtes Volk verwirklicht (II,56).

Den intellektuellen Zugang zur Prophetie – weitgehend im Anschluß an die arabischen Philosophen Al-Farabi und Ibn Sina[39] –
finden wir voll ausgebaut bei Maimonides (1138–1204)[40], der sich
mehrfach (Mischnakommentar zu San 10: Dreizehn Glaubensarti-
kel; Mischne Tora, Jesode ha-Tora; und vor allem More Nebu-
khim II,32–48) ausführlich mit der Thematik befaßt hat. Er skizziert drei Auffassungen der Prophetie. Die erste wird von jenen
Heiden vertreten, die an Prophetie glauben, aber auch von manchen Juden; demnach wählt Gott, wen immer er will, aus den Menschen aus und macht ihn zum Propheten, ohne Rücksicht auf seine
intellektuellen Eigenschaften, sofern er nur gewisse sittliche Qualitäten hat.

»Die zweite Auffassung ist die der Philosophen. Sie besagt, daß Prophetie eine
gewisse Vollkommenheit in der Natur des Menschen ist ... Nach dieser Meinung
ist es unmöglich, daß ein Ungebildeter Prophet wird; auch kann man nicht einen
Abend kein Prophet sein und am nächsten Morgen Prophet sein, wie wenn man
etwas gefunden hätte. Vielmehr verhält es sich so: Wenn ein frommer Mensch
vollkommen ist hinsichtlich Vernunft und sittlichen Eigenschaften und auf der
höchstmöglichen Stufe der Vorstellungskraft und vorbereitet gemäß der Vorbereitung, die ich mitteilen werde, wird er notwendig Prophet sein, da dies eine für uns
natürliche Vollkommenheit ist ...
Die dritte Auffassung ist die unserer Lehre und die Grundlage unseres Systems. Sie
ist der Auffassung der Philosophen gleich, ausgenommen einen einzigen Punkt:
Wir glauben nämlich, daß jemand, der für die Prophetie geeignet und auf sie vorbereitet ist, unter Umständen nicht Prophet wird, weil Gott es so will« (More
II,32).

Zum Propheten wird man also nicht positiv von Gott erwählt; Gottes Eingreifen besteht vielmehr allein darin, daß er verhindern kann,
daß jemand Prophet wird, der alle natürlichen Voraussetzungen
dazu hat:

39   Dazu siehe *L. Strauss*, Philosophie und Gesetz. Beiträge zum Verständnis
Maimunis und seiner Vorläufer, Berlin 1935, 87–122; zu Al-Farabi: *R. Walzer*,
Al-Fârâbî's Theory of Prophecy and Divination, in: *ders.*, Greek into Arabic,
London 1962, 206–220.
40   Dazu siehe *J.I. Dienstag*, Maimonides and Prophecy. Bibliography, Daat 37
(1996), 193–228 (290 Titel); *M.-R. Hayoun*, Maimonides. Arzt und Philosoph
im Mittelalter, München 1999; *A.J. Reines*, Maimonides and Abrabanel on
Prophecy, Cincinnati 1970; *B. Surmar*, Die Unterscheidung zwischen den wahren
und falschen Propheten. Eine Untersuchung aufgrund der Lehre des Rabbi Moses
Maimonides, Frankfurt a.M. 1997.

»Wisse, daß die Wirklichkeit der Prophetie und ihr eigentliches Wesen ein Über-strömen von Gott, gerühmt und erhoben sei er, durch Vermittlung des Aktiven Intellekts zuerst auf die Verstandeskraft und dann auf die Vorstellungskraft ist. Dies ist die höchste Stufe des Menschen und das Ziel der Vervollkommnung, das es für seine Gattung gibt, und dieser Zustand ist die höchste Stufe der Vorstellungskraft. Und das ist absolut nicht in jedem Menschen möglich. Dazu gelangt man auch nicht (allein) durch Vollendung in den spekulativen Wissenschaften und Verbes-serung der sittlichen Eigenschaften ... solange nicht sich damit die höchste Voll-endung der Vorstellungskraft gemäß ihrer natürlichen Anlage verbindet« (More II,36).

Vollkommene körperliche und geistige Gesundheit ist also wesent-liche Voraussetzung; dazu kommt die höchste Vervollkommnung aller geistigen Fähigkeiten, des Vorstellungsvermögens und der sittlichen Tugenden. Wer all das erfüllt, dessen Intellekt tritt mit dem Aktiven Intellekt in Verbindung; er wird notwendig Prophet, sofern Gott dies nicht aktiv verhindert.

Von diesem allgemeinen Begriff der Prophetie ist die Prophetie Moses klar abzuheben (More II,35). Er ist der Vater der Prophe-ten, allen früheren und späteren Propheten überlegen:

»Kein Vorhang blieb, den er nicht durchdrungen hätte, kein körperliches Hinder-nis behinderte ihn, keinerlei Mängel stellten sich an ihm ein, ob gering oder groß, und die imaginativen und sinnlichen Kräfte wurden bei ihm aufgehoben in seinen Erkenntnisakten, und seine appetitive und begehrende (Seelen-)Kraft aus-geschaltet, so daß allein der Intellekt für sich allein blieb. In bezug darauf wurde gesagt, daß er mit Gott ohne Vermittlung von Engeln gesprochen hat« (7. Glau-bensartikel)[41].

Der Text fährt mit den vier wesentlichen Unterschieden der Pro-phetie Moses fort: Gott redete mit ihm ohne Medium, bei Tage und nicht im Schlaf oder in einem Nachtgesicht; Mose wurde da-bei nicht von Furcht und Schrecken erfaßt; er war in ständiger Verbindung mit Gott und mußte nicht darauf warten, wann Gott sich durch ihn offenbaren wollte. Auch die Wunder, die Mose wirkte, unterscheiden sich von jenen der anderen Propheten, die vor wenigen Zeugen stattfanden und der Beglaubigung ihrer Sen-dung dienten; Mose dagegen wirkte Wunder vor dem ganzen Volk, wo es für dieses notwendig war, hatte aber keine Beglaubi-gung notwendig, da ja das ganze Volk am Sinai dabeistand, auch wenn es nicht alles verstand[42].

41   Übersetzung *J. Maier*, Geschichte der jüdischen Religion, Freiburg i.Br. [2]1992, 401.
42   Je stärker man den natürlichen Aspekt der Prophetie betont, umso weniger wird ihre Beglaubigung durch Wunder notwendig: *H. Kreisel*, The Verification of Prophecy in Medieval Jewish Philosophy (hebr.), Jerusalem Studies in Jewish Thought 4 (1984f), 1–8.

So sehr Maimonides Mose als höchste Verwirklichung der Vervollkommnung des Menschen sieht, so wichtig ist für ihn auch die Abgrenzung von allen anderen Propheten in Entsprechung zu biblischen Aussagen, aber auch zur rabbinischen Tradition. Damit ist gesichert, daß alle anderen Propheten kein Recht haben, als Gesetzgeber aufzutreten und die Halakha zu ändern, es sei denn in Einzelheiten gemäß der Notwendigkeit der Stunde – das gilt aber nicht vom Götzendienst! –, wenn jemand ein glaubwürdiger Prophet ist (Mischne Tora, Jesode ha-Tora IX).

Prophetie ist für Maimonides somit etwas in der Natur des Menschen Angelegtes. Es ist die Aufgabe eines jeden, sein Potential soweit wie möglich zu verwirklichen, um diesem Ziel durch entsprechendes sittliches Bemühen und geistige Entwicklung nahezukommen, sich so schließlich mit dem Aktiven Intellekt zu vereinigen und damit die Teilhabe an der kommenden Welt zu sichern[43].

Dieser grundlegend intellektuelle Zugang zur Bestimmung des Menschen und seiner Erlösung gerät in Gefahr, dem Grundsatz von mSan X,1 zu widersprechen, wonach ganz Israel Anteil an der kommenden Welt hat. Mit den 13 Glaubensartikeln stellt Maimonides daher das religiöse Mindestwissen zusammen, das jedem Juden das Erreichen seines Zieles garantiert.

2.   Die Kabbala und die Wiederkehr der Propheten

Die intellektuelle Auffassung der Prophetie, die für Maimonides charakteristisch ist, wird in der späteren jüdischen Religionsphilosophie des Mittelalters weitergeführt und nimmt z.B. in den Systemen von Levi ben Gerson (1288–1344), Moshe Narboni (ca. 1300 – ca. 1362) oder Josef Albo (ca. 1380–1444) einen bedeu-

---

43   Von daher liegt es nahe, daß Maimonides auch sich selbst das Ziel der Prophetie setzte und es für möglich hielt. Mögliche Belege dafür hat *A. Heschel* gesammelt: Prophetic Inspiration after the Prophets: Maimonides and Other Medieval Authorities, hg. von *M.M. Faierstein*, Hoboken 1996 (Übersetzung von: Did Maimonides Believe that he had Attained the Rank of Prophet?, in: L. Ginzberg Jubilee Volume, New York 1946, hebr. Teil 159–188; Prophetic Inspiration in the Middle Ages, in: A. Marx Jubilee Volume, New York 1950, hebr. Teil 175–207). *H. Kasher*, Disciples of Philosophers as ›Sons of the Prophets‹ (Prophecy Manuals among Maimonides's Followers), Jerusalem Studies in Jewish Thought 14 (1998), 73–85 (hebr.) weist darauf hin, daß viele der von Heschel gebrachten Belege und andere Texte wohl nicht von Maimonides selbst, sondern aus den folgenden Generationen stammen und auf die Erwartung des Maimonides reagieren, die Prophetie werde im Jahr 1212 (andere Lesarten belegen auch 1200 bzw. 1216) wiederkehren.

tenden Platz ein[44]. Doch wirkt sie, was vielleicht verwundern mag, auch in die Kabbala hinein. Abraham Abulafia (1240–1291), der sich in jungen Jahren ausführlich mit Maimonides befaßte, begründete die »prophetische Kabbala«, von ihm auch als »Kabbala der Namen« im Unterschied zur »Kabbala der Sefirot« bezeichnet, und behauptete, selbst zum Propheten berufen worden zu sein, was offenbar auch mit messianischen Ansprüchen verbunden war. Ab 1279 schrieb er eine Vielzahl von prophetischen Schriften, von denen allerdings nur eine erhalten ist (*Sefer ha-Ot*, das »Buch des Zeichens«)[45]; andere sind nur durch Zitate in anderen Schriften Abulafias bekannt. 1280 wagte er sogar eine Reise nach Rom, um dort Papst Nikolaus III. zu sprechen, der aber in der Nacht des Eintreffens Abulafias starb; dieser wurde einige Zeit interniert, dann aber freigelassen. Daß diese Romreise dem entsprach, was man damals vom Messias erwartete, geht aus einer Aussage des Nachmanides in seinem Bericht über die Disputation von Barcelona im Jahr 1263 hervor: Der Messias »wird kommen und dem Papst und allen Königen der Völker im Namen Gottes befehlen: ›Laß mein Volk ziehen, damit sie mich verehren können‹ (Ex 8, 16). Und er wird bei ihnen große und viele Zeichen und Wunder tun und sich vor ihnen gar nicht fürchten; und er wird in ihrer Stadt Rom bleiben, bis er sie vernichtet«[46].

Sein öffentliches Auftreten als Prophet hat Abulafia auch in den jüdischen Gemeinden Probleme, ja sogar Anzeigen bei christlichen Behörden bewirkt; Juden Siziliens richteten eine Anfrage an eine der wichtigsten jüdischen Autoritäten der Zeit, Samuel ben Abraham ibn Adret, was man von Abulafias Anspruch, Prophet und Messias zu sein, halten solle. Die (im Original nicht erhaltene) Antwort fiel äußerst negativ aus, konnte jedoch Abulafia nicht von seinem Weg abhalten.

Bezeichnend für den mystischen Weg Abulafias ist der Ausgangspunkt im Studium von Maimonides' »Führer der Verwirrten«, den er auch mit seinen Schülern durchgeht, ehe man sich an das Studium der Tora macht, in der man letztlich lauter Namen erkennt,

44   *R. Eisen*, Gersonides on Providence, Covenant, and the Chosen People. A Study in Jewish Philosophy and Biblical Commentary, Albany 1995 (Lit.); *M.R. Hayoun*, La philosophie et la théologie de Moïse de Narbonne (TSMS 4), Tübingen 1989, 257–266; *M. Kellner*, Dogma in Medieval Jewish Thought. From Maimonides to Abravanel, Oxford 1986.
45   Ediert von *A. Jellinek*, Sefer ha-Ot. Apokalypse des Pseudo-Propheten und Pseudo-Messias Abraham Abulafia, in: Jubelschrift zum 70. Geburtstag des Prof. Dr. H. Graetz, Breslau 1887 (Ndr. Hildesheim 1973), hebr. Teil 65–88.
46   *Ch.D. Chavel* (Hg.), Kitbe Rabbenu Moshe ben Nachman I, Jerusalem 1964, 312.

in deren Buchstaben man sich versenkt und die immer neu kombiniert werden können. Der intellektuelle Ansatz im Prophetieverständnis Abulafias wird aus folgendem Zitat deutlich:

»Diese Wissenschaft [der mystischen Kombinatorik] allein ist ein Gefäß, das der Aufnahme der Prophetie näher steht als alle anderen Wissenschaften. Wenn ein Mensch das Wesen der Wirklichkeit erkennt aus dem, was er aus Büchern, die davon handeln, gelernt hat, so wird er *Chacham*, ein Gelehrter, genannt. Wenn er aber mit Hilfe der Kabbala erkennt, die ihm jemand überliefert, der es durch Betrachtung der heiligen Namen erkannt hat oder der es selber aus dem Mund eines Kabbalisten empfangen hat, dann wird er *Mebin*, das heißt Einsichtiger, genannt. Wer das Wesen der Wirklichkeit aber aus seinem eigenen Herzen erkennt, aus der Verhandlung heraus, die er mit sich selbst über das führt, was ihm von den Dingen der Wirklichkeit zugekommen ist, der wird *Da'atan*, das heißt Erkennender [Gnostiker], genannt. Wird das Wesen des Wirklichen solcherart erkannt, daß sich in seinem Geist die drei erwähnten Arten zusammenfinden, die Gelehrsamkeit aus der Fülle des Studiums heraus, die Einsicht, die von einem wahren Kabbalisten empfangen worden ist, und die Erkenntnis, die aus der Tiefe der Reflexion kommt, von dem will ich freilich nicht sagen, daß er ein Prophet genannt wird, mindestens nicht, wenn er noch nicht vom reinen Intellekt affiziert worden ist oder wenn er affiziert worden ist [das heißt in Verzückung geraten], aber noch nicht erkannt hat, von wem er affiziert worden ist«[47].

Die intellektuelle Vorbereitung ist die Grundvoraussetzung für den Empfang der Prophetie, und es scheint, daß Abulafia selbst einen Kreis von Jüngern darauf vorzubereiten versuchte. Doch weiß er, daß dies allein nicht genügt; Prophetie setzt, zumindest in ihrer vollen Aktualisierung, die Nähe der messianischen Zeit und eine Berufung voraus, wie aus den beiden folgenden Zitaten deutlich wird, wo Abulafia von seiner eigenen Sendung spricht (eine erste prophetische Erfahrung hatte er schon 1270, doch erst 1279 fühlt er sich gerufen, prophetisch aufzutreten):

»Im 39. Jahr der Rückkehr des Wortes des Adonai JHWH in den Mund seiner Propheten kam der Engel Gottes [Elohim] zu mir, Berakhiahu ben Shalviel, und kündete mir ein Wort. Ich habe schon erwähnt, daß dies das erste Buch ist, das Raziel in Form der Prophetie schrieb, nämlich mit der Formel: ›So spricht H [Gott]‹, was die Form des Wortes der göttlichen Prophetie ist ... Du solltest wissen, daß Raziel in diesem Buch Berakhiahu ben Shalviel heißt, entsprechend dem ersten Na-

---

47 Übersetzung des unveröffentlichten Textes: *G. Scholem*, Die jüdische Mystik in ihren Hauptströmungen, Zürich 1957, 153. Ein von Scholem zitierter Text eines anonymen Schülers Abulafias betont ebenfalls die Verbindung zwischen Buchstabenkombination und Prophetie: »Wenn wir heute einen Propheten hätten, der uns ein Verfahren zeigte, mit dem wir den natürlichen Verstand schärfen könnten, und uns dabei subtile Formen lehrte, durch die wir der Körperlichkeit ledig werden könnten, dann bräuchten wir neben unserer Kabbala alle diese natürlichen Wissenschaften nicht. Denn der Prophet würde uns die Geheimnisse der Kombination der Konsonanten vermitteln« (ebd., 167).

men, und zwar, weil bekannt ist, daß er vom Namen den Segen, Frieden und Gelassenheit empfing«[48].

»Als ich zur [Kenntnis der] Namen gelangte, indem ich die Bande der Siegel löste, erschien mir der Herr des Alls [*ha-kol*] und offenbarte mir sein Geheimnis und teilte mir das Ende des Exils und die Zeit des Anfangs der Erlösung mit. Er zwang mich zu prophezeien«[49].

Der erste Text datiert Abulafias erstes prophetisches Buch in das Jahr 1279, die »Rückkehr des Wortes« wird im Jahr 1240 angesetzt, d.h. nach dem jüdischen Kalender im Jahr 5000, wohl nicht auf das Geburtsjahr Abulafias bezogen, der demnach schon vom Mutterschoß als Prophet berufen wäre, sondern auf den Anfang der Zeit der Erlösung, die sich nach Abulafia im Jahr 1290 = 5050 vollenden sollte. Wie M. Idel den Zahlenwert von »das Ganze« (הכל) auflöst, bedeutet es 5050 (d.h. ה wird als 5000 gelesen) und deutet ebenso wie das hebräische Wort für »die Erlösung« (הגאולה = 50) auf deren Datum. Im Weg der geistigen Entwicklung ist die Stufe der Prophetie zwar nur die vorletzte; darüber steht der »Lehrer«, der mit dem Messias gleichgesetzt wird – doch auch dieser ist Prophet, nur eben auf einer höheren Stufe, insofern er sich seiner Prophetie bewußt ist. Jeder Prophet ist »Gesalbter« (משיח), insofern er mit dem himmlischen Öl gesalbt ist, wodurch er mit den Namen in der Tora umgehen kann; als eigentlicher Messias muß er darüber hinaus vom Volk als sein großer König aller Zeiten anerkannt sein, ein Ergebnis seiner engen Verbindung mit dem göttlichen Intellekt und des Erhalts der Macht in so starker Weise wie einst Mose, Josua, David und Salomo. Das alles, so kündigt Abulafia an, erfüllt sich noch in seinen Tagen[50].

Abulafia war sicher der bedeutendste Vertreter einer messianisch orientierten prophetischen Kabbala; gewisse Formen des Phänomens sind aber auch aus dem frühen 16. Jahrhundert in den Gestalten von Ascher Lemlein und Salomo Molkho bekannt[51]. Vor allem aber ist hier auf Nathan von Gaza (1643/4–1680) hinzuweisen, der sich in seiner Jugend als Talmudstudent ausgezeichnet hatte und sich dann dem Studium der Kabbala widmete. Seine prophetische Berufung während einer Fasten- und Bußperiode vor dem Purimfest des Jahres 1665 hat er selbst später beschrieben:

48 Text aus dem Sefer ha-Edut, zitiert bei *M. Idel*, Messianic Mystics, New Haven 1998, 295f. Die Namen in den prophetischen Büchern Abulafias sind Codes, deren Zahlenwert dem der eigentlichen Namen entspricht: so ist Abraham = Raziel 248; Shalviel = Shmuel (der Name seines Vaters) 377.
49 *M. Idel*, Messianic Mystics, 62.
50 Siehe den Text bei *M. Idel*, Messianic Mystics, 64 sowie ebd., 58ff.299f.
51 Dazu *M. Idel*, Messianic Mystics, 140–153.

»Während ich mich nun in Heiligkeit und Reinheit in einem besonderen Zimmer eingeschlossen und unter großem Weinen die Bußgebete des Morgengebets verrichtet hatte, kam der Geist über mich, meine Haare sträubten sich, meine Knie schlotterten, und ich schaute die *Merkaba*, und ich sah Visionen von Gott ... und wurde der wahren Prophetie gewürdigt wie irgendeiner der Propheten; die Stimme sprach zu mir und begann mit den Worten: ›So spricht der Herr‹. Und mit äußerster Klarheit prägte sich meinem Herzen ein, auf wen sich meine Prophetie bezog [das heißt auf Sabbatai Zwi], genau wie Maimonides gesagt hat, daß die Propheten im Herzen die richtige Interpretation ihrer Prophezeiungen wahrnahmen, sodaß sie über ihre Bedeutung keinerlei Zweifel hatten. Bis zum heutigen Tag hatte ich nie wieder eine so große Vision, sondern sie blieb in meinem Herzen verborgen, bis sich der Erlöser in Gaza selbst offenbarte und sich als den Messias verkündete; erst dann erlaubte mir der Engel zu verkündigen, was ich gesehen hatte«[52].

Einziger Inhalt seiner Prophetie war die Messianität von Sabbatai Zwi (1626–1676), der ihn kurz nach dieser Vision in Gaza besuchte. Nathan wurde sein Propagandist und großer systematischer Theologe. In der messianischen Begeisterung um Sabbatai Zwi, die sich schnell ausbreitete, soll es im Winter 1665/66, ausgehend von Smyrna, zu Phänomenen allgemeinen Prophetentums gekommen sein[53]. Doch wenig später kam es zur großen Krise der Bewegung, als Sabbatai 1666 von den türkischen Behörden gefangengenommen wurde und im Gefängnis zum Islam übergetreten war, um – so die Deutung Nathans – in Erfüllung seiner messianischen Sendung in die Tiefen der Sünde einzutauchen und so auch den letzten Sünder zu retten. Wie viele andere hielt auch Nathan dennoch weiter an Sabbatai fest. 1668 reiste er sogar nach Rom, dem Sitz der widergöttlichen Macht, wo ja auch nach rabbinischer Legende (bSan 98a) der Messias unter den Aussätzigen auf seinen Auftritt wartet. Diese Romreise muß sicher im Kontext messianischer Erwartungen gesehen werden, wie schon zuvor jene von Salomo Molkho und noch früher die von Abulafia[54]. Messianische Hoffnung und prophetisches Bewußtsein erfüllten Nathan bis zu seinem Tod.

IV. Ausblick: Propheten im neuzeitlichen Judentum

Als Abschluß dieser allzu knappen Skizze sollen nur einige Hinweise auf neuere Entwicklungen das Bild etwas abrunden.

---

52 Zitiert in *G. Scholem*, Sabbatai Zwi. Der mystische Messias, Frankfurt a.M. 1992, 240f. Den vollen Originaltext veröffentlichte Scholem in Kobez 'al Jad 6 (1966), 419–456.
53 *G. Scholem*, Sabbatai Zwi, 452–464.
54 *G. Scholem*, Sabbatai Zwi, 848ff.

1. In Auseinandersetzung mit der christlichen Bibelwissenschaft, die am Judentum der Zeit die »starre Gesetzlichkeit« kritisiert und das prophetische Erbe für das Christentum reklamiert, wandten sich auch jüdische Gelehrte verstärkt den biblischen Propheten zu und versuchten, in diesen – und nicht ausschließlich in der Tora – das »Wesen des Judentums« zu sehen, eine Debatte, die besonders durch A. Harnacks Buch »Das Wesen des Christentums« ausgelöst oder zumindest verstärkt wurde. In großem Maß lief diese Auseinandersetzung über die Erforschung der Pharisäer, die von beiden Seiten als Vorläufer der Rabbinen und damit auch des zeitgenössischen Judentums verstanden wurden. Das auf den ersten Blick historische Thema erhielt damit besondere Aktualität. Zugleich wurde die Zuwendung zu den Propheten innerjüdisch in der Diskussion um die Erneuerung des Judentums wichtig; die Schriften der Propheten wurden vielfach als Zeugen einer echten sittlichen Religiosität und der ewigen Vernunftwahrheiten gesehen, die das Wesen der biblischen Religion ausmachen, während die Tora ein zeitgebundenes Normensystem darstelle[55].

2. Die Intellektualisierung der Prophetie, insbesondere der Ansatz von Maimonides, wurde in der Diskussion um Möglichkeit und Art göttlicher Offenbarung im Werk von Autoren wie Hermann Cohen (1842–1918), Franz Rosenzweig und anderen weitergedacht. In Cohens »Religion der Vernunft aus den Quellen des Judentums«[56] ist die Prophetie zentral. Sein Verständnis von Offenbarung zeigt sich schon in der Anordnung des Buches, wo den Kapiteln über Schöpfung und Offenbarung jenes über »Die Schöpfung des Menschen in der Vernunft« folgt. Erst Schöpfung und Offenbarung zusammen ermöglichen die »Korrelation von Gott und Mensch« (108) – ein Grundbegriff für Cohen, der damit die Beziehung zwischen menschlicher Vernunft und prophetisch-göttlicher Offenbarung zu deuten versucht[57], darin aber auch schon die weitere Frage nach dem Zweck des Menschen, seinem Tun, angelegt sieht. Dieses Aufeinanderbezogensein von Erkennen und Tun erklärt die Aussage Cohens: »Die Propheten waren nicht Philosophen, sondern Politiker« (26); dann aber spricht er doch von dem Nachdruck, den die Propheten auf die *Erkenntnis* Gottes legen (104), und der

---

55   Reiches Material in *R. Deines*, Die Pharisäer. Ihr Verständnis im Spiegel der christlichen und jüdischen Forschung seit Wellhausen und Graetz (WUNT 101), Tübingen 1997.
56   Leipzig 1919, korr. 2. Aufl. 1928.
57   Dazu siehe *E. Schweid*, Hermann Cohen's Philosophical Prophecy (hebr.), Daat 35 (1995), 67–85; Nachdr. in: *ders.*, Prophets for their People and Humanity. Prophecy in 20th Century Jewish Thought (hebr.), Jerusalem 1999, 21–43.

Unbefangenheit, mit der »die Prophetie ... mit dem Feuer der Erkenntnis spielen konnte«, und die unverständlich wäre, »wenn sich
der Monotheismus nicht mit vollem Bewußtsein auf den Geist gründen wollte ... durch die Erkenntnis und in der Erkenntnis tritt Gott
in die ihm notwendige Korrelation zum Menschen« (105). Daß
aber nicht nur ein jüdischer Philosoph wie Cohen so von Prophetie
sprechen kann, sieht man etwa am Beispiel eines der großen Vertreter der jüdischen Orthodoxie im 20. Jahrhundert, Joseph B. Soloveitchik (1903–1993), dessen Essay »Halakhic Man« ein Klassi-
ker geworden ist[58]. Darin knüpft er direkt an Maimonides an:

»The most exalted creation of all is the personality of the prophet. Each man is
obligated to give new life to his own being by modeling his own personality
upon the image of the prophet; he must carry through his own self-creation until
he actualizes the idea of prophecy – until he is worthy and fit to receive the divine overflow ... Prophecy is man's ultimate goal, the end point of all his desires
... When a person reaches the ultimate peak – prophecy – he has fulfilled his task
as a creator« (128–130).

3.   Die Ansätze der mittelalterlichen Philosophie und vor allem der
Kabbala, die die Prophetie als individuelle *unio mystica* verstand,
leben im osteuropäischen Chasidismus fort, besonders in der Form
der Erkenntnis verborgener Sünden im Dienst des Aufrufs zu
Umkehr und Buße, seltener auch positiv als Erkenntnis der hala-
khischen Korrektheit von Personen und Gegenständen[59]. Interes-
santer in unserem Zusammenhang ist jedoch der religiöse Zionis-
mus, der die Heimkehr nach Zion als erste Stufe der messianischen
Erlösung empfand und dessen Führer sich als prophetische Künder einer neuen Zeit sahen. Im Ansatz ist dies schon bei Zevi
Hirsch Kalischer (1795–1874) so, der eine Erneuerung von Altar
und Opfern anstrebte, um damit von neuem eine intime Verbindung des jüdischen Volkes mit seinem Gott zu ermöglichen und
so die zweite, wunderbare Phase der Erlösung einzuleiten[60]. Ganz
klar von einer Erneuerung der Prophetie in seiner eigenen Zeit
und Person spricht dann aber Abraham Isaak Kook (1865–1935),
der erste Oberrabiner Palästinas, ein ausgeprägter Mystiker (wenn
auch durchaus nicht chasidischer Prägung). Er war überzeugt davon, daß jeder, der der Prophetie würdig ist, sie erlangt, sobald er

---

58   *J.B. Soloveitchik*, Halakhic Man, Philadelphia 1983 (hebr. Original: Tal-
piot 1 [1944], 651–735).
59   *K.E. Grözinger*, Sündenpropheten. Halachaprophetie im Judentum Osteuro-
pas, FJB 15 (1987), 17–46.
60   *J.E. Myers*, Zevi Hirsch Kalischer and the Origins of Religious Zionism, in:
F. Malino / D. Sorkin (Hg.), From East and West. Jews in a Changing Europe
1750–1870, Oxford 1990, 267–294.

ins Heilige Land kommt, sie danach aber auch nicht mehr verliert, wenn er das Land gezwungen auf Zeit verläßt (wie das bei ihm selbst während des Ersten Weltkriegs der Fall war). Zwar vermeidet er klassisch prophetische Einleitungsformeln in der Niederschrift seiner Erleuchtungen, weil er sich bewußt ist, in der »Zeit des Anfangs des Aufsprossens der Erlösung« zu wirken und mit seiner Prophetie erst die Herzen für den Empfang des heiligen Geistes bereiten zu müssen, damit dereinst die prophetische Halakha des Landes die traditionelle Tora des Exils ersetzen und das messianische Ende sich verwirklichen kann:

»Schößlinge der Prophetie sprossen nun auf, und Prophetensöhne erwachen. Und der Geist der Prophetie schweift im Land umher und sucht sich eine Zuflucht, schaut aus nach Helden voll Stärke und Heiligkeit ... die Wahrheit werden sie wahrhaftig künden, erzählen, wie ihnen das Wort des Herrn geoffenbart wurde; nicht werden sie lügen und heucheln, sondern ihren Geist in Treue hervorbringen«[61].

4. Gleichsam eine Verbindung der wissenschaftlichen Beschäftigung mit der biblischen Prophetie und einem prophetischen Impetus im eigenen Leben und Wirken findet sich bei einigen bedeutsamen Juden der neueren Zeit, die man als Propheten der Gegenwart verstanden hat – so vor allem Martin Buber (1878–1956), der »Prophet von Heppenheim«, oder Abraham Joshua Heschel (1907–1972), den eine neue Biographie einen »prophetischen Zeugen« nennt[62]. Buber versuchte, auf dem Weg über die chasidische Tradition die unterdrückten Strömungen des Judentums zu finden und wiederzubeleben; mit seinem religiösen Anarchismus fand er anfangs besonders in der jüdischen Jugendbewegung großen Anklang, später zunehmend in der christlichen Welt. Seinem Verständnis echt biblischer Religion gemäß stellte er seine Darstellung der Religionsgeschichte Israels bewußt unter den Titel »Der Glaube der Propheten«[63].

---

61   *A.I. Kook*, Orot ha-Qodesch I, Jerusalem 1963, 157, zitiert bei *E. Schweid*, Renewed Prophecy in the Face of the Beginning of Redemption (hebr.), Daat 38 (1997), 83–103, hier 88f; Nachdr. in: *ders.*, Prophets, 190–214, hier 196; siehe auch *ders.*, »Prophetic mysticism« in twentieth-century Jewish thought, Modern Judaism 14,2 (1994), 139–174; *B. Ish-Shalom*, Rav Avraham Itzhak HaCohen Kook: between rationalism and mysticism, Albany / New York 1993, 215f. Orot ha-Qodesch, das Hauptwerk von Rav Kook, wurde 1904–1919 verfaßt; veröffentlicht in 4 Bänden, hg. von *D. Cohen*, Jerusalem 1963–1990.
62   *E.K. Kaplan / S.H. Dresner*, Abraham Joshua Heschel: Prophetic Witness, New Haven 1998.
63   Zuerst holländisch Amsterdam 1940 noch unter dem Titel: Het geloof van Israel (so lautete der Auftrag); deutsch: Zürich 1950; Nachdr. in: *M. Buber*, Werke 2, München 1964, 231–484. Siehe dort auch weitere Arbeiten zur Prophetie.

Gegen Bubers Verständnis der Offenbarung Gottes[64] als einer Ich-Du-Beziehung, eine Art »biblischen Humanismus«, wandte sich Heschel in seiner Berliner Dissertation von 1932/33 über »Das prophetische Bewußtsein«[65], in der er die Theozentrik als grundlegend betonte. Ansätze zu einer Kritik institutioneller Religion finden sich auch bei ihm; dennoch hielt er stets an der Notwendigkeit der Halakha als äußerer Form der Religion fest. Mit der Thematik der Prophetie setzte er sich über Jahrzehnte auseinander. Dabei interessierte ihn, wohl auch aus der chasidischen Tradition seiner Familie und im Bewußtsein eigenen prophetischen Erlebens, ganz wesentlich auch die Frage eines Fortlebens der Prophetie in der späteren jüdischen Geschichte und Gegenwart[66]. Die Arbeit an der erweiterten englischen Neufassung[67] hat nach eigener Aussage Heschels den Anstoß zu seinem umfassenden öffentlichen Engagement im letzten Jahrzehnt seines Lebens gegeben, als er ein Mitstreiter von Martin L. King in der Bürgerrechtsbewegung wurde, vehement gegen den Vietnamkrieg auftrat und sich auf dem Zweiten Vatikanum für ein erneuertes Verhältnis von Christen und Juden einsetzte[68].

Diese Bemerkungen können nur andeuten, wie lebendig die Thematik der Prophetie auch im heutigen Judentum ist, wie sehr ihre Relevanz über die Frage nach der Aktualität der biblischen Propheten hinausgeht – ein Thema, das sehr wohl einer eigenen Studie wert wäre[69].

---

64   Siehe *R. Moser*, Gotteserfahrung bei Martin Buber. Eine theologische Untersuchung, Heidelberg 1979.
65   Druckfassung, nachdem durch die Machtergreifung Hitlers eine Promotion in Berlin unmöglich wurde: *A.J. Heschel*, Die Propheten, Krakau 1936.
66   Siehe seine in Anm. 43 genannten Arbeiten; ebenso *A. Heschel*, Maimonides. Eine Biographie, Berlin 1935, Nachdruck Neukirchen-Vluyn 1992, wo die Frage der Prophetie bei Maimonides beträchtlichen Raum einnimmt.
67   *A.J. Heschel*, The Prophets, New York 1962.
68   *E.K. Kaplan*, Holiness in words: Abraham Joshua Heschel's poetics of piety, Albany / New York 1996, 99–113.133f.
69   Zu weiteren prophetischen Gestalten im Judentum des 20. Jh.s siehe *E. Schweid*, Prophets for their People.

Heribert Busse

Rangstufen im Prophetenamt aus der Sicht des Islams

I

Propheten sind aus der Sicht der Muslime, auf die kürzeste Formel gebracht, Menschen, die Offenbarungen empfangen haben und sie verkünden, wobei das letztere keine conditio sine qua non ist[1]. Gott, der die Welt erschaffen hat, ist gerecht und läßt die Menschen nicht ohne Führung.

Schon Adam war Prophet: Er erhielt im Paradies göttliche Weisung und empfing nach dem Sündenfall Worte der Verheißung, wie es im Koran, Sure 2:37, heißt; die Welt ist seitdem nie mehr ohne göttliche Führung geblieben. Entsprechend groß ist die Zahl der Propheten bis hin zu Muhammad. Die legendenhafte Überlieferung der Muslime nennt phantastische Zahlen; nur wenige von ihnen werden im Koran namentlich erwähnt, die meisten von diesen sind aus der Bibel bekannt, wenn sie dort auch nicht alle unter die Propheten gerechnet werden[2].

Über die Beziehungen des koranischen Prophetenbildes zu dem der Bibel ist viel spekuliert worden. Neuerdings verstärkt sich die Tendenz, Muhammads Eigenständigkeit zu betonen. Sie äußert sich beispielsweise in dem Versuch, das im Koran häufig vorkommende Wort *nabī* aus der biblischen Tradition zu lösen und als rein arabisches Wort zu erklären[3]. Die Feststellung, wichtiges Tra-

---

1 *J. van Ess*, Theologie und Gesellschaft im 2. und 3. Jahrhundert Hidschra. Eine Geschichte des religiösen Denkens im frühen Islam, Berlin / New York 1991–97, IV 591ff behandelt das Thema auf einer breiten Grundlage für die frühe Zeit.

2 *A.J. Wensinck*, Muhammad und die Propheten, in: AcOr 2 (1924), 168–198. In der koranischen Vorstellung vom Propheten wirkt vielleicht hellenistischer Einfluß nach: Philo stuft alle herausragenden Gestalten der Heilsgeschichte als Propheten ein; vgl. *K. Koch*, Arat. Propheten/Prophetie II. In Israel und seiner Umwelt, in: TRE 27, 495.

3 *W.A. Bijlefeld*, A prophet and more than a prophet? Some observations on the Qur'anic use of the terms ›prophet‹ and ›apostle‹, in: MW 51 (1969), 1–28.

ditionsgut wie das der Schriftpropheten habe Muhammad nicht erreicht[4], ist insofern gerechtfertigt, als keiner von den »großen« und »kleinen« Propheten der Bibel im Koran namentlich genannt wird und Auftrag und Funktion der »koranischen« Propheten sich nur teilweise mit denen der Propheten der Bibel decken. Muhammad und seine Vorgänger hatten in erster Linie einen missionarischen Auftrag, was von den Schriftpropheten, wenn man der strengen Auffassung folgt[5], nicht gesagt werden kann. Auch stehen die Propheten des Korans in einem gegenseitigen Abhängigkeitsverhältnis: Sie bestätigen jeweils die Botschaft ihres Vorgängers und kündigen den Nachfolger an; Muhammad aber hat keinen Nachfolger, er bestätigt seinen Vorgänger Jesus (und die Propheten vor ihm) und kündigt das Gericht an.

Ein wichtiger Punkt im Prophetenverständnis der Muslime ist die Übereinstimmung der von allen Propheten verkündeten Botschaft; dazu gibt es im Koran klare Aussagen. So heißt es:

»Sag: Wir (sc. Muslime) glauben (an das), was zu uns, was zu Abraham, Ismael, Isaak, Jakob und den Stämmen (Israels) herabgesandt worden ist, und was Mose und Jesus und die Propheten von ihrem Herrn erhalten haben, ohne daß wir bei einem von ihnen (den anderen gegenüber) einen Unterschied machen. Ihm sind wir ergeben« (*muslim*, Sure 2:136; ähnlich 3:84)[6].

Oder:

»Der Gesandte Gottes (sc. Muhammad) glaubt an das, was von seinem Herrn zu ihm herabgesandt worden ist, und (mit ihm) die Gläubigen. Alle glauben an Gott, seine Engel, seine Schriften und seine Gesandten – wobei wir bei keinem von seinen Gesandten (den anderen gegenüber) einen Unterschied machen« (2:285; ähnlich 4:152).

Und:

»Er (Gott) hat euch als Religion verordnet, was er dem Noah anbefohlen hat, und was wir dir (sc. Muhammad) eingegeben, und was wir dem Abraham, Mose und Jesus anempfohlen haben« (2:13).

---

4   *J. Bouman*, Das Wort vom Kreuz und das Bekenntnis zu Allah. Die Grundlehren des Korans als nachbiblische Religion, Frankfurt a.M. 1980, 265.
5   *W.H. Schmidt*, Alttestamentlicher Glaube, Neukirchen-Vluyn [8]1996, 350: »Wenn ich dir rate, so hörst du doch nicht« zitiert dazu H.W. Wolff. Ein Blick in das Verzeichnis von Zitaten aus der jüdischen und christlichen Literatur bei *H. Speyer*, Die biblischen Erzählungen im Qoran, Hildesheim / New York 1971 zeigt aber, daß es im Koran zahlreiche Anklänge an die Schriftpropheten gibt.
6   Nach der Übersetzung von *R. Paret*, Der Koran, Stuttgart u.a. 1962. Paret übersetzt strittige Stellen nach dem, was die muslimischen Exegeten sagen. Wenn es angemessen erscheint, weiche ich davon ab.

So auch im sogenannten »Urvertrag«, den Gott mit Adam und den in dessen Lenden bereits existierenden Propheten abschloß:

»Und (damals) als wir von den Propheten ihre Verpflichtung entgegennahmen, und von dir (sc. Muhammad) und von Noah, Abraham, Mose und Jesus, dem Sohn der Maria« (3:81)[7].

Wenn die Propheten auch die gleiche Botschaft verkünden, so unterscheiden sie sich doch durch Auszeichnungen und Privilegien (arabisch *faḍl*, Pl. *faḍāʾil*), die Gott ihnen hat zuteil werden lassen. Ein Locus probans ist Sure 2:253 (mit unserer Einteilung in numerierte Sätze):

»(1) Das sind die Gesandten. (2) Wir haben die einen vor den anderen ausgezeichnet (*faḍḍalnā baʿḍahum ʿalā baʿdin*). (3) Mit einem (oder: einigen) von ihnen (*minhum man*) hat Gott (unmittelbar) gesprochen. (4) Einige (oder: einen) von ihnen hat er um Stufen erhoben (*rafaʿa baʿḍahum daraǧātin*). (5) Und Jesus, dem Sohn der Maria, haben wir die klaren Beweise gegeben und ihn mit dem heiligen Geist gestärkt.«

Auch 17:55 wird als Beweis herangezogen:

»Einige der Propheten haben wir vor den anderen ausgezeichnet (*wa-la-qad faḍḍalnā baʿda n-nabīyīna ʿalā baʿdin*). Und David haben wir den Psalter gegeben.«

In 2:253 haben wir einen Wechsel zwischen der 1. Person Pl. und der 3. Person Sg., doch ist dies für unser Thema nicht von Belang. Die Muslime haben den Passus stets als eine Einheit gesehen. Ein Problem liegt in dem Verständnis von *minhum man* und *baʿḍahum*; beides kann als Singular oder Plural verstanden werden. Paret vermerkt dies in seiner Übersetzung in einer Anmerkung zu Satz 3, läßt es in Satz 4 aber bei »einigen« bewenden. Gerade an dieser Stelle aber finden die Muslime einen Hinweis auf Muhammad und suchen in den ihnen zur Verfügung stehenden Quellen nach einem Schlüssel für seine Einstufung. Daß ihm, wenn schon von Rangstufen die Rede ist, der höchste Rang zukommt, versteht sich, wie man meinen sollte, von selbst. Der Koran liefert dafür, wenn er nur richtig interpretiert wird, allerhand Beweise. Andererseits gibt es eine den Koran kommentierende oder ergänzende Überlieferung (*ḥadīṯ*), vergleichbar mit der mündlichen, von Mose überlieferten Tora der Juden. In dieser islamischen Überlieferung

---

7 Verzeichnis der Parallelstellen bei *R. Paret*, Der Koran. Kommentar und Konkordanz, Stuttgart u.a. 1971, 74 zu 3:81. Zum »Urvertrag« vgl. *A. Guillaume*, The Life of Muhammad. A translation of Ibn Ishaq's Sirat Rasul Allah, Oxford University Press 1955, 104.

finden sich Aussagen, wonach Muhammad das Ranking der Propheten verboten haben soll. Auch soll er sich für seine eigene Person dagegen verwahrt haben, im Rang über andere Propheten gestellt zu werden. Die muslimischen Exegeten haben sich bemüht, den Widerspruch zwischen dem Koran und der verbürgten Aussage Muhammads aufzulösen.

Wir stützen uns hier auf eine Auswahl von zwei Dutzend Werken aus dieser überaus reichen Literatur, beginnend mit Muqātil b. Sulaimān (gest. 150/767) über Faḫr ad-Dīn ar-Rāzī (gest. 606/1210), einen der bedeutendsten Theologen des Mittelalters, die spanischen Exegeten Ibn ʿAṭīya (gest. 541/1148) und al-Qurṭubī (gest. 671/1273) bis zu dem ägyptischen Reformtheologen Muḥammad Rašīd Riḍā (1865–1935) und dem konservativen ʿAbd al-Munʿim Aḥmad Tuʿailib, emeritierter Professor für Koranexegese an der König ʿAbdal-ʿAziz-Universität in Dschidda. Die Autoren sind meist Sunniten; die schiitischen Auslegungen der zur Debatte stehenden Stellen unterscheiden sich nicht wesentlich von denen der Sunniten.

An kritischen Vorarbeiten sind nur die kurzen Bemerkungen von J. Horovitz[8], R. Paret[9], A.Th. Khoury[10] und E.A. Rezvan[11] zu erwähnen.

II

Satz 1 in 2:253 bezieht sich auf die vorher in Sure 2 genannten Propheten (in biblisch-chronologischer Reihung): Abraham (V. 124), Ismael (V. 127), Mose (V. 50ff), Samuel (V. 246ff, ohne Namensnennung, aber aus dem Kontext zu erschließen), David (V. 251) und Salomo (V. 102f). In Satz 2 ist von der Privilegierung der Propheten im allgemeinen die Rede, in Satz 3 und 4 werden zwei Gnadengaben genannt, aber keine Namen. Satz 5 endlich spezifiziert die Gaben und nennt einen Namen: Jesus erhielt die klaren Beweise und wurde mit dem heiligen Geist gestärkt, wie auch anderswo im Koran gesagt wird (vgl. 2:87 und 5:110)[12].
Uns interessieren hier in erster Linie die Sätze 2, 3 und 4. Wer sind die Propheten, und welches sind die Gaben? Die »großen« Prophe-

---

8 Koranische Untersuchungen, Berlin 1926, 39.
9 Kommentar, 54 zu 2:253.
10 Der Koran. Arabisch-Deutsch. Übersetzung und wissenschaftlicher Kommentar, Gütersloh 1992, III 150f.
11 *Daraja* in the Qurʾān, in: Proceedings of the 17th Congress of the UEAI, St. Petersburg 1997, 229–239, eine soziologisch ausgerichtete Studie, in der 2:253 nur kurz behandelt wird; *van Ess*, V 17.
12 Die klaren Beweise sind die Wunder, der Heilige Geist (*rūḥ al-qudus*) ist Gabriel. Jesus wurde als Säugling gestärkt, so daß er sprechen konnte, und auch als Erwachsener (vgl. 5:110); vielleicht eine Anspielung auf den Engel, der Jesus in Getsemane erschien und ihn stärkte (Lk 22,43).

ten sind nach dem Koran und der islamischen Überlieferung fünf: Noah, Abraham, Mose, Jesus und Muhammad. Sie sind die »Männer der Entschlossenheit« (*ūlū l-ʿazm*); Muhammad wird im Koran ermutigt: »Sei nun geduldig wie diejenigen Gesandten, die Entschlossenheit zeigten, geduldig waren!« (46:35)[13]
Eine Liste von Propheten mit ihren Gnadengaben bietet, in enger Anlehnung an den Koran, schon unser ältester Autor, Muqātil b. Sulaimān, in seinem Kommentar zu 2:253: Mit einem von den Propheten, nämlich Mose, hat Gott gesprochen (vgl. 7:43), und zwar ohne Vermittlung eines Engels (wie in unserem Satz 3 gesagt); einen hat er sich zum Freund genommen, das ist Abraham (vgl. 4:124); einem hat er den Psalter gegeben und ihm das Privileg verliehen, Gott in Gemeinschaft mit den Bergen und Vögeln zu preisen, nämlich David (vgl. 34:10, 17:55, 38:18f); einen hat er die Sprache der Vögel gelehrt, das ist Salomo (vgl. 34:12f; 27:20f); Jesus hat er die Macht gegeben, Tote zu erwecken, Blinde und Aussätzige zu heilen und aus Lehm Vögel zu erschaffen, denen er Leben einhauchte (vgl. 3:49). »Das sind«, wie Muqātil schließt, »die Stufen (*daragāt*), d.h. die Vorzüge (*faḍāʾil*)«, von denen in Satz 4 die Rede ist. Muhammad wird hier nicht erwähnt[14]. Muqātil versteht *baʿdahum* in Satz 4 offensichtlich als Plural.
In anderen Aufzählungen gibt es teils Ergänzungen, teils Varianten, die an der Sache aber nichts ändern. In einer Überlieferung, die dem Prophetengefährten und »Vater der Koranexegese«, Ibn ʿAbbās[15], in den Mund gelegt ist, war es Noahs Vorzug, daß er lange betete – eine Anspielung auf Noahs an Gott gerichtete Klagen über die Halsstarrigkeit der Ungläubigen, wie in Sure 71 geschildert[16]. Als Gnadengabe Abrahams wird angeführt, daß ihm das Feuer dienstbar gemacht wurde, ein Hinweis auf seine Rettung vom Scheiterhaufen, wovon im Koran berichtet wird (vgl. 29:24). Die »gewaltigen Wunder« Moses sind die ägyptischen Plagen (vgl. 7:130–135)[17].

---

13   *Ibn ʿAṭīya al-Ġarnāṭī*, al-Muḥarrar al-waǧīz, ed. Aḥmad Ṣādiq al-Mallāḥ, Kairo 1399/1979, II 185; *Ibn Katīr*, Muḥtaṣar tafsīr Ibn Katīr, ed. *Muḥammad ʿAlī aṣ-Ṣābūnī*, Beirut 1393/1973, II 383 (zu 17:55); *ʿAbd al-Munʿim Aḥmad Tuʿailib*, Fatḥ ar-Raḥmān fī tafsīr al-Qurʾān, Kairo 1416/1995, IV 1944 (zu 17:55) u.a. Ähnliche, teils längere Listen der *ūlū l-ʿazm* findet man bei *E.W. Lane*, Arabic-English Lexicon, London 1863, 2038a, s.v. *ʿazm*. Im Koran werden diese fünf auch an anderen Stellen aufgeführt (vgl. 33:7 u. 42:13).
14   *Muqātil b. Sulaimān*, Tafsīr, ed. *ʿAbdallāh Šiḥāta*, Kairo 1879, I 211.
15   Seine Autorität ist in der kritischen Forschung umstritten; vgl. *Cl. Gilliot*, Portrait mythique d'Ibn Abbas, in: Arabica 32 (1985), 127–184.
16   *Faḫr ad-Dīn ar-Rāzī*, at-Tafsīr al-Kabīr, Beirut 1411/1990, VI 169.
17   *al-Faḍl b. al-Ḥasan aṭ-Ṭabrisī*, Maǧmaʿ al-bayān fī tafsīr al-Qurʾān, Beirut 1415/1995, VI 262 (zu 17:55); *Rāzī*, VI 166.

Sehr viel mehr weiß man, immer streng auf koranischer Grundlage, von Davids Vorzügen: Gott lehrte ihn das Schmiedehandwerk (34:10); er war nicht nur ein Prophet, dem der Psalter geoffenbart wurde (17:55), sondern auch König, der den Goliath besiegte (2: 251), und dergleichen mehr[18]. Salomo wurde, wie es bei Suyūṭī heißt, »ein Königtum wie keinem nach ihm« gegeben, eine Anspielung auf 38:3, wo er nach seinem Sündenfall betet: »›Herr! Vergib mir und schenk mir eine Königsherrschaft, wie sie nach mir niemandem anstehen wird! Du bist gewohnt zu schenken.‹ Und wir machten ihm den Wind dienstbar« usw. (vgl. auch 2Chr 1,12)[19].
Was Jesus angeht, so zählt Faḫr ad-Dīn ar-Rāzī, auch er auf streng koranischer Grundlage, die folgenden Privilegien auf: Er ist Wort und Geist Gottes (vgl. 4:171, 66:1), redete als Säugling in der Wiege (vgl. 3:46, 19:30), wurde durch den heiligen Geist, nämlich den Engel Gabriel, gestärkt (2:87, 253) und in den Himmel aufgenommen (vgl. 3:55 und 4:158). Suyūṭī zieht Sure 3:59 heran, wo die Schwangerschaft Mariens mit Jesus durch Gottes Schöpferwort (»Maria! Gott verkündet dir ein Wort von sich« [3:45]) mit der Erschaffung Adams gleichgesetzt wird: »Den hat er aus Staub gebildet, dann sagte er zu ihm: Sei!, und da war er« (3:59)[20].
Gott redete ohne Mittler nicht nur mit Mose, sondern auch mit Adam, wie schon die Bibel weiß. In der Koranexegese ist diese Ausweitung bei der Auslegung von 2:253, Satz 3 möglich, weil *minhum man* auch als Plural verstanden werden kann: »Wir sagten: ›Adam! Verweile du und deine Gattin im Paradies‹ usw.« (vgl. 2:35, 7:19, 20:123). So ist Adam, wie Muhammad selbst gesagt haben soll, »ein von Gott (ohne Mittler) angesprochener Prophet« (*nabī mukallam*)[21]. Gott wählte ihn aus und lehrte ihn alle Namen (vgl. 2:31; 2:52), die Engel warfen sich auf Gottes Befehl vor ihm nieder (vgl. 2:34; 17:61; 38:71–73)[22]. Wir werden weiter unten sehen, daß Gott auch mit Muhammad ohne Vermittler sprach, und zwar bei seiner visionär erlebten Himmelsreise (*miʿrāǧ*).

18   *Rāzī*, VI 169; *Ismāʿīl Ḥaqqī al-Burūsawī*, Tanwīr al-aḏhān min tafsīr al-Qurʾān, ed. *Muḥammad ʿAlī aṣ-Ṣābūnī*, Damaskus 1409/1989, II 350 (zu 17:55) usw.
19   *ʿAbd ar-Raḥmān b. Abī Bakr as-Suyūṭī*, ad-Durr al-manṯūr fī t-tafsīr al-maʾṯūr, Beirut 1411/1990, I 571.
20   *Rāzī*, VI 167 (Nr. 13); *Suyūṭī*, I 571.
21   *Ibn ʿAṭīya*, II 185; *Muḥammad b. Aḥmad al-Qurṭubī*, al-Ǧāmiʿ li-aḥkām al-Qurʾān, Beirut 1408/1988, III 172; *Abū Ṭaiyān al-Andalusī*, al-Baḥr al-muḥīṭ, Kairo 1412/1992, II 600; *Muḥammad b. ʿAlī aš-Šaukānī*, Fatḥ al-Qadīr, Beirut o.J., I 272.
22   *Rāzī*, VI 168 (Einwand von Rāzīs Opponenten gegen dessen Argumente für Muhammads Vorrang).

III

Die Liste der den Vorläufern Muhammads zugeschriebenen Vorzüge ist relativ kurz und bietet, da meist nur der Koran zitiert wird, keine Überraschungen. Sehr viel bunter ist das Bild, wie man ja auch erwarten kann, wenn wir uns Muhammad selbst zuwenden. Auch hier bildet der Koran die Grundlage, doch spiegeln sich in den Aussagen, die Muhammad in den Mund gelegt werden, die Anliegen des Islams, wie sie sich im Laufe der Geschichte ergeben haben. Eine gegen Juden und Christen gerichtete polemisch-apologetische Tendenz ist unverkennbar, während manches direkt oder indirekt aus der jüdischen oder christlichen Überlieferung stammt.

Der Punkt, an dem die Diskussion der Muslime einsetzt, ist *baʿḍahum* in Satz 4, als Singular verstanden: »Einen von ihnen hat er um Stufen erhoben.« Das ist kein anderer als Muhammad. Wenn Mose dadurch ausgezeichnet war, daß Gott mit ihm ohne Mittler gesprochen hat, so ist Muhammads Prärogative die universale Sendung. Muǧāhid, ein früher Exeget, wird von Ṭabarī († 310/923) mit der Auslegung von 2:253, Satz 3 und 4 zitiert:

»›Mit einem von ihnen hat Gott gesprochen. Einen von ihnen hat er um Stufen erhoben‹. Er (Muǧāhid) sagt: ›Gott sprach mit Mose und sandte Muhammad zu den Menschen insgesamt.‹«

Dieser Satz ist fast zum Standard in der islamischen Exegese der genannten Stelle geworden[23].

Muhammad übertrifft durch seine universale Sendung alle seine Vorgänger, denn ihre Sendung war lediglich partiell, ethnisch begrenzt.

Letzteres ist im Koran vielfach belegt: Hūd war zu den ʿĀd (vgl. 11:50 par), Ṣāliḥ zu den Ṯamūd (vgl. 11:61 par), Mose zu den Israeliten (vgl. 2:45 par) gesandt; Jesus war »Gesandter an die Kinder Israels« (vgl. 3:49). Selbst Noah hatte keine universale Sendung, heißt es von ihm doch: »Wir haben ja den Noah zu seinem Volk gesandt« (11:25). Auch wird er »Bruder« des Volkes, zu dem er gesandt ist, genannt (vgl. 26:106), wie Hūd, Ṣāliḥ und andere.

---

23 *Muhammad b. Ǧarīr aṭ-Ṭabarī*, Ǧāmiʿ al-bayān fī tafsīr al-Qurʾān, Beirut 1412/1992, III 3, Nr. 5757. Ähnlich, teils auch verkürzt auf den zweiten Teil von *Muǧāhids* Interpretation: *Ibn ʿAṭīya*, II 185; *Maḥmud b. ʿUmar az-Zamaḥšarī*, al-Kaššāf, Beirut o. J., I 383; *ʿAbdallāh b. ʿUmar al-Baiḍāwī*, Tafsīr, Beirut o.J., I 133; *Muhammad b. Aḥmad al-Maḥallī* u. *Suyūṭī*, Tafsīr al-Ǧalālain, 55; *Ṭabrisī*, I 154; *ʿAbd ar-Raḥmān b. Muḥammad aṭ-Ṯaʿālibī*, Ǧawāhir al-ḥisān fī tafsīr al-Qurʾān, Beirut o.J., I 198; *Suyūṭī*, I 571; *Šaukānī*, I 273; *Tuʿailib*, I 300.

Die Sintflut war aus Muhammads Sicht eben kein allgemeines Straf-
gericht. Er selbst hatte aber einen allgemeinen Auftrag. Der Beweis
ist 34:28: »Wir haben dich gesandt, damit du den Menschen allesamt ein Verkünder froher Botschaft und ein Warner seiest.« Dazu
kommt 21:107: »Und wir haben dich nur deshalb gesandt, um den
Menschen in aller Welt Barmherzigkeit zu erweisen.« Aber nicht
nur die Menschen, auch die Geister (Dschinn) lauschten Muhammads Predigt (vgl. 46:29).

Muhammads Auszeichnung durch die universale Sendung steht
auch am Anfang einer Liste seiner Vorzüge, die in mehreren Varianten existiert und aus vier, fünf oder sechs Punkten besteht. Sie
gehört zum Standard der Interpretation von 2:253, erscheint aber
auch selbständig und wird ihm selbst in den Mund gelegt.

Mit der Vierzahl findet man die Liste zuerst bei Aḥmad b. Ḥanbal
(† 241/855), dem Überlieferer von Aussagen und Taten des Propheten und Gründer einer der vier sunnitischen »Rechtsschulen«:

»Der Gesandte Gottes hat gesagt: ›Mein Herr hat mich vor den (anderen) Propheten durch vier Dinge ausgezeichnet:
1.   Ich bin zu den Menschen insgesamt gesandt;
2.   die ganze Erde ist mir und meiner Gemeinschaft zur Moschee und zum Mittel
der Herstellung der (kultischen) Reinheit gemacht. Wenn es für jemanden aus meiner Gemeinschaft Zeit zum Gebet ist, steht für ihn eine Moschee bereit und das
Mittel zur Herstellung der (kultischen) Reinheit;
3.   durch den Schrecken vor mir, den Gott in die Herzen meiner Feinde ein-
pflanzt, der sich eine Monatsreise weit verbreitet, ist mir der Sieg verliehen worden;
4.   Gott hat uns Beute erlaubt‹«[24].

Zum Privileg der universalen Sendung ist das Nötige schon gesagt,
bleibt die Erläuterung der Punkte 2 bis 4.

Punkt 2:   Daß die Erde eine Moschee ist und Erde zur Herstellung
der kultischen Reinheit verwendet werden kann, wird offensichtlich als Trumpfkarte gegen die Juden ausgespielt; sie haben durch
die Zerstörung des Tempels den einzig erlaubten Kultort verloren,
ebenso das Mittel zur Herstellung der kultischen Reinheit, die eine
Vorbedingung für das Betreten des Tempelplatzes ist. Auch der
liturgische Gottesdienst der Christen ist an den Kirchenraum gebunden. Die Muslime dürfen dagegen überall beten, wenn es Zeit
zum liturgischen, d.h. zum Pflichtgebet (*ṣalāt*) ist, und es ist ihnen
erlaubt, für die kultische Waschung Sand zu verwenden, wenn kein
Wasser zur Verfügung steht (ar. *tayammum*; vgl. 4:43, 5:6)[25].

---

24   *Aḥmad b. Ḥanbal*, V 248; vgl. V 256 (fast identischer Text).
25   *Aḥmad b. al-Ḥusain al-Baihaqī*, Dalāʾil an-nubūwa, Beirut 1405/1985, V
474 erläutert diesen Punkt folgendermaßen: »Die Propheten beteten erst, wenn
sie ihren Gebetsplatz (*miḥrāb*) erreicht hatten.«

Punkt 3: Daß Gott den Ungläubigen Schrecken einjagt, wird im Koran mehrmals gesagt (3:151 und par). Dort bezieht es sich auf Muhammads unmittelbare Feinde, die Juden in Medina, vielleicht auch auf die heidnischen Mekkaner[26]. Daß sich der Schrecken im Umkreis von einer Monatsreise verbreitet, gehört wohl in eine Zeit, als die arabischen Eroberungen bereits ihren Höhepunkt erreicht hatten. Für Muhammad war das noch Zukunftsmusik.

Punkt 4: Nach islamischem Kriegsrecht wurde die Beute (fai') in fünf Teile aufgeteilt, wovon ein Fünftel (ḫums) dem Propheten zustand (vgl. 8:41)[27]. Daß dies als ein Privileg Muhammads hingestellt wird, könnte auf Dtn 13,13ff zurückgehen, wo dekretiert ist, eine götzendienerische Stadt sei mit Stumpf und Stiel auszurotten, die Beute auf dem Marktplatz zu verbrennen. Das wird durch eine Bemerkung bei Baihaqī bestätigt: »Die Propheten (vor Muhammad) sonderten den fünften Teil (der Beute) aus, dann kam Feuer und verzehrte ihn«. Weiter heißt es an der gleichen Stelle: »Mir (Muhammad) wurde befohlen, sie (die Beute) unter den Armen meiner Gemeinschaft zu verteilen«[28]. So ist es auch im Koran bestimmt (vgl. 8:41).

Die Liste erscheint mit den gleichen vier Punkten, aber teils in abgeänderter Reihenfolge, bei einer Reihe von Korankommentatoren, beginnend mit Ṭabarī bis hinunter zu Tuʿailib, um einen fünften Punkt ergänzt. Er lautet: »Mir ist die Fürsprache gegeben worden, und ich habe sie meiner Gemeinschaft vorbehalten. Wer Gott nichts beigesellt, erhält sie, wenn Gott will«[29].

Die Formel »wenn Gott will« deutet auf die Zukunft; sie wird nach koranischem Vorbild immer gebraucht, wenn man von Dingen spricht, die in der Zukunft liegen (vgl. 18:23f). Muhammads Fürsprache kommt erst zukünftig zur Wirkung, nämlich beim Gericht. Für diese Deutung spricht auch, daß sie seiner Gemeinschaft, den Muslimen, vorbehalten ist.

Daß Muhammad freigestellt wurde, eine Bitte zu äußern, erinnert an 2Chr 1,7ff, wo Gott Salomo im Traum erscheint und ihn auffordert: »Erbitte, was ich dir geben soll«. Salomo bat um Weisheit und Einsicht, Gott gewährte sie ihm und schenkte ihm außerdem, weil Salomo um geistige Gaben gebeten hatte, zum Lohn »Reichtum, Schätze und Ruhm«. Muhammad aber denkt an seine Gemein-

---

26 *Paret*, Kommentar zu den genannten Stellen.
27 *A.J. Wensinck*, A Handbook of early Muhammadan tradition, Leiden 1927 (Reprint 1971), 39b (s.v. *Booty*) u. 124 (s.v. *Khums*).
28 *Baihaqī*, V 474.
29 *Rāzī*, VI 168 (Nr. 15); ähnlich: *Ṭabarī*, III 3; *al-Ḥusain b. Masʿūd al-Baġawī*, Maʿālim at-tanzīl, Multān 1403/1983, I 236; *Qurṭubī*, III 172; *Tuʿailib*, I 301; *Baihaqī*, V 473f (zwei Versionen).

schaft, die Muslime. Ob das hier impliziert ist, mag dahingestellt bleiben. Wenn die Fürbitte ein Privileg Muhammads ist, bleibt sie seinen Vorgängern beim Gericht versagt. Das wird in einer ihm zugeschriebenen Aussage bestätigt:

»Muhammad hat gesagt: ›Am Tag der Auferstehung drängen sich die Menschen zusammen, gehen zu Adam und sagen: ‚Leg für uns Fürbitte ein bei deinem Herrn!‘ Er aber sagt: ‚Das ist nicht meine Sache, haltet euch an Abraham, denn er ist der Freund Gottes!‘‹ Abraham aber verweist sie an Mose, dieser an Jesus, dieser an Muhammad, und er erklärt sich für zuständig«[30].

Eine andere Fünferliste nennt neben zwei schon aus der Viererliste bekannten Punkten, daß der Islam Schrecken verbreite und die ganze Erde eine Moschee sei, drei andere: »Mir sind die Schlüssel der Erde übergeben worden; ich bin Aḥmad genannt worden; meine Gemeinschaft ist zur besten gemacht worden«[31].
Die Übergabe der Schlüssel der Erde bezieht sich auf die islamischen Eroberungen. Von Muhammad wird dazu folgendes Wort überliefert: »Mir sind die Schlüssel Syriens, Persiens und des Yemen übergeben worden«[32]. Daß Muhammad Aḥmad genannt wird, ist eine Auslegung von Sure 61:6, wo Jesus sagt: »Ich bin von Gott zu euch gesandt, um ... einen Gesandten mit dem Namen Aḥmad (*Paret*: mit einem hochlöblichen Namen) zu verkünden, der nach mir kommen wird.« Das ist nach einer häufig vertretenen Auslegung eine Umdeutung des von Jesus in seinen Abschiedsreden angekündigten »Trösters« (Paraklet) in Joh 14,26[33]. Daß Muhammads Gemeinde die beste sei, ist eine Paraphrase von Sure 3:110: »Ihr seid die beste Gemeinschaft, die unter den Menschen entstanden ist.«
Neben der Fünferliste gibt es eine Sechserliste. Sie enthält die vier zuerst genannten Punkte in veränderter Reihenfolge, dazu kommen zwei neue: »Mir ist der Koran mitgeteilt worden, in dem viele

30 *Muḥammad b. Ismāʿil al-Buḫārī*, aṣ-Ṣaḥīḥ, ed. *L. Krehl / Th.W. Juynboll*, Leiden 1862–1908, Tauḥīd 19; *ders.*, ed. *Aḥmad Muḥammad Šākir*, Kairo 1958, IX 179f; *H. Ritter*, Das Meer der Seele, Leiden 1978, 19f bietet einen erweiterten Text des Ḥadīṯ über die Fürsprache von *Farīd ad-Dīn ʿAṭṭār* († wohl 617/1220 in Ostiran); vgl. auch *A. Schimmel*, Shafāʿa, in: EI IX 177 b – 179 b (behandelt den Begriff im offiziellen Islam und in der Volksfrömmigkeit).
31 *Baihaqī*, V 472.
32 Stellennachweise aus *Aḥmad b. Ḥanbal* bei *A.J. Wensinck*, Concordance et indices de la tradition musulmane, Leiden 1936, V 56. Dort auch: »Mir sind die Schlüssel der Schätze der Erde übergeben worden.« Ist das in bewußtem Gegensatz zu den Schlüsseln des Himmelreiches gemeint, die Petrus von Jesus übergeben werden (Mt 16,19 par)?
33 Das Problem behandelt *M. Borrmans*, Jésus et les musulmans d'aujoud'hui, Paris 1996, 33.52, Anm. 69.

Bedeutungen in wenigen Worten enthalten sind«[34] und: »Die Propheten sind durch mich besiegelt worden«[35].

Daß Muhammad das Siegel der Propheten ist, wird durch ein Gleichnis verdeutlicht, das bei Buḫārī und Muslim im Namen des Prophetengefährten Abū Huraira überliefert ist:

»Der Gesandte Gottes hat gesagt: ›Für mein Verhältnis zu den Propheten vor mir gibt es ein Gleichnis. Ein Mann baute ein Haus mit Zimmern, solide und schön, und vollendete es mit Ausnahme eines Ziegels in einer Ecke des Hauses. Die Leute gingen um das Haus herum und bewunderten es. Dann aber sagten sie: ‚Warum hast du hier keinen Ziegel eingemauert? Dann wäre dein Bau vollkommen‘‹. Muhammad sagte: ›Ich bin der Ziegel. Ich bin das Siegel der Propheten‹«[36].

Die Erzählung erinnert an das Gleichnis vom Eckstein (Mt 21,42 par). Es hat eine alttestamentliche Basis (z.B. Ps 118,22), ganz offensichtlich liegt hier aber Eph 2,19–20 zugrunde: »So seid ihr nun ... Hausgenossen Gottes, aufgebaut auf der Grundmauer der Apostel und Propheten, während Christus Jesus selber der Eckstein ist.«

Fast alle Exegeten nennen bei der Kommentierung von 2:253 und 17:55 Muhammad das Siegel der Propheten (vgl. 33:40). David wird, wie Faḫr ad-Dīn ar-Rāzī schreibt, als Empfänger des Psalters in 17:55 nur erwähnt, weil Gott im Psalter mitteilt,

»Muhammad sei das Siegel der Propheten, seine Gemeinschaft die beste. Gott sagt: ›Wir haben doch im Psalter im Anschluß an die Mahnung geschrieben, daß meine rechtschaffenen Diener die Erde erben werden‹« (21:105)[37].

Das ist eine Anspielung auf Ps 37,29: »Die Gerechten aber besitzen das Land, sie werden es auf immer bewohnen«. Auch die dritte Seligpreisung Jesu: »Selig die Sanftmütigen, denn sie werden das Land besitzen« (Mt 5,5) könnte hier nachwirken[38]. So trägt die Erwähnung Davids als Verfasser (Empfänger) des Psalters dazu bei, die Liste der Vorzüge Muhammads zu erweitern[39].

---

34 Zu ǧawāmiʿ al-kalim vgl. *Lane*, I 458b, s.v. ǧāmiʿ: »Language conveying many meanings in few words.«

35 *Muslim b. al-Ḥaǧǧāǧ*, aṣ-Ṣaḥīḥ, ed. *Muḥammad Fuʾād ʿAbd al-Bāqī*, Kairo o.J., I 371; *Baġawī*, I 237; *Baihaqī*, V 472.

36 *Baihaqī*, I 365f; ähnlich bei *Rāzī*, VI 168 (Nr. 18). Vgl. dazu auch bei *I. Goldziher*, Orientalische Baulegenden, in: Gesammelte Schriften, ed. *J. Desomogyi*, Hildesheim 1970, IV 424f die Erzählung vom Architekten Sinnimār, der das Schloß Chawarnak für den Lachmiden Nuʿmān errichtet und den Stein, der das ganze Bauwerk stützt, geheimhält. Bei *Baihaqī* hat der Stein aber eher eine ästhetische als eine technische Funktion.

37 *Rāzī*, XX 184; *Andalusī*, 68f (beide zu 17:55).

38 *Speyer*, 449.

39 *Baiḍāwī*, I 574 (zu 17:55); *Andalusī*, VII 68 (zu 17:55) argumentiert umgekehrt: David wird erwähnt, weil der Psalter das Kommen Muhammads vorhersagt.

IV

Weit über die Vierer-, Fünfer- oder Sechserliste geht Faḫr ad-Dīn ar-Rāzī in seinem großen Korankommentar hinaus; er zählt Muhammads Vorzüge in 19 Punkten auf. Sie decken sich teilweise mit dem schon Gesagten. Die universale Sendung steht wieder am Anfang. Weil sie universal war, hatte Muhammad größere Mühe bei der Verkündigung als seine Vorgänger; er mußte höher qualifiziert sein (Nr. 8) und über größeres Wissen verfügen als sie, die nur einen regional bzw. ethnisch begrenzten Auftrag hatten (Nr. 16).

Daß Muhammad das Siegel der Propheten ist, illustriert Rāzī mit einer Analogie: Wie das Aktive dem Passiven, ist das Siegelnde (*ḫātim*) dem Gesiegelten (*maḫtūm*) überlegen (Nr. 11)[40]. Zu der Liste gehört auch das uns schon bekannte Gleichnis vom Eckstein (Nr. 18). Rāzī kennt auch die Fünferliste (Nr. 15) und führt Muhammads privilegierte Rolle bei der Auferstehung und beim Gericht an (Nr. 13). Er ist »der Herr der Menschen am Tag der Auferstehung« (Nr. 14)[41].

Es lohnt sich, die übrigen Argumente Rāzīs aufzuzählen: Muhammad genießt ein hohes Ansehen (vgl. 94:4), denn sein Name wird im Glaubensbekenntnis neben dem Gottesnamen erwähnt (Nr. 2); wer ihm gehorcht, gehorcht Gott (vgl. 4:80) (Nr. 3); der Koran ist als Wort Gottes unnachahmbar (vgl. 2:23); Muhammads Wunder sind zahlreicher als die seiner Vorgänger; der Koran – jeder Vers, und das sind über sechstausend, ist ein Wunder – ist im Gegensatz zu den von den früheren Propheten vollbrachten Wundern, die stets ad hoc und vergänglich waren, ein bleibendes Wunder (Nr. 4–6.12); Muhammad vereinigt in sich die moralischen Qualitäten (*maḥāsin al-aḫlāq*) aller seiner Vorgänger (Nr. 7); er ist der am höchsten ausgezeichnete Prophet, weil der Islam die vorzüglichste Religion, die Gemeinschaft der Muslime die beste (vgl. 3:110) ist (Nr. 9.10); Muhammad war mehr als Abraham und Mose, dargestellt in einer aufsteigenden Reihe: Gott hat Abraham zum Freund (*ḫalīl*), Mose zum Vertrauten (*naǧī*), Muhammad zum Geliebten (*ḥabīb*) genommen (Nr. 17)[42]; Gott rief Muhammad mit »Pro-

---

40 Analog zu *fāḍil* (Aktiv), »dem ein Vorzug zuteil wird«, und *mafḍūl ʿalaihi* (Passiv), »der (von einem anderen) übertroffen wird«, übertragen auf *ḫātim* (eine mögliche Form neben *ḫātam*) und *maḫtūm*. Der *imam mafḍūl* ist »ein weniger vortrefflicher Kandidat« für das Herrscheramt (*van Ess*, V 153.204).

41 Belege bei *Wensinck*, Concordance, III 17a.

42 Zitiert aus *Muḥammad b. ʿAlī al-Ḥakīm at-Tirmiḏī*, Kitāb an-nawādir, unter Berufung auf Abū Huraira. *Rāzī* hat irrtümlich *Muḥammad b. ʿĪsā*; vgl. aber EI¹ IV 863, s.v. al-Tirmidhī.

phet« (8:64) oder »Gesandter« (5:4) an, die anderen Propheten aber mit ihren Namen: Adam (2:35), Abraham (37:104) und Mose (20:11f) (Nr. 19)[43].

Muhammad ist durch seine visionäre Himmelsreise (*mi'rāǧ*) vor allen Propheten ausgezeichnet worden. Gott sprach zu ihm, als er vor dem Thron stand, ohne Vermittlung eines Engels[44]. Dieses Privileg teilt er mit Adam und Mose, wie wir gesehen haben. Auf Gottes Aufforderung, eine Bitte zu äußern, zählte Muhammad die Vorzüge seiner Vorgänger auf, worauf Gott ihm seine Privilegien vorrechnete. Wir kennen die meisten schon. Neu ist hier, daß auch Muhammad zum Freund Gottes erklärt wird wie Abraham; ferner: »Ich habe dir aus dem Schatz unter dem Thron die Schlußverse der Sure ›Die Kuh‹ gegeben; ich habe sie keinem von den Propheten vor dir gegeben«[45].

Bei den Versen handelt es sich um Sure 2:285.286. V. 285 ist ein erweitertes Glaubensbekenntnis; es ist uns als Beleg für die Übereinstimmung der Botschaft Muhammads mit der seiner Vorgänger schon bekannt (vgl. oben I). V. 286 handelt vom rechten Tun und Lohn und Strafe im Jenseits. Die beiden Sätze: »Gott verlangt von niemand mehr, als er (zu leisten) vermag« und: »Lad uns nicht eine drückende Verpflichtung auf, wie du sie denen aufgeladen hast, die vor uns lebten« erinnern an 1Kor 10,13[46]. Der Vorzug der beiden Verse wird in vielen Überlieferungen gepriesen; es wird empfohlen, sie abends zu rezitieren[47].

Wir haben gesehen, daß die Vorzüge der Propheten meist auf koranischen Aussagen beruhen. Dies gilt auch für die Muhammad zugeschriebenen Privilegien; häufig wird hier der Koran auch kommentiert, manches hat mit dem Koran nicht mehr viel zu tun. Eine weitere Möglichkeit, Muhammads Vorzüge herauszustreichen, bieten die im Koran vorkommenden Nomina und Adjektiva, die auf ihn bezogen werden können.

---

43 Das erinnert an Jes 43,1 par.

44 *Muqātil*, II 536 (zu 17:55) schreibt: »Einen hat Gott zum Himmel emporgehoben« und meint damit Muhammad; *Baiḍāwī*, I 133: »Zu Muhammad hat Gott gesprochen in der Nacht der Himmelsreise, als er (Muhammad) eine Bogenlänge oder weniger als das von ihm (Gott) entfernt war«; vgl. auch *Andalusī*, II 600: »In dem Bericht über die Himmelfahrt wird authentisch überliefert, daß Gabriel sich von Muhammad zurückzog, als dieser zu seinem Standort (*maqām*) hinaufstieg, und es zu einem Zwiegespräch zwischen ihm und seinem Herrn kam.«

45 *Baihaqī*, II 402f.

46 Vgl. *Speyer*, 451.

47 *Wensinck*, Concordance, II 10b; *'Alī b. Muḥammad al-Māwardī*, an-Nukat wa l-'uyūn, ed. *Ibn 'Abd al-Maqṣūd b. 'Abd ar-Raḥīm*, Beirut 1412/1992, I 365f; *Baiḍāwī* I 147; *Suyūṭī*, 1668–70 (bringt mehr als 20 Versionen dieser Überlieferung).

Man kann dies mit den Mariennamen vergleichen, die aus bekannten marianischen Gebeten abgeleitet sind. Man findet sie häufig in Spanien, z.B. Estrella, von *stella matutina* in der Lauretanischen Litanei, oder Esperanza, von *spes nostra* im Salve Regina. Fīrūzābādī († 818/1414) zählt 100 koranische Namen Muhammads auf, z.B. Muṣṭafā (»Auserwählter«; vgl. 35:32) oder Aḥmad (»Gepriesener«; vgl. 61:6), darunter auch solche, die mit einem von den 99 Gottesnamen, den »schönen Namen«, identisch sind, z.B. Karīm (»Hochherziger«; vgl. 69:40) oder Raḥīm (»Barmherziger«; vgl. 9: 128).
Doch sollte man dies nicht überbewerten. Die Überlegenheit Muhammads über seine Vorgänger ergibt sich aus der Quantität der Nennungen: den 100 Namen Muhammads stehen z.B. je 50 Namen Abrahams und Moses, 25 Namen Jesu gegenüber[48]. Dabei ist freilich zu berücksichtigen, daß Muhammad im Koran aus naheliegenden Gründen öfter erwähnt ist – direkt oder indirekt – als die anderen Propheten, denn der Koran ist auf weite Strecken ein Dialog zwischen Gott bzw. dem Engel Gabriel und Muhammad.

V

Den Aussagen des Korans über die Rangstufen der Propheten in 2:253 und 17:55 steht das von Muhammad stammende oder ihm zugeschriebene Verbot entgegen, die Propheten nach Rangstufen zu ordnen (*tafḍīl*). Neben diesem allgemeinen gibt es das spezielle, auf Muhammad persönlich zugeschnittene Verbot, ihm einen höheren Rang als seinen Vorgängern im Prophetenamt zu geben.
Darüber wird folgende Geschichte erzählt: Ein Muslim ohrfeigte einen Juden, weil dieser die Schwurformel »bei dem, der Mose vor den Menschen auserwählt hat«, gebraucht hatte. Als der Jude sich bei Muhammad beschwerte, habe dieser gesagt: »Sprecht nicht vom Vorzug zwischen den Propheten Gottes!« Muhammad hatte, wie sich weiter aus der Erzählung ergibt, Zweifel daran, ob Mose am Tag der Auferstehung nicht doch vor ihm selbst von den Toten erweckt wird – ein Widerspruch zu dem, was sonst über die Reihenfolge bei der Auferstehung gesagt wird[49].

---

48 *Muḥammad b. Yaʿqūb al-Fīrūzābādī*, Baṣāʾir ḏawī t-tamyīz fī laṭāʾif al-kitāb al-ʿazīz, ed. *ʿAbd al-ʿAlīm aṭ-Ṭaḥāwī*, Beirut o.J., VI 8–21. Zu einer anderen Behandlung des gleichen Themas vgl. *R.Y. Ebied / M.J.L. Young*, A List of the appellations of the Prophet Muhammad, in: MW 66 (1976), 259–262.
49 *Buḫārī*, II 390; ähnlich bei *Aḥmad b. Ḥanbal*, III 40–41; *Muslim*, IV 1843f; vgl. auch *Ibn Kaṯīr*, I 226f.

Die Erzählung ist nicht ganz folgerichtig, denn sie enthält beide Verbote, das allgemeine und spezielle; es geht letztlich um einen Rangstreit zwischen Muhammad und Mose. Andere Aussagen Muhammads sind deutlich: »Gebt mir nicht den Vorzug vor Mose!« Das gleiche Verbot habe er in bezug auf Jona ausgesprochen: »Niemand darf sagen: ›Ich (Muhammad meint sich selbst) bin besser als Jona, der Sohn des Amittai ..., denn er ging einher unter der Last des Prophetenamtes‹«[50]. Das heißt mit anderen Worten, daß es verboten ist, Jona zu kritisieren, weil er versucht hat, sich seinem Auftrag zu entziehen, und Muhammad zu loben, weil er dies nicht getan hat.

Auch Johannes der Täufer wird in diesem Zusammenhang genannt, den Christen ein Vorbild der Frömmigkeit und Askese. Der Koran weiß davon (vgl. 19:12–15). Als Ibn ʿAbbās und andere Prophetengefährten sich einmal über Muhammad unterhielten und seine Vorzüge priesen, dieser dazukam und vom Inhalt des Gesprächs erfuhr, soll er gesagt haben: »Es kommt niemandem zu, besser als Johannes, der Sohn des Zacharias, zu sein. Er tat nie etwas Böses und sann auch nicht auf Böses«[51]. Muhammad war dagegen ein Sünder, wie im Koran bezeugt: »Gott wollte dir (sc. Muhammad) deine frühere und deine spätere Schuld vergeben« (48:2).

Die Erzählungen mit dem Verbot, Muhammad über Mose, Jona oder Johannes den Täufer zu stellen, hatten vermutlich einen missionarischen Zweck: Juden und/oder Christen sollten für den Islam gewonnen werden. Vielleicht haben zum Islam konvertierte »Buchbesitzer« bei solchen Erzählungen ihre Hand im Spiel gehabt. Das würde freilich bedeuten, daß sie erst nach Muhammads Tod entstanden sind.

Die muslimischen Exegeten bieten einen Strauß von Lösungen des Widerspruchs zwischen der affirmativen Aussage des Korans über den *tafḍīl* in 2:253 und dem Verbot durch den Propheten an. Plausibel klingt die Erklärung, Muhammad habe das spezielle, auf seine Person bezogene Verbot aus Demut ausgesprochen, oder das Verbot gehöre einer frühen Phase seines Wirkens an und sei später durch den Koran abrogiert worden[52]. Hier wird also ein der muslimischen Exegese bekanntes Prinzip, die Abrogation eines Verses durch einen anderen (*nāsiḫ* und *mansūḫ*), um einen Widerspruch in der Gesetzgebung aufzulösen, angewandt, wobei allerdings das

---

50 *Buḫārī*, II 390; *Ibn ʿAṭīya*, II 184; *Qurṭubī*, III 171.

51 *Zamaḫšarī*, I 383; *Rāzī*, VI 169 (Nr. 4).

52 *Ibn Kaṯīr*, I 227; *Šaukānī*, I 272. Sure 2 gehört zum größten Teil wohl in die frühe medinische Zeit; vgl. *Th. Nöldeke*, Geschichte des Qorāns, Leipzig 1909, 173–185.

Abrogierte (*mansūḫ*) nicht ein offenbarter Koranvers, sondern eine als authentisch anerkannte Aussage des Propheten (*ḥadīt̠*) ist.

Weniger plausibel sind die Lösungen des Widerspruchs in bezug auf das allgemeine Verbot des *tafḍīl*: Es werde am Tag der Auferstehung aufgehoben[53] oder verliere erst im Jenseits seine Gültigkeit[54]. Ein anderer Vorschlag geht dahin, *tafḍīl* zu vermeiden, weil es Sache Gottes sei, den Propheten durch *faḍl* auszuzeichnen, dies den Menschen aber unbekannt sei. Im Koran werde nur ein Teil des *faḍl* bekanntgegeben[55]. Man könne also nicht wissen, ob ein Prophet, über dessen *faḍl* der Koran sich ausschweigt, nicht doch, sozusagen in petto, von Gott ausgezeichnet sei.

Es gibt auch eine andere Möglichkeit, Muhammads Verbot, soweit es seine Person betrifft, zu respektieren: Man interpretiert *baʿḍahum* in Sure 2:253, Satz 4 zwar als Singular, bezieht es aber nicht auf Muhammad, sondern auf einen anderen Propheten. Das sei entweder Abraham oder Idrīs (vielleicht Andreas). Idrīs ist leicht zu erklären, denn über ihn steht im Koran, Gott habe ihn an einen hohen Ort erhoben (vgl. 19:56f)[56]. Hier sind die Stufen (*daraǧāt*) räumlich aufgefaßt. Abrahams Erhöhung stammt vielleicht aus dem »Testament Abrahams«, wo erzählt wird, wie ihm vor seinem Tod in einem Himmelfahrtserlebnis die ganze Schöpfung gezeigt wurde[57].

Baʿḍahum kann auch als Plural verstanden werden. Zamaḫšarī sagt zu der Stelle: »Es ist möglich, daß damit Abraham, Muhammad und die anderen »Männer der Entschlossenheit« unter den Gesandten (nämlich Noah, Mose und Jesus) gemeint sind[58]. Mit dieser Lösung ist ein Kompromiß zwischen Muhammads Verbot des Ranking und dem Befund im Koran erreicht: Die fünf großen Propheten sind auf verschiedene Weise von Gott ausgezeichnet worden, ohne daß man dem einen einen Vorzug vor dem anderen gibt.

VI

Wir schließen mit einigen Bemerkungen zur neueren Auslegung von 2:253 und den möglichen Beziehungen der Rangstufung der

---

53   *Qurṭubī*, III 171.

54   *Māwardī*, I 322; *Ṭabrisī*, I 154.

55   *Šaukānī*, I 272.

56   *Ibn ʿAṭīya*, II 185; *Baiḍāwī*, I 133; *Andalusī*, II 601; *Šaukānī*, I 272.

57   Testament des Abraham, Kap. 8–12, in: *P. Riessler*, Altjüdisches Schrifttum außerhalb der Bibel, Freiburg i.Br. / Heidelberg 1928, 1097–1102; vgl. jetzt auch die Übersetzung von *E. Jansen*, in: JSHRZ III, Gütersloh 1975, 193–256.

58   *Zamaḫšarī*, I 383; ähnlich *Qurṭubī*, III 172; *T̠aʿālibī*, I 198.

Propheten im Islam zur jüdischen und christlichen Überlieferung. Die genannte Stelle ist für die Mehrzahl der älteren muslimischen Exegeten Locus probans für die Überlegenheit Muhammads über alle seine Vorgänger im Prophetenamt. Der Satz: »Wir haben die einen von ihnen vor den anderen ausgezeichnet« beweist, daß es unter den Propheten Rangstufen gibt. Der Satz: *wa-rafaʿa baʿdahum daraǧātin* bezieht sich nach Meinung dieser Exegeten auf Muhammad. Er hat den höchsten Rang, der Islam ist folglich die beste und einzig wahre Religion. Es wird aber auch umgekehrt argumentiert: »Muhammads Religion ist die vorzüglichste. Daraus folgt, daß Muhammad der vorzüglichste Prophet ist«[59].

Einige ältere Exegeten sind freilich anderer Meinung; sie lassen offen, ob *baʿdahum* als Singular oder Plural zu verstehen ist und beziehen es als Singular auf Abraham oder Idrīs, als Plural auf eine Gruppe von Propheten, die schon erwähnten »Männer der Entschlossenheit«. Dies wird auch heute noch vertreten, die Kontroverse um das rechte Verständnis hält noch immer an. In der englischen Ausgabe des von dem bekannten pakistanischen Fundamentalisten Abū l-Aʿlā al-Maudūdī verfaßten Korankommentars wird die fragliche Stelle übersetzt: »And some He exalted in other respects«[60]. A.Th. Khoury übersetzt mit muslimischer Approbation: »Einige von ihnen hat Er um Rangstufen erhöht«[61]; und so auch Muhammad Hamidullah: »Et Il en a élevé d'autres en grade«[62]. Auch Abdullah Yusuf Ali versteht *baʿdahum* als Plural, ist aber nicht konsequent, wenn er in einer Anmerkung sagt, er beziehe die Stelle auf David[63]. Tuʿailib ist unentschieden: Er versteht einerseits *baʿdahum* als Plural und bezieht es auf eine Gruppe (von Propheten), denen Gott mehr Ehre und Macht als anderen gegeben hat, zitiert andererseits aber auch die alten Überlieferungen, nach denen hier Muhammad gemeint sei[64].

Die genannten Exegeten gehen unausgesprochen davon aus, daß Muhammads Verbot des *tafḍīl* gültig und durch 2:253 nicht auf-

---

59 *Faḫr ad-Dīn ar-Rāzī*, VI 167, Nr. 9.
60 *Abul Aʿlā Mawdūdī*, Towards Understanding the Qurʾān. English Version of *Tafhīm al-Qurʾān*. Transl. and ed. by *Zafar Ishaq Ansari*, Leicester 1988, I 194.
61 Der Koran. Übersetzung von *A.Th. Khoury* unter Mitwirkung von *Muhammad Salim Abdullah*, mit einem Geleitwort von *Inamullah Khan*, Generalsekretär des Islamischen Weltkongresses, Gütersloh 1987; *ders.*, Der Koran. Übersetzung und wissenschaftlicher Kommentar, III 151f.
62 *M. Hamidullah*, Le Saint Coran. Traduction intégrale et notes, Paris [12]1986/ 1406, 52.
63 The Holy Qur-an. Text, translation and commentary by *Abdullah Yusuf Ali*, Lahore 1980, I 101, Anm. 291.
64 *Tuʿailib*, I 300.

gehoben sei. Dagegen polemisiert der ägyptische Reformtheologe Muhammad Rašīd Riḍā; er wendet sich gegen einen modernen muslimischen Kommentator, dessen Namen er jedoch nicht nennt, der *baʿḍahum* auf mehrere Propheten bezieht und die Einschränkung auf Muhammad als »willkürliche Koranauslegung« (*tafsīr bi r-raʾy*) bezeichnet. Ein solcher Vorwurf war schon in der frühesten Zeit gegen Kommentatoren erhoben worden, die sich in der Koranexegese nicht ausschließlich auf Auslegungen stützten, die auf den Propheten selbst oder die Prophetengefährten zurückgeführt werden konnten, sondern ihrer eigenen Meinung (*raʾy*) folgten[65]. Rašīd Riḍā verwirft die Beschränkung auf eine solche Koranexegese und hält dem entgegen: »Erklärung des Dunklen durch Beweisführung ist nicht willkürliche Auslegung, zumal wenn dies durch den Kontext bestätigt wird und vom Stil her zulässig ist«[66].
Wir haben offengelassen, was im Koran selbst unter »Stufen« in 2: 253 gemeint und auf wen die Erhöhung zu beziehen ist. Zu dem von den Muslimen zugunsten Muhammads vorgebrachten Argument, daß ihm alle Schuld, die vergangene und zukünftige, vergeben sei, ist ein weiteres hinzuzufügen, daß nämlich das islamische religiöse Recht (*šarīʿa*) die Gesetzgebung der früheren Propheten abrogiere[67]. Mit einer solchen Überhöhung rückt Muhammad in die Nähe Jesu, der Islam in die Nähe der christlichen Lehre von der Abrogation des Alten Bundes durch den Neuen Bund. Daß Jesus mehr als ein Prophet ist, zeigt Mt 16,13–19, wo Petrus ihn als den Messias bekennt. Wie in der typologischen Bibelauslegung die Offenbarung sich entfaltet und in Jesus, dem inkarnierten Logos, ihre Vollendung findet, wird die Prophetie aus islamischer Sicht durch Muhammad, das Siegel der Propheten, bekrönt und zum Abschluß gebracht. Das wäre der christliche Anteil an der von den Muslimen vertretenen Lehre von Muhammads Stellung im Kreis der Propheten.
Im Widerspruch dazu steht die von muslimischen Theologen vertretene, auf koranische Aussagen gestützte These, alle Propheten hätten das gleiche gelehrt, es gebe keine echte Rangstufung, Muhammad habe das Ranking nicht nur allgemein, sondern auch für seine Person ausdrücklich verboten. Es ist gewiß nicht zu gewagt, an dieser Stelle auf die rabbinische Lehre zu verweisen, wonach die Propheten nichts zum Pentateuch hinzugefügt haben und lediglich als Tradenten der mosaischen Gesetzgebung zu betrachten

---

65 *I. Goldziher*, Die Richtungen der islamischen Koranauslegung, Leiden 1920, 61f.
66 *Muhammad Rašīd Riḍā*, Tafsīr al-Qurʾān al-ḥakīm, Bairūt o.J., III 6.
67 *Biqaʿī*, I 486; *Burūsawī*, I 195.

seien[68]. Muhammad stellt sich, wenn er das Ranking ablehnt, in eine Linie mit den Propheten der Bibel – oder wird von der Überlieferung in diese Linie gestellt. Das Buch, an dem nichts zu ändern ist, das nur tradiert wird, ist aus dieser Sicht nicht der Pentateuch, sondern die »wohlverwahrte Tafel« im Himmel (vgl. 85:22), von der Bibel, Evangelium und Koran nur (unvollständige) Abschriften sind.

---

68   Talmud babli, Schabbat 104a und Megilla 14a; zitiert bei *L.I. Rabinovitz*, Art. Prophets and Prophecy: In the Talmud, in: EJ 13, 1175; vgl. auch *Ch. Safrai*, Art. Propheten/Prophetie III. Im Judentum, in: TRE 27, 500.

IV

Reformation und Neuzeit

Volker Leppin

Stabilisierende Prophetie

Endzeitverkündigung im Dienste der lutherischen Konfessionalisierung

I

Den Erben Luthers blieb nicht viel zu prophezeien: »UND hie sehen wir, das nach dieser zeit, so der Bapst offenbart, nichts zu hoffen noch zu gewarten ist, denn der Welt ende und aufferstehung der Todten«[1], so hatte Luther selbst in der Vorrede zu Daniel verkündet. Rede von der Zukunft konnte nur noch Rede von der Endzeit sein. Ja, eigentlich mußte diese ständig verkündet werden, war doch nach Luthers Wort mit der Offenbarung des Papst-Antichrist das Ende schon eingeläutet und hatte doch schon der Reformator selbst in der Gewißheit der Nähe dieses Endes gelebt.

In der Tat floß im Luthertum der Zeit zwischen Luthers Ableben und dem Dreißigjährigen Krieg ein breiter Strom apokalyptischer[2] Verkündigung. Das nahe Ende wurde nicht nur von den Kanzeln ausgerufen, sondern auch in Flugschriften auf dem literarischen Markt ausgebreitet[3]. Es waren vor allem Theologen – Professoren, Superintendenten und Pfarrer –, die so vom baldigen Kommen Christi und dem Ende dieser Welt sprachen[4].

Und eben dies muß stutzig machen: Die Apokalyptiker, die hier am Werk waren, waren alles andere als Randfiguren der Gesellschaft, es waren keine Zukurzgekommenen, die sich aus Frustration auf die Erwartung des Jenseits stürzten, sondern es waren Angehörige der neuen Eliten, Führungsfiguren des in dieser Zeit in allen Konfessionen zu beobachtenden Konfessionalisierungspro-

---

1   WA.DB 11/II, 113,11f.
2   »Apokalyptik« soll hier nicht mehr besagen als die Erwartung des nahen Weltendes.
3   S. hierzu *V. Leppin*, Antichrist und Jüngster Tag. Das Profil apokalyptischer Flugschriftenpublizistik im deutschen Luthertum 1548–1618 (QFRG 69), Gütersloh 1999. Die folgenden Ausführungen fassen wesentliche Ergebnisse dieser Arbeit zusammen.
4   Zur sozialen Schichtung der Autoren s. *Leppin*, Offenbarung und Antichrist, 45f.

zesses[5]. Und es scheint, daß die damit gegebene Spannung zwischen dem Aufbau eines neuen Kirchenwesens einerseits und der Verkündigung des Endes alles Irdischen andererseits für die Zeitgenossen durchaus keinen Widerspruch mit sich bringen mußte, sondern daß im Gegenteil zwischen beidem ein innerer Zusammenhang besteht: Die Propheten des Endes suchten die Konfessionskirche gerade durch ihre apokalyptische Botschaft zu stabilisieren.

II

Auf den engen Zusammenhang zwischen Endzeitverkündigung und Konfessionalisierung weist schon allein die Tatsache hin, daß die Gewißheit des Endes sich vornehmlich aus einem Grundsatz lutherischer konfessioneller Identität speiste. Schon das oben angeführte Luther-Zitat macht deutlich, daß es die Offenbarung des Antichrist war, die die Gewißheit vom Ende mit sich brachte, das hieß: Die im Antichristbegriff ausgedrückte schärfste Papstkritik Luthers gewann endzeitliche Qualität. Hierbei ist eine Besonderheit in Luthers Antichristverständnis zu beachten, die dazu führte, daß nicht mehr das Auftreten, sondern eben die Offenbarung des schon lange verborgenen Antichrist entscheidendes apokalyptisches Datum wurde[6]: Luther hatte bekanntlich – unter Zuspitzung der mittelalterlichen Tradition einer kriterienhaften Bestimmung des Antichrist – nicht eine einzelne Person, sondern die gesamte Institution des Papsttums als Antichrist identifiziert. Das bedeutete in der Konsequenz, daß der Antichrist nicht erst in den letzten Jahren vor dem Ende in die Welt kommen würde, wie es die beliebte und verbreitete, biographisch orientierte Legende vom Antichrist wollte, die Adso von Montier-en-Derr kompiliert hatte: Er war ja schon seit Jahrhunderten in ihr verborgen präsent – und zwar, gemäß dem Locus classicus der Antichristlehre, 2Thess 2,4, »im Tempel Gottes«: also in der Kirche.

War dem aber so, mußte zum entscheidenden endzeitlichen Datum statt des Auftretens des Antichrist die Aufdeckung eben seiner

---

5   Einen Überblick über die diesbezügliche Forschung der letzten Jahre bieten *H. Schilling*, »Konfessionsbildung« und »Konfessionalisierung«, in: GWU 42 (1991) 447–463; *H.R. Schmidt*, Konfessionalisierung im 16. Jahrhundert (Enzyklopädie deutscher Geschichte 12), München 1992 und *T. Kaufmann*, Die Konfessionalisierung von Kirche und Gesellschaft. Sammelbericht über eine Forschungsdebatte, in: ThLZ 121 (1996) 1008–1025.1112–1121.
6   Zum folgenden s. *V. Leppin*, Art. Antichrist II/1. Alte Kirche bis Reformation, in: RGG[4] I, Tübingen 1998, 532f.

verborgenen Antichristlichkeit werden. So kam es geradezu zu einer Interpretation der Reformationszeit in Konzeptionen, die in ihrer Betonung eben dieser Aufdeckung verborgener Präsenz an das erinnern, was die neutestamentliche Wissenschaft als »Revelationsschema« bezeichnet[7]. Besonders eindrucksvoll hat dies der streitbare Nikolaus von Amsdorff ausdrückt:

»DAraus folgt, das der Antichrist in der Christenheit ein lange zeit wird unbekand und verborgen sein, in der Christenheit als ein HErr und Heubt regiren, das er von Niemand für den Antichrist, sondern für ein Stathalter Christi wird geacht und gehalten werden. [...] Derselbige sol vor dem Jüngsten tag offenbar und zu schanden werden, das jeder man wissen und erkennen wird, das der Bapst sey der rechte ware Antichrist und nicht ein Stathalter Christi.«[8]

Solches Verständnis konnte gut an den erwähnten antichristologischen Locus classicus anknüpfen: In der Tat war in 2Thess 2,3.6 vom Offenbaren die Rede. Dieser Begriff aber, der in den bisherigen Deutungen nur äußerst blaß verwandt worden war[9], gewann nun eine eminente Bedeutung: Offenbarung war wirkliche Enthüllung von Verborgenem. Damit wurde die Reformation als ganze zu einem Enthüllungsgeschehen, und die oben angeführte Aussage Luthers aus seiner Danielvorrede, daß nun nichts mehr zu erwarten war, gewinnt von hier aus Profil: Die Offenbarung des Antichrist ist der letzte Offenbarungsvorgang überhaupt. Nun, mit der Reformation, setzt das Ende ein. Entsprechend hat schon Bugenhagen in der Leichenpredigt auf ihn[10] Luther als Erfüllung der Engel aus Apk 14,6–8 oder 18,1–3 gedeutet und darin Nachfolger im konfessionellen Zeitalter gefunden[11]. In dieser Identifikation

---

7   S. z.B. *E. Schweizer*, Art. Jesus Christus I. Neues Testament, in: TRE 16 (1987) 671–726, hier 681.

8   Fünff fürnemliche und gewisse Zeichen aus heiliger göttlicher Schrifft, so kurtz vor dem Jüngsten tag geschehen sollen. Niclas von Amsdorff, Jena (Christian Rödinger) 1554, 4.

9   Die Glossa ordinaria gebraucht in der Auslegung von 2Thess 2 den Offenbarungsbegriff, aber nicht im Blick auf den Antichrist, sondern auf das Ende der Welt. Auch Nikolaus von Lyra deutet 2Thess 2,3 nicht auf die Offenbarung eines schon längst vorhandenen Antichrist, sondern auf den *adventus antichristi*.

10   S. die Ausschnitte bei *E.W. Zeeden*, Martin Luther und die Reformation im Urteil des deutschen Luthertums, Bd. 2, Freiburg i.Br. 1952, 14–16, hier 15f.

11   S. z.B.: Eine Weissagung und ein schöner, Herrlicher trost für alle hochbetrübte frome Christliche hertzen zu diser itzigen trübseligen zeit Aus dem XIIII. Cap. Der offenbarung Johannis, Magdeburg (Michael Lotter) 1548, 4ᵛ; Der Ewigen, Allmechtigen Göttlichen Mayest. Mandat und ernstlicher befelch, was sich ein yeder Christ nach seinem beruoff und stande gegem dem offenbarten Antichrist, das gantze Babstumb, halten solle, widerholet und erkleret Durch Mattheum Judex, o.O. 1561, 2ʳ.4ʳ; HEROLT, Außgesandt, In allen Landen offendtlich

klingt auch die merkwürdige Doppelheit der Rede von der Offenbarung des Antichrist an: Diese Engel brachten zugleich das Evangelium (Apk 14,6) und dessen negative Kehrseite: »Sie ist gefallen,
sie ist gefallen, Babylon, die große Stadt« (Apk 14,8; ähnlich 18,2).
Aufrichtung des Evangeliums und Fall seiner Feinde waren so un-
trennbar verbunden. Die Offenbarung des Antichrist, so ist daraus
zu hören, war die notwendige negative Kehrseite des Evangeliums,
und so suchte man sich auch immer wieder eben dieser negativen
Einsicht zu versichern, um in den eigenen positiven Einsichten
Halt und Bestand zu gewinnen.

Ganz unverhohlen sprach dies der als Polemiker ja hinlänglich bekannte Matthias Flacius Ilyricus aus. 1550 – mitten in den interi-
mistischen Streitigkeiten – brachte er »Etliche greiffliche und gewisse warzeichen, das die Lehre der Evangelischen des Heiligen
Christi Lehre, die Lehre des Papstes aber vom Antichrist erfunden«
heraus, ein Antichristkompendium, das Stück für Stück die Wider-
christlichkeit des Papstes belegen sollte – und all dies hatte er, so
schrieb er, gesammelt, »auff das ich durch solche ubung in besten-
digkeit Göttlicher warheit zunemen möchte«[12]: Die Darlegung der
Fehler des Papstes, der Aufweis seiner Antichristlichkeit war also
allein nötig für die rechte Wahrnehmung des eigenen, wahren Christentums.

So kann es nicht überraschen, daß im konfessionellen Luthertum –
forciert durch seine gnesiolutherische Variante – die Identifikation
des Papstes als Antichrist immer stärker den Status einer Bekennt-
nisaussage erhielt: Schon 1560 konnte der Gnesiolutheraner Johannes Wigand erklären:

»Solche meine vermanung und warnung für dem Antichrist gehört auch zu euer
Bekentnis, darbey ir zu bleiben und drob zu halten schuldig seit«[13].

zuverkündigen unnd auszuruffen, Das diese Weldt mit Irem wesen bald vergehen
werde unnd der Jüngste Gerichtstag gar nahe für der Thür sey, Und solches, mit
gewissen satten gründen [...] genommen, zu beweren und darzuthun, Durch Danie-
lem Schallerum [...], Magdeburg (Johann Francke) 1595, 23[r]; Notwendige War-
nunge an alle Ehrliebende Deutsche Kriegesleute Durch M. Cyriacum Spangen-
berg, Sampt einer Betrachtung der Prophecey Danielis am xij. Capitel, Eisleben
(Urban Gaubisch) 1569, 23[v].32[r].

12 Etliche greiffliche, gewisse und scheinbarliche warzeichen, Daraus ein jeder, wie geringes verstands er auch sey, Wo er nur zu erforschung der warheit ge-
neigt ist, vermercken kan, das die Lehre der Evangelischen des Herrn Christi
Lehre selbs ist und das der Papisten Lehr falsch, Gottlos und vom Antichrist erfunden ist, Durch Matt. Fla. Illyr. gemehret und gebessert [...], Magdeburg
(Christian Rödinger) 1550, 4[r].

13 SYNOPSIS Oder Spiegel des Römischen Antichrists, durch den Geist des
mundes Gottes offenbaret. Im Latein ausgangen Durch Johannem Wigandum, Ver-

Die darin schon angedeutete Entwicklung kam zu einem gewissen Abschluß, als Konkordienformel und -buch[14] einschärften, daß der Papst der Antichrist sei. Nun war deutlich, daß dies Teil des Bekenntnisses rechten Luthertums war[15]. Doch konnte der Charakter der Antichristprädikation eben bei dem Gedanken, daß es sich hier um einen bloßen Teil des Bekenntnisses handelte, nicht stehenbleiben. Immer deutlicher wurde, daß es sich hier in der Tat um das handelte, worin man den ganzen Inhalt der Reformation zusammenfassen konnte: Reformation wurde zu dem Ereignis der Offenbarung des Antichrist schlechthin, alles Reformatorische wurde hierauf enggeführt.

Schon Luther hatte die Offenbarung des Evangeliums und den Niedergang des Antichrist als zwei Seiten eines einzigen Geschehens zusammengefaßt, als er 1538 in einer Tischrede über Schlechtigkeit und Undank der Welt »*revelato evangelio occiso Antichristo*« klagte[16]. Zum Gipfel aber kam solche Prägung des Reformationsverständnisses durch dessen negative Kehrseite, die Offenbarung des Antichrist, bei den Jubelfeiern zum hundertjährigen Reformationsjubiläum 1617: Hier wurde etwa für Sachsen-Weimar angeordnet, am 31.10. neben Mt 24,23–26 – also einer apokalyptischen Bibelstelle – auch über den klassischen Antichristtext 2Thess 2 zu predigen[17]. Und im Erzstift Magdeburg sollte man 1617 nicht nur

---

deutscht durch Andream Corvinum. Item: Artickel oder Heubtlehre der Bepstischen Religion [...], Durch Johannem Wigandum, Jena (Thomas Rebart) 1560, 17ʳ.

14 BSLK 240, 7f (ApolCA Art. 7, Nr. 24); 300, 26–31 (ApolCA Art. 15, Nr. 18); 430, 14ff (Schmalkaldische Artikel, 2. Teil, 4. Art.); 484, 5–20 (*De potestate et primatu papae* 39); 1060, 39ff (FC SD 10). Zur CA hatte Luther bekanntlich festgestellt, daß hier »*maxime de antichristo Papa*« unzureichend gehandelt werde (WA.B 5, 496,9 [an Justus Jonas vom 21.7.1530]).

15 Ähnlich *H.-J. Schönstädt*, Antichrist, Weltheilsgeschehen und Gottes Werkzeug. Römische Kirche, Reformation und Luther im Spiegel des Reformationsjubiläums 1617 (VIEG 88), Wiesbaden 1978, 107. Treffend weist *C. Hill*, Antichrist in Seventeenth-Century England, London / New York / Toronto 1971, 9 darauf hin, daß hier zum Grundbekenntnis einer neuen Kirche wurde, was bislang Sache häretischer Gruppen gewesen war.

16 WA.TR 4, 150,25; entsprechende Zusammenstellungen finden sich auch in den Lutherpredigten des Johannes Mathesius (s. *H. Volz*, Die Lutherpredigten des Johannes Mathesius [QFRG 12], Leipzig 1930, 48).

17 INFORMATION und Anleitung, Welcher gestalt aus Befehlich Des Durchlauchtigen Hochgebornen Fuorsten und Herrn, Herrn Johan Ernsten des Jüngern, Hertzogen zu Sachsen [...], in S.F.G. und dero vielgeliebten Herrn Brüdere Fürstenthumb und Landen es mit singen, predigen und andern Christlichen Ceremonien bey dem angeordneten Evangelischen Jubelfest gehalten werden soll, Jena (Tobias Steinmann) 1617, 2ᵛ; vgl. zu den betont antipäpstlichen Predigten des Reformationsjubiläums *Schönstädt*, Antichrist, 18.

dafür danken, daß Luther das Evangelium und »den rechten Gebrauch der Hochwirdigen Sacramenten« wiedergebracht hatte, sondern auch, daß durch seinen

»Mund und Feder die Greuel des Römischen Pabsts entdecket und für der gantzen
Christenheit offenbar gemacht, von welchem dein teures Rüstzeug, der heilige
Apostel Paulus geweissaget hat, Daß er werde der Widerwertige sein«[18].

Diese Anfügung der Erinnerung an die Offenbarung des Anti-
christ an eine offensichtlich auf CA VII anspielende ekklesiologi-
sche Formulierung zeigt, wo man die Offenbarung des Antichrist
theologisch verankern konnte und wollte: Die Offenbarung des
Antichrist gehört als negative Kehrseite des Kirchenbegriffs von
CA VII in den Bereich der Ekklesiologie.
Sie gab ein äußeres Unterscheidungskriterium gegenüber einem
Kirchenwesen an, in dem das Evangelium verdunkelt und die Sakramente nicht recht verwaltet waren, nämlich der katholischen
Kirche. Die in CA VII formulierten Kriterien für Kirche, die es
in ihrer dogmatischen Formulierung an Trennschärfe fehlen ließen, wurden auf diese Weise eindeutig faßbar, insofern wenigstens
ihr Fehlen beim Antichrist in Gestalt des Papsttums genau benenn-
bar war. So wurden die Kriterien aus CA VII vermittels des Anti-
christbegriffs indirekt zu Abgrenzungskriterien. Und insofern Abgrenzung identitätsdefinierend wirkt, drückt sich in der häufigen
Wiederholung der Bezeichnung des Papstes als Antichrist ein
Streben nach – negativer – lutherischer Identitätsbestimmung aus.
Diese negative Identitätsbestimmung aber hängt wiederum eng mit
der Wahrnehmung der eigenen Zeit als Endzeit zusammen: Wenn
das gegenwärtige Luthertum denn seine Identität der Offenbarung
des Antichrist verdankte, verdankte es sie eben dem Ereignis, das
zugleich die letzten Tage der Welt und damit eben strenggenommen auch der lutherischen Konfessionskirche einläutete. Das kon-
fessionelle Luthertum war konstitutiv auf ein apokalyptisches Ereignis bezogen. Es konnte, nahm es diese Bedeutung der Identifikation des Papstes als Antichrist wirklich ernst, eigentlich gar
nicht damit rechnen, daß ihm dauerhafter Bestand beschieden sein
würde.
Je ernster also die eigenen konfessionellen Grundlagen genommen
wurden, desto plausibler war ein Hang zur Erwartung des Endes.
Dann aber ist es auch verständlich, daß Apokalyptiker im konfes-

---

18 Ein Andechtiges gebet, So Bey dem angestelleten Evangelischen Jubelfest
in Christlichen Kirchen des primat und Ertzstiffts Magdeburgk zugebrauchen ver-
ordenet, Halle (Peter Schmidt) 1617, 2ʳ·ᵛ.

sionellen Luthertum keineswegs Außenseiter sein mußten: Die Apokalyptik entsprang dem Kern lutherischer Identität.

III

Als Führungsfiguren des konfessionellen Luthertums hatten es die apokalyptischen Prediger und Autoren aber noch mit einem schwerwiegenden Problem zu tun: Die Wirklichkeit ihrer Gemeinden entsprach nicht dem Ideal der durchgeformten evangelisch-christlichen Gemeinschaft. Davon, daß aus der Erfahrung, gerechtfertigt zu sein, ganz von selbst Werke der Nächstenliebe entsprängen, bekamen die professionellen Vertreter des Luthertums im konfessionellen Zeitalter nicht viel zu sehen. Übriggeblieben war, so sahen es viele, ein bloßer »Maulglauben«[19], ein Mißbrauch der evangelischen Freiheit[20]. In diesem Sinne monierte der schroffe Lutheraner Bartholomaeus Gernhard 1556:

> »Heisen wir nicht alle Christen Trutz einem, der uns anders schüldiget? Rhümen wir nicht alle die Tauffe, das wort, Sacrament und Glauben? Wie viele sind ihr aber, die auch im Werck beweysen, das sie mit worten rhümen?«[21]

Der Gesellschaft des konfessionellen Luthertums fehlte es, so dringt aus solchen Äußerungen hervor, an erkennbarer Christlichkeit. Man lebte, als wäre nichts gewesen, als hätte jene Offenbarung des Evangeliums und des Antichrist nicht stattgefunden.
Und gerade dies wurde nun seinerseits zum Zeichen des Endes: Immer wieder führen die Autoren apokalyptischer Schriften die

---

19 Ein recht Neue Corrigirte Prognostication Wider die Alte und Neue Irrlauffende Römische und Welsche Practica, auff aller Jar Revolution in Teutschland, nicht nach der Lehr Ptolomaei und Hali etc., Sondern aus der alleine Seligmachenden Lehre Jhesu Christi [...] Gestellet durch VALERIUM GRUNEBERGIUM [...], Dresden (Gimel Berg) 1587, 7ᵛ.
20 S. etwa Bildnis unnd Gestalt einer erschrecklichen unnatürlichen und ungewönlichen Geburt eines Kindes, welches Anno 1577 den 20. Decembris zu Grevelsmülen im Land zu Meckelnburg von eines Schneiders, M.B., ehelichen hausfrauen geboren ist. Neben warhafftigem bericht von dieser geburt und einer errinnerung und vermahnung D. SIMONIS PAULI, Rostock (Jakob Lucius) 1578, 5ʳ.
21 Vom Jüngsten Tage Vier nützliche Predigten, in XII Heuptartickel [...] gefasset, Uber die Weissagung unsers lieben HERRN und Heylands Jhesu Christi Von seiner letzten zukunfft und jüngsten Gerichte, aus den heiligen Evangelisten Durch Bartholomeum Gernhardum [...], Erfurt (Gervasius Stürmer) 1556, 30ʳ; ähnlich Ein Christliche Predig uber das Evangelium auff den xxiiij. Sontag nach Trinitatis Matthaei am 24. Von vielen und mancherley verführungen in der Kirchen Gottes vor dem Jüngsten tage, [...] Gehalten zu Weymar den 24. Novemb. Anno 1577 Durch Jacobum Andreae [...], Leipzig (Hans Steinmann) 1578, 39ʳ.

Vergehen gegen den Dekalog auf, die sie in ihren Gemeinden beobachten. Es mag dahingestellt bleiben, ob sich wirklich in solcher
Menge Verachtung des Gotteswortes, Vergehen gegen die Sonn-
tagsheiligung, Unzucht, Wucher, Verschwendung, Völlerei und
dergleichen in den Gemeinden fanden, wie die Autoren es glauben
machen wollen[22]. Unzweifelhaft ist, daß diese Autoren, die ja den
neuen lutherischen Eliten angehörten, der Meinung waren, dergleichen monieren zu müssen, und offenbar doch auch die Hoffnung
hatten, daß solche Kritik von den potentiellen Lesern nicht gleich
als absurd beiseitegeschoben würde, wollten sie doch auf eben diese Weise für die Nähe des Endes argumentieren. Für den vorliegenden Zusammenhang ist es auch weniger wichtig, wieviel Feuer
zu diesem offenkundigen Rauch gehörte; bedeutsam ist vielmehr
die theologische Konstruktion, die einen unmittelbaren Bezug zwischen dem Revelationsschema und dem Verhalten der Christen
und Christinnen sowie zwischen beidem und dem heraufziehenden
Ende zog: Das Verhalten in der konfessionellen Gesellschaft, genauer: das *Fehl*verhalten in der konfessionellen Gesellschaft, das
Scheitern an den Normen des konfessionellen Luthertums, ging
unmittelbar in die apokalyptische Botschaft ein. Es war dies eben
jenes Fehlverhalten, das die apokalyptischen Autoren in ihrer sonstigen Eigenschaft als Pfarrer und Prediger durch die Predigt des
Gesetzes zu kritisieren hatten. Die apokalyptische Botschaft stand
also an dieser Stelle in keinerlei Spannung zu ihren sonstigen Aufgaben im Zentrum des Konfessionalisierungsprozesses.
Und die apokalyptische Botschaft wollte nicht nur Fehlverhalten
kritisieren, sondern sollte auch zum Tun des Guten motivieren.

IV

Dies drückt sich darin aus, daß die apokalyptischen Schriften immer wieder auf ein Ziel hinauslaufen:

»Thut Buoß! Steht auff von dem Zeltisch! Volgt mit Mattheo Christo nach, Ehe
euch der Todt darob erwischt«[23]

ruft in seinem Lied der Ulmer Weber Johannes Staiger. Und viele
Autoren verweisen auf die Aussagen in Ez 18 und 33, nach denen

---

22 S. die ausführliche Darstellung der Lasterkataloge der apokalyptischen
Schriften bei *Leppin*, Antichrist und Jüngster Tag, 114–119.
23 Ein Schön Neues Lied von der Welt lauff vorm Jüngsten Tag, Gestellt durch
Johann Staiger [...], o.O. 1600, 4ᵛ; zu den zahlreichen weiteren Einzelbelegen s.
Leppin, Antichrist und Jüngster Tag, 244, Anm. 2.

Gott mit seinen Mahnungen nicht den Tod des Sünders, sondern seine Bekehrung will[24]. Die Mahnungen, die die Apokalyptiker verbreiten und mit denen sie Buße einfordern, haben ein echtes Ziel: Sie sollen nicht ins Leere stoßen, sind nicht allein im Sinne des ersten Gebrauchs des Gesetzes als weitere Einschärfung der Situation des Menschen vor Gott vermittels des Gesetzes zu verstehen. Sie werden verbunden mit der Hoffnung auf Änderung.

Damit aber weist die apokalyptische Botschaft einen engen Bezug zu einem Thema auf, das nach manchen Äußerungen geradezu als Zentralthema und -anliegen der lutherischen Prediger der Zeit gelten muß[25], eben der Buße.

Nun war es für das Luthertum selbstverständlich geworden, die mittelalterliche Dreiteilung des Bußsakramentes in *contritio cordis*, *confessio oris* und *satisfactio operis* zu bestreiten. Nach CA XII erkannten die Lutheraner nur noch zwei konstitutive Teile der Buße an, *contritio* und *fides*[26]. Damit war jedoch keineswegs jeglicher Handlungsappell vom Bußbegriff gelöst. Gerade in der Konfessionalisierungszeit gab es durchaus Bestrebungen, die Buße geradezu zu einem Movens ethisch verantworteten christlichen Handelns zu machen. Schon CA XII behandelt im Zusammenhang mit der Buße selbst auch die *bona opera* als ihre Früchte. Diese sind damit zwar kein konstitutives Element der Buße, treten aber doch konse-

---

24 Belege bei *Leppin*, Antichrist und Jüngster Tag, 1165, Anm. 64.

25 S. etwa Treue Vermanunge der Diener Jesu Christi in der Christlichen Kirchen zu Andorff, so der Augspurgischen Confession zugethan, zur waren Buss und bekerunge zu Gott [...] in diesen jetzigen hohen beschwerungen und grossen gefehrlichen trübseligen Zeiten [...], o.O. 1567, 3[r]; Feuerpredigt, Genommen Aus dem Propheten Hosea am 8. cap. v. 14 & 15, In der Pfarrkirchen auff dem Neuenmarckte zu Halle [...] Gehalten und jedermänniglich zur treuen Warnung, mit gedenckwirdigen Exempeln und Sprüchen augirt, in Druck geben durch M. Andream Lampium [...], Halle (Peter Schmidt) 1615, IV; Marcus Rullus im Vorwort zu: Coniecturae. Christliche vermuttungen von künfftiger Zeit Zustandt in Kirchen und Regimenten, Gestellet Durch Leonhart Krentzheim [...]. Sampt den Weissagungen des Hocherleuchten Cardinals Nicolai Cusani von Verenderungen, so zum theil zu unsern Zeiten verlauffen, zum theil künfftig zugewarten sind. Alles auß dem Latein verdeutscht Durch Marcum Rullum [...], Görlitz (Ambrosius Fritsch) 1583, 11[v]; Eine Treuhertzige Busspredigt Uber den Straffspruch Christi aus dem Evangelio des 21. Sontags nach Trinitatis, Beschrieben Johan. am 4. Capit., welcher Also lautet: »So ihr nicht Zeichen und Wunder sehet, so gleubet ihr nicht etc.«, Durch D. Wolffgangum Peristerum zu Berlin in der Stiffts Kirche Cöllen gethan [...], Berlin (Michael Hentzken Erben) 1580, 3[v]; Ein Ausslegung auff die Himlischen Feuerzeychen, so erschinen unnd auffgangen sein im Dorff Reychenau, ein Meyl weges von Camitz gelegen, den 30. Tage des Monats Januarii dises 1560. Jars, beschriben durch [...] Hieronimum Weller [...], Nürnberg (Christoph Heußler) 1560, 2[v].

26 BSLK 67, 1–7.

kutiv zu ihr hinzu – da ist man von der Vorstellung von drei Elementen der Buße gar nicht mehr so weit entfernt –, und in der Apologie zur CA zieht Melanchthon diese Konsequenz auch in der Tat, wenngleich er es vermeidet, sie affirmativ zu behaupten. Lediglich als Möglichkeit, gegen die er »nicht groß fechten« will, erwähnt er eine dreigegliederte reformatorische Bußlehre, deren Elemente dann entsprechend Reue, Vertrauen auf Christus und – als Folge – gute Werke sind[27]. Und gelegentlich findet sich dann diese Lehre von drei Teilen der Buße auch in den Bekenntnissen der Konfessionalisierungszeit wieder.

Letztlich zielte die Buße, dieser Gedanke setzte sich allmählich durch, nicht nur auf eine Änderung des Sinnes, sondern auf eine wirkliche Besserung des Lebens. Signifikant für diese Tendenz sind die antimajoristischen Passagen[28] des preußischen Bekenntnisses von 1567: Paulinische Stellen, die – wie Röm 8,13; 1Kor 5,13; Gal 5,19–21 – ein Gericht über Sünder nach den Werken zu belegen scheinen, werden hier in dem Sinne gedeutet, Paulus sage dies

> »nicht aber darum, daß gute Werke zur Seligkeit oder zur Erhaltung der Gerechtigkeit vonnöten wären, sondern dieser Ursache, daß ein solcher Mensch die Buße und den rechten Glauben verloren hat«[29].

Das Fehlen der Werke also verweist auf das Fehlen der Buße; im logischen Umkehrschluß führt Buße zu guten Werken. Solche Bekenntnisformulierungen sind Ausdruck eines breiten Konsenses unter lutherischen Theologen, daß nämlich der theologische Ort zur Verankerung der guten Werke die Buße war[30].

Wenn aber die Bußlehre das Scharnier zur Ethik bildete, wollten Autoren, die ihren Rezipienten mit dem Bußruf entgegentraten, auch etwas konkret erreichen – offenkundig eben die Umkehr des kritisierten gemeindlichen Verhalten: Die wahre Haltung des Glaubens als Ausfluß der Rechtfertigungsbotschaft und das den zehn Geboten entsprechende Verhalten sollten eingeübt werden – und das hieß: Die allgemein geforderte und zu fordernde moralische Disziplin sollte erfüllt werden. Das waren nun aber, denkt man wiederum an die Situation der Pfarrer im Konfessionalisierungs-

---

27   BSLK 257, 1–9.
28   Zu Georg Major und dem majoristischen Streit s. H. Scheible, Art. Major, Georg, in: TRE 21 (1991) 725–730.
29   *H. Heppe*, Die Entstehung und Fortbildung des Luthertums und die kirchlichen Bekenntnisschriften desselben von 1548–1576, Kassel 1863, 96f.
30   Vgl. in diesem Sinne auch den Hinweis von *S. Holtz*, Theologie und Alltag. Lehre und Leben in den Predigten der Tübinger Theologen 1550–1750 (SuR NR 3), Tübingen 1993, 93 auf die Zentralstellung der Buße für lutherische Ethik.

geschehen, durchaus nicht nur abstrakte theologische oder funda-
mentalethische Reflexionen, sondern es ging um konkrete Verhal-
tensforderungen. Und das so apokalyptisch eingeforderte Verhalten wies selbstverständlich keinerlei Züge sozialer Devianz auf, im
Gegenteil: Die Menschen sollten sich gerade aufgrund der mit
dem drohenden Ende der Welt begründeten Bußmahnung in die
vorgegebenen Strukturen eben dieser vergehenden Welt einfügen.
Unverhohlen erklärte der Pfarrer von Schwäbisch-Hall, Christoph
Marstaller, nach langen apokalyptischen Ausführungen:

»Also ein jeder Christ in seinem stand ergebe sich mit demütigem gehorsam unter
die gewaltige Hand Gottes, stehe ab vom bösen und thue guts, erkenne sich selbs
in seinen Sünden«[31].

Diese auf 1Kor 7,17ff anspielende Mahnung an den Christen »in
seinem stand« war die konsequenteste Anwendung von ApolCA
12, wo unter die aus der Buße folgenden guten Werke gerechnet
wird, »Ältern, Oberkeit gehorsam sein, seines Amts, Berufs treulich
warten«[32]. So verstanden stand der Bußruf, war er auch apokalyptisch motiviert, in keinerlei Gegensatz zu den Bemühungen um
Sozialdisziplinierung[33], die das Signum der Zeit darstellen, sondern
unterstützte sie geradezu; auf diese Weise wurden die Menschen
gerade durch die apokalyptischen Mahnungen an ihre Aufgaben
innerhalb der konfessionellen Gesellschaft erinnert.
In der Tat bemerkten auch manche Autoren der Zeit selbst, daß
ihre apokalyptisch motivierten Bußmahnungen ganz dem entspra-
chen, was anderwärts durch rechtliche Vorschriften eingefordert
und herbeigezwungen werden sollte. So vermerkte Jakob Andreae
gegen die Trunkenheit, die er wie viele andere auch unter die Zeichen vor dem Ende rechnete[34], gebe es »Gott lob« schon allerlei
Vorschriften[35]. Und andere Autoren können die angedrohten Stra-

---

31   Der Welt urlaub von den Menschen Kindern Und wie der Jüngste tag vor der
Tür nach ausweisung der wort Christi, auch deren Zeichen, so Christus vor seiner
andern Zukunfft vermeldet [...], Durch Christophorum Marstaller [...], Ursel
(Nikolaus Heinrich) 1563, 131ʳ.
32   BSLK 290, 16–18.
33   S. *G. Oestreich*, Strukturprobleme des europäischen Absolutismus, in:
VSWG 25 (1968) 329–347, hier 337f; *W. Schulze*, Gerhard Oestreichs Begriff
»Sozialdisziplinierung in der frühen Neuzeit«, in: Zeitschrift für historische Forschung 14 (1987) 265–302, hier 272.
34   Christliche, notwendige und ernstliche Erinnerung, Nach dem Lauff der irdischen Planeten gestelt, Darauß ein jeder [...] Christ zusehen, was für Glück oder
Unglück Teutschlandt diser zeit zugewarten: auß der vermanung Christi, Luc. 21
in fünff Predigen verfasset [...] Durch Jacobum Andree, Tübingen (Ulrich Mor-
hart) 1568, 4.
35   Ebd., 33f.

fen durch Gott noch enger mit den staatlichen Disziplinierungs-
maßnahmen verbinden. Der Leipziger Thomaspfarrer Erasmus
Sarcerius läßt Gott geradezu subsidiär für die geistlichen und welt-
lichen Obrigkeiten einspringen. »Denn«, so erklärt er im Blick auf
die Pfarrer und die geistliche Obrigkeit und deren Umgang mit
Sünden, »so sie diese strafften mit dem geistlichen schwerd, inen
befolhen, so hette Gott nicht ursache dieselbigen zu züchtigen«[36] –
ausdrücklich muß nun »Gott das beste thun, damit gleichwol zucht
und disciplin erhalten werde«[37]. Gott ist hier geradezu die oberste
Instanz zur Durchführung der sonst von den menschlichen Instan-
zen eingeforderten Disziplin.
Darin zeigt sich der allerengste Zusammenhang zwischen der apokalyptischen Botschaft und ihrem Zeithorizont. Der strafend das
Ende der Welt heraufführende Gott will nichts anderes bewirken
als Kirche und Staat in eben dieser Welt der Konfessionalisierung.
Und die Mißstände innerhalb der Konfessionalisierungsgesell-
schaft werden in dem breit aufgespannten Rahmen der Apokalyptik eingeordnet und interpretierbar: Dieses Fehlverhalten ist ein
Scheitern angesichts des offenbaren Evangeliums, dessen negative
Kehrseite die Offenbarung des Antichrist ist. Und wie dessen Offenbarung das Ende ankündigt, ist auch jenes Fehlverhalten seinerseits Zeichen des Endes. Aber genau damit beginnen die Merk-
würdigkeiten: Eben dieses Verhalten, das Zeichen des Endes ist,
soll nun durch die Ankündigung des Endes und den hierdurch
motivierten Bußruf geändert werden; dieser Bußruf angesichts des
Endes zielt auf die Besserung eben des Verhaltens, das dieses Ende
ankündigt – und man muß sich fragen, ob er sich dann nicht, hat
er denn Erfolg, seine eigenen Grundlagen nähme. Diese Problematik wird ganz deutlich an dem immer wieder zur Motivation der
Buße gewählten biblischen Beispiel Ninive[38]. Neben der allgemeinen Aussage aus Ezechiel, daß Gott nicht den Tod des Sünders will,

---

36   Etliche predigten von Zeichen und Ursachen, wo wir uns nicht bessern und
ware Buss thun, es werde einmal übel mit uns Deutschen zugehen, Geprediget und
geschrieben durch Erasmum Sarcerium [...] Des Jhars 1550, Leipzig (Wolfgang
Günther) 1551, 28ʳ.
37   Ebd.
38   Belege bei *Leppin*, Antichrist und Jüngster Tag, 158, Anm. 65. Unüber-
windlicher CHristen Schutz und Sieg wider des Türcken arglistige anschlege,
großmechtiges Kriegesheer und unmenschliche Tyranney und boßheit aus dem
38. Cap. Ezechielis, darin geweissaget [...] wird. I. Von Gog und Magog, das ist
dem Türcken [...]. In Sechs Predigten erkleret und außgelegt Durch Nicolaum
Möringium [...] Mit einer Vorrede [...] Siegfriedi Sacci [...], Magdeburg: Johann
Francke 1597, 2ᵛ, parallelisiert in seiner umfangreicheren apokalyptischen
Schrift gar das Gebot Johann Georgs von Brandenburg, Bußpredigten zu halten,
mit dem Bußgebot des Königs von Ninive (Jona 3,6–10).

steht damit den Adressaten der Flugschriften ein biblisches Modell vor Augen, das zeigt, daß wahre Buße das angedrohte Schicksal wenden kann. In unapokalyptischen Zusammenhängen kann eine solche Hoffnung auch ganz unproblematisch ausgesprochen werden:

»Wo wir aber bitten von Hertzen, Benimpt Gott alls unglück und schmertzen«

heißt es bei Johannes Creat[39], und die Mittel zur Abwendung von Unglück können in einer Weise konkret werden, die von magischen Vorstellungen nur schwer unterscheidbar ist. So kündigt Hartmann Braun, der Pfarrer im hessischen Grünberg, 1611 die apokalyptische Trias von Krieg, Teuerung und Pest an – verheißt aber, daß man sie durch häufigen Sakramentengebrauch abwenden könne[40].

Die Vorstellung, daß eine Änderung im Verhalten der Menschen auch das Verhalten Gottes ändern könne, war den Lutheranern des 16. Jahrhunderts also bekannt, und sie verwendeten sie oft und gerne, um ihre Adressaten zu Wohlverhalten zu motivieren. Dieses Denken gerät aber in Schwierigkeiten, wenn nicht allgemein von weltimmanenten Strafen die Rede ist, sondern von dem hereinbrechenden Jüngsten Gericht als der eminenten Strafe überhaupt[41].

Konsequent gedacht, kann in diesem Rahmen der Gedanke auftreten, daß durch die Buße eben das Jüngste Gericht und das Ende der Welt abgewendet würden[42]. Das aber wirft die Frage auf, wie ernst eigentlich die apokalyptische Mahnung überhaupt zu nehmen ist.

---

39 Kurtze Beschreibunge des Cometen, welcher ist gesehen worden am Himmel Anno 1577 [...], Auch von etlichen Wunderzeichen, die vorher gegangen sein, zu treuer warnung an alle Christen geschrieben Durch Johan Creat [...], o.O. 1577, 5ʳ.

40 Drey tyrannische LandtReutter, So sich heut zu Tag, als am Ende der Welt, in aller Welt tummeln, rumoren, toben und wüten und von Gott die Macht bekommen haben, das vierdte Theil auf der Erden mit Schwert, Hunger unnd Pestilentz zu tödten, Beschrieben Apoc. am 6. Capitel, ILLUSTRIRT durch M. Hartman Braun [...], Gießen (Kaspar Chemlin) 1611, 10ʳ.

41 Zu dem zu selten differenzierten Verhältnis zwischen Apokalyptik und Straftheologie s. *Leppin*, Antichrist und Jüngster Tag, 151–156.

42 Z.B. PROGNOSTICON Oder Weissagung von gefehrlichen verenderungen in dieser Welt, welche im Achtzigsten Jahre angangen und endlichen biss auffs 84. und 88. Jar, ja biss ans ende der Welt sich erstrecken sollen und geschehen werden [...], Itzund zu diesem neuen Jare aus Johan Hilten und Lactantio Firmiano, auch aus Gottes wort und D. Martini Lutheri Schrifften Itzt auffs neue mit fleisse zusamen getragen und verdeutschet Durch Casparum Füger, Eisleben (Andreas Petri) 1584, 2ᵛ–3ʳ; zahlreiche weitere Belege bei *Leppin*, Antichrist und Jüngster Tag, 167, Anm. 79.

V

Die nächstliegende Deutung für diese Spannung zwischen gewisser Endzeitverkündigung und sie eigentlich aufhebendem Handlungsappell ist, daß es sich demnach bei allen apokalyptischen Mahnungen um bloß funktionalisierte theologische Aussagen handelt, daß also die apokalyptische Botschaft nur noch als leere Worthülse mitgeschleppt wird, mit der man eben besonders günstig dem ohnehin angestrebten Ziel der Sozialdisziplinierung dienen könne[43]. Solche Vermutungen sind durchaus nicht nur boshafte Interpretationen des zwanzigsten Jahrhunderts, sondern sie haben Anhalt in den Texten selbst.
Mit geradezu entwaffnender Ehrlichkeit formuliert nämlich Daniel Schaller, der Pfarrer von Stendal, der zahlreiche apokalyptische Schriften verfaßt hat, ein Programm zur Funktionalisierung apokalyptischer Vorstellungen:

»Es ist kein ding auff Erden, das die Menschen zur rechten waren Gottesfurcht, zur Buß und besserung ihres Lebens unnd aller Gottseligkeit mehr und krefftiger beweget und treibet als die betrachtung des Ernsten und gerechten Gerichts«[44].

Daher hätten denn auch die alttestamentlichen Propheten – wenn sonst gar nichts mehr genutzt hätte –

»zu diesem Donnerschlag greiffen müssen und die Leut mit dem künfftigen Jüngsten Tag und Gericht vom sünden schlaff auffgeweckt«[45].

Der Blick für die funktionale Anwendung der Endzeitverkündigung war also durchaus schon in der Konfessionalisierungszeit keineswegs ausgeschlossen, und so wird man auch bei der Rückschau aus dem zwanzigsten Jahrhundert solche Aspekte der apokalyptischen Botschaft nicht schlankweg bestreiten können. Gleich-

---

43 So deutet etwa *C.D. Hellman*, The Comet of 1577: Its Place in the History of Astronomy, New York 1944, 265 Jakob Heerbrands Predigt über den Kometen von 1577: »(...) the comet of 1577 served merely as an excuse for writing a sermon imploring the people to become devout.«
44 *Schaller*, Herold (wie Anm. 11) 2ʳ.
45 *Schaller*, Herold 2ʳ; vgl. auch Christliche Schöne und Auserlesene Vermanungen vom Elendt und Jamer aller Menschen und letzten Hendeln der Welt, Aus den alten Lehreren zusamen gezogen [...] Durch Gregorium Weiser [...], Leipzig (Johann Rambau) 1577, 11ᵛ, der erklärt, daß »die leute von ihrem gottlosen wesen nicht anders noch besser dann mit der ernsten Predigt vom Jüngsten Gericht, von der ewigen erschrecklichen und erbermlichen qual und marter aller gottlosen im Hellischen feur und dagegen von der ewigen Seligkeit, freude und wonne aller Gottfürchtigen frommen menschen im ewigen leben abgeschreckt werden können«

wohl wird man sich hüten müssen, die ganze Deutung auf dergleichen zuzuspitzen[46]. Man wird ja nicht ernstlich behaupten wollen, Schaller hätte mit seiner Aussage über die Propheten des Alten Testaments insinuieren wollen, daß diese vom Jüngsten Tag nur um der ethischen Mahnung willen geredet hätten, ohne selbst daran zu glauben.

Eine Deutung in dem Sinne, die Apokalyptik sei bloß zur Lösung anderer, sozialhistorisch definierbarer Probleme herangezogen und funktionalisiert worden, müßte denn auch den theologisch originären Ursprung der Apokalyptik ignorieren: Sie wird ja nicht etwa ad hoc herangezogen, sondern ist eine unmittelbare Folge aus der kirchlich-theologischen Identität der Autoren. Indem sich feststellen läßt, daß die apokalyptische Botschaft Auslegung des Revelationsschemas ist, daß Apokalyptik also die sinnvollste und notwendigste Auslegung der Zeitstellung des Luthertums ist, verbietet es sich von selbst, ihr die theologische und spirituelle Ernsthaftigkeit abzusprechen.

In den apokalyptischen Schriften liegen vielmehr funktionale Anwendung und demgegenüber überschüssige Identifikationsstiftungsleistung so eng ineinander, daß sie sich gar nicht voneinander trennen lassen: Der apokalyptische Horizont folgt aus der lutherischen Identitätsaussage von der Offenbarung des Antichrist. Er gibt ein Deutungsschema an die Hand, das die gegenwärtigen Mißstände verstehen läßt und zugleich zeigt, wie auf diese korrigierend Einfluß genommen werden kann. Diese Funktion entspringt aus eben dem lutherischen Bewußtsein und Selbstbewußtsein, das die eigene Zeit als die letzte erkennen läßt; dieser Zusammenhang ist nicht funktionalistisch herbeigezwungen, sondern sachlich geboten. Gerade deswegen bieten sich die apokalyptischen Konzepte für die neuen Eliten des Luthertums an: Ihnen mußte sowohl an der Einschärfung lutherischer Identität – über die Antichristkonzeption – als auch an der Einschärfung der Normen der Konfessionalisierungszeit liegen. Gerade weil apokalyptische Botschaft zugleich Identität einschärfte und über die Bußmahnung in die Welt rief, ist es kein Widerspruch, daß sie von den Pastoren des konfessionellen Luthertums propagiert wurde. Vielmehr drückt sich in dieser lutherischen Apokalyptik in herausragender Weise die Spannung zwischen dem Schon und Noch-Nicht der christli-

---

46 Ein solches funktionalistisch-reduktionistisches Modell findet sich etwa bei *W. Schulze*, Reich und Türkengefahr im späten 16. Jahrhundert. Studien zu den politischen und gesellschaftlichen Auswirkungen einer äußeren Bedrohung, München 1978, 37–42, der eschatologische Predigten einfach damit begründet, daß Resignation widerlegt werden »mußte«.

chen Existenz aus: Das Wissen um die Nähe des Endes schließt gerade die Hinwendung zur Welt nicht aus, sondern es fordert sie ein: Weil das Ende der Welt Folge eben des Reformationsereignisses ist, das auch die lutherische Konfessionskirche begründet hat, ruft die Prophetie, deren einziger Inhalt noch das Ende der Welt sein kann, in die Welt hinein und dient so der Stabilisierung eben dieser lutherischen Kirche.

Peter Zimmerling

Wiedererweckung der biblischen Prophetie?

Prophetische Phänomene in den charismatischen Bewegungen der Gegenwart

Kaum ein Zweig der Weltchristenheit hat in den vergangenen Jahren soviel von sich reden gemacht wie die sog. charismatische Bewegung. In einer Reihe von Veröffentlichungen wird sie als die am schnellsten wachsende Frömmigkeitsbewegung der Gegenwart bezeichnet[1]. Das Spektrum der zu ihr gehörenden Gruppen ist breit[2]: Es reicht von den traditionellen Pfingstkirchen, die auf den pfingstlerischen Aufbruch 1906 in Los Angeles zurückgehen, über die am Beginn der 60er Jahre in den USA entstandenen Bewegungen, die in den traditionellen Kirchen verblieben, bis zu neueren, organisatorisch unabhängigen pfingstlerisch-charismatischen Aufbrüchen, die den größten Teil der gegenwärtig zu beobachtenden Gemeindeneugründungen ausmachen[3]. Neben Glossolalie und Krankenheilung spielt in allen charismatischen Bewegungen das Charisma der Prophetie eine herausragende Rolle. Die Bewegungen berufen sich für die in ihren Reihen gepflegte Prophetie auf *biblische Vorbilder*[4]: Die Wiederentdeckung der Prophetie ist Teil des Versuchs der »Rehabilitierung und Reaktualisierung der biblischen Welt«[5] im Raum charismatischer Gruppen.

---

1 Vgl. dazu *D.B. Barrett*, World Christian Encyclopedia. A Comparative Survey of Churches und Religions in the Modern World. A.D. 1900–2000, Oxford 1982 (mit jährlichen Updates).
2 Um der Vielgestaltigkeit der charismatischen Gruppen Rechnung zu tragen, spreche ich im folgenden von charismatischen Bewegungen durchweg im Plural.
3 Vgl. dazu im einzelnen meine Untersuchung zu Pneumatologie und Ekklesiologie der charismatischen Bewegungen, die von der Universität Heidelberg 1999 als Habilitationsschrift angenommen wurde und voraussichtlich 2000 im Druck erscheinen wird; ebenso *W.J. Hollenweger*, Charismatisch-pfingstliches Christentum. Herkunft, Situation, ökumenische Chancen, Göttingen 1997.
4 *F. Aschoff u.a.*, Prophetie, hg. vom *Arbeitskreis für Geistliche Gemeindeerneuerung in der Evangelischen Kirche*, Hamburg 1992, 7ff; bes. 9f.34; *L. Schmieder* OSB, Die Prophetengabe, in: *H. Mühlen* (Hg.), Geistesgaben heute (Topos-Taschenbücher 116), 69–77.
5 Vgl. zur Formulierung *K. Hutten*, Seher, Grübler, Enthusiasten. Das Buch der traditionellen Sekten und religiösen Sonderbewegungen, Stuttgart [12]1982, 352.

Daneben verweisen sie auf die Kirchengeschichte, in deren Verlauf immer wieder prophetische Phänomene aufgetreten sind[6]. Ungefähr zeitgleich mit der Entstehung innerkirchlicher charismatischer Bewegungen und dem Auftreten der Prophetie in ihnen wurde die prophetische Dimension des christlichen Glaubens in der theologischen Diskussion wiederentdeckt[7]. Ausgelöst durch die Studentenunruhen von 1968 war die Frage nach dem – prophetisch verstandenen – politischen Wächteramt der Kirche in den Vordergrund theologischer Überlegungen getreten, ohne daß allerdings eine unmittelbare Abhängigkeit zwischen dem Auftreten dieses politisch ausgerichteten prophetischen Engagements und der meist individuell-geistlich oder -ethisch gestimmten Prophetie bei den Charismatikern feststellbar ist.

Im folgenden soll zunächst das Phänomen der charismatischen Prophetie dargestellt werden. Danach sind diejenigen Kriterien herauszuarbeiten, die von den charismatischen Bewegungen für prophetisches Reden entwickelt wurden. Dem schließt sich eine kritische Beurteilung des Phänomens charismatisch geprägter Prophetie an. Schließlich möchte ich unter Aufnahme von und Abgrenzung gegen charismatische Ansätze Überlegungen vorlegen, wie die Wiedergewinnung der Prophetie heute aussehen kann.

1.   Das Phänomen der Prophetie in charismatischen Bewegungen. Annäherungsversuche

Das Prophetieverständnis der verschiedenen charismatischen Bewegungen läßt sowohl Gemeinsamkeiten als auch Unterschiede erkennen. Alle charismatischen Gruppen heben den Unterschied hervor zwischen der prophetischen Dimension christlicher Verkündigung insgesamt und dem prophetischen Reden aus spontaner Eingebung heraus mit Worten, die der Geist Gottes Menschen in einer konkreten Situation spontan ins Herz gibt[8]. Friedrich Aschoff gibt folgende weitgefaßte Definition dessen, was die »Geistliche Gemeindeerneuerung in der Evangelischen Kirche« (GGE) unter Prophetie versteht: »Prophetie, so wie wir sie erfahren, ist ein Reden

---

6   *Aschoff*, Prophetie, 10f; *G. Bially*, Das zerrissene Gewand. Die erste große Erweckungsbewegung und Gemeindespaltung seit den Tagen der Apostel, Charisma, Heft 88 (1994), 8f (zum Montanismus).

7   Vgl. hierzu *F. Albrecht / I. Baldermann*, Art. Propheten/Prophetie, VI. Prophetie, praktisch-theologisch, in: TRE XXVII, 513–517.

8   Die Position der klassischen Pfingstler vertritt z.B. *H. Horton*, Die Gaben des Geistes, Erzhausen 1968, 224f; für die innerkirchlichen Charismatiker vgl. *Aschoff*, Prophetie, 5.

aus Eingebung, das der Heilige Geist in uns bewirkt, um dem Leib Christi zu dienen. Es ist ein Reden aus Impulsen, die Gott bewirkt; ein von Gott inspiriertes Sprechen«[9]. Dieser Auffassung entspricht, was Lucida Schmieder von der katholischen charismatischen Bewegung schreibt:»Die ›Prophetie‹ vermittelt göttliche Erkenntnis, schafft Zugang zum ›Geheimnis Gottes‹ und besitzt von daher Offenbarungsqualität«[10]. Entsprechend heißt es in einer Veröffentlichung aus dem Raum der traditionellen Pfingstbewegung:»Weissagung ist in der einfachsten Form eine göttlich inspirierte und gesalbte Äußerung«[11]. Dabei wird zwischen verschiedenen *Stufen* prophetischer Begabung unterschieden: der»Inspiration« als vom Geist hervorgebrachtem»Eindruck«, der»prophetischen Gabe«, wenn jemand häufiger Inspirationen hat, dem»prophetischen Dienst«, wenn die Gabe sich verdichtet, und dem»prophetischen Amt« als Intensivstufe des prophetischen Dienstes[12].

Charismatische Gruppen bemühen sich um eine *Reintegration* des Prophetischen *in den Glaubensvollzug.*»Sie soll [in den Gemeinden] wieder zur Normalität werden«[13]. So oder ähnlich lautet das Programm der meisten charismatischen Gruppen. Der Pfingstbericht aus Apg 2 und die Anweisungen des Paulus in 1Kor 14 bilden die beiden Basistexte für dieses Programm. Das Pfingstereignis wird als»Durchbruch der Prophetengabe in die Gemeinde hinein«[14] verstanden, 1Kor 14,1.5 als Ermunterung zur Ausübung der Prophetie im Gottesdienst – hauptsächlich durch Laien[15]. Bedeutung hat die Prophetie im Bereich charismatischer Bewegungen außer im Gottesdienst vor allem im Rahmen der Seelsorge und des Gemeindeaufbaus gewonnen[16]: Sie soll den Gottesdienst inspirieren, aber auch Sünde aufdecken – im privaten und im gesellschaftlichen

---

9 Ebd., 8f.

10 *Schmieder*, Prophetengabe, 65 formuliert in Anlehnung an G. *Dautzenberg*, Urchristliche Prophetie. Ihre Erforschung, ihre Voraussetzungen im Judentum und ihre Struktur im ersten Korintherbrief (BWANT 104), Stuttgart/Berlin/Köln/ Mainz 1975, 299.

11 So *Horton*, Gaben, 214.

12 Vgl. *M. Bickle / M. Sullivant*, Prophetie oder Profilneurose. Wie die Gabe der Prophetie in unseren Gemeinden reifen kann, Wiesbaden 1996, 135ff; vgl. dazu auch *Aschoff*, Prophetie, 8.

13 Ebd., 8.

14 Ebd., 8.

15 »Die Aussage ›Jeder hat etwas‹ [in 1Kor 14,26] macht deutlich, daß ein solcher Gottesdienst hauptsächlich von ›Nicht-Theologen‹, also von sogenannten Laien gestaltet wird. Das ist auch in der heutigen charismatischen Erneuerung so« (*A. Bittlinger*, Charismatische Erneuerung – eine Chance für die Gemeinde? [Charisma und Kirche 6], Hochheim 1979, 15).

16 *Aschoff*, Prophetie, 7.

Kontext –, sie soll erwecken, ermutigen und trösten, dem einzelnen und der Gemeinde Weisung und Orientierung geben[17]. Ein wesentliches Charakteristikum der Prophetie in charismatischen Bewegungen besteht im Versuch ihrer *Demokratisierung*. »... im Neuen Bund dürfen ›*alle* weissagen‹ – seit unser vorbildhafter Prophet [Jesus Christus] das Amt übernommen und uns einen Repräsentanten [den Geist] gesandt hat, der uns gleichermaßen in alle Wahrheit leitet«[18]. Die Demokratisierung der Prophetie ist an die Erfüllung verschiedener *äußerer* und *innerer Voraussetzungen* geknüpft. Damit in einer Gemeinde das Charisma der Prophetie wieder heimisch werden kann, sind nach Ansicht der charismatischen Gruppen Freiräume in Gottesdiensten, Haus- und Gebetskreisen nötig, in denen jedes Gemeindeglied seine prophetische Botschaft einbringen kann. Zudem muß in den Kreisen ein Klima des Vertrauens herrschen, in dem auch Fehler gemacht werden dürfen[19]. Neben diesen äußeren werden als *innere* Voraussetzungen der Prophetie das Hören in der Stille auf Gott[20] und die Heiligung, d.h. die Hingabe an Gott durch fortwährende Sündenerkenntnis, Buße und Umkehr[21] genannt. Charismatiker sind der Überzeugung, daß die Ausübung der Prophetie im Sinne von Anleitung und Ermutigung *erlernbar* ist[22]. Sie verweisen dafür auf biblische Lehrer-Schüler-Beziehungen: Mose und Josua, Elia und Elisa, Jesus und seine Jünger: »Es ist bei all diesen Beispielen absurd anzunehmen, daß sich der Lernvorgang nur auf die Wortüberlieferung, nicht aber etwa auf den Bereich des charismatischen Heilens oder der *Prophetie* erstreckte«[23].
Neben diesen gemeinsamen Grundüberzeugungen bestehen zwischen dem Prophetieverständnis der verschiedenen charismatischen Richtungen gewichtige *Unterschiede*. Diese treten besonders deutlich beim Vergleich zwischen der Position der klassischen Pfingstler und der innerkirchlichen Charismatiker hervor. *Klassische Pfingstler* sind bestrebt, das Moment der Übernatürlichkeit herauszustellen, und machen dieses an der *Ausschaltung des menschlichen Verstandes* im Rahmen der Prophetie fest: »Sie [die Weissagung] ist

---

17 *L. Christenson*, Komm Heiliger Geist! Informationen, Leitlinien, Perspektiven zur Geistlichen Gemeinde-Erneuerung, Metzingen/Neukirchen-Vluyn 1989, 242f.
18 *Horton*, Gaben, 216 (Kursivierung P.Z.).
19 *Aschoff*, Prophetie, 19f.
20 Ebd., 9.
21 *H. Mühlen*, Umkehr als Voraussetzung prophetischen Redens, in: *ders.*, Geistesgaben, 50ff.
22 *Christenson*, Heiliger Geist, 244f.
23 Ebd., 245 (Kursivierung P.Z.).

ganz und gar übernatürlich ... Gewiß, Wille und Glaube des Menschen sind bei der Weissagung tätig – *jedoch nicht der Verstand, das Denkvermögen.* Die Worte kommen daher mit derselben göttlichen Vollmacht über die Lippen eines Bauern wie eines Philosophen; sind doch beide der ›Mund‹, durch den Gott Sein Wort redet«[24]. Im Moment der als Ausschaltung des Verstandes definierten Übernatürlichkeit liegt für Pfingstler auch die Unterscheidung zwischen Prophetie und Predigt begründet: »Mit einem Wort, Predigt ist göttlich inspiriert, aber nicht übernatürlich. Weissagung ist mit jeder Faser übernatürlich«[25]. *Innerkirchliche Charismatiker* versuchen demgegenüber die Geistgewirktheit prophetischer Rede stärker mit ihrer menschlichen Bedingtheit zusammenzudenken. Zum einen betonen sie die unterschiedliche Prägung der Prophetie durch die jeweilige *Persönlichkeit* des Sprechenden: »Die Geistesgaben fließen durch unsere Persönlichkeit hindurch ... Gott schaltet ja unsere Persönlichkeit, die er selbst geschaffen hat, nicht einfach aus und degradiert uns zu Sprechautomaten ... Das Hindurchfließen durch unsere Persönlichkeit bedingt, daß Worte und Bilder auch immer etwas von uns selbst annehmen«[26]. Zum anderen heben sie die *Irrtumsfähigkeit* der Prophetie hervor: »Auch dort, wo Menschen über viele Jahrzehnte eine gute, erprobte Form prophetischer Eingebung erfahren, werden wir nie eine hundertprozentige Genauigkeit erleben ... Auch die persönliche Befindlichkeit des Propheten, seine Erregung oder Gelassenheit, seine Sorge oder seine Freude lassen sich nie ganz ausschalten«[27].
Verschieden ist auch die Stellung der unterschiedlichen charismatischen Gruppen zur *Zukunftsprophetie.* In den älteren Pfingstdenominationen hat die Erfahrung vieler nicht eingetretener Prophetien dazu geführt, die spontane Prophetie, die über die Form der Erbauungsrede hinausgeht, zurückzudrängen, sogar »als teuflische Verführung« abzulehnen[28]. »Ein weiterer Irrtum besteht darin, daß die Gabe der Weissagung mit Zukunftsvoraussagen verwechselt wird ... Eine gründliche Untersuchung zeigt, daß die Gabe in sich selbst nicht die Kraft besitzt, die Zukunft vorauszusagen. Die Zweckbestimmung in der Schrift (1. Kor. 14,3) läßt keinen Rückschluß auf Voraussagen zu«[29]. In der klassischen Pfingstbewegung wird auch die der Zukunftsweissagung verwandte Funk-

---

24 *Horton*, Gaben, 214f (Kursivierung P.Z.).
25 Ebd., 225.
26 *Aschoff*, Prophetie, 20.
27 Ebd., 21.
28 Nachweise *W.J. Hollenweger*, Enthusiastisches Christentum. Die Pfingstbewegung in ihrer Geschichte und Gegenwart, Wuppertal/Zürich 1969, 393f.
29 *Horton*, Gaben, 219.

tion der Prophetie als *Wegweisung* und *Leitung* abgelehnt[30]. Im
Hinblick auf Agabus, der Paulus das Martyrium prophezeit, wird
behauptet: »Aber es ist von Bedeutung, daß er keine Leitung anbietet; es wird ... dem Paulus [überlassen], seine Handlungsweise
selbst zu entscheiden (Apg. 21,13)«[31]. Im Unterschied zu den traditionellen Pfingstlern stehen innerkirchliche Charismatiker prophetischen Zukunftsansagen durchaus positiv gegenüber, wobei
gleichzeitig vor einer falschen Faszination gewarnt wird[32]. Auch erwarten innerkirchliche Charismatiker anders als klassische Pfingstler von prophetischen Eindrücken Wegweisung und Leitung für
den einzelnen und für die Gemeinde als ganze. Allerdings wird
ausdrücklich auf die Gefahr des Mißbrauchs einer Prophetie als
Orakel hingewiesen[33].
Unter Berufung auf die biblische Prophetie heben Charismatiker
hervor, daß es *vielfältige Formen* prophetischen Redens gibt[34]. In
neueren Gruppen kommt es zu Weissagungen, Mahnreden, prophetischen Gebeten, prophetischen Liedern, persönlichen Prophetien, prophetischen Visionen und prophetischen Taten[35]. Arnold
Bittlinger von der evangelischen Bewegung hat die im charismatischen Gottesdienst auftretenden unterschiedlichen Formen prophetischen Redens anhand von Beispielen der Öffentlichkeit vorgestellt.
Als erstes führt er eine Form der Prophetie an, die ich als *seelsor-
gerlich-parakletisch* bezeichnen möchte. Diese Form der Prophetie ist nach Bittlingers Angaben in charismatischen Gottesdiensten am verbreitetsten. Gott rede durch sie gewöhnlich in der ersten Person, um aufzubauen und zu heilen, was im Leben der Adressaten zerstört und krank sei, oder um den Hörer zu ermuntern,
im Glauben nicht müde zu werden. Für diese Form der prophetischen Rede berufen sich Charismatiker auf 1Kor 14,3, wo Paulus
schreibt: »Wer aber prophetisch redet, der redet den Menschen zur
Erbauung und zur Ermahnung und zur Tröstung.« Bittlinger gibt
dafür folgendes Beispiel aus einem charismatischen Gottesdienst:
»... Ich möchte euer Leben zutiefst verwandeln. Schaut auf mich!
Ich bin immer noch anwesend in meiner Kirche. Ein neuer Ruf
ergeht an euch. Ich schaffe mir aufs neue ein Heer von Zeugen
und führe mein Volk zusammen. Meine Kraft liegt auf ihm. Sie

---

30 Ebd., 222.
31 *D. Gee*, Über die geistlichen Gaben. Eine Reihe von Bibelstudien, 3., verb.
und erw. Auflage, Schorndorf o.J., 38.
32 Z.B. *Aschoff*, Prophetie, 29–33.
33 Ebd., 17f.
34 Ebd., 8f; *Schmieder*, Prophetengabe, 69ff.
35 *Aschoff*, Prophetie, 11ff.

werden meinem auserwählten Hirten folgen. Wende dich nicht ab von mir!«[36]

Als Beispiel für eine prophetische *Mahnrede*, die im Sinne von 1Kor 14,24ff Sünde aufdecken soll, führt Bittlinger das Wort eines Propheten an, das den Mitarbeitern eines Retraiten-Hauses gegolten hat: »Herr, Du zeigst mir, daß in diesem Haus viel Stolz und Hochfahrendes investiert ist, und daß es viel Schlichtheit und Demut und Demütigungen braucht, daß das wahrhaft abgebaut werde und daß ein Ort des Friedens, der Gottesliebe und des Gottesdienstes heranwachse und Gestalt gewinne. Herr, behüte, die dort wohnen und arbeiten, vor Verzagen und Zweifel. Deine Gnade ist groß und stark und reicht aus. Auch Schmerz wird durch Dich zu Frieden und Freude werden und zu einer Kraft der wahren Hilfe«[37]. Gewöhnlich ergeht nach Bittlinger eine solche prophetische Gerichtsrede allerdings in Form einer Vision[38].

Als Beispiel für eine Prophetie an einen einzelnen, die »konkrete Weisung für eine konkrete Situation« (z.B. Offb 2,10) verbunden »mit einem Ausblick in die Zukunft« (z.B. Apg 11,28ff) geben will, zitiert Bittlinger: »Gott sagt, daß du lange genug in Jerusalem warst, jetzt mußt du bis an die Enden der Erde gehen. Gott wird ein neues Werk tun in der ganzen Welt und wird die Ordnung der Dinge auf den Kopf stellen. Er wird eine wunderbare Erneuerung durch den Heiligen Geist in den alten Konfessionen herbeiführen, und du wirst einen Teil an dieser Erneuerung haben. Wenn du demütig und treu bleibst, dann wirst du lange genug leben, um zu sehen, wie diese Erneuerung sich ereignet«[39].

Die von Bittlinger zitierten Beispiele lassen m.E. gut die Eigenart charismatischer Prophetie erkennen. Ihr Adressat ist ein einzelner, eine Gruppe oder auch eine ganze Gemeinde. Zum Thema hat sie die Erneuerung oder Förderung der persönlichen Frömmigkeit und auf dem Weg über die Heiligung des einzelnen die charismatische Erneuerung der Gemeinde. Ihre Inhalte nimmt sie aus den biblischen Geboten, vor allem aus der apostolischen Paränese.

2. Kriterien prophetischen Redens in charismatischen Bewegungen

Charismatische Bewegungen haben eine Reihe von Kriterien zur Prüfung prophetischen Redens entwickelt. Die Frage nach solchen

---

36 *Bittlinger*, Erneuerung, 16.
37 Ebd., 17.
38 S. ebd., 16f.
39 Ebd., 18.

Kriterien stellte sich nicht nur, weil jede Prophetie auf ihre Richtigkeit hin zu überprüfen war, sondern auch aus seelsorgerlichen Gründen, um zu verhindern, daß eine charismatische Gruppe oder Gemeinde wehrlos dem geistlichen Anspruch eines Propheten oder einer Prophetin ausgeliefert wurde. Gerade in den neueren innerkirchlichen charismatischen Bewegungen, in denen die Prophetie als faszinierend erlebt wird, aber noch relativ wenig Erfahrung im Umgang mit ihr besteht, wird nach meiner Beobachtung zunehmend Wert auf die Prüfung gelegt: »Je mehr die Gabe der Prophetie unter uns intensiviert wird, desto entscheidender wird es für uns sein, nicht in blinder Leichtgläubigkeit davon hinweggeschwemmt zu werden, sondern umso eingehender der Schrift Folge zu leisten, Prophetien zu prüfen und sie dann erst verantwortungsbewußt einzusetzen«[40].

Sowohl Mitglieder der innerkirchlichen charismatischen Gruppen als auch traditionelle Pfingstler betonen, daß Prophetien dem biblischen Wort *nachgeordnet* bleiben müssen. Kriterium jeder Prophetie sei die *Übereinstimmung mit der Schrift*. In einer von der GGE autorisierten Veröffentlichung heißt es: »Auch wenn echtes prophetisches Reden aus der gleichen Quelle wie das biblische Wort kommt, nämlich vom Geist Gottes gewirkt, tritt es doch nie in irgendeine Gleichberechtigung neben das biblische Wort«[41]. Lucida Schmieder von der katholischen charismatischen Bewegung präzisiert in Anlehnung an Karl Rahner: »Das prophetische Wort heute ... will der allgemeinen, bereits abgeschlossenen Offenbarung nicht inhaltlich etwas Neues hinzufügen, sondern hat den Charakter eines *Imperativs*, einer Weisung, wie in einer geschichtlichen Situation gehandelt werden soll«[42]. Dabei findet das Kriterium der Schriftgemäßheit im Bereich der katholischen charismatischen Bewegung seine nähere Qualifizierung in der Frage nach der Übereinstimmung mit der »Glaubensnorm der Kirche«, worauf Schmieder unter Bezugnahme auf Röm 12,6 hinweist[43]. Eine wich-

---

40 *Aschoff*, Prophetie, 62.
41 *P. Toaspern* in: ebd., 6.
42 *Schmieder*, Prophetengabe, 66 (Kursivierung im Text). Ähnlich Horton als klassischer Pfingstler: »Wenn eine Weissagung nicht dem Worte Gottes entspricht oder nicht innerhalb der biblischen Richtlinien bleibt, soll sie ohne Zögern als wertlos, schädlich oder verwerflich bezeichnet werden ...« (*ders.*, Gaben, 233). In der gleichen Richtung auch Toaspern von der GGE: »Aber rechte Prophetie verdrängt nicht das biblische Wort, sondern ordnet zu ihm hin« (*ders.*, Geistliche Gemeindeerneuerung in theologischer Verantwortung. Worin sind wir selbst angefragt? Worauf müssen wir achten?, nur für den innerkirchlichen Dienstgebrauch – II/120 – 88/09, 4).
43 *Schmieder*, Prophetengabe, 81: »Hat einer die Gabe der Prophetie, so rede er in Übereinstimmung mit dem Glauben.«

tige praktische Konsequenz aus dem Kriterium der Bibelgemäß-
heit besteht in der Forderung, daß nicht Propheten mit ihren Prophetien eine Gemeinde leiten dürfen, sondern Prediger diese Aufgabe durch das Evangelium wahrzunehmen haben, die Botschaft
vom gekreuzigten und auferstandenen Jesus von Nazareth: »Die
wichtigste Quelle für die Führung einer Gemeinde sollte die ge-
sunde Lehre vom Wort sein – nicht Prophetie«[44].

Als weiteres Kriterium gilt in allen Bewegungen der *Charakter des
Prophezeienden*. Er muß bestimmte Voraussetzungen erfüllen: Be-
lastbarkeit, Flexibilität, Demut, Bereitschaft zur Prüfung und Kor-
rektur[45].

Ein immer wieder genanntes Kriterium ist die Frage nach den *Auswirkungen* der Prophetien in Gottesdienst, Seelsorge, Gemeinde-
aufbau und Gesellschaft: »Der Heilige Geist schafft durch sie die
Freiheit zu neuer Anbetung und tiefem Lobpreis, er provoziert
neue Entscheidungen zu erstmaliger oder vertiefter Umkehr zu
Gott; sie gewinnen Menschen zu Diensten in Gemeinde und Gesellschaft, und sie wirken die Demut, in Schwierigkeiten auszuhalten«[46].

In ähnliche Richtung weisen Kriterien, die sich aus den folgenden
Fragen ergeben: Enthält die Prophetie nur Allgemeinplätze? Wird
sie »salopp« vorgetragen oder drohend? Hat man den Eindruck,
daß der Sprechende die Prophetie mißbraucht, um in der Gemeinde an Einfluß zu gewinnen? Schließlich besteht ein wesentliches
Kriterium in der zustimmenden oder ablehnenden Reaktion der
Adressaten, an die sich die Prophetie richtet[47]. Als Prüfungsinstanzen werden neben der Gruppe der anderen Propheten (unter Berufung auf 1Kor 14,32) alle Christen genannt. Vor allem aber wird
den Gemeindeleitern und den Leitern der charismatischen Gebets-
gruppen die Prüfung von Prophetien übertragen[48].

Die Übereinstimmung mit der Schrift, der Charakter des Prophezeienden und die Konsequenzen der Prophetie sind die wichtigsten Kriterien, die in charismatischen Bewegungen zur Prüfung
angewandt werden. Im Bereich der katholischen charismatischen
Bewegung tritt dazu noch das Kriterium der Übereinstimmung mit
der kirchlichen Lehre. Bei der folgenden Beurteilung der Prophetie in charismatischen Bewegungen sind nicht zuletzt diese Kriterien auf ihre Tragfähigkeit hin zu überprüfen.

---

44 Vgl. z.B. für die GGE *W.A. Grudem*, in: *Aschoff*, Prophetie, 68.
45 *Schmieder*, Prophetengabe, 78ff.
46 *Christenson*, Heiliger Geist, 244.
47 *Schmieder*, Prophetengabe, 78ff.
48 Z.B. *Schmieder*, Prophetengabe, 81; *Christenson*, Heiliger Geist, 244.

3. Beurteilung der Prophetie in charismatischen Bewegungen

Eine biblisch-theologische Beurteilung des Phänomens der Prophetie in charismatischen Bewegungen wird durch die Tatsache erschwert, daß in der exegetischen Forschung nach wie vor »große
Unsicherheit« über Inhalt und Bedeutung der urchristlichen Prophetie besteht[49]. Grund dafür ist vor allem die Schwierigkeit, allgemein anerkannte Kriterien für das, was urchristliche Prophetie
ist, aus dem Neuen Testament zu erheben[50]. Nur relativ selten werden prophetische Phänomene als solche angesprochen und inhaltlich näher beschrieben (am ehesten in 1Kor 14 und der Offenbarung). Die Zuordnung zusätzlicher neutestamentlicher Texte zur
urchristlichen Prophetie (etwa die Worte Jesu aus dem Johannes-
evangelium) ist entsprechend schwierig und bleibt kontrovers. Immerhin lassen sich m.E. verschiedene Aspekte urchristlicher Prophetie erkennen: Konstitutiv ist für sie die Christusbotschaft und
die Bezogenheit auf die Schrift (des Alten Testaments); zudem
umfaßt sie die Ankündigung zukünftiger Ereignisse und die Aufdeckung von Schuld aufgrund geistgewirkter Einsicht.
Erschwert wird die Beurteilung prophetischer Phänomene in charismatischen Bewegungen noch dadurch, daß vergleichbare Erfahrungen in der Gesamtkirche kaum gemacht werden. Vielmehr
werden prophetische Erfahrungen von Gruppen reklamiert, die
eher am Rand der Kirche anzusiedeln sind: auf der einen Seite von
charismatischen Bewegungen, auf der anderen Seite von so-
zialethisch orientierten Nachfolgegruppen.
Trotzdem kann m.E. soviel gesagt werden: Charismatische Gruppen weisen mit Recht darauf hin, daß die neutestamentlichen
Schriften die besondere *Wertschätzung* der Prophetie in den urchristlichen Gemeinden erkennen lassen. Sie wird sichtbar an der
hohen Bewertung, die die alttestamentlichen Propheten in den
neutestamentlichen Schriften genießen: Die dem Neuen Testament
vorliegende Heilige Schrift wird als »das Gesetz und die Propheten« bezeichnet (z.B. Mt 5,17; Lk 16,16; Joh 1,45; Apg 13,15;
Röm 3,21)[51]. Wie im Alten werden auch im Neuen Testament die
wichtigsten Personen als Propheten betrachtet bzw. lassen zumindest prophetische Züge erkennen. Das Wirken Johannes des Täu-

---

49 *Dautzenberg*, Prophetie, 24.
50 Vgl. hier und im folgenden bes. ebd., 18ff; vgl. auch *ders.*, Art. Prophe-
ten/Prophetie, IV. Neues Testament und Alte Kirche, TRE XXVII, 503f.
51 Vgl. hier und im folgenden *O. Böcher*, Art. Propheten, Prophetie, 3. Neues
Testament, EKL[3] III, 1345ff; *Dautzenberg*, Art. Propheten/Prophetie, Neues Testament und Alte Kirche, 503ff; *ders.*, Prophetie; *O. Betz*, Art. Prophetie, c) im
Neuen Testament, ELThG III, 1620.

fers, der am Anfang aller Evangelien steht, entspricht dem eines alttestamentlichen Propheten (vgl. Mt 3,1ff par)[52]. Das gilt nicht zuletzt für seine Gerichtsverkündigung über Israel (Mt 3,2) und für sein gewaltsames Ende (Mt 14,1ff). Auch das öffentliche Wirken Jesu trägt viele prophetische Züge, ohne daß sein Wesen damit allerdings ausreichend erfaßt werden könnte (wie z.b. an Mt 16, 13ff par erkennbar ist). Zu diesen Zügen gehört nach Mt 4,17 der Inhalt seiner Verkündigung, seine gegenüber Lehrern und Priestern freiere Stellung zur Tora, wie sie in der Bergpredigt sichtbar wird (Mt 5,21ff), seine Wunder, die vor allem an das Wirken Elisas erinnern, und sein gewaltsames Ende, das er selbst nach dem Gleichnis von den bösen Weingärtnern in eine Reihe mit den Prophetenschicksalen gestellt hat (Mt 21,33ff par). Neben Johannes dem Täufer und Jesus gibt es im Neuen Testament eine Reihe weiterer *prophetischer Gestalten*: z.b. Simeon (Lk 2,25–35), Hanna (Lk 2, 36–38), Agabus (Apg 11,27f; 21,10–14), Judas und Silas (Apg 15, 32) und die vier Töchter des Philippus (Apg 21,9). Auch die *Apostel* entsprechen in Leben, Wirken und Selbstverständnis in vielerlei Hinsicht den *alttestamentlichen Propheten* (vgl. z.B. die Berufungsvision des Paulus in Apg 9,3–19 par), ohne daß die Zwölf und Paulus deswegen im Neuen Testament als Propheten bezeichnet würden. Eine Hochschätzung der Prophetie läßt auch Paulus selbst erkennen, wenn er die Gemeindeglieder von Korinth auffordert, nach ihr besonders zu streben (1Kor 14,1.5), und wenn er der Ordnung ihrer gottesdienstlichen Ausübung ein ganzes Kapitel widmet (1Kor 14). Er nimmt sie überdies sowohl gegen den Versuch ihrer Verdrängung durch die Glossolalie (1Kor 14,1ff) als auch gegen Kritik (1Thess 5,20) in Schutz.

Neben der Hochschätzung der Prophetie läßt sich auch der Einsatz für eine *Demokratisierung* der prophetischen Gabe durch charismatisch orientierte Gruppen vom Neuen Testament her begründen. Die eschatologisch verheißene Demokratisierung des Geistes (Joel 3,1–5) erfüllt sich nach Lukas gerade in der Verleihung der Gabe der Prophetie an *alle* Nachfolger und Nachfolgerinnen Jesu, wobei Glossolalie und Prophetie in der Apostelgeschichte kaum unterscheidbar sind (Apg 2,17f). In der gleichen Linie versteht Paulus die Gabe der Prophetie als Gabe für *alle* Gemeindeglieder (1Kor 14,31: »Ihr könnt alle prophetisch reden«)[53].

---

52 Es kann hier unberücksichtigt bleiben, inwieweit die prophetische Dimension sowohl des Wirkens Johannes des Täufers als auch Jesu im Verlauf der neutestamentlichen Überlieferungsgeschichte unterschiedlich akzentuiert worden ist.
53 Erst im Verlauf der Geschichte des Urchristentums scheint es zu einer *Institutionalisierung* der Prophetie gekommen zu sein: Neben Aposteln und Lehrern

Mit der Einführung der im Sinne von Anleitung und Ermutigung
verstandenen Kategorie der *Lernbarkeit* haben vor allem neuere
charismatische Bewegungen die Voraussetzung dafür geschaffen,
die entsprechenden neutestamentlichen Aussagen in der gemeindlichen Praxis umzusetzen und zur Ausübung der Prophetie anzu-
leiten. Der konkreten Verwirklichung dieses Anliegens dient ein
reichhaltiges Angebot von Vorträgen und Seminaren zum Thema
Prophetie. Durch die Aufforderung an jeden und jede, trotz der
Angst vor Fehlern und der Sorge vor Unberechenbarem die eigenen prophetischen Eindrücke in Gebetskreisen und gottesdienstlichen Versammlungen einzubringen[54], kommt in charismatischen
Bewegungen ein prophetischer Kommunikationsprozeß in Gang,
an dem sich – wenn es gut geht – jedes Gemeindeglied beteiligen
kann. Die Gemeinde wird zum Raum, in dem jeder und jede seine
prophetische Erkenntnis zur Prüfung stellen kann.
Ein solcher Kommunikationsprozeß entspricht m.E. durchaus
Überlegungen, die Paulus in 1Kor 14 vorträgt (bes. V. 29–33).
Dautzenberg, der die bisher ausführlichste Untersuchung zur urchristlichen Prophetie vorgelegt hat, geht zu Recht davon aus, daß
Paulus eine Art »prophetischer Kommunikation« in der Gemeinde
vorschwebt[55]. Jede Prophetie sollte nach 1Kor 14,29ff in den innergemeindlichen Diskurs eingebracht werden[56]. Urchristliche Pro-

---

werden Propheten zu einem anerkannten, festen Stand (so *G. Ruhbach*, Art. Prophetie, d) kirchengeschichtlich, ELThG III, 1620; vgl. dazu im einzelnen *H. von
Campenhausen*, Kirchliches Amt und geistliche Vollmacht in den ersten drei
Jahrhunderten [Beiträge zur historischen Theologie 14], 2., durchgesehene Auflage, Tübingen 1963; vgl. auch *Dautzenberg*, Prophetie). Vor allem judenchrist-
lich-palästinische Gemeinden scheinen ihre eigenen Propheten gehabt zu haben
(vgl. Apg 13,1–3; 15,22–32). Aber auch in den paulinischen Gemeinden läßt
sich eine solche Entwicklung beobachten, wenn der Apostel neben der Gabe der
Prophetie (z.B. 1Kor 14,3) vom Amt des Propheten (1Kor 12,29) spricht. Neben
die prophetische Gabe, die allen Gemeindegliedern gleichermaßen zur Verfügung
steht, tritt damit das prophetische Amt.
54   Vgl. z.B. *Aschoff*, Prophetie, 8.
55   Dautzenberg begründet diesen Gedanken mit einer nicht unumstrittenen Deutung von 1Kor 14,29: Er versteht die herkömmlicherweise mit »Unterscheidung
der Geister« wiedergegebene Stelle als »Deutung von Geistesoffenbarungen«
(vgl. *ders.*, Art. Propheten/Prophetie, IV. Neues Testament und Alte Kirche, 506;
so auch die These seiner Habilitationsschrift »Urchristliche Prophetie«). Tatsächlich ist – auch unabhängig von dieser These – nicht zu verkennen, daß als
Prophetie zu verstehende eschatologische Mitteilungen des Paulus wie 1Kor 15,
51f »von weiteren Erklärungen, Bezugnahmen auf schon vorhandene apokalyptische Gewißheiten ..., Schriftauslegungen und von paränetischen oder doxologischen Schlußbildungen« umgeben sind (*ders.*, Art. Propheten/Prophetie, IV. Neues Testament und Alte Kirche, 506).
56   Ebd., 505f.

phetie ist also nicht zu verwechseln mit dem unhinterfragbaren Offenbarungswissen einer Prophetenelite, das die breite Masse der Gemeinde einfach zu glauben hatte, sondern irrtumsfähige, aber auch korrekturfähige Erkenntnis, die sich freiwillig der Prüfung durch die Gemeinde stellen sollte. Darauf deutet schon die Demokratisierung der Prophetengabe nach Apg 2 hin. Aber auch die Offenbarung läßt ein entsprechendes Prophetieverständnis erkennen: Weil »das Zeugnis Jesu der Geist der Prophetie« ist (19,10b), d.h. die urchristliche Prophetie im Evangelium von Jesus Christus ihre inhaltliche Mitte besitzt, haben alle Gläubigen (»Knechte«) eo ipso Anteil am prophetischen Geist (1,1; 7,3; 19,2.5; 22,6b)[57].

Mit der Prophetie haben die charismatischen Bewegungen schließlich das Moment der *Intuition* als Wirkungsfeld des Geistes entdeckt[58]. Gegenüber einer ausschließlich auf die Ratio konzentrierten Theologie und Frömmigkeit bedeutet dies eine notwendige Einsicht in das weiterreichende Wirken des Geistes. Erkenntnis Gottes wird dem Menschen nach den biblischen Überlieferungen nicht nur auf dem Weg des diskursiven, rationalen Denkens, sondern auch auf dem Weg der inneren Schau, der Intuition, zuteil[59].

Neben diesen positiven Aspekten der Neuentdeckung des Phänomens der Prophetie in charismatischen Bewegungen bedürfen vor allem drei Themenbereiche weiterer Klärung: die Frage nach der *Übernatürlichkeit*, nach dem *Inhalt* und nach den *Prüfungsinstanzen* der Prophetie. Charismatiker glauben, daß der Heilige Geist wie durch Glossolalie und durch Krankenheilung so auch durch Prophetie auf *übernatürliche* Weise wirkt. Der Eindruck drängt sich auf, daß sie gerade darum besonders begehrt und häufig thematisiert wird. Eine einseitige Hervorhebung des »übernatürlichen und numinosen Charakters« der Prophetie entspricht jedoch nicht dem Duktus der neutestamentlichen Aussagen, auch wenn dieser

---

57 *Böcher*, Art. Propheten/Prophetie, 3. Neues Testament, 1348.

58 Eine eingehende Untersuchung des Begriffs der Intuition muß aus Raumgründen unterbleiben. Der Begriff stammt aus der Philosophie und ist in unserem Jahrhundert zu einem psychologischen Fachterminus geworden. »Er meint die Fähigkeit des Menschen, in einer Weise inneren, geistigen Sehens wesentliche Zusammenhänge der Wirklichkeit zu schauen. Intuition steht damit im Gegensatz zum rational analytischen bzw. argumentierenden Nachfragen und Denken« (*W.J. Bittner*, Intuition und Charisma, in: *S. Pfeifer* (Hg.), Psychotherapie und Seelsorge im Spannungsfeld zwischen Wissenschaft und Intuition, Moers 1996, 20).

59 So auch ebd., 21f. Die Bedeutung der Intuition für den Erkenntnisfortschritt insgesamt hebt Rosmarie Berna hervor, indem sie auf die – um des Fortschritts der Wissenschaft willen notwendige – Spannung zwischen anerkanntem Wissen und der Ungewißheit noch nicht theoretisch einzuordnender, intuitiver Einsichten hinweist (*dies.*, Psychoanalyse zwischen Wissenschaft und Intuition. Folgerungen für die Seelsorge, in: ebd., 137–153).

Aspekt urchristlicher Prophetie in der reformatorischen Theologie durch die Gleichsetzung von Predigt bzw. Schriftauslegung und Prophetie zugegebenermaßen vernachlässigt worden ist[60]. Es ist nicht zu übersehen, daß zur urchristlichen Prophetie auch die geistgewirkte Einsicht in bestimmte Zusammenhänge (wie das innerste Denken eines Menschen nach 1Kor 14,24f) und die Ankündigung zukünftiger Ereignisse gehört (so neben der Offenbarung z.B. Agabus in Apg 11,27ff; 21,10ff). Demgegenüber zeigt aber z.B. 1Kor 14,3f, daß auch die ganz unspektakuläre »Erbauung, Ermahnung und Tröstung« der Gemeinde Gegenstand der urchristlichen Prophetie ist. In die gleiche Richtung deutet das Wirken von Judas und Silas nach Apg 15,32. Wichtiger noch und den Aspekt des »übernatürlichen und numinosen Charakters« der urchristlichen Prophetie weiter relativierend ist die Beobachtung, daß für diese die *christologische* Ausrichtung konstitutiv ist: Im Zentrum der urchristlichen Prophetie steht das Christusereignis[61]. Das gilt auch für den Gesamtduktus der Offenbarung (vgl. z.B. Offb 19,10b, wo Zeugnis Jesu und Gabe der Weissagung identifiziert werden). Die Christusbotschaft überbietet jede Form von »übernatürlicher und numinoser Prophetie« und führt dadurch unweigerlich zu ihrer Relativierung. Dazu trägt schließlich auch der Bezug auf die (alttestamentliche) Schrift bei, der für die neutestamentliche Prophetie konstitutiv ist: Sie tritt auf als aktuelle Deutung des Gotteswillens nach der Schrift (z.B. Apg 2,11.14ff).

Genausowenig wie mit »übernatürlichen und numinosen Erkenntnissen« ist die urchristliche Prophetie mit der *Öffnung von Tiefendimensionen* und dem Hervortreten von *intuitiven Fähigkeiten* in besonders »dichten« charismatischen Versammlungen zu identifizieren[62]. Heutiges Wirken des Geistes sollte nicht auf der

---

60 Gegen *Dautzenberg* (Art. Propheten/Prophetie, IV. Neues Testament und Alte Kirche, 506), der in seiner Argumentation von der Offenbarung ausgeht und meint, aufgrund der unterschiedlichen Ausrichtung des Corpus und der Sendschreiben zwei primäre Funktionsbereiche der neutestamentlichen Prophetie erkennen zu können: »... die Beschäftigung mit dem Bereich der eschatologischen Geheimnisse und die mit übernatürlicher Erkenntnis einhergehende Buß- und Umkehrpredigt« (ebd., 508). Dautzenberg glaubt, diese Sicht mit dem 1. Korintherbrief stützen zu können, wonach für Paulus der Bereich der »Geheimnisse« (μυστήρια) der »eigentliche Erkenntnis- und Verkündigungshorizont der Prophetie« sei (13,2; 14,2). Das vom Apostel in 1Kor 14,24f angeführte Beispiel einer Kardiognosie (Herzensschau) mache den »übernatürlichen und numinosen Charakter« der Prophetie besonders deutlich (ebd., 506).
61 So *Betz*, Art. Prophetie, c) im Neuen Testament, 1620.
62 So H.-D. Reimer, bis zu seinem Tod einer der besten Kenner der innerkirchlichen charismatischen Bewegungen (*ders.*, Wenn der Geist in der Kirche wirken will. Ein Vierteljahrhundert charismatische Bewegung, Stuttgart 1987, 67).

Stufe undeutlicher prophetischer Traditionen gedacht werden, wie sie z.b. das Richterbuch erkennbar läßt[63]. Das prophetische Reden muß die Klarheit des biblischen Wortes widerspiegeln, das dieses durch die Orientierung auf die Christusbotschaft bekommt. An dieser Stelle liegt m.E. auch die bleibende Berechtigung der reformatorischen Identifizierung von Prophetie und Predigt. Die in Christus vollbrachte Erlösung ist Interpretationsrahmen jeder prophetischen Rede (vgl. dazu Hebr 1,1). Um des Evangeliums willen ist es nötig, daran festzuhalten, daß Gott am Menschen primär durch das »äußere Wort« von Bibel und Predigt und durch die Sakramente handelt[64]. Weil die Erlösung vom Sterben des irdischen Jesus am Kreuz abhängt, begegnet Gott dem Menschen zu allererst auf menschlich-geschichtliche Weise, eben im äußeren Wort. Dieser Rahmen muß konstitutiv bleiben für jede andere Form des Geisteswirkens, wie z.B. sein unmittelbares Reden im Herzen durch prophetische Eindrücke. Die in vielen charismatischen Gruppen zu beobachtende Rangfolge muß also umgekehrt werden: *Nicht der übernatürliche oder numinose Charakter macht die Qualität einer Prophetie aus, sondern der Grad der Deutlichkeit, mit der sie auf das Evangelium verweist.*

Auch im Hinblick auf den *Inhalt* der Prophetien in charismatischen Bewegungen ist weitere Klärung nötig. Die Prophetie der klassischen Pfingstbewegung hat bisher nirgends die *Weite* der biblischen Prophetie erreicht. Sie hat höchstens *einen* Aspekt biblischer Prophetie kultiviert, die Erbauung und Ermahnung des einzelnen nach 1Kor 14,3. Allerdings läßt sich dabei bisweilen eine erschreckende Banalisierung beobachten. Noch schärfer urteilt Walter J. Hollenweger: »Von einigen wenigen Ausnahmen abgesehen, scheint mir die biblische Prophetie in der Pfingstbewegung abwesend zu sein...«[65] Als Prophetie im biblischen Sinn will er weder »banale Sprüche« wie »Die klugen Jungfrauen machen keine Schulden. Die klugen Jungfrauen kaufen keine Vorräte. Die klugen Jungfrauen haben keine Ersparnisse...«[66] noch Worte der Erkenntnis, die einen Ehebruch aufdecken[67], verstanden wissen. Die Beobachtung, daß es in der Pfingstbewegung keine biblische Prophetie gibt, wird für ihn auch nicht durch Prophetien, die ein Vor-

---

63 Vgl. *M. Welker*, Gottes Geist. Theologie des Heiligen Geistes, Neukirchen-Vluyn ²1993, 58ff. Er erläutert sie unter der Überschrift: »Frühe und undeutliche Erfahrungen der Macht des Geistes«.
64 So Luther; vgl. dazu *P. Althaus*, Die Theologie Martin Luthers, Gütersloh 1962, 42ff.
65 *Hollenweger*, Christentum, 394.
66 Zit. ebd., 260.
67 Hollenweger zitiert ein Beispiel ebd., 282.

auswissen erkennen lassen, infrage gestellt. Der biblischen Prophetie vergleichbar wäre erst eine »Wegweisung der Kirche, die den Themen, in welchen Welt und Kirche gemeinsam ratlos sind, nicht ausweichen würde«[68].

Ein vergleichbarer Eindruck drängt sich im Hinblick auf die *innerkirchlichen charismatischen Bewegungen* auf. Zwar kommen immer wieder ekklesiologisch ausgerichtete Prophetien vor, aber auch hier scheint die Prophetie weithin im Bereich der privaten Frömmigkeit steckengeblieben zu sein und primär deren Vertiefung zu dienen[69]. In diesen Zusammenhang gehört auch ein häufig anzutreffendes, von Hans-Diether Reimer »verkündigende Direktzusage« genanntes Phänomen. In innerkirchlichen charismatischen Kreisen ist eine erstaunliche Kühnheit zu beobachten, »im gemeinschaftlichen Gebet ... aufgrund besonderer Einsicht oder Schau und aus einem inneren Impuls heraus auch die Form der *verkündigenden Direktzusage* zu wählen. Diese kann eine Situation erhellen, eine spezifische Weisung enthalten oder auch Verborgenes ansprechen«[70]. Im Gegensatz zu Reimer scheint mir dieses Phänomen jedoch durchaus ambivalent zu sein. Es soll nicht bestritten werden, daß es Anklänge an diese Form prophetischer Rede auch im Urchristentum gegeben hat (z.B. 1Kor 14,24ff). Die Gefahr liegt darin, daß eine »verkündigende Direktzusage« leicht als unfehlbares Orakel verstanden wird. Dadurch geraten Menschen unter Druck, anstatt ermutigt zu werden, in dem durch das Evangelium eröffneten Raum der Freiheit zu leben[71].

Dadurch daß die Prophetie auch in innerkirchlichen Bewegungen im wesentlichen der Vertiefung der persönlichen Frömmigkeit

---

68 Ebd., 395.
69 Dem entsprechen Beobachtungen Reimers, der schreibt, daß auch in den Reihen innerkirchlicher Charismatiker ein der biblischen Prophetie vergleichbares Phänomen selten anzutreffen ist (*ders.*, Geist, 67). Als Beispiel einer biblischen Prophetie zitiert Reimer die folgende Prophezeiung, die Larry Christenson zu Beginn der charismatischen Erneuerung gegeben wurde: »Siehe, du stehst an der Schwelle eines neuen Tages, denn ich habe wahrhaftig große Dinge für dich bereitliegen ... Ich werde etwas ganz Neues sich ereignen lassen ... Du hast von Regenschauern gehört, aber ich sage dir, daß ich einen Wolkenbruch schicken werde ... Viele Spötter und Zweifler werden sich hinweggeschwemmt sehen von der anschwellenden Flut der Ausgießung des Heiligen Geistes. Denn dies ist die Zeit der letzten großen Ausgießung. Dies ist der Tag der Vorbereitung der Wiederkunft des Herrn ...« (*Reimer*, Geist, 127f, Anm. 9 (aus: Materialdienst der EZW 20 [1973], 313). Vom heutigen Standpunkt aus betrachtet, kommen einem allerdings starke Zweifel an der Richtigkeit gerade dieser Prophetie. Die innerkirchliche charismatische Bewegung ist nämlich nicht zu der darin verheißenen, die jeweilige Konfession in der Breite erneuernden Bewegung geworden.
70 *Reimer*, Geist, 67.
71 Diese Gefahren werden von Aschoff gesehen in: *ders.*, Prophetie, 13.17f.

dient, wird eine Diskrepanz zwischen charismatischer Theorie und Praxis erkennbar: Biblische Prophetie wird zwar häufig angesprochen und intensiv erwartet, kommt aber in der Praxis nur selten vor. In innerkirchlichen charismatischen Bewegungen« sind darum genauso wie in traditionellen Pfingstkirchen prophetische Erkenntnisse nötig, die helfen, das Evangelium angesichts gegenwärtiger gesellschaftlicher Herausforderungen für die nächste Generation glaubwürdig zu verkündigen. Immerhin haben innerkirchliche Bewegungen die über den einzelnen Christen hinausreichende, die ganze Kirche und Welt umfassende biblische Prophetie vereinzelt erkannt[72].

Schließlich bedarf auch die Frage nach den *Prüfungsinstanzen* der Prophetie in charismatischen Bewegungen weiterer Klärung. Nach der Überzeugung des Paulus steht die Gemeinde über den Propheten und hat die Aufgabe, Prophetien zu prüfen (1Thess 5,19–21; vgl. auch 1Kor 14,29.32). Kriterium ist der apostolische Glaube bzw. die apostolische Verkündigung (Röm 12,6; 1Kor 14,37f)[73]. Die prophetische Rede ist nach Ansicht des Paulus also der »verständlichen« Evangeliumsverkündigung ein-, ja sogar unterzuordnen. Da die Erkenntnis des apostolischen Evangeliums bei jedem Gläubigen vorauszusetzen ist, ist jedes Gemeindeglied befähigt, Prophetien zu prüfen. Es ist gegenüber den paulinischen Überlegungen ein Rückschritt, wenn neuere charismatische Gruppen – wie in der Alten Kirche – dem Gemeindeleiter oder dem jeweiligen Gruppenleiter die entscheidende Rolle bei der Prüfung von Prophetien zuweisen[74]. Auf diese Weise wird der von Paulus in 1Kor 14 intendierte prophetische Erkenntnisprozeß verhindert, an dem sich alle Gemeindeglieder beteiligen können.

4. Auf dem Weg zu einer prophetischen Existenz heute

Die Verwirklichung einer prophetischen Existenz heute hat eine Reihe von Widerständen zu überwinden. Dazu gehört – neben den

---

72 Ebd., 7; *W. Kopfermann*, Charismatische Gemeindeerneuerung. Eine Zwischenbilanz (Charisma und Kirche 7/8), Hochheim ²1983, 36f.

73 Entsprechend ging auch Martin Luther von einer Prüfung von Lehre und Verkündigung durch die Gemeinde aus; vgl. *ders.*, »Daß eine christliche Versammlung oder Gemeine Recht und Macht habe, alle Lehre zu urtheilen und Lehrer zu berufen, ein und abzusetzen, Grund und Ursach aus der Schrift« (WA 11 [401] 408–416).

74 Vgl. hier und im folgenden *Schmieder*, Prophetengabe, 81ff; *H. Mühlen*, Einübung in die christliche Grunderfahrung, T. 1: Lehre und Zuspruch, unter Mitarbeit von Arnold Bittlinger / Erhard Griese / Manfred Kießig (Topos-Taschenbücher 40), Mainz ¹²1982, 147–150.167–196; *Christenson*, Heiliger Geist, 243f.

schon genannten Schwierigkeiten im Zusammenhang mit der Erforschung des Wesens urchristlicher Prophetie und ihrer im Verlauf der Kirchengeschichte fortschreitenden Verdrängung an die
Ränder der Kirche – die Tatsache, daß die Prophetie ein institutio-
nell nicht kontrollierbares Element des christlichen Glaubens darstellt und deswegen bei kirchlichen bzw. freikirchlichen kirchen-
leitenden Institutionen bis heute Mißtrauen erweckt. Außerdem
wirkt die reformatorische Ineinssetzung von Prophetie und Pre-
digtamt nach und läßt das prophetische Charisma von Laien in der
evangelischen Kirche nur schwer zum Zuge kommen. Wenn angesichts dieser Situation abschließend dennoch ein Plädoyer für
die Erneuerung der Prophetie im Rahmen der Gesamtkirche abge-
legt wird, geschieht dies in konstruktiv-kritischer Aufnahme charismatischer Anliegen. Mir steht dabei – hier bin ich mit den innerkirchlichen charismatischen Gruppen einig – die Wiedergewinnung der prophetischen Dimension des christlichen Glaubens im
Rahmen der Gemeinde vor Augen[75]. In zweierlei Hinsicht ist jedoch über die in charismatischen Bewegungen anzutreffende prophetische Praxis hinauszugehen: Das Charisma der Prophetie wird
in den meisten charismatischen Gruppen zu stark vom Kriterium
des Übernatürlichen her definiert. Bei der Neuentdeckung der Prophetie für unsere Zeit kann es aber nicht um eine nicht näher be-
stimmbare numinose, übernatürliche Begabung gehen, die letztlich
unverbunden mit dem übrigen christlichen Leben bleibt. Zudem
ist das Prophetieverständnis charismatischer Bewegungen zu einseitig auf den Bereich der individuellen Frömmigkeit ausgerichtet
und bedarf dringend der Erweiterung. Die Prophetie umfaßt mehr
Aspekte und kann unterschiedliche Gestalten annehmen. Im folgenden sollen Konkretionen der prophetischen Dimension des
Glaubens skizziert werden, die mir wesentlich erscheinen. Dabei
setze ich beim Allgemeinen ein und schreite zum Individuellen
fort: Die prophetische Dimension des Glaubens wird konkret im
Wächteramt der Kirche gegenüber staatlichen und gesellschaftlichen Entwicklungen, in der Festigung der Hoffnung, daß sich die
Gerechtigkeit Gottes in der Welt durchsetzen wird, im prophetischen
Wort zum Weg der Kirche, in modellhaften christlichen Gemein-
schaftsformen und schließlich auch im von Charismatikern mehr
oder weniger ausschließlich betonten spontanen prophetischen
Eindruck des einzelnen im Rahmen der Privatfrömmigkeit.

---

75 Vgl. hier und im folgenden *Albrecht/Baldermann*, Art. Propheten/Prophe-
tie, VI. Prophetie, praktisch-theologisch, 513ff; *G.W. Locher*, Prophetie in der
Reformation. Elemente, Argumente und Bewegungen, in: *T. Rendtorff* (Hg.),
Charisma und Institution, Gütersloh 1985, 108.

a) *Das Wächteramt der Kirche gegenüber staatlichen und gesell-schaftlichen Entwicklungen*

Einer der Vordenker und Vorreiter im Hinblick auf das Wächter-amt der Kirche gegenüber Staat und Gesellschaft war in unserem Jahrhundert Dietrich Bonhoeffer. Es gibt den beachtenswerten Versuch, sein ganzes Leben und Werk als Verwirklichung einer prophetischen Berufung zu deuten[76]. Die prophetische Dimension von Bonhoeffers Überlegungen wird z.B. in seinem Vortrag »Die Kirche vor der Judenfrage« vom April 1933 sichtbar, in dem er drei Möglichkeiten kirchlichen Handelns gegenüber einem Staat nennt, der die christliche Verkündigung gefährdet[77]: erstens, daß sie den Staat auf die Legitimität seines Handelns hin anspricht; zweitens, daß sie sich den Opfern des staatlichen Handelns zuwen-det, auch wenn sie nicht der christlichen Gemeinde angehören – nach der paulinischen Aufforderung, an jedermann Gutes zu tun (Gal 6,10); dann folgt die berühmte Formulierung: »Die dritte Möglichkeit besteht darin, nicht nur die Opfer unter dem Rad zu verbinden, sondern dem Rad selbst in die Speichen zu fallen.« Eberhard Bethge hat darauf hingewiesen, daß Bonhoeffer mit der dritten Möglichkeit eine Reaktion auf das staatliche Unrechtshan-deln angedeutet hat, die zur damaligen Zeit im von der Zwei-Rei-che-Lehre geprägten Raum der Kirche völlig unbekannt war und prophetisch einen neuen Weg kirchlichen Handelns gegenüber dem Staat eröffnet hat[78].

Als Beispiel dafür, daß die Neuentdeckung der prophetischen Di-mension des christlichen Glaubens zur Ausübung eines kirchli-chen Wächteramts gegenüber ungerechten gesellschaftlichen Struk-turen führt, muß auch die von Martin Luther King geleitete Bür-gerrechtsbewegung in den Vereinigten Staaten gelten. In seiner berühmten Ansprache vor dem Lincoln Memorial in Washington DC. vom 28. 8. 1963 beruft er sich expressis verbis auf Aussagen aus Jes 40,4f: »Ich habe einen Traum, daß eines Tages jedes Tal erhöht und jeder Hügel und Berg erniedrigt wird ... Und die Herr-lichkeit des Herrn wird offenbar werden, und alles Fleisch wird es sehen. Das ist unsere Hoffnung. Mit diesem Glauben kehre ich in den Süden zurück. Mit diesem Glauben werde ich fähig sein, aus dem Berg der Verzweiflung einen Stein der Hoffnung zu hau-

---

76 So *J. Glenthoj*, Dietrich Bonhoeffers Weg vom Pazifismus zum politischen Widerstand, in: *R. Mayer / P. Zimmerling* (Hg.), Dietrich Bonhoeffer heute. Die Aktualität seines Lebens und Werkes, Gießen/Basel [3]1995, 41ff.

77 *D. Bonhoeffer*, Werke XII, Berlin 1932–1933, hg. von *C. Nicolaisen / E.-A. Scharffenorth*, Gütersloh 1997, 353.

78 *E. Bethge*, Dietrich Bonhoeffer. Theologe, Christ, Zeitgenosse, München [4]1978, 321ff.

en«[79]. Kings Rede ist exemplarisch dafür, wie in einer Situation gesellschaftlicher Ungerechtigkeit alttestamentliche Prophetenworte unmittelbar zu sprechen anfangen und ihre prophetische Kraft entfalten.

Ein ähnlicher Vorgang läßt sich in der ehemaligen DDR beobachten. Dort gewann das Wächteramt der Kirche gegenüber dem Staat in der vor allem von kirchlichen Gruppen geprägten Friedensbewegung Gestalt, deren Aktionen zur politischen Wende von 1989 beigetragen haben. Die Friedensvision des Micha: »Sie werden ihre Schwerter umschmieden zu Pflugscharen« (Mi 4,3) wurde zum Symbol der Friedensbewegung und bekam eine politische Bedeutung. Obwohl das Wort, als Bronzestatue gestaltet, vor dem Gebäude der Vereinten Nationen stand – ein Geschenk der atheistischen UdSSR –, wurde es, als Aufnäher oder Aufkleber getragen, von den Staatsorganen der DDR als Affront betrachtet. Hier wurde ein alttestamentliches Prophetenwort in der Öffentlichkeit unmittelbar verstanden, trotz eines vom Atheismus geprägten gesellschaftlichen Kontextes[80].

b) *Die Festigung der Hoffnung auf den Sieg von Gottes Gerechtigkeit*

Seit dem Kommen Jesu Christi kann der Skopus prophetischer Verkündigung und Existenz aus theologischen Gründen nicht mehr – wie etwa bei den alttestamentlichen Schriftpropheten – in der Ansage des *Gerichts* über die Welt bestehen. Kern des Evangeliums ist die voraussetzungslose *Annahme* des Sünders durch Gott. Daneben läßt sich auch in psychologischer Hinsicht plausibel machen, daß eine in der Ankündigung eines unabänderlichen Gerichts über die Welt gipfelnde prophetische Verkündigung Menschen heute kaum noch erreicht und ihn höchstens in die Resignation führt. »Jeden Tag begegnen ... uns multimedial aufbereitete Botschaften, die den katastrophalen Prozeß der Zerstörung unserer Erde durch Ungerechtigkeit, Kriege und Vernichtung von Lebensraum präsentieren. Diese Botschaften, wenn sie uns überhaupt noch erreichen, klagen an und demonstrieren uns, wie schlecht der Mensch und wie unausweichlich die Katastrophe ist, die er mit seinem Tun verursacht«[81]. Prophetische Verkündigung heute wird

---

79 *Martin Luther King*, »Ich habe einen Traum« (1963), zit. nach: Das Zeitalter der Weltkrieg und Revolutionen, hg. von Martin Greschat / H.-W. Krumwiede (KTGQ V), Neukirchen-Vluyn 1980, 258f.
80 Vgl. *Albrecht/Baldermann*, Art. Propheten/Prophetie, VI. Prophetie, praktisch-theologisch, 515.
81 Ebd., 516.

Sünde und Ungerechtigkeit im Horizont der *Rettung* des Menschen und der endgültigen Durchsetzung der *Gerechtigkeit Gottes* in der Welt zur Sprache bringen. Ohne in einen beschwichtigenden Optimismus zu verfallen, hilft sie dadurch zur Ausbreitung von Hoffnung.

c) *Das prophetische Wort zum Weg der Kirche*

Das prophetische Wort muß sich u.U. auch gegen die Kirche selbst richten. Noch einmal ist es Bonhoeffer, der dies in seinem Engagement im Rahmen der Bekennenden Kirche vorbildhaft praktiziert hat, als das Evangelium von der Kirche bzw. von den sie dominierenden deutschchristlichen Gruppen durch die Politik der Unterwerfung gegenüber dem Staat verraten wurde. Schon früh hat Bonhoeffer vom Antichristentum der Deutschen Christen gesprochen: »Der Antichrist sitzt für die Bekennende Kirche nicht in Rom oder gar in Genf, sondern er sitzt in der Reichskirchenregierung in Berlin«[82]. Nur aus diesem Zusammenhang heraus ist Bonhoeffers Satz: »Wer sich wissentlich von der Bekennenden Kirche in Deutschland trennt, trennt sich vom Heil« richtig zu verstehen[83]. Glenthoj interpretiert m.E. angemessen: »Das war nicht Bekenntnisradikalismus. Das war prophetische Existenz in der Nachfolge Jesu«[84]. Bonhoeffer hat, herausgefordert durch den Kirchenkampf, aus dem »Jeremia-Motiv« eine prophetische Nachfolgedeutung entwickelt und diese praktisch zu leben versucht[85]. Im Leiden Jeremias sah er das Leiden des Jüngers in der Nachfolge Jesu Christi präfiguriert. Jeremias Festhalten an Gott entsprach bei Bonhoeffer die Treue zu Gottes Wort, wie es durch die Bekenntnissynoden von Barmen und Dahlem erkannt und öffentlich bezeugt worden war: »Hinter Barmen und Dahlem können wir nicht darum mehr zurück, weil sie geschichtliche Tatsachen unserer Kirche sind, denen wir Pietät zu erweisen hätten, sondern weil wir hinter *Gottes Wort* nicht zurückkönnen«[86]. Jeremias Aufforderung an das belagerte Jerusalem, vor dem Feind zu kapitulieren, um das Leben zu bewahren, entsprach der Überzeugung Bonhoeffers und seiner Mit-

---

82 Zit. nach *Glenthoj*, Weg, 52.
83 *Dietrich Bonhoeffer*, Werke XIV: Illegale Theologenausbildung, Finkenwalde 1935–1937, hg. von *O. Dudzus / J. Henkys*, Gütersloh 1996, 676 (Aufsatz: »Zur Frage nach der Kirchengemeinschaft«).
84 *Glenthoj*, Weg, 51.
85 Vgl. dazu bes. seine Londoner Predigt vom 21.1.1934 über Jer 20,7: »Herr, du hast mich überredet und ich habe mich überreden lassen. Du bist mir zu stark gewesen und hast gewonnen« (*Dietrich Bonhoeffer*, Werke XIII, London 1933–1935, hg. von *H. Goedeking u.a.*, Gütersloh 1994, 347–351).
86 Zit. nach *Glenthoj*, Weg, 51.

verschwörer, daß Deutschland den Krieg verlieren müsse, um eine
Zukunft in Freiheit und Würde zu haben[87].

d) *Kommunitäten als prophetische Modelle christlichen Lebens*
Auch die seit dem Zweiten Weltkrieg entstandenen evangelischen
Kommunitäten besitzen eine prophetische Dimension. Das gilt sowohl im Hinblick auf die Umstände, die zu ihrer Entstehung führten, als auch im Hinblick auf ihr gemeinsames Leben. Auslöser für
ihre Gründung war vielfach eine als prophetisch empfundene Herausforderung.
Als Roger Schutz, der Gründer der ältesten noch bestehenden
evangelischen Kommunität, auf der Suche nach einem Haus nach
Taizé kam, glaubte er den prophetischen Ruf, sich dort niederzu-
lassen, durch den Mund einer armen Frau zu vernehmen, die ihn
über Nacht beherbergt hatte. In der von Schutz autorisierten Biographie heißt es: »Während des Essens unterhielten sie sich, und
am Ende der Mahlzeit sage Frau Ponceblanc: ›Bleiben Sie hier, wir
sind so allein. Niemand will hier im Dorf bleiben, und die Winter
sind lang und kalt.‹ Diese Worte aus dem Mund einer armen alten Frau sollten alles entscheiden. Immer wieder setzt sich Christus
im Evangelium mit den Armen und Einsamen gleich. Er hatte gesprochen«[88].
Auch Horst-Klaus Hofmann, der Gründer und Leiter der Kommunität der »Offensive Junger Christen« in Reichelsheim/Oden-
wald, führt die Idee zur Entstehung der Gemeinschaft auf eine Inspiration während seiner Meditationszeit am 1.1.1968 zurück. Er
hat sich damals notiert: »Schafft und schult eine geeinte, revolu-
tionäre Mannschaft, eine Streitmacht, die Menschen von Gott abhängig macht und in dieser Welt die brennenden Probleme wirksam anpackt ... Wer heute zu Regierungen des Staates, der Kirche
und der Wirtschaft sprechen will, muß eine entschlossene, intelli-
gente und selbstlose Gruppe junger Menschen in wirksamer Ak-
tion für die Modernisierung und Rettung unserer Welt vorzeigen

---

87 Bonhoeffer sagte bei einem konspirativen Treffen mit Bischof Bell von
Chichester in Schweden 1942: »Wir wollen uns nicht der Buße entziehen. Unser
Handeln muß als ein ausgesprochener Akt der Buße verstanden werden. Christen
wollen sich nicht der Buße oder der Vernichtung entziehen, wenn es Gottes Wille
ist, sie über uns zu bringen. Wir müssen das Gericht als Christen ertragen. Wir
nehmen das Geschehen als Teil der Buße; bedeutend ist ein Schuldbekenntnis (das
betone ich)« (zit. nach *J. Glenthoj*, Tarnung, Konspiration und Haft 1939–1945,
in: *R. Mayer / P. Zimmerling* (Hg.), Dietrich Bonhoeffer: Beten und Tun des Gerechten. Glaube und Verantwortung im Widerstand, Gießen/Basel 1997, 104.
88 *K. Spink*, Taizé – Aufbruch Frère Rogers zur Quelle. Das Lebenswagnis eines Bruders, Berlin (Ost) 1990, 36.

können. Konstruktive Realitäten lassen aufhorchen«[89]. Daraus entnahm Hofmann die Idee zur Gründung einer Lebensgemeinschaft auf Zeit mit jungen Erwachsenen, aus der im Verlauf der Jahre die heutige Kommunität erwuchs.

Wichtiger als die prophetischen Eindrücke, die zur Gründung der verschiedenen Lebensgemeinschaften führten, ist die Tatsache, daß die *Existenz* der Kommunitäten als solches eine *prophetische Dimension* besitzt. Als verbindliche Lebensgemeinschaften stellen sie eine Herausforderung gegenüber der Verweltlichung und Verbürgerlichung weiter Teile der westlichen Christenheit dar[90]. Als Veranschaulichungsfelder gelebter Nachfolge sind sie Zeichen des Reiches Gottes inmitten des praktischen Atheismus und des Konsumdenkens der Gegenwart. Indem sie anschaulich vorleben, daß Christsein auch unter den Bedingungen der Moderne möglich ist, sind sie Hoffnungsträger für eine müde gewordene Kirche. Als Experimentalsiedlungen haben sie die Chance, zu Anregern neuer Gestaltungsformen von Christsein zu werden. Die prophetische Dimension der Kommunitäten spiegelt sich auch in folgenden Beschreibungen. Johann Baptist Metz nennt die Orden »einen apokalyptischen Stachel«, »eine Schocktherapie des Heiligen Geistes für die Großkirche«. Andere Theologen sprechen von »Alternativ-Gemeinschaften« oder einer »Kontrastgesellschaft«[91].

Kommunitäten definieren ihren Standort als »in der Kirche, mit der Kirche, im Gegenüber zur Kirche«. Dadurch wird ihr Dienst in der Kirche möglich. Dieser geschieht auf unterschiedliche Weise. In den Tagzeitengebeten üben sie Fürbitte für Kirche und Welt. Als Dienstgruppen innerhalb der verfaßten Kirchen zeichnen sie sich durch Verfügbarkeit und Freiheit zu unbürokratischem und schnellem Engagement aus. Schließlich ist der »Dienst der Einheit« ein wesentliches Charakteristikum für die meisten Kommunitäten. Indem die Einheit im Glauben auf dem Weg der Respektierung unterschiedlicher Positionen gesucht wird, wachsen Einstellungen, die für das Leben in pluralistischen Gesellschaften von großem Wert sind[92].

89   Zit. nach *I. Hofmann*, Kein Tag wie jeder andere, Wuppertal 1978, 21.
90   Vgl. hier und im folgenden *P. Zimmerling*, Art. Bruder- und Schwesternschaft/-en, in: ELThG I, 310–312.
91   Belege bei *J. Sudbrack*, Das Charisma der Nachfolge. Um die zukünftige Gestalt geistlicher Gemeinschaften, Würzburg 1994, 40.
92   Eine gute Zusammenfassung der Bedeutung der Kommunitäten für die Gesamtkirche findet sich bei *J. Halkenhäuser*, Kirche und Kommunität. Ein Beitrag zur Geschichte und zum Auftrag der kommunitären Bewegung in den Kirchen der Reformation (Konfessionskundliche und kontroverstheologische Studien 42), Paderborn ²1985, 419.

e) *Der spontane prophetische Eindruck des einzelnen*

Die prophetische Dimension des christlichen Glaubens umfaßt
schließlich auch den spontanen prophetischen Eindruck des einzelnen, der auf den Bereich der individuellen Frömmigkeit ausgerichtet ist. Auf diesem Feld liegt, wie wir sahen, das Schwergewicht
der in charismatischen Bewegungen kultivierten prophetischen
Phänomene. Wenn deutlich wird, daß es sich dabei nach Form und
Inhalt nur um *einen* Aspekt der Prophetie handelt, ist gegen eine
solche »Tagesprophetie« nichts einzuwenden. Unerläßlich jedoch
ist, daß ein prophetischer Eindruck dieser Art nicht als übernatürlich und numinos und damit als unkritisierbares Wort Gottes ausgegeben wird, sondern bewußt zur Prüfung in einen gemeindlichen
prophetischen Kommunikationsprozeß eingebracht wird.

Michael N. Ebertz

Gesellschaftliche Bedingungen für prophetisch-charismatische Aufbrüche

1 Vorbemerkungen zum Grundbegrifflichen

»Charisma« ist ein häufig unscharf verwendetes Wort, das ja auch im Neuen Testament und in der Väterliteratur noch nicht den Status eines theologischen Fachbegriffes erlangt hatte[1].
Das religionswissenschaftliche und näherhin religionssoziologische Konzept von Charisma, um das es hier geht, speist sich nur indirekt aus der paulinischen Tradition und zielt insbesondere auf solche religiösen Phänomene, denen die Prädikate Originalität, Unmittelbarkeit, Spontaneität und Dynamik zugeschrieben werden und ein außeralltäglicher, geradezu antialltäglicher Zug eigen ist. Idealtypisch gesehen, gehört dazu auch ein Tradition und Routine sprengendes, revolutionäres, vorwärtstreibendes, beunruhigendes und alles Institutionelle in Frage stellendes und verflüssigendes Moment.
Das von Max Weber über die kritische Rezeption der Arbeiten Rudolph Sohms, Adolf von Harnacks und Karl Holls nota bene idealtypologisch-raffinierte Konzept des Charismas zielt auf die kategoriale Erfassung einer besonderen Art sozialer Herrschaftsbeziehungen bzw. Bewegungen und ihre Institutionalisierung, wie sie nicht nur, aber typischerweise auch und gerade im religiösen Feld beobachtbar sind. Charisma in diesem Sinn bezeichnet »eine als außeralltäglich ... geltende Qualität einer Persönlichkeit ..., um derentwillen sie als mit übernatürlichen oder übermenschlichen oder zumindest spezifisch außeralltäglichen, nicht jedem anderen zugänglichen Kräften oder Eigenschaften (begabt) oder als gottgesandt oder als vorbildlich und deshalb als ›Führer‹ gewertet wird«[2].

---

1 *N. Baumert*, Das Fremdwort ›Charisma‹ in der westlichen Theologie, ThPh 65 (1990), 395–415; *ders.*, ›Charisma‹ – Versuch einer Sprachregelung, ThPh 66 (1991), 21–48.
2 *M. Weber*, Wirtschaft und Gesellschaft, Tübingen ⁵1972, 140.

Wird eine solche wechselseitige Wertung, auf die es entscheidend
ankommt[3], zum Anstoß für eine soziale Bewegung, wird also die
Fülle des Charismas – zumindest dem Anspruch nach – von z.b.
prophetischen Einzelpersonen monopolisiert und von anderen –
etwa Schülern, Gefährten, Jüngern, also persönlichen Anhängern,
und Sympathisanten – sozial bestätigt, bekannt und legitimiert sowie, was häufig der Fall ist, von einem mäzenatischen Netzwerk
unterstützt, drängt das Charisma als »intentionales Medium«[4] immer auch zur äußeren Sendung und Mission, nicht selten gegenüber einem offenen Publikum. Dies gilt allemal für das Auftreten
ethischer oder exemplarischer Propheten, die – wie z.B. Zarathu-
stra oder Mohammed – »im Auftrag eines (ethischen) Gottes diesen und seinen Willen« verkündigen bzw. – wie z.B. Buddha – am
»eigenen Beispiel den Weg zum religiösen Heil zeigen«[5]. Die prophetisch-charismatische Bewegung, die »einen einheitlichen Aspekt
des Lebens, gewonnen durch eine bewußt einheitliche sinnhafte
Stellungnahme zu ihm« und zur Welt, ebenso wie die handlungs-
praktische Orientierung der Lebensführung an diesem »sinnvollen
Ganzen« propagiert[6], wirkt damit hochgradig konfliktträchtig, zumal die charismatische Predigt mit stigmatischen bzw. selbststig-
matischen Praktiken einhergehen kann, also auch mit Devianz
bzw. devianter Innovation[7].
Dabei stößt das Charisma nicht nur auf charismatische Konkurrenz, sondern notwendigerweise auf die soziale Härte der gesellschaftlichen Institutionen und den Widerstand ihrer Repräsentanten, d.h. auch derer, die sich in ihren materiellen und ideellen Interessen bedroht sehen, zumal es nicht – oder nur einem kleinen
Kreis – möglich ist, auf Dauer »außerhalb der Bande dieser Welt«,
»außerhalb der Alltagsberufe ebenso wie außerhalb der Familien-
pflichten«[8] zu stehen. Der Widerstand der Alltagsrepräsentanten
kann bis hin zur physischen Vernichtung der Träger des Charisma, im Überlebensfall zu seiner Institutionalisierung und Veralltäglichung, auch zu seiner Instrumentalisierung und Einkapselung
führen, wie es etwa den mittelalterlichen Armutsbewegungen ge-
schah.

---

3   *W. Gebhardt*, Charisma als Lebensform. Zur Soziologie des alternativen Lebens, Berlin 1994, 35; s.auch *R. Kany*, Art. Jünger, RAC XIX (1999), 258–346.
4   *W.E. Mühlmann*, Max Weber und die rationale Soziologie, Tübingen 1966,
18f.
5   *Weber*, Wirtschaft, 273f.
6   Ebd., 275.
7   *W. Lipp*, Stigma und Charisma. Über soziales Grenzverhalten, Berlin 1985.
8   *Weber*, Wirtschaft, 456.

2 Die genetische Frage

Von nicht wenigen Autoren wurde Max Webers Konzept der charismatischen Herrschaft, die er idealtypisch den traditionalen und den legalen (rational-bürokratischen) Sozialformen der Über- und Unterordnung gegenüberstellte, dahingehend kritisiert, daß er ihren gesellschaftlichen Entstehungsbedingungen kaum Aufmerksamkeit gezollt habe. In der Tag galt Webers Interesse weniger der Genese als der faktischen Geltung und Transformation – der Veralltäglichung – charismatischer Beziehungen. Für ihn »entscheidend« war »nur, ob« die Qualitäten eines charismatischen Aspiranten – sei es eines Propheten oder eines politischen Führers – »als Charisma galten und *wirkten*, d.h. Anerkennung fanden«[9]. Dennoch wäre es falsch, Weber vorzuwerfen, er hätte grundsätzlich dem sozialen Entstehungs- und Handlungskontext charismatischer Beziehungen keine Beachtung geschenkt. Er grenzt diese gesellschaftlichen Kommunikations- und Handlungszusammenhänge auf Notlagen und aus Notlagen entspringenden Hoffnungen ein und schließt damit gegenteilige Erfahrungen als begünstigenden Kontext des Charisma tendenziell aus: Eine charismatische Bewegung ist »aus Not und Begeisterung geboren« und »stets das Kind ungewöhnlicher äußerer, speziell politischer oder ökonomischer, oder innerer seelischer, namentlich religiöser Situationen, oder beider zusammen, und entsteht aus der, einer Menschengruppe gemeinsamen, aus dem Außerordentlichen geborenen Erregung und aus der Hingabe an das Heroentum gleichviel welchen Inhalts«[10].

Aus dieser sehr offen und allgemein gehaltenen Typisierung, »die sich denn auch im jeweils empirisch-historischen Kontext leicht auf irgendeine Weise bewahrheitet«[11], spricht neben der Skepsis gegenüber einem rigiden sozialen Determinismus und gegenüber der Möglichkeit einer erschöpfenden Klassifizierung menschlicher Defizienzerfahrungen sowohl der Empiriker, der den Blick auf jeweils konkrete historische Mangelsituationen offenzuhalten empfiehlt, als auch der Soziologe des Verstehens, der die Definition dieser Situationen den jeweils Handelnden mit ihren Perspektiven und Relevanzen innerhalb einer konkreten historischen Weltan-

---

9   *Ders.*, Gesammelte Aufsätze zur Wissenschaftslehre, Tübingen ³1968, 483.
10 *Ders.*, Wirtschaft, 657f.661.
11 *A. Zingerle*, Theoretische Probleme und Perspektiven der Charisma-Forschung: ein kritischer Rückblick, in: *W. Gebhardt / A. Zingerle / M.N. Ebertz* (Hg.), Charisma: Theorie. Religion. Politik, Berlin / New York 1993, 249–266, hier 252.

sicht überläßt, zumal es sich ja »nach dem Weltbild richtete ...:
›wovon‹ und ›wozu‹ man ›erlöst‹ sein wollte und – nicht zu vergessen – konnte«[12]. Daraus spricht aber auch, daß im »Problem
der Weltunvollkommenheit«[13] unser existentielles Dauerproblem
liegt und die Chancen des Charisma-Glaubens nie schlecht stehen.
Daß die soziologische Charisma-Forschung solche charismatische
Bewegungen begünstigenden ›Krisen‹, also Ereignisse und Situationen, in denen Routinen in erheblichem Ausmaß unterbrochen
oder nachhaltig gestört sind, sowohl in zahlreichen Kulturen und
Daseinsbereichen als auch in historisch vielfältigen Variationen
und Kombinationen aufgedeckt hat, liest sich auch als eine nachträgliche Bestätigung jener Option Webers, auf die theoretische
Angabe von weniger abstrakten Entstehungsbedingungen zu verzichten.

2.1 Typen makrostruktureller Krise

Die an Weber orientierte Charisma-Literatur tendiert dahin, diesbezügliche makrostrukturelle Krisen zwar als notwendige, wenn
auch nicht hinreichende Entstehungsbedingungen prophetisch-
charismatischer Bewegungen einzuschätzen. Danach lassen sich
einige Krisentypen differenzieren:
– zum einen Krisen aus ungelösten *inter*kulturellen Konflikten,
besonders aus dem Zusammenprall von Kulturen bzw. Orientie-
rungssystemen sowie bei der politischer Überfremdung bzw. Unterwerfung eines Volkes;
– zum anderen Krisen aus ungelösten *intra*kulturellen, innerge-
sellschaftlichen Spannungen und Konflikten, insbesondere im Zusammenhang mit ökonomischen Verteilungsproblemen, mit politischen Legitimitätskrisen, Macht- und Herrschaftskonflikten, mit
sozialer Kontrolle, Marginalisierung und Stigmatisierung, sozial-
struktureller Verwerfungen sowie mit der Schwächung kultureller
bzw. religiöser Sinnstiftungen.
Solche – auch die intra- und die interkulturellen – Krisen können
getrennt und gemeinsam auftreten, sich wechselseitig beeinflussen,
bei Intensität, Extensität und Konfluenz oder bei einer gewissen
Dauerhaftigkeit und Unabwendbarkeit die Wahrscheinlichkeit charismatischer Aufbrüche erhöhen, da darüber auch entsprechende
sozialpsychologische Kriseneffekte gesteigert werden: materielle
und/oder ideelle Unzufriedenheiten, erhöhte Verhaltens- und Hand-

---

12 *M. Weber*, Gesammelte Aufsätze zur Religionssoziologie, Bd. I, Tübingen
⁵1963, 252.
13 *Ders.*, Wirtschaft, 318.

lungsunsicherheiten (Furcht vor physischen Einbußen; Identitäts-
bedrohung; Anomie). Krisen reduzieren, sozialpsychologisch gesehen, Handlungsoptionen und die Urteilsfähigkeit der Handelnden, thematisieren, machen fragwürdig und rücken ins Zentrum,
was als nebensächlich und selbstverständlich galt. Gesellschaftliche
Krisen können mit Krisen der persönlichen Lebensgeschichte zusammenfallen. So bestätigen empirische Studien z.B. über chiliastische Bewegungen, »daß dem Kontakt und der Mitgliedschaft ...
häufig eine von Depression, Verlust, Vereinsamung und der Beschäftigung mit existentiellen Fragen geprägte persönliche Le-
bensphase vorausgeht, in der sich bisherige – religiöse oder nicht-
religiöse – Problemlösungsversuche als unzureichend erwiesen haben. Die Erfahrung einer Krise scheint also ein wichtiger Ausgangspunkt für die Bindung an ... chiliastische Vorstellungswelten
zu sein«[14]. Sie schaffen einen neuen Fokus der Aufmerksamkeit,
neue Relevanzen und Relevanzhierarchien und bringen eine Such-
und Aufnahmebereitschaft für genau diejenigen kognitiven und
normativen Informationen hervor, welche sich auf die Krise, ihre
Bekämpfung und Überwindung beziehen. Damit ist auch die Voraussetzung geschaffen für die Aufmerksamkeit gegenüber alternativen, entweder als neu angesehenen, bislang ›noch nicht richtig‹
gesehenen oder nunmehr erst wiederentdeckten Wirklichkeitsinter-
pretationen, Orientierungen und Normen, die dann innerhalb der
Gruppe sozial bestätigt werden und eine konsensuelle Validierung
erfahren. Latente Sehnsüchte nach inner- und außerweltlicher
»Transzendenz«, speziell der im Alltag latente Glaube an Charisma
– für Bryan Wilson ein wichtiger sozialer Tatbestand[15] – werden
freigesetzt und damit die Vorgaben für die Akzeptanz – nicht selten mehrerer – charismatischer Führer geschaffen. Als Empfänger
der Erregungen und Hoffnungen der von der Krise Betroffenen
schalten sich potentielle charismatische Führer in die soziale Kommunikation und Interaktion ein oder werden eingeschaltet, ›testen‹
ihre Wirkungschancen aus und finden möglicherweise eine sie bestätigende Zuhörerschaft, vielleicht sogar einige Anhänger, die
sich bereiterklären und verpflichten, die ›neuen‹ Lehren nicht nur
zu befolgen, sondern ihnen aktiv zur Verbreitung zu verhelfen, indem sie den Urhebern ›nachfolgen‹. Zwar dürften die Bedingungen zur (Selbst- und Fremd-)Akzeptanz von Propheten und anderen persönlichen Charisma-Trägern in solchen Gesellschaften

---

14 *Ch. Zwingmann / S. Murken*, Religiöse Endzeiterwartungen. Möglichkeiten
und Risiken, StZ 123 (1998), 619–628, hier 622.
15 *B. Wilson*, The Noble Savages. The Primitive Origins of Charisma and Its
Contemporary Survival, Berkeley / Los Angeles / London 1975, VIII.94.

günstig sein, in denen eine beharrliche kulturelle Tendenz besteht, Natur und Sozialbeziehungen zu personifizieren. Und am günstigsten können sie zweifellos in Gesellschaften angesehen werden, deren Weltansichten gleichsam charismatisch konditioniert sind, das heißt immer dann die Ankunft eines charismatischen Führers erwarten lassen, wenn sich bestimmte Krisen ereignen[16].

Die Chancen für charismatische Aufbrüche dürften allerdings auch heute kaum als schwach einzuschätzen sein, wofür schon die Bedingungen der modernen Massenkommunikation stehen, welche charismatische Ansprüche frei ›floaten‹, freilich aber auch hochgradig pluralisieren und fragmentieren lassen. Charismatische Rufe verhallen aber auch angesichts der gegenwärtigen Perpetuierung und Kumulierung gesellschaftlicher Krisen nur selten ungehört und finden zumindest bei inner- und außerkirchlichen Minderheiten vielfältig Gehör. Verbreitet sein dürfte die »Überzeugung vom unleugbaren Ende ... einer jahrhundertealten Art und Weise, die Welt zu erleben, zu erfassen und zu verwalten«[17]. So haben wir in Europa nicht nur den Untergang eines imperialen Großreiches mit Revolutionen und Kriegsfolgen aus Verarmung, Flucht und Vertreibung, Volkswanderungen scheiternder – ehemals von den Kolonial- und Weltmächten errichteten bzw. gestützten – Satelliten-Staaten (in Afrika, Asien, Europa) vor Augen. Sondern wir leben auch in einer Zeit der Krise des Nationalstaates, der als neuzeitliche Errungenschaft von erheblicher mentalitätsprägender Bedeutung geworden ist und der Erosion gemeinschaftlicher Formen von Solidarität Grenzen gesetzt hat. Schritt für Schritt werden seine Funktionen und Souveränitätsrechte unter internationalen Wettbewerbsbedingungen ökonomisch geschwächt und politisch auf neue – europäische – Integrationsräume übertragen. Der Abschied vom souveränen Nationalstaat geht mit erheblichen Risiken einher und wird von ethnischen und nationalistischen Konflikten begleitet. Mit diesem Niedergang des Nationalstaats ist ein weiterer Vorgang verbunden, der nicht nur von politischer und ökonomischer Bedeutung ist, nämlich der Abschied von den nationalen Währungen über die Einführung von fremdem Geld, das fremder nicht sein kann. Denn mit ihm hat noch niemand Erfahrung gesammelt. Der mit der europäischen Währungsunion einhergehende Abschied berührt auch kulturelle Grundüberzeugungen[18] und nicht zuletzt

---

16 Ebd., 21ff, 95.
17 *C. Magris*, Utopie und Entzauberung. Ein Rund- und Rückblick auf das Millenium, Frankfurter Rundschau vom 28. 12. 1996, 3.
18 *F. Fürstenberg*, Die Zukunft der Sozialreligion (Passagen und Transzendenzen 9), Konstanz 1999, 124–135.

die Funktion des Geldes als Identitäts- und Unterscheidungssymbol der europäischen Völker. Die damit einhergehenden Spekulationen bringen auch Ungewißheiten und Verlust-, ja Deklassierungsängste insbesondere bei den Besitzern starker Währungen an den Tag. Die nationalstaatlich geprägten Gesellschaften scheinen auch nach innen an Integrations- und Steuerungskraft einzubüßen, wird doch insbesondere der Sozialstaat – ehemals zentrale Instanz zur Bekämpfung ›sozialer Probleme‹ – selbst zum Problemfall. Dementsprechend macht sich die Ahnung breit, daß die Zeiten, in denen ökonomische Zuwächse zu verteilen waren, vorüber sind und ein rauheres soziales Klima mit wachsenden Verteilungskämpfen im Anzug ist. Der Sozialstaat selbst scheint bei der Bekämpfung sozialer Probleme Folgeprobleme geschaffen zu haben, die seine eigenen Voraussetzungen untergraben. Die Frage gewinnt deshalb an Brisanz, was die moderne Gesellschaft überhaupt noch zusammenhalten und einen inneren ›Bürgerkrieg‹ verhindern kann. Die Krise des Sozialstaats ist auch Ausdruck der Krise der Arbeitsgesellschaft, da Arbeitslosigkeit kaum mehr durch Wirtschaftswachstum beseitigbar ist, ja sogar mit steigenden Aktienkursen zunimmt. Insbesondere die Dauerarbeitslosigkeit führt zu einer Entwertung der beruflichen und sozialen Qualifikationen, zu einem Verlust von sozialen Kontakten, zum Statusschwund und wachsender Statusangst, zum Versiegen von Quellen der innerweltlichen Sinnstiftung. Und bei den Betroffenen macht sich das Gefühl breit, daß die Zeit zerfällt. Nicht nur die Wirtschaftswissenschaft scheint angesichts der strukturellen Arbeitslosigkeit an Grenzen zu stoßen, sondern der Glaube an die Problemlösungskapazität der Wissenschaften insgesamt ist in eine nachhaltige Krise geraten. Angesichts der Grenzen staatlicher Gesellschaftssteuerung, jedoch auch unter dem wachsenden Bewußtsein der Endlichkeit natürlicher Ressourcen sowie der ungeplanten Nebenfolgen der angewandten Technowissenschaften ist inzwischen auch der auf die Aufklärung zurückgehende Fortschrittsoptimismus »zusammengebrochen«[19]. Angesichts des Bedrohungspotentials der Wissenschaften haben diese ihren »Verheißungsglanz« (Hermann Lübbe) eingebüßt, und Zuversicht in den Fortschrittsglauben gilt »nur mehr als lächerlich« (Claudio Magris). Nach dem Scheitern des Sozialismus haben alle innerweltlichen »Utopien und Visionen erst einmal ausgedient« (Hans-Peter Müller), ein »Ende des utopischen Zeitalters« (Johannes Fest) eingeläutet, was gerade Raum schaffen könnte für charis-

---

19 *F.-X. Kaufmann*, Zur Einführung, in: *ders. / A. Zingerle* (Hg.), Vatikanum II und Modernisierung. Historische, theologische und soziologische Perspektiven, Paderborn/München/Wien/Zürich 1996, 9–34, hier 23.

matische Botschaften, die sich aus jenseitigen Quellen speisen.
Freilich ist ein allgemeiner Wertewandel hin zu Genuß- und Selbst-
entfaltungsorientierungen zu diagnostizieren, der auch mit einem
partiellen Werteverlust einhergeht. Aber auch im Wandel hin zu
Genuß- und Erlebniswerten ist das nachhaltige Schalwerden der Er-
lebnisintensität angelegt sowie das Risiko, daß die ›Dämonen der
Langeweile‹ sich breitmachen. Ja sogar die Steigerung physischer
Gewaltausübung ist bei denjenigen programmiert, denen der – z.B.
finanzielle – Zugang zu den legalen Mitteln der Zentralwerte der
»Erlebnisgesellschaft« (Gerhard Schulze) versperrt bleibt. Was ihnen als Erlebniskitzel verbleibt, ist ›action‹, also die Bereitschaft
zum ›Risiko-Glücks-Spiel‹, zur bewußten Herausforderung des
Schicksals und der erregenden Unsicherheit um ihrer selbst willen
mittels der eigenen und fremden Körper, insbesondere der Körper
von Fremden. Der wachsende, nicht zuletzt durch Migrationen
ausgelöste Kulturkontakt führt zunehmend Menschen zusammen,
deren Mentalitäten und Sitten auseinanderklaffen. Die vorüberge-
hende oder dauerhafte bloße Anwesenheit von Fremden kann
nicht nur als kulturrelativistische Bereicherung, sondern gerade in
unteren Sozialschichten und unter älteren Generationen als Überfremdung erlebt werden, als Bedrohung der Normalität und der
etablierten Ordnung. Überhaupt haben der weltweite Kulturkontakt und die strukturelle, kulturelle und individuelle Pluralisierung
innerhalb der modernen Gesellschaften eine Erosion von Gewißheiten, Konventionen und Traditionen zur Folge und somit eine
Verallgemeinerung der Erfahrung von Fremdheit. Nichts gilt
mehr, was früher galt, und die Fremdheit setzt bereits im sozialen
Nahraum ein. Die Frage wächst, ob angesichts der damit gesteiger-
ten Multiperspektivität nicht von der Unwahrscheinlichkeit von
Konsensbildungen auszugehen ist. Auch die christlichen Kirchen
sehen sich in Westeuropa zahlreichen Traditionsbrüchen und -ab-
brüchen ausgesetzt und haben an Integrationskraft und normativer
Verbindlichkeit in der Bevölkerung, aber auch in der eigenen Mit-
gliederschaft erheblich eingebüßt[20]. Dabei wird erkennbar, daß
sich vor unseren Augen eine »Auflösung« des religiösen Feldes[21]
und der Geltung der überkommenen religiösen Überzeugungen
vollzieht. Fremde religiöse Wissensbestände wie der asiatische Re-
inkarnationsglaube werden nicht nur umgedeutet, sondern auch
noch mit christlichen Glaubensvorstellungen vermischt, nicht zu-

---

20 *M.N. Ebertz*, Erosion der Gnadenanstalt. Zum Wandel einer Sozialgestalt
von Kirche, Frankfurt a.M. 1998.
21 *P. Bourdieu*, Die Auflösung des Religiösen, in: *ders.*, Rede und Antwort,
Frankfurt a.M. 1992, 231–237.

letzt, wie man aus einschlägigen Umfragen weiß, von den kirchentreuen Katholiken. Religion und Sex, in der Geschichte des Christentums sorgsam voneinander getrennt, gehen eine »berauschende neue Verbindung«[22] ein. Und das religiöse Fremdgehen, das Schnuppern und Zappen in außerchristlichen ›Programmen‹, wird vielen Kirchenmitgliedern zur Selbstverständlichkeit. Damit nimmt auch in den überkommenen Religionen die Erfahrung der Unübersichtlichkeit und Unkontrollierbarkeit zu, die überhaupt ein Signum unserer Zeit sind und eine ubiquitäre Krisenerfahrung grundieren, die den Resonanzboden für charismatische Ansprüche bildet.

2.2 Soziale Mikrobedingungen

Die sozial bestätigenden, aber auch polarisierende Reaktionen anderer auf die derzeit – innerkirchlich wie außerkirchlich – frei ›floatenden‹ charismatischen Ansprüche können erste Schritte in der Identitätstransformation eines potentiellen charismatischen Führers sein: Kommunikativ und interaktiv erfährt er sich nun selbst als ›wirklich‹ charismatisch begabt oder begnadet. Damit berühren wir bereits die andere wichtige Frage, mit der sich vorwiegend die soziologische Charismaforschung beschäftigt hat, welche weiteren mikrogesellschaftlichen, also Interaktions- und Kommunikationsmomente nämlich außer den die charismatische Bewegung begünstigenden makrostrukturellen und kulturellen Bedingungen und (sozial)psychologischen Dispositionen regelmäßig beobachtet und als weitere Voraussetzungen der Anerkennung und »Geltung des Charisma« interpretiert werden können.

Eine allgemeine soziologische Antwort auf diese Frage scheint wegen der stark emotionalen Orientierungskomponente in charismatischen Beziehungen allerdings begrenzt und nur tentativ möglich zu sein. Sie ist jedoch insofern von Interesse, als in traditionalen Ordnungen, seien sie noch so durch Krisen erschüttert, die »Angst vor magischen Nachteilen die psychische Hemmung gegenüber jeder Aenderung eingelebter Gepflogenheiten des Handelns (verstärkte) und die mannigfachen Interessen, welche sich an die Erhaltung der Fügsamkeit in die einmal geltende Ordnung zu knüpfen pflegten, im Sinn ihrer Erhaltung (wirkten)«[23]. An der recht allgemein gehaltenen Antwort Webers, daß der Prophet diese Hin-

---

22 *H. Albrecht,* Prince, Madonna oder: Rock als Gottesdienst am Altar des Sexus, in: *ders.,* Die Religion der Massenmedien, Stuttgart/Berlin/Köln 1993, 17–34.
23 *Weber*, Wirtschaft, 19.

dernisse seinerseits selbst wieder etwa durch die Demonstration »magischer« oder »ekstatischer« Fähigkeiten, durch die Bewirkung des Wohlergehens seiner Adressaten, durch den Inhalt seiner Botschaft und sein mit ihr in Einklang stehendes vorbildliches Handeln zu neutralisieren versucht, um seine Anerkennung zu sichern, für seine Mission soziale Unterstützung zu erhalten und ihr zum Durchbruch zu verhelfen, schließt die Charisma-Forschung an – mehr oder weniger selektiv zum einen, mit bedeutenden Akzentuierungen, Ergänzungen, Entfaltungen und Weiterführungen zum anderen. Zusammen gesehen, erweisen diese den zur Anerkennung des charismatischen Führers beitragenden Interaktions- und Kommunikationsprozeß als einen äußerst komplexen Vorgang.

Trotz unterschiedlicher Akzentsetzungen läßt sich ein gemeinsamer Nenner darin ausmachen, die relative Beständigkeit charismatischer Bewegungen, also auch des Glaubens an einen konkreten Charismatiker, in einem Prozeß der wechselseitigen Identifizierung von Führer und Anhängerschaft ruhen zu sehen. Ohne zu erkennen, daß darin tatsächlich ein weiterer gemeinsamer Nenner der Charisma-Forschung liegt, wurde er am prononciertesten in einer Studie über Gandhi formuliert: «The masses could identify with the leader and his mission precisely because he was interested in identifying with them«[24].

Wenn auch der Versuch einiger Autoren in den 60er Jahren, die Funktion der charismatischen Botschaft und bestimmter Komponenten von ihr im Hinblick auf das Zustandekommen wechselseitiger Identifizierung zu überakzentuieren und gleichzeitig die des charismatischen Führers zu bagatellisieren, in der inzwischen erfolgten Diskussion und Anwendung des Konzepts der charismatischen Herrschaft zugunsten einer den Aussagen Webers näher liegenden Integration beider Elemente nicht bestätigt werden konnte, hat er dennoch indirekt auch der Intensivierung der Erforschung ihrer jeweiligen Bedeutung für die relative Beständigkeit charismatischer Interaktions- und Kommunikationsprozesse gedient.

2.3 Zur Bedeutung der charismatischen Botschaft

Einige Arbeiten gehen dahin, die »Person des Propheten in einer sogenannten charismatischen Bewegung« als »ganz unwesentlich« abzuwerten und als »das wichtigste Element« des Zusammenhalts der Wechselbeziehung zwischen Führer und Gefolgschaft die gemeinsame Botschaft und ihren spezifischen Gehalt ins Zentrum zu

---

24 *R.S. Perinbanayagam*, The Dialectics of Charisma, The Sociological Quarterly 12 (1971), 387–402, hier 393.

rücken[25]. Diesen glaubt z.B. Worsley formal darin zu sehen, daß charismatische Verkündigungen »erstens in den Zuhörern unbefriedigte Wünsche ansprechen und ihnen zweitens die schließliche Erfüllung dieser Wünsche versprechen«[26]. Als marxistischer Kulturanthropologe geht er mit anderen Worten von einem Primat und Diktat der latenten Strukturen und Bedürfnisse aus, durch die »der Situation entsprechende und von der kulturellen Situation her geeignete Personen in die Führerrolle gedrängt (werden)«, welche ihrerseits »als Symbol, Katalysator und Träger der Botschaft« fungieren und deshalb eine wechselseitige »Beziehung der Loyalität und Identifikation« erreichen, weil sie Werte verkörpern und realisieren, »an denen die Gefolgschaft ein ›Interesse‹ hat«[27]. Auch wenn damit das Charisma-Konzept Max Webers in doppelter Weise einseitig interpretiert wird, insofern er nach seinen Beobachtungen und Überlegungen das Handeln des charismatischen Führers aus dem Mittelpunkt nimmt und die charismatische Botschaft ohne ein originäres oder als originär erfahrenes und autoritatives Moment einfach nur durch die bestehenden Interessenlagen der Anhänger diktiert sieht, hat er mit letzterem zweifellos auf einen empirischen Bestandteil jeder charismatischen Bewegung aufmerksam gemacht, den auch Weber »zu jedem echten Herrschaftsverhältnis« zählt, dessen Legitimität »eine durchaus nicht nur ›ideelle‹ Tragweite« hat[28].

Die charismatische Botschaft muß, will sie angenommen werden, gleichsam die Brücke zu den Bedürfnissen, Relevanzen, Motiven und Erwartungen der Adressaten schlagen, dem ›Wohlergehen‹ der Helfer und Anhänger dienen, wenn sie sich im Hinblick auf ihre Beständigkeit und Durchsetzung auch nicht darin erschöpfen darf und nicht allein darauf stützen kann. Mit Weber ist davon auszugehen, daß solche Orientierungen allein einer charismatischen Bewegung keinen Gewinn zu ihrer – wenn auch relativen und stets gefährdeten – Perpetuierung bringen würden und »so wenig wie rein affektuelle oder rein wertrationale Motive der Verbundenheit ... verläßliche Grundlagen einer Herrschaft darstellen«[29]. Ähnlich wie der »aktuellen emotionalen Predigt«, die Weber als ein Spezifikum der prophetischen Kommunikationsweise herausstellt[30], kommt jedoch zur Mobilisierung der Anhänger des

25 *P. Worsley*, Die Posaune wird erschallen. ›Cargo‹-Kulte in Melansesien, Frankfurt a.M. 1973, 368ff.390ff.424.
26 Ebd., 389.
27 Ebd., 394.387.
28 *Weber*, Wirtschaft, 122f.
29 Ebd., 122.
30 Ebd., 272.

charismatischen Führers gegen eine alte und für eine neue Ordnung der Artikulierung der Interessen und Bedürfnisse der Anhänger eine nicht zu unterschätzende Bedeutung zu.

Als weitere Bedingung charismatischer Kommunikation und konstitutives Moment der Anerkennung des charismatischen Führers ist herauszustellen, daß seine Botschaft die »sacred symbols of his culture«[31] beschwört, den Eindruck eines engen zeitlichen und sachlichen Zusammenhangs der charismatischen Sendung mit ihnen erzeugt und dadurch den charismatischen Führer selbst gleichsam mit einem kognitiven symbolischen Kleid umhüllt. Die Chance der Bevölkerung oder von Bevölkerungskreisen zur Identifikation mit dem charismatischen Führer dürfte sich dadurch erhöhen, daß dieser sich seinerseits in seiner Botschaft mit ihren heiligsten Symbolen identifiziert. Max Weber hat auf diesen Zusammenhang am Beispiel der jüdischen Prophetie hingewiesen: daß sie »ein für allemal daran gebunden war: Sendungsprophetie zu sein, im Auftrag des überweltlichen Gottes, nicht aber kraft eigner Göttlichkeit oder Gottbesessenheit zu verkünden«[32]. Daß jene kognitive symbolische ›Selbstbekleidungen‹ ähnlich wie andere Symbolisierungsmaßnahmen, welche die Zugehörigkeit des charismatischen Führers zu seinen potentiellen oder aktuellen Anhängern zum Ausdruck bringen sollen, im charismatischen Kommunikationsvorgang – der je nach kulturellem Kontext auch von Mitteilungen visionärer Erlebnisse und ›Kontakte‹ zum ›heiligen Kosmos‹, die aber allein kaum als ›beweiskräftig‹ gelten, untermalt sein kann – nicht nur verbal vorgenommen, sondern oft auch visuell-dramatisch vorgeführt werden und dadurch eine hohe Expressivität, Eindrucksmächtigkeit und Mobilisierung bewirken, kann an vielen Beispielen überzeugend belegt werden[33]. Dem An- und Ablegen von Kleidungsstücken wie der Körpersymbolik überhaupt kommt dabei anscheinend eine wichtige rhetorische Funktion zu. Eine typische Eigenschaft der Körpersymbolik, ihre Konkretheit und einfache Verständlichkeit, wird auch als Merkmal des Inhalts und der verbalen Verkündigungsweise der charismatischen Botschaft und neben anderen rhetorischen Elementen als Mittel zur Mobilisierung der

---

31   *A.R. Willner / D. Willner*, The Rise and Role of Charismatic Leaders, The Annals of The American Academy of Political and Social Science 358 (1965), 77–88, hier 82.
32   *M. Weber*, Gesammelte Aufsätze zur Religionssoziologie, Bd. III, Tübingen ³1963, 412; vgl. *A. Malamat*, Charismatische Führung im Buch der Richter, in: *W. Schluchter* (Hg.), Max Webers Studie über das antike Judentum. Interpretation und Kritik, Frankfurt a.M. 1981, 110–133, hier 123.
33   *Perinbanayagam*, Dialectics, 392ff; *R. Sennett*, Charismatic De-Legitimation: A Case Study, Theory and Society 2 (1975), 149–170, hier 175.

Adressaten des charismatischen Führers und zur Förderung der Identifizierung vieler mit ihm interpretiert[34].

Als Maßnahme der Gewinnung und Aufrechterhaltung des Glaubens an einen Propheten oder einen anderen charismatischen Führer über die Botschaft genügt es nicht, daß der sich darin mit ihren Lebens-, Interessen- und Notlagen sowie ihren heiligen Idealen inhaltlich und rhetorisch identifiziert und noch andere Eigenschaften mit ihnen teilt. Eine charismatische Botschaft muß vielmehr auch eine »radical definition of the situation of ist own«[35] enthalten, wenn sie den Eindruck des ›Einzigartigen‹ und ›Niedagewesenen‹ hervorrufen und charismatische Autorität mitmarkieren, außerdem etwa bei einer Interessenheterogenität der Anhänger deren aller Akzeptanz erreichen soll. Charismatische Botschaften müssen demonstrieren, daß ihre Träger mit den Beständen heiliger Symbole und Ideale kreativ umgehen, etwa »logisch heterogen scheinende Motive«, wie Weber sagt, »zu einer Einheit zusammenschmieden«[36] und die Krise kognitiv und normativ meistern können. Charismatische Botschaften versuchen, eine »diagnosis of these predicaments« zu offerieren, »sense of being in a desperate predicament« zu akzentuieren und »certain ideas ... as a way out of the predicament« zu plausibilisieren[37]. Eine charismatische Verkündigung »must be greater than their context, offering new possibilities, stimulating new visions of a social order very different from the present«[38].

Erst wenn sich mit anderen Worten eine Botschaft nicht nur als ein ›Teil‹ der Adressaten, sondern ihnen auch als ein Fremdes oder ›ganz Anderes‹ oder ›Überlegenes‹ präsentiert, kann sie Glauben an eine charismatische Autorität stimulieren. Dieser Eindruck kann nicht nur dadurch erhöht werden, daß sie sich kognitiv und normativ gegen traditional autorisierte ›offizielle‹ Sinngebungen sperrt und damit auch die durch dieses »heilige Wissen«[39] legitimierten Herrschaftsbeziehungen in Frage stellt. Oft ist der Situationsdefinition eines Propheten, die in der Regel keine wirkliche Analyse der realen sozialen Probleme, sondern eine bewußt ein-

---

34 Vgl. *R.J. Bord*, Toward a Social-psychological Theory of Charismatic Influence Processes, Social Forces 53 (1974), 485–497, hier 490ff; *R.H. Dekmejian / M.J. Wyszomirski*, Charismatic Leaderhip in Islam. The Mahdi of Sudan, Comparative Studies in Society and History 14 (1972), 193–214, hier 196.
35 *M. Hill*, A Sociology of Religion, London 1973, 169.
36 *Weber*, Wirtschaft, 275.
37 *R. Tucker*, The Theory of Charismatic Leadership, Daedalus 97 (1968), 731–756, hier 751.
38 *Wilson*, Savages, 10.
39 *Weber*, Wirtschaft, 279f.

heitliche sinnhafte Stellungnahme zu den sozialen und kosmischen Geschehnissen aus letzten einheitlichen Wertpositionen heraus enthält, also als eine dem einzelnen zeitlich vorgeordnete, sachlich übergeordnete, sozial verpflichtende und allgemeingültige Handlungsauslegung und -anweisung präsentiert wird, auch ein Moment des Mißbilligens und des Tadelns von Einstellungen und Handlungsweisen gerade auch seiner Anhänger eigen. Diese Komponente der charismatischen Botschaft kann sogar zentral sein wie in der altisraelitischen Prophetie, verzahnt allerdings mit Bekundungen der Identifikation mit ihren Adressaten. Der Eindruck des Neuen an der charismatischen Botschaft kann auch dadurch immer wieder bestätigt werden, daß ihr Träger sie als noch unfertig präsentiert, gewissermaßen flüssig hält.

Ein ›Erfolgsgeheimnis‹ charismatischer Lehren scheint somit darin zu bestehen, Affinitäten mit Eigenschaften, Interessen, Erwartungen und mit Idealen der Anhänger einerseits mit eigenständigen und für die Anhänger ›neuen‹ Akzenten, Optionen und Orientierungsmöglichkeiten andererseits zu kombinieren und jeweils auszubalancieren. Eine permanente kognitive und normative »Spannung zwischen den Propheten, ihrem Laienanhang und den Vertretern der priesterlichen Tradition«[40] bzw. den Kontrolleuren der religiösen Ordnung kann deshalb nicht ausbleiben und muß zur Behauptung des Charisma von seinen Trägern ausgehalten und durchgestanden werden, auch und gerade dann, wenn sich die charismatische Bewegung als religionsinterne bzw. binnenkirchliche Protest- und Erneuerungsbewegung versteht[41]. So wird man nicht nur an die zahlreichen außerchristlichen und außerkirchlichen charismatischen Sekten, Sondergemeinschaften, Bewegungen und Szenen zu denken haben, die den Anspruch der Kirchen auf das äußere Religionsmonopol bestreiten[42], sondern auch z.B. an die zahlreichen sogenannten neuen geistlichen Gemeinschaften denken, die beinahe allesamt zumindest einige Züge der prophetisch-charismatischen Bewegungen im hier skizzierten idealtypologischen Sinn tragen und nicht selten als innerkirchliche Sekten diffamiert werden[43]. Diese gruppenkirchliche Differenzierung am inneren und äußeren Rand auch und gerade der römisch-katholischen Kirche ist derzeit kaum mehr überschaubar und bestimmt von einer Polyphonie,

---

40 Ebd., 279.
41 Vgl. *J. Wach*, Religionssoziologie, Tübingen 1951.
42 Vgl. *E. Barker*, Neue Religiöse Bewegungen. Religiöser Pluralismus in der westlichen Welt, in: *J. Bergmann / A. Hahn / T. Luckmann* (Hg.), Religion und Kultur (KZSS.S 1993), 231–248.
43 S. meinen noch unveröffentlichten Vortrag auf der Jahrestagung der Görresgesellschaft 1997: Neue geistliche Gemeinschaften – innerkirchliche Sekten?

wenn nicht Kakophonie charismatischer Rufe einer Vielfalt von kleinen und großen Propheten und Prophetinnen.

Ein universaler Topos wurde von Wolfgang Lipp[44] wieder in Erinnerung gerufen und als zentrales kognitives und normatives Schema charismatischer Bewegungen beobachtet: das von Mühlmann im Anschluß an Beobachtungen Webers und Nietzsches so bezeichnete ›Mythologem von der verkehrten Welt‹. Demnach verfolgen charismatische Botschaften im allgemeinen und prophetische im besonderen die Intention, »die soziale Ordnung ... ›umzudrehen‹ und ins Gegenteil zu verkehren«[45]. Sie definieren zum Beispiel einen Zustand gesellschaftlich, zumeist herrschaftlich produzierter und kontrollierter Defizienz, etwa soziale Inferioritäts- oder ökonomisch-politische Unterlegenheitsverhältnisse, in einen Zustand der Auserwählung um. Dabei versehen sie nicht nur die Lage der ›Glücklichen‹ mit einem negativen, die der ›Leidenden‹ mit einem positiven Vorzeichen, indem sie dieses Leiden kognitiv und normativ mit den heiligen Symbolen der Gesellschaft verklären, sondern fordern ihre Adressaten auf, aus der Not eine Tugend zu machen, aktiv, bewußt und demonstrativ sich mit ihrer Last zu identifizieren, sie auf sich zu laden, ihre sozialen Produktionsweisen damit einerseits zu reproduzieren wie andererseits kritisch widerzuspiegeln, sie auf diese Weise zu relativieren, zu diskreditieren und zu unterlaufen. In seiner kognitiven Struktur zwar äußerst simpel, ist diese genuine Verhaltensfigur der Selbststigmatisierung jedoch funktional äußerst komplex, insofern sie nämlich die Möglichkeit bietet, alle von der Charisma-Forschung herausgestellten Elemente charismatischer Botschaften gleichzeitig in sich aufzunehmen. Sie enthält sowohl Momente der Artikulation und Identifikation mit der Interessenlage, den Eigenschaften und Idealen der potentiellen oder aktuellen Anhänger charismatischer Bewegungen als auch – mittels des elementaren ›Tricks‹ des Umdrehens – ein Moment des ›Neuen‹ und ›ganz Anderen‹. Sie thematisiert zwar einerseits die jeweilige ›Not‹, ermöglicht aber, diese »in anderem Lichte zu sehen«, die Betroffenen aus der fremdauferlegten Apathie zu reißen und schöpferisch »neuen Gestaltungen Raum zu geben«[46]. Sie offeriert also eine Diagnose, einen Sinn und Ausweg aus der Notlage, bei gleichzeitigem Widerstand und Protest gegen ihre vermeintlichen oder wirklichen Verursacher, ist innova-

44 *Lipp*, Stigma.
45 *Ders.*, Selbststigmatisierung, in: *M. Brusten / J. Hohmeier* (Hg.), Stigmatisierung. Zur Produktion gesellschaftlicher Randgruppen, Bd. I, Neuwied/Darmstadt 1975, 25–53, hier 44.
46 Ebd., 39.30.

tiv und revolutionär. Selbststigmatisierung, also die demonstrative
Selbstkennzeichnung sozialer Subjekte mit Mangel- und Schuld-
symbolen, ist schließlich sowohl einfach und verständlich, verbal,
dramatisch und zudem zeitsparend kommunizierbar, nicht zuletzt
deshalb, weil sie als reflexiver Mechanismus auf bereits bestehende
kommunikative Elemente zurückgreifen kann.
Wie Wolfgang Lipp davon ausgeht, daß Prozesse der Selbststigmatisierung »als einer genuinen und funktional komplexen Kognition
und Verhaltensfigur« auch außerhalb charismatischer Bewegungen
ablaufen, interpretiert die Mehrheit der soziologischen Charisma-
Forscher die Botschaft allein nicht als das ausschlaggebende Element für den Prozeß der Entstehung und Behauptung charismatischer Bewegungen. Hierfür akzentuieren sie stärker das Handeln
der Person des charismatischen Führers mit seiner Gefolgschaft,
zumeist jedoch im untrennbaren Zusammenhang mit ihrem kognitiven und normativen Entwurf einer neuen Wirklichkeit. Die tragen damit nicht nur an einer angemesseneren Weiterentwicklung
des Charisma-Konzepts Max Webers bei, sie kehren damit auch –
mehr implizit als explizit – den Unterschied zwischen charismatischen und anderen Formen des Protests deutlicher hervor.

2.4 Zur Bedeutung des charismatischen Führers

Wolfgang Lipp zeigt nicht nur, daß charismatische Lehren den
Topos des Umdrehens der ›verkehrten Welt‹ beinhalten, sondern
daß charismatische Individuen und ihre Gefolgsleute selbst gleichsam den Drehpunkt darstellen, von dem aus sie einen neuen dialektischen Prozeß der »Externalisierung«, »Objektivierung« und
»Internalisierung« sozialer Wirklichkeit in Gang setzen[47] und den
alten konterkarieren. Am Beispiel der historischen Bewegung um
Jesus von Nazareth und im frühen Christentum läßt sich dieser Zusammenhang von Stigma und Charisma gut nachweisen[48]. Sym-
bolisch laden sich charismatische Führer, gestützt von ihren Hel-

---

47 *P.L. Berger / T. Luckmann*, Die gesellschaftliche Konstruktion der Wirklichkeit. Eine Theorie der Wissenssoziologie, Frankfurt a.M. [4]1974, 65.
48 *M.N. Ebertz*, Das Charisma des Gekreuzigten. Zur Soziologie der Jesusbewegung (WUNT 45), Tübingen 1987; *ders.*, Macht aus Ohnmacht. Die stigmatischen Züge der charismatischen Bewegung um Jesus von Nazareth, in: *Gebhardt/
Zingerle/Ebertz*, Charisma, 71–90; *ders.*, Die Institutionalisierung von Charisma
und Stigma. Herrschaftsbegründung und Herrschaftskritik im frühen Christentum,
in: *M. Krüggeler / K. Gabriel / W. Gebhardt* (Hg.), Institution, Organisation, Bewegung. Sozialformen der Religion im Wandel, Opladen 1999, 133–150; *H. Mö-
dritzer*, Stigma und Charisma im Neuen Testament und seiner Umwelt. Zur Soziologie des Urchristentums (NTOA 28), Freiburg/Schweiz 1994.

fern, selbst die jeweils bestehenden Übel der sozialen Wirklichkeit auf und laufen ihr gleichsam ›gegen den Strich‹. Indem sie dieses sozusagen ›soziale Wunder‹ tun und durchhalten und »die Vergeltung, die wehrende Gewalt, die die Gesellschaft auf sie lenkt, ertragen: wenn sie die Feuerprobe bestehen, dann steigen sie auf aus der Asche, strahlen sie Glanz, üben sie Herrschaftsgewalt von sich aus aus«[49]. Lipps Konzept der Charisma-Genese als stigmatischer bzw. selbststigmatischer Prozeß bringt zwar eine »einschneidende Neuerung« vor allem für die vergleichende Erforschung charismatischer Bewegungen, und es dürfte »den genetischen Schlüssel« zu einer Vielzahl von religiösen Charismen bilden, so daß die »Erforschung genetischer Charisma-Kontexte künftig ohne die Probe ... nicht auskommen wird«, inwieweit ein solcher Prozeß von Charisma aus Stigma vorliegt, doch stellt sich gerade auch hier das »Problem des Generalisierungsniveaus«[50].

Aushalten läßt sich ein solcher handlungspraktischer Versuch der dialektischen Durchbrechung der ›Sozialgesetze‹ und der gleichzeitigen Implantation ›neuer‹ Werte und Normen nicht nur durch die taktische Vermeidung bestimmter Äußerungen, Handlungen und Situationen, welche anderen die totale Kontrolle über die charismatische Führung ermöglichen, sondern dadurch, daß sie sich selbst ihrer ›flüssig‹ gehaltenen Botschaft unterwirft, ihr Handeln am eigenen Wirklichkeitsentwurf orientiert oder – etwa über Geheimhaltungsmaßnahmen[51] – dafür sorgt, daß das faktische Tun und Unterlassen von seinen Adressaten nicht anders erfahren wird.

Über die Präsentation seiner kreativen Kompetenz zur kognitiven und normativen Meisterung der jeweiligen Krisenlage hinaus demonstriert der charismatische Führer mit der handelnden Identifikation mit seiner eigenen Botschaft zum einen selbst, daß er außerhalb der Bande dieser Welt steht. Er zeigt selbst die moralische Stärke, die er auch anderen abverlangt, und läßt sie seine eigene Überlegenheit über sie erfahren, wenn sie – wie in der Regel – hinter dem Anspruch seiner Lehre zurückbleiben, was auch eine Funktion der Rekrutierung seiner Helfer ist. Dadurch nötigt er ihnen Respekt ab, stärkt er sein Selbstbewußtsein und erwirbt sich ein unverzichtbares persönliches »Vertrauen«[52], ein persönliches Surplus, das auch Verletzungen von Interessen und Enttäuschungen von Erwartungen seiner Anhänger zu kompensieren und zu korrigieren vermag sowie ein soziales Fundament darstellt, was auch

49 *Lipp*, Selbststigmatisierung, 44.
50 *Zingerle*, Probleme, 253ff.
51 S. *Bord*, Theory, 493.
52 *Weber*, Wirtschaft, 140.

von ihm selbst vorgenommene radikale Korrekturen an der charismatischen Botschaft stützt. Dieser Vertrauenskredit, dessen Erwerb der charismatische Führer durch Selbstdisziplinierung seiner Selbstpräsentation im Hinblick auf seine Lehre selbst sicherstellen kann, erlaubt ihm dann zur Behauptung der Geltung seines Charisma bei Bedarf ein variables Krisenmanagement, womit er sich auch über die Köpfe der anderen, hauptsächlich seines Helferkreises, hinwegzusetzen vermag: ohne Zwang zur Rücksicht auf nennenswerte Verluste.

Durch die Selbstorientierung seines Handelns an seiner Botschaft demonstriert der charismatische Führer zum anderen auch exemplarisch an sich selbst auf sinnfällige Weise, daß er mit der jeweiligen Krise umgehen kann und daß sich der Glaube an seine Botschaft ›bewährt‹. Die versprochene Zukunft hat sozusagen durch, mit und in dem charismatischen Führer selbst empirisch begonnen, er lebt sie ›vor‹. Und dieser ›Beweis‹ und das Vertrauen, das er sich erwirbt, machen ihn zu einem konkreten Vehikel »for the identification of the alter-ego with a transcendent state«, weil er selbst bereits als ein »transcendent self« anschaulich erfahren wird[53].

Anders gesagt: Charismatische Führer und insbesondere Propheten führen sich als ihre eigenen Vorbilder vor und darüber als Vorbilder für andere. Der demonstrierte »Einklang zwischen Glaubenseifer und Lebensernst«[54] wirkt unmittelbar suggestiv und offeriert sich dem in Krisenzeiten aufbrechenden Glauben an die charismatische Macht ›großer Individuen‹ als Orientierungspunkt. In dieser handelnden Synthese des charismatischen Führers, der »Vorbildlichkeit einer Person und (!) der durch sie offenbarten oder geschaffenen Ordnungen« liegt die von Weber anvisierte spezifisch charismatische Überzeugungs- und Veränderungschance[55]. Mit Belehrungen allein ohne ihre Manifestation im konkreten Handeln, ohne »Prestige der Vorbildlichkeit«[56] ihrer Führungspersönlichkeiten, können sich charismatische Bewegungen kaum behaupten. In diesem spezifischen Prestige der charismatischen Führer liegt die entscheidende Legitimationsressource charismatischer, prophetischer Bewegungen, und alle Propheten »nützten das Prestige aus, welches das prophetische Charisma als solches, gegenüber den Technikern des Alltagskultes, bei den Laien fand«[57]. Deshalb

---

53 *J. Marcus*, Transcendence and Charisma, Western Political Quarterly 14 (1961), 236–241, hier 237f.
54 *A. Borst*, Mönche am Bodensee 610–1525, Sigmaringen 1978, 249.
55 *Weber*, Wirtschaft, 124.
56 Ebd., 16.
57 Ebd., 279.

wird an diesem »persönlichen Gesamthabitus«[58] auch der Wert charismatischer Botschaften primär und konkret erfahren und gemessen; deshalb ›schlagen‹ auf den persönlichen Charismaträger – und weniger auf die Botschaft – auch die jeweiligen Gegner charismatischer Bewegungen ein, um sie darüber insgesamt zu nihilieren, wenn nicht zu paralysieren. Sie versuchen damit eine sozusagen wandelnde Handlungsmaxime zu eliminieren, an der andere ihr Handeln orientieren: den Vertrauen erweckenden und Anerkennung erheischenden beispielhaften Weg über die aktive persönliche Bekehrung, Vorbildlichkeit und – auch deshalb – Heiligkeit des Neuerers oder Erneuerers selbst.

Gelingt es einer solchen sich selbst qualifizierenden, Verkündigung betreibenden und damit Herrschaftsanspruch stellenden Person, sich einerseits ein gewisses Maß an Fremdheit in den Augen der Adressaten zu bewahren und ihnen andererseits die Identifikation mit ihr über ihre Identifikation mit ihnen zu erleichtern, wächst die Chance zu einem wechselseitigen Tausch von Anerkennungs-, Identitäts- und Statuszuschreibungen, zu einer doppelten Validierung. Diese stellt eine ausbaufähige und nach der Nähe zur Person des charismatischen Führers staffelbare interaktive Grundlage der charismatischen Bewegung und Wirklichkeitskonstruktion und zugleich die interaktive Basis zur ›Aufhebung‹ oder ›Radikalisierung‹ der überkommenen Ordnung dar.

Doch ist diese Phase, die durch einen charismatischen Führer bestimmt ist, wie Weber gesehen hat, ephemer, eine kurze Phase. Sie ist entweder »*Anfangs*erscheinung religiöser (prophetischer) oder politischer (Eroberungs-) Herrschaften«[59] und damit Anfang alltäglicher charismatischer Herrschaft oder Anfang von ihrem Ende – für den soziologischen Beobachter immer das ›noch nicht‹ vom Zerfall oder Alltag Heimgeholte. Aber auch im Alltag kann das prophetische Ursprungscharisma bewahrt und als charismatischer Stachel gegen den Alltag kritisch und delegitimatorisch in Erinnerung gebracht werden.

58   Ebd., 324.
59   Ebd., 147.

Hermann Barth

Prophetie und Weisheit in kirchlichen Äußerungen

Es gibt einen seit Jahrzehnten regelmäßig wiederkehrenden Vorwurf gegen kirchliche Äußerungen: Sie seien zu wenig prophetisch[1]. Der dabei vorausgesetzte Begriff des Prophetischen hängt zweifellos nur in sehr vermittelter Weise mit der Prophetie des Alten Israel zusammen, wie sie uns im Alten Testament entgegentritt. Es wäre einer eigenen Untersuchung wert, welchen Wandlungen der Begriff des Prophetischen im Alten Testament selbst und dann jenseits desselben im Judentum, im frühen Christentum, im Laufe der Theologiegeschichte – etwa bei der Entfaltung des prophetischen Amtes Jesu Christi –, im Laufe der Geistesgeschichte – man denke nur an Ernst Blochs großartig einseitige Deutung in »Atheismus im Christentum« – und schließlich im neueren kirchlichen Gebrauch, vor allem in der ökumenischen Diskussion, unterworfen war. Das kann hier nicht geleistet werden. Ohnehin ist deutlich genug, daß bei der aktuellen Forderung nach einem prophetischen Reden und Handeln der Kirche nicht wirklich an der alttestamentlichen Prophetie Maß genommen wird – wozu auch paßt, daß in diesem Zusammenhang der Begriff des Weisheitlichen als eine Parallele und ein Kontrast zum Prophetischen niemals auftaucht. Vielmehr steht dabei, unter lockerer Anknüpfung an einige Züge alttestamentlicher Prophetie, das Prophetische als Chiffre für Eindeutigkeit, schneidende Gesellschaftskritik, Widerstand, Konfrontation mit herrschenden Kräften.

Über Recht und Grenze einer so bestimmten Erwartung an kirchliche Äußerungen ist anhand einer Analyse der gegenwärtigen Situation von Gesellschaft und Kirche und einer theologischen Re-

---

1   So zuletzt etwa der katholische Journalist Wolfgang Kessler in einem Gespräch mit Publik-Forum (Nr. 15 vom 7. August 1998, 6–9, dort 9): »Wenn so etwas wie ein Sozialwort geschrieben wird oder wenn die Kirchen sich zu diesen Fragen äußern, dann erwarte ich kein Wirtschaftsprogramm, sondern ein Stück Prophetie. Hinter diesen Ansprüchen bleiben die Kirchen in Deutschland immer noch weit zurück.«

flexion über die Aufgabe der Kirche weiter nachzudenken. Besonderes Augenmerk verdient dabei die Differenz zwischen autoritären und freiheitlich-demokratischen politischen Systemen. Im autoritären System der SED-Diktatur bot die prophetische Existenz ein aussagekräftiges Deutungsmuster für die Rolle der Kirche; so wie sich im Alten Israel Prophet und König oder Prophet und Herrschaftskaste gegenüberstanden, bestand in der DDR eine Konfrontation zwischen Kirche und Partei. Im Kontext einer freiheitlich-demokratischen Ordnung verliert dieses Deutungsmuster aber an Plausibilität; denn die Inhaber der politischen Macht sind von den Gliedern der Kirche selbst auf Zeit gewählt, ja sie kommen aus ihren eigenen Reihen.

In diesem Beitrag soll eine andere Fragerichtung eingeschlagen werden. Es gibt in den letzten Jahrzehnten eine Fülle kirchlicher Äußerungen zu ethischen Fragen. Meine Fragestellung lautet: Welche biblische Traditionsströmung wirkt – im Blick auf Denkweise, Intention, Argumentationsstil und Redeform – dabei vor allem nach? Neben einem Seitenblick auf die priesterliche Rede werden die Traditionen der prophetischen und der weisheitlichen Rede im Mittelpunkt stehen. Es geht nicht um eine historische, exegetische Untersuchung. Die exegetischen Sachverhalte werden vorausgesetzt und lediglich knapp und von ihrem summarischen Ergebnis her aufgenommen. Aber für ein Jahrbuch für Biblische Theologie mag es durchaus reizvoll sein, auch den entfernteren Nachwirkungen biblischer Redetraditionen nachzuspüren[2].

I.   Anlässe und Rahmenbedingungen für kirchliche Äußerungen

1.   Problemstellung

Die Nachfrage nach Ethik steigt. Das spüren auch die Kirchen. In einem Maße, das einen gelegentlich staunen läßt, gelten sie als eine vorrangige Adresse, wenn ethische Probleme virulent werden. Entspricht der ethischen Autorität, die ihnen zugeschrieben wird, eine ebenso große ethische Kompetenz? Es wird gut sein, das Problemfeld anhand einiger Beispiele näher in Augenschein zu nehmen:

a)   Ehen und Familien hat es schon immer in vielfältiger Gestalt gegeben. Nie zuvor aber gab es einen so großen Spielraum für die

---

2   Die nachfolgenden Darlegungen sind zunächst im Zusammenhang von Vorträgen bei kirchlichen Veranstaltungen entwickelt worden. Der Vortragsstil ist weithin beibehalten.

persönliche Wahl einer Lebensform wie in unserer Gesellschaft. Niemand kann dem und der einzelnen die Entscheidung über die geeignete Lebensform abnehmen, gar nicht so selten findet man sich ganz ohne eigene bewußte Wahl am Ende faktisch in einer bestimmten Lebensform vor. Aber wo und solange bewußt eine Wahl getroffen wird, ist es gewiß wünschenswert, Maßstäbe an der Hand zu haben, anhand derer man seine Wünsche und Absichten überprüfen kann. Gibt es gute Gründe, sich aus kirchlicher und christlicher Sicht zu diesen Maßstäben zu äußern? Manche in den Kirchen drängen darauf. Andere sprechen abschätzig von der Tendenz zu einem »Verlautbarungsprotestantismus« und raten zu mehr Zurückhaltung. Auf jeden Fall werden die Kirchen gut beraten sein, sich vor jeder Verlautbarung zu Maßstäben des Handelns einigen Prüffragen zu stellen: Was nötigt uns *als Kirche*, uns zu dieser Thematik zu äußern? Ist die geplante Äußerung als eine *kirchliche* Äußerung erkennbar? Welche Aspekte kommen in der öffentlichen Debatte zu kurz? Gibt es eine spezifische kirchliche Kompetenz, diese Defizite abzudecken?

b) Innerhalb weniger Jahrzehnte sind den Menschen auf dem Gebiet der Gentechnik ungeahnte neue Erkenntnisse und Handlungsmöglichkeiten zugewachsen, und die Geschwindigkeit der Entwicklung in Forschung und Anwendung nimmt eher zu als ab. Die Grundinformation des Lebens scheint entschlüsselt zu werden. Sobald aber der Mechanismus der genetischen Information durchschaut ist, kann er auch verändert werden. Die Gentechnik erlaubt es, erfinderisch weiterzuarbeiten: Mikroorganismen, Pflanzen und Tiere mit neuartigen Eigenschaften werden entwickelt und eingesetzt. Genau hier entstehen aber auch die Ängste: Was wird diese Forschung und erst recht ihre Anwendung für Folgen haben? Mit welchen unbeabsichtigten Konsequenzen und Nebenwirkungen ist zu rechnen? Welcher Mißbrauch ist möglich? In der Diskussion um die Gentechnik gibt es dementsprechend zwei gegenläufige Denk- und Argumentationsweisen. Die eine Seite wirbt um Akzeptanz für die neue Technik in der Bevölkerung. Denn solche Akzeptanz ist die Voraussetzung für die weitere technische Entwicklung und ihre Umsetzung. Die andere Seite unternimmt Anstrengungen, die Bevölkerung für die Probleme der Gentechnik und die in ihr gesehene Gefahr der Fortsetzung eines zerstörerischen Umgangs mit der Natur zu sensibilisieren. Beide Aspekte haben ihre eigene Plausibilität. Von beiden Seiten gibt es die Erwartung, daß die kirchliche Stimme die eigene Position öffentlich stützt. Wie sollen sich die Kirchen im Spannungsfeld solcher gegensätzlichen Erwartungen, etwa im Falle der Patentierbarkeit von Lebewesen, verhalten? Sollen sie, ja – angesichts des Umstandes, daß auf beiden Seiten Christen engagiert sind – *können* sie überhaupt einseitig Partei ergreifen? Aufgrund welcher Kompetenz?

c) Auch in der medizinischen Forschung und in den neuen medizinischen Behandlungsmöglichkeiten geht es um den Umgang mit Leben. Embryonenforschung, Reproduktionsmedizin, Organtransplantation, Gentherapie sind einige einschlägige Stichworte. Den Kirchen wird fast von selbst eine Zuständigkeit für Fragen des Umgangs mit Leben zugeschrieben. Ist das, wie manche Wissenschaftler und Politiker es empfinden, eine anachronistische Nachwirkung früherer kultureller und gesellschaftlicher Verhältnisse? Oder spricht sich hier die nicht überholbare Einsicht aus, daß das Urteil über manche wissenschaftlichen und technischen Entwicklungen die Kompetenz von Wissenschaft und Technik selbst bei weitem übersteigt und an Grundfragen des Lebens rührt? Etwa: Wie wollen wir leben? Was nötigt uns dazu, die Nebenfolgen einer technischen Entwicklung in Kauf zu nehmen? Was ist das Menschliche am Menschen, das Natürliche an der Natur, das es zu bewahren gilt? Sind wir fähig, auch Verzicht zu üben? Ob die kirchlichen Antworten auf diese Fragen befriedigen, steht dann freilich auf einem anderen Blatt. Einen Alleinvertretungsanspruch haben die Kirchen hier nicht. Ihre Antworten konkurrieren mit anderen Antwortangeboten, und die kirchliche Stimme behält nur Gewicht, solange und soweit sie Überzeugungskraft besitzt.

d) Der Kontext, in dem Wissenschaft und Technik ihre Kräfte entfalten, ist die Organisation des wirtschaftlichen Handelns. Wie zukunftsfähig sind, national und international, die derzeitigen Mechanismen? Relative Einigkeit besteht über die Faktoren, die für die Beantwortung der Frage zu berücksichtigen sind. Im Vordergrund steht die Verträglichkeit des wirtschaftlichen Handelns mit der Bewahrung der natürlichen Grundlagen des Lebens und mit der Gewährleistung eines Mindestmaßes sozialer Gerechtigkeit, national wie global. Die Antworten selbst aber fallen sehr unterschiedlich aus. Die radikalsten Varianten lauten (nach wie vor und unabhängig von dem überwundenen Systemgegensatz von Kapitalismus und Sozialismus): Die gezähmte Marktwirtschaft ist, *wie sie heute praktiziert* wird oder *wie auch immer sie praktiziert* wird, nicht überlebensfähig. Die wenigen Menschen, die so reden, kommen sich vor wie Rufer in der Wüste. Kaum jemand will auf sie hören. Es ist ja auch nicht auszudenken und nicht auszuhalten, sich auf dem Weg in den Untergang zu befinden und keine ernsthafte Chance zur Umkehr zu besitzen. Genau das allerdings war die Situation, in der einige der Propheten Israels aufgetreten sind. Unüberbietbar wird dies bei Jesaja am Ausgang des 8. vorchristlichen Jahrhunderts deutlich: »Denn sie sind ein ungehorsames Volk und verlogene Söhne, die nicht hören wollen die Weisung des Herrn, sondern sagen zu den Sehern: ›Ihr sollt nicht sehen!‹ und zu den Schauern: ›Was wahr ist, sollt ihr uns nicht schauen! Redet zu uns, was angenehm ist; schauet, was das Herz begehrt! Weicht ab vom Wege, geht aus der rechten Bahn! Laßt uns doch in Ruhe mit dem Heiligen Israels!‹ Darum spricht der Heilige Israels: Weil ihr dies Wort verwerft und verlaßt euch auf Frevel und Mutwillen und trotzet darauf, so soll euch diese Sünde sein wie ein Riß, wenn es beginnt zu rieseln an einer hohen Mauer, die plötzlich, unversehens einstürzt« (30,9–13). Das läßt sich unschwer in die Gegenwart übertragen: Weil ihr alle Warnungen in den Wind schlagt und fortfahrt mit der Zerstörung der natürlichen Grundlagen des Lebens und den Armen ihr Recht verweigert und auch noch stolz seid auf eure wirtschaftliche Entwicklung, darum wird euch diese Verfehlung sein wie der Riß an einer hohen Mauer, die beginnt zu rieseln und plötzlich, unversehens einstürzt. Ist es vorstellbar, daß eine kirchliche Stimme heute so redet? Und was geschähe, wenn sie es täte?

2. Einige hilfreiche Unterscheidungen

Niemand kann für die Kirche sprechen. Zum einen, weil, jedenfalls nach evangelischem Verständnis, ohnehin keine einzelne Person für die ganze Kirche stehen kann. Zum anderen, weil es *die* Kirche als identifizierbare, empirisch faßbare Größe gar nicht gibt. Die geglaubte »eine, heilige, allgemeine und apostolische Kirche« existiert historisch im Plural, in mehreren, verschieden geprägten Kirchentümern. Die kirchliche Stimme ist also immer die Stimme *einer bestimmten* Kirche. Es wäre übrigens hilfreich, dieser Aspekt fände auch aus der Außenperspektive Beachtung. Allzu häufig geschieht es, daß Äußerungen und Verhaltensweisen in *einer* Kirche pauschal *der* Kirche zugeschrieben werden. Dann treten Leute aus der evangelischen Kirche aus, weil der Papst die Pille ablehnt, oder es verlassen Menschen die römisch-katholische Kirche, weil eine evangelische Kirchengemeinde Soldaten pauschal in die Nähe von Mördern rückt. Unterscheidungen zu treffen hilft, Klischees aufzulösen.

In jeder Kirche gibt es ein mehr oder weniger gut geregeltes Verfahren, wer das Recht hat, als Repräsentant oder Repräsentantin dieser Kirche aufzutreten und zu sprechen. Im Sinne solcher rechtlich geregelter Repräsentanz kann es auch zutreffen, daß die Evan-

gelische Kirche in Deutschland (EKD) oder eine Landeskirche
diese oder jene Position bezogen hat. In der Öffentlichkeit ist freilich eine unscharfe Vorstellung und Darstellungsweise weit verbreitet, und die Medien bedienen sich ihrer nur zu gern, um einer Meldung mehr Gewicht zu verleihen. »EKD gegen Patentierung von
Lebewesen« – hinter dieser erfundenen Überschrift steht unter Umständen lediglich der Vorgang, daß sich ein Referent des Kirchenamtes kritisch zur Patentierung von Lebewesen geäußert hat. Viel
Aufregung und Ärger ließen sich vermeiden, wenn solche unbeabsichtigten und beabsichtigten Unschärfen unterblieben. Ich ziehe
es darum in der Regel vor, genauer anzugeben, wer in einem bestimmten Fall etwa für die EKD spricht: die Synode, der Rat, der
Ratsvorsitzende oder der Pressesprecher.
Von den Äußerungen, die *für* eine bestimmte Kirche – oder genauer: auf der Grundlage eines Mandats dieser Kirche – getan
werden, getrennt halte ich die Äußerungen und Positionen einzelner Christen oder Gruppen, die in eigener Verantwortung handeln.
Sie sind Glieder einer Kirche und repräsentieren sie darum auch.
Aber es ist eine Repräsentanz im weiteren, nicht rechtlich geregel-
ten Sinne. Über das sachliche Gewicht der einen und der anderen
Stimme ist damit noch in keiner Weise entschieden. Die Stimme
des einzelnen Christen ist nicht selten profilierter und gehaltvoller
als die auf der Grundlage eines kirchlichen Mandats gemachte
Äußerung – darauf komme ich noch zurück.

II.   Priesterliche, weisheitliche und prophetische Redetradition

Im Alten Testament heben sich priesterliche, weisheitliche und prophetische Redetradition in charakteristischer Weise voneinander
ab. In holzschnittartiger Vereinfachung lassen sie sich so kenn-
zeichnen:
Die priesterliche Rede ist Heilsvermittlung, die weisheitliche Rede
Erfahrungsvermittlung, die prophetische Rede Zukunftsvermitt-
lung. Die priesterliche Rede zielt darauf, das Heil präsent zu machen. Das geschieht beispielsweise beim Heilsorakel, also der Zusage der Errettung aus der Not, oder bei der Spendung des Segens. Die weisheitliche Rede gibt Erfahrungswissen weiter. Sie ist
Lehre. Sie zielt auf Einsicht und Nachvollzug. Darum hat sie einen
argumentativen Charakter. Die prophetische Rede schließlich ist
Zeitansage im Licht des Kommenden. Alle prophetische Rede
wächst hervor aus einer intensiven Ahnung der Zukunft. Die Zukunftsansage der Propheten ist aber nicht als Prophezeiung im
modern-abgeblaßten Sinne, nämlich als Vorhersage oder Prognose

zu verstehen. Sie ist nicht die Schlußfolgerung aus der Analyse der Gegenwart, sondern umgekehrt: Die intuitiv gewonnene Zukunfts- gewißheit schärft den Blick für die gegenwärtigen Verhältnisse und wird in nachlaufender Einsicht an der Gegenwart aufgewie- sen. Für die zeitgenössischen Hörer eines Propheten bedeutet das: Sie vermögen nicht teilzunehmen an dem, was der Prophet an ge- heimer, persönlicher Erfahrung erlebt. Aber sie vermögen mit der Hilfe des Propheten es in und an der Gegenwart erkennend nach- zuvollziehen. Nachvollziehen ist nicht nachprüfen. Darum bleibt in der Einstellung gegenüber der Botschaft des Propheten immer ein Element des Glaubens. Mit anderen Worten: Gegenüber dieser Botschaft ist eine Entscheidung fällig – eine Entscheidung, ob ich mich auf sie einlasse, ob ich ihr Vertrauen schenke, ob ich den dringenden Appell beherzige, das drohende Unheil durch eine ra- dikale Verhaltensänderung doch noch abzuwenden. Dem entspricht es, daß für die Botschaft der Propheten ihrerseits eine definitive, objektive Entscheidung über wahr oder falsch unmöglich ist. Das Problem der wahren und der falschen Propheten begleitet die Ge- samtgeschichte der Prophetie, ohne daß ein befriedigendes Ent- scheidungskriterium gewonnen worden wäre, ja gewonnen werden könnte.

Es liegt auf der Hand, daß der kirchlichen Stimme im Blick auf das verantwortliche menschliche Handeln die Tonlagen der weis- heitlichen und der prophetischen Rede am nächsten liegen. Denn darum geht es ja gerade in der gegenwärtigen Situation: einerseits um eine argumentativ angelegte, an Erfahrung appellierende, auf Einsicht und Nachvollzug zielende Lehre und andererseits um eine auf Verhaltensänderung gerichtete Zeitansage im Licht des Kom- menden. Der kirchlichen Stimme heute in weisheitlicher und pro- phetischer Tradition werde ich mich im folgenden noch ausführ- lich zuwenden. Zuvor aber noch eine kurze Randbemerkung zur priesterlichen Rede und ihrem Verhältnis zum menschlichen Han- deln in den verschiedenen Lebensbereichen. Auf den ersten Blick scheint beides, zumal wenn man an den Lebensbereich von Wis- senschaft, Technik und Wirtschaft denkt, nichts miteinander zu tun zu haben. Aber da gibt es das eigentümliche, für manche befrem- dende, im praktischen Vollzug häufig auch mißglückte Phänomen des kirchlichen Segens für neue Produktionsstätten, Großeinrich- tungen oder Verkehrssysteme. Noch ganz abseits vom kirchlichen Segen schwingt schon im Begriff der Einweihung ein religiöser Unterton mit. Die kirchliche Beteiligung macht den impliziten re- ligiösen Unterton lediglich explizit. Insbesondere Protestanten tun sich schwer mit einer Beteiligung und fürchten, als Zeremonien- meister und Legitimationsbeschaffer mißbraucht zu werden. Aber *abusus non tollit usum.* Äußert sich in dem Wunsch nach kirchlicher Begleitung und Gottes Segen nicht zumindest *auch* das feine Gespür dafür, daß alle Sorgfalt menschlicher Planung, Voraussicht und Ingenieurskunst zu schwach ist, das Gelingen und die förderliche Auswirkung zu gewährleisten? Steckt im Bodensatz dieses Wunsches nicht vielleicht die Hoffnung, Gott möge das Schlimme verhüten und auch das Mangelhafte zum Guten wenden? Lohnt es sich darum nicht, diese Keimzellen eines demütigen Umgangs mit allem Menschenwerk ernstzunehmen, zu pflegen und zu entwikkeln? So ergäbe sich eine nicht unbedeutende Möglichkeit, im Blick auf die Verantwortlichkeit menschlichen Handelns die priesterliche Redeweise fruchtbar zu machen.

III.   Kirchliche Äußerungen in weisheitlicher Tradition

Der Regelfall ist es freilich – und damit beginne ich –, daß sich die kirchliche Stimme dabei der weisheitlichen Redeweise bedient. Exemplarisch beziehe ich mich, schon wegen meines gegenwärtigen beruflichen Tätigkeitsfeldes, auf Äußerungen aus der EKD zu den Themen, mit deren Hilfe ich zu Beginn die Fragestellung näher entfaltet habe[3]. Aus Umfangsgründen muß ich es mir versagen, auf den Inhalt näher einzugehen.

---

3   Zu *I.1.a* vgl. Ehe und Familie 1994. Ein Wort des Rates der Evangelischen Kirche in Deutschland aus Anlaß des Internationalen Jahres der Familie 1994, EKD-Texte 50, hg. v. *Kirchenamt der EKD*, Hannover 1994; Mit Spannungen leben. Eine Orientierungshilfe des Rates der Evangelischen Kirche in Deutschland zum Thema »Homosexualität und Kirche«, EKD-Texte 57, hg. v. *Kirchenamt der EKD*, Hannover 1996; Gabe Gottes und persönliche Verantwortung. Zur ethischen Orientierung für das Zusammenleben in Ehe und Familie. Eine Stellungnahme der Kammer der EKD für Ehe und Familie, Gütersloh 1998; zu *I.1.b* vgl. Einverständnis mit der Schöpfung. Ein Beitrag zur ethischen Urteilsbildung im Blick auf die Gentechnik und ihre Anwendung bei Mikroorganismen, Pflanzen und Tieren. Vorgelegt von einer Arbeitsgruppe der Evangelischen Kirche in Deutschland, Gütersloh 1991; Zur Achtung vor dem Leben. Maßstäbe für Gentechnik und Fortpflanzungsmedizin. Kundgebung der Synode der Evangelischen Kirche in Deutschland, EKD-Texte 20, hg. v. *Kirchenamt der EKD*, Hannover 1987; Kirchliches Jahrbuch für die Evangelische Kirche in Deutschland 1986, hg. v. *W.-D. Hauschild / E. Wilkens*, Gütersloh 1989, 338–343; zu *I.1.c* vgl. vor allem Kirchliches Jahrbuch für die Evangelische Kirche in Deutschland 1994, hg. v. *W.-D. Hauschild / E. Wilkens*, Gütersloh 1997, 158–165; epd-Dokumentation Nr. 16/98 vom 14. April 1998: Kirchliche Stellungnahmen bei der Bonner Anhörung zur Biomedizin-Konvention, hg. v. *Gemeinschaftswerk der Ev. Publizistik*, Frankfurt a.M., 2–8; Gott ist ein Freund des Lebens. Herausforderungen beim Schutz des Lebens. Gemeinsame Erklärung des Rates der Evangelischen Kirche in Deutschland und der Deutschen Bischofskonferenz, Gütersloh 1989, 102–105;

1. Ertrag

Was sich die Kirchen von Äußerungen dieser Art versprechen, läßt sich unter zwei Stichworten entfalten: Hilfe zur ethischen Urteilsbildung und Hilfe zur Konsensbildung.

a) Kirchliche Stimmen in weisheitlicher Tradition wollen ein Wegweiser, ein Angebot zur Orientierung sein. Die Gentechnik-Studie »Einverständnis mit der Schöpfung« heißt im Untertitel ausdrücklich: »Ein Beitrag zur ethischen Urteilsbildung im Blick auf die Gentechnik«. Darin kommt zum Ausdruck, daß die EKD das ethische Urteil nicht vorschreiben und vorwegnehmen, vielmehr eine Hilfe zur eigenverantwortlichen Klärung geben will. Der kirchliche Beitrag im Zeitgespräch öffentlicher Verantwortung unterliegt den allgemeinen Verständigungsregelungen, zielt auf Überzeugung und nicht Bevormundung, auf Einsicht und nicht blinde Gefolgschaft.

Bei der Erarbeitung jeder kirchlichen Äußerung kommt früher oder später die Frage auf: Wer soll eigentlich ihr Adressat sein? Wem gilt sie? Die Frage läßt sich nicht einlinig beantworten, und das aus gutem Grund. Kirchliche Äußerungen richten sich zunächst an die Glieder der Kirche, die unter Umständen ausdrücklich um ethische Orientierung gebeten haben, aber nicht nur an sie. Daraus ergibt sich im übrigen die Anforderung, die aus der Heiligen Schrift und dem christlichen Glauben gewonnenen Grundüberzeugungen und Voraussetzungen in ihrem vernünftigen Sinn zu entfalten und nachvollziehbar zu machen. Es kann nicht um Forderung des Gehorsams gegenüber Gottes Wort gehen; Ziel ist vielmehr der Dialog, in dem der Gesprächspartner gewonnen wird. Für die Adressatenfrage ist ferner zu bedenken, daß sich auch die Äußerungen

Organtransplantationen. Erklärung der Deutschen Bischofskonferenz und des Rates der Evangelischen Kirche in Deutschland, Gemeinsame Texte 1, hg. v. *Kirchenamt der EKD und Sekretariat der Deutschen Bischofskonferenz*, Hannover/Bonn 1990; Kirchliches Jahrbuch 1994, 153–158; Xenotransplantation. Eine Hilfe zur ethischen Urteilsbildung. Vorbereitet von einer Arbeitsgruppe im Auftrag des Kirchenamtes der Evangelischen Kirche in Deutschland und des Sekretariats der Deutschen Bischofskonferenz, Gemeinsame Texte 13, Hannover/Bonn 1998; zu *I.1.d* vgl. Gemeinwohl und Eigennutz. Wirtschaftliches Handeln in Verantwortung für die Zukunft. Eine Denkschrift der Evangelischen Kirche in Deutschland, Gütersloh 1991; Zur wirtschaftlichen und sozialen Lage in Deutschland. Diskussionsgrundlage für den Konsultationsprozeß über ein gemeinsames Wort der Kirchen, Gemeinsame Texte 3, Hannover/Bonn 1994; Für eine Zukunft in Solidarität und Gerechtigkeit. Wort des Rates der Evangelischen Kirche in Deutschland und der Deutschen Bischofskonferenz zur wirtschaftlichen und sozialen Lage in Deutschland, Gemeinsame Texte 9, Hannover/Bonn 1997.

zu wissenschaftlich-technischen Themen keinesfalls nur an die Experten wenden oder wenden dürfen. Die Experten, im Zusammenhang eines arbeitsteiligen Wissenschaftsbetriebes eigentlich Fachleute für weniges, werden mit der ihnen heute zugemuteten Rolle, auch die möglichen Folgen technisch-wissenschaftlicher Innovationen zu beurteilen und zu bewerten, faktisch überfordert. Die Folge ist: Keiner glaubt den Experten mehr, und jeder wird entweder selbst zum Quasi-Experten oder »kauft« sich seine Experten. Darum ist es zu einer erstaunlichen Wiederermächtigung der Laien gekommen. Diese Wiederermächtigung der Laien ist auch eine zwingende Folgerung aus der demokratischen Verfassung des Gemeinwesens: Technologiepolitische Richtungsentscheidungen dürfen nicht den Experten überlassen bleiben; die Politiker und Bürger müssen entscheidungsfähig werden und bleiben. Auf diese breite Entscheidungsfähigkeit zielen kirchliche Äußerungen.

b) Die Kammern, Kommissionen und Arbeitsgruppen, die die Äußerungen vorbereiten, sind mit Bedacht so zusammengesetzt, daß in ihnen unterschiedliche gesellschaftliche Gruppen, verschiedene bis gegensätzliche Positionen, Experten und Laien vertreten sind. Sie stellen also eine Plattform und zugleich eine Nötigung zur Konsensbildung dar. Die Probleme liegen auf der Hand, vor allem die Flucht in den belanglosen oder gar den faulen Kompromiß. Aber diese Konstellation ist auch eine wichtige Chance, und so wird sie häufig von Kommissionsmitgliedern, die sonst den Dialog über die bestehenden Fronten hinweg entbehren und vermissen, erlebt. Auf vielen Feldern ist die Gesellschaft zu ihrem Gedeihen, ja zu ihrem Überleben auf Konsens angewiesen. Der Konsens muß sich bewähren bei der Herstellung politischer Handlungsfähigkeit und vor allem bei der Gewährleistung des Rechtsfriedens. Es ist ein vorzüglicher Dienst an der Gesellschaft, diesen Konsens im vorpolitischen Raum vorzubereiten und zu stiften.

2. Voraussetzungen

Damit kirchliche Äußerungen die ihnen hier zugeschriebene Rolle spielen können, bedarf es bestimmter innerkirchlicher Voraussetzungen:

a) Die kirchliche Stimme wird nur ernst genommen, wenn sie sich durch Sachkunde ausweist. Die geistliche und moralische Autorität einer Synode oder eines Bischofs mag helfen, der Äußerung Öffentlichkeit und Gehör zu verschaffen. Aber dieser Vertrauensvorschuß ist schnell verbraucht, wenn die Sachaussagen in fachlicher

Betrachtung nicht diskussionswürdig sind. Der größte Schatz der Kirchen, wenn es um die Vorbereitung von ethischen Stellungnahmen geht, sind darum ihre Glieder mit Sachkunde auf dem einschlägigen Gebiet, Experten ihres Fachs, »Laien« innerhalb ihrer Kirche im Verhältnis zu den Inhabern des geistlichen Amtes. Weil solche kirchlichen Stellungnahmen unter Beteiligung von Fachleuten erarbeitet werden, gibt es im übrigen keine Rechtfertigung dafür, die kirchliche Stimme leichthin abzutun – nach der Melodie: Was verstehen denn die Pfaffen und Bischöfe davon? Die kirchlichen Diskussionsbeiträge sind – nach bestem Wissen und Gewissen – fachlich geprüft und in der Sache verantwortet.

b) Die EKD verfügt seit Jahrzehnten über ein differenziertes Instrumentarium von Fachgremien, die die Leitungsorgane beraten. Vor allem sind dies die Ständigen Kommissionen, einige von ihnen wie die seit 1949 bestehende Kammer für Öffentliche Verantwortung mit dem traditionellen Namen »Kammer«.
Ihre Ausarbeitungen werden, auch wenn sie konkret anders bezeichnet sind, unter dem Begriff »Denkschriften« zusammengefaßt. Neben den Einzelveröffentlichungen erscheinen seit 1978 Sammelbände »Die Denkschriften der Evangelischen Kirche in Deutschland«, mittlerweile elf an der Zahl[4]. Viele Kirchen in der Ökumene beneiden die EKD um diese, wie man gesagt hat, »Denkschriftenkultur«. Zusammengenommen bilden die Denkschriften ein Kompendium der Soziallehre der evangelischen Kirche.

3. Gefahren und Probleme

Für kirchliche Äußerungen in weisheitlicher Tradition gibt es einige spezifische Gefahren und Probleme:

a) Zuerst soll von der Gefahr der Selbstüberschätzung die Rede sein. Sie liegt dort nahe, wo man sich für die besseren Experten hält. Der Vorzug der kirchlichen Beiträge ist darin zu suchen, daß sie ihre spezifischen Chancen der Konsensbildung nutzen und daß sie aus der Heiligen Schrift und dem christlichen Glauben inhaltliche Elemente zur Geltung bringen, die sonst fehlen oder zu kurz kommen. Die gesellschaftliche Diskussion wird sicher auch durch eine neue, abweichende Expertenposition bereichert. Aber dazu bedürfte es nicht der kirchlichen Instrumentarien. Ihre besonderen Möglichkeiten liegen darin, vernunftgemäßes allgemeines Erfahrungswissen und Einsichten des Glaubens in ein Zusammenspiel

---

4 Die Reihe wird im Gütersloher Verlagshaus publiziert.

zu bringen. In der 1970 veröffentlichten Denkschrift über die
Denkschriften mit dem Titel »Aufgaben und Grenzen kirchlicher
Äußerungen zu gesellschaftlichen Fragen« heißt es dazu, »daß schon
bei der Klärung des Sachverhalts und der Feststellung der vor-
dringlichen Nöte der Glaube die Blickrichtung mitbestimmt. Die
eigentliche Intention der biblischen Aussage wird erkennbar in der
Konfrontation mit der Gegenwart, und die gegenwärtige Lage wiederum bedarf der Erhellung in der Konfrontation mit der biblischen Aussage. Daher kann eine Entscheidung nur im Hin und
Her zwischen theologischen und durch Sachanalyse geleiteten Erwägungen gewonnen werden«[5].

b)   Das Bemühen um Konsensbildung, so nötig es ist, hat eine
Schattenseite: die belanglose Ausgewogenheit, den faulen Kompromiß. Wo diese Gefahr in kirchlichen Äußerungen nicht gemieden
wurde, handeln sie sich den Vorwurf des feigen Sowohl-Als-auch
ein. Ich beteilige mich nicht an der leichtfertigen Schelte der Ausgewogenheit. Dennoch: Es gibt jenseits einer in der Sache selbst begründeten Ausgewogenheit eine nur noch langweilige Abgeschlif-
fenheit. Dagegen hilft vor allem eines: Offenlegung der Dissense.
Es ist ein verkürztes Verständnis von Konsensbildung, wenn nur der
allumfassende Konsens in Blick genommen wird. Viel nüchterner
und realistischer ist es, mit einem partiellen Konsens zu rechnen,
und auch der trägt weit, wenn er nur gehaltvoll ist. Die Leitlinie für
die Arbeit der kirchlichen Beratungsgremien – und notabene auch
der Leitungsorgane – muß also meines Erachtens heißen: den
Konsens verbreitern und den Dissens nicht verschweigen.

c)   Eine weitere Gefahr sehe ich darin, daß die kirchlichen Beiträge in einem innerkirchlichen Ghetto hängenbleiben und nur noch
der innerkirchlichen Selbstvergewisserung und Selbstverständigung
dienen. Es ist gewiß nicht geringzuschätzen, wenn eine ethische Orientierung der Glieder der Kirche selbst gelingt. Aber mit diesem
bescheidenen Ziel ist das Instrument der Denkschriften nicht entwickelt worden. Es war und ist vielmehr als Dienst an der gesamten
Gesellschaft konzipiert. Die Gefangenschaft im kirchlichen Ghetto
kann vielerlei Gründe haben – angefangen damit, daß sich ein Text
sprachlich und sachlich nicht verständlich machen kann oder daß
er schlicht uninteressant, langweilig und unergiebig ist. Bei Äußerungen, die an solcherlei Defiziten *nicht* leiden, ist es freilich ein
Jammer, wenn sie außerhalb der kirchlichen Mauern nicht wahrge-

---

5   Die Denkschriften der Evangelischen Kirche in Deutschland, Bd. 1/1: Frieden, Versöhnung und Menschenrechte, Gütersloh 1978, 71.

nommen werden und zur Wirkung kommen. Viel hängt davon ab, ob und wie ein Text in das Zeitgespräch öffentlicher Verantwortung eingebracht und mit ihm offensiv gearbeitet wird. Veröffentlichung und Verbreitung allein genügen nicht. Es bedarf des nachgehenden Gesprächs – mit Politikern, mit Standesvertretern, mit Journalisten.

d) Ich füge hier noch eine Problemanzeige an. Die Kommunikationsbedingungen der modernen Mediengesellschaft sind der Rezeption kirchlicher Stellungnahmen nicht gerade förderlich. Diese Äußerungen sind anonym, verbinden sich nicht mit einem bestimmten Gesicht. Mediale Aufmerksamkeit läuft häufig über den Konflikt: Was Streit hervorruft, das tritt aus der Fülle der Neuigkeiten und Nachrichten hervor. Nicht, daß die kirchlichen Äußerungen des Konfliktstoffs entbehrten! Er müßte nur ausgepackt, der unter der Decke schlummernde Konflikt nur inszeniert werden. Manchmal tun uns Kritiker den Gefallen und äußern sich mit solcher Schärfe, daß ohne unser Zutun der öffentliche Konflikt da ist. Aber dafür selbst zu sorgen – ist uns zu gefährlich, davor haben wir Angst. Es gibt aus der jüngsten Vergangenheit ein hochinteressantes Beispiel: Die Diskussionsgrundlage für den kirchlichen Konsultationsprozeß zur wirtschaftlichen und sozialen Lage in Deutschland wurde im August 1994 von einer politischen Partei vorzeitig und in einer tendenziösen Auswahl in die Öffentlichkeit lanciert. Von da an wurde das Papier interessant, und zwar weit über die kirchlichen Mauern hinaus. Der Text in sich hätte keine derartige Aufmerksamkeit gefunden. Erst der inszenierte Konflikt, der den Kirchen zunächst ungeheuer peinlich war, hat die Nachfrage stimuliert. Aber Konfliktinszenierungen sind auch kein probates Mittel. Und außerdem: Wie viele Konflikte vertragen die Kirchen?

IV. Kirchliche Äußerungen in prophetischer Tradition

1. Beispiele

Es gibt ausgesprochen wenige Beispiele für kirchliche Äußerungen in prophetischer Tradition. Das hat in der Sache liegende Gründe. Ich komme darauf zurück.
Beispiele aus dem Raum der evangelischen Kirche ließen sich vermutlich am ehesten unter den Äußerungen zur Atomtechnik finden, die nach der Reaktorkatastrophe von Tschernobyl in großer Zahl zustande gekommen sind[6].

---

6   Vgl. Kirchliches Jahrbuch 1986 [s. oben Anm. 3], 131–312.

In allerjüngster Zeit gibt es ein prominentes Beispiel aus dem Raum der römisch-katholischen Kirche. Das mag hier genügen. Ich meine die am 30. März 1995 veröffentlichte Enzyklika Papst Johannes Paul II. »Evangelium vitae«[7]. Der Vorsitzende der Deutschen Bischofskonferenz, Bischof Karl Lehmann, schreibt in seiner interpretierenden Einführung[8]: Evangelium vitae ist »ein prophetisches Wort: Es deckt die Wunden unserer Zeit auf, es trifft mit Augenmaß und zeigt Wege der Umkehr auf ... Die Menschheit steht am Scheideweg zwischen einer ›Kultur des Todes‹ und einer ›Kultur des Lebens‹. Der Papst ruft ihr mit diesem Dokument leidenschaftlich und mahnend, bittend und zornig über so viel Unrecht und doch auch zuversichtlich und versöhnlich mit der Bibel zu: Wähle zwischen Segen und Fluch, kehre um zum Leben«. An einer wichtigen Stelle der Enzyklika heißt es unter direkter Aufnahme prophetischer Rede: »Angesichts einer so ernsten Situation bedarf es mehr denn je des Mutes, der Wahrheit ins Gesicht zu schauen und die Dinge beim Namen zu nennen, ohne bequemen Kompromissen nachzugeben. In diesem Zusammenhang klingt der Tadel des Propheten kategorisch: ›Weh denen, die das Böse gut und das Gute böse nennen, die die Finsternis zum Licht und das Licht zur Finsternis machen‹ (Jes. 5,20)«[9]. Der Papst hat in dieser Passage in erster Linie die Abtreibung vor Augen. Aber im Rahmen der Enzyklika im ganzen gelten die Aussagen auch der Embryonenforschung, der In-vitro-Fertilisation und der künstlichen Empfängnisverhütung.

2. Ertrag

Die zitierten Aussagen lassen deutlich die Merkmale prophetischer Rede erkennen: Zeitansage im Licht des Kommenden, beschwörender Appell zur Abwendung des drohenden Unheils, Forderung einer Entscheidung. Sie erlauben auch Rückschlüsse darauf, was sich jemand davon verspricht, in dieser Tonlage zu sprechen. Ich nenne einige Gesichtspunkte, die auch unabhängig von dem konkreten Beispiel gelten:

a)   Es ist eine Situation höchster Tragweite, eine Scheideweg-Situation, die zur prophetischen Rede treibt. Andere Tonlagen reichen nicht mehr aus, um der Dramatik der Lage gerecht zu werden.

---

7   Verlautbarungen des Apostolischen Stuhls 120, hg. v. *Sekretariat der Deutschen Bischofskonferenz*, Bonn 1995.
8   Pressemitteilung der Deutschen Bischofskonferenz (PRDD 95–003) vom 29. März 1995.
9   Ziffer 58.

b) Es geht darum, den angeredeten Menschen ins Gewissen zu reden. Gewissensschärfung wäre dafür noch zu wenig. Die prophetische Rede macht ein bestimmtes Handeln oder Unterlassen zur Gewissensfrage. Mit diesem Handeln oder Unterlassen steht die ganze Person auf dem Spiel.

c) Wo überhaupt noch Raum für eine Abwendung des drohenden Unheils bleibt – und es gibt wohlgemerkt auch die prophetische Ansage des unentrinnbar sich vollziehenden Verhängnisses –, da wird die prophetische Rede zum dramatischen Umkehrruf. Es geht nicht mehr nur darum, die Herausforderungen und die daraus resultierenden Aufgaben zu *beschreiben*. Es bleibt kein Raum mehr für ethische Urteilsbildung in eigener Verantwortung. An der Stelle des Angebotes ethischer Orientierung steht die *ultimative Aufforderung* zur Verhaltensänderung.

d) Nicht von ungefähr taucht in der Enzyklika der Wahrheitsbegriff auf: Es bedarf »mehr denn je des Mutes, der Wahrheit ins Gesicht zu schauen und die Dinge beim Namen zu nennen, ohne bequemen Kompromissen ... nachzugeben«[10]. Prophetische Rede nimmt für sich in Anspruch, im Namen der Wahrheit zu sprechen. Sie erinnert gegen alle *bequemen* Kompromisse, aber auch über alle in der pluralistischen und demokratischen Gesellschaft *notwendigen* Kompromisse hinaus an den Ernst der Wahrheit. Darin sehe ich die größte Herausforderung der prophetischen Rede für kirchliche Äußerungen in unserer Gesellschaft. Sosehr der Hinweis im Recht ist, kirchliche Äußerungen müßten politikfähig sein, um ernst genommen zu werden, und dürften die Last der Kompromißfindung nicht anderen zuschieben – die Wahrheit hat ein überschießendes Element über alle notwendigen Kompromisse hinaus, und dem politischen Handeln selbst kann nicht daran gelegen sein, daß das überschießende Element gar nicht mehr ausgesprochen und bewußtgemacht wird.

3. Gefahren und Probleme

Daß die prophetische Rede von besonderen Gefahren und Problemen bedroht ist, liegt auf der Hand:

a) Auch hier soll zuerst von der Gefahr der Selbstüberschätzung die Rede sein. Sie nimmt die Gestalt der Anmaßung an und ergibt sich aus der Sache selbst. Wer Zeuge für die Wahrheit zu sein be-

10 Ziffer 58.

ansprucht, tritt nicht in ein offenes Gespräch ein. Man kann die zuvor im anderen Zusammenhang gewählte Formulierung geradezu umkehren: nicht Überzeugung, sondern Bevormundung, nicht Einsicht, sondern blinde Gefolgschaft.

b)   Wer erst gar nicht in ein offenes Gespräch eintreten will, provoziert eine Scheidung der Geister. Die einen beugen sich dem Anspruch der Wahrheit. Die anderen aber verschließen sich, fühlen sich überrumpelt, abgestoßen, hören darum gar nicht hin. Nicht umsonst verbindet sich mit der Gestalt des Propheten die Assoziation vom Rufer in der Wüste. Anders als seine biblischen Urbilder – der Zweite Jesaja und Johannes der Täufer – findet der sprichwörtliche Rufer in der Wüste kein Gehör. Er bleibt allein in der menschenleeren, lebensfeindlichen Umgebung. Prophetische Rede kann sehr einsam machen.

c)   Ja mehr noch: Prophetische Rede kann in Verruf bringen. Von Hosea, dem Propheten, sagte man, er sei verrückt (9,7), »meschugge«. In prophetischer Tradition zu reden erfordert den Mut, nicht nur einsam, sondern auch unpopulär zu werden.

d)   Prophetische Rede zu gebrauchen bedeutet im übrigen, das volle Risiko einzugehen, nämlich unter Umständen am Ende als falscher Prophet dazustehen. Wer Herausforderungen und Aufgaben beschreibt und dazu Beobachtungen und Argumente anbietet, der kann sich rasch und ohne großen Aufwand korrigieren. In der Tonlage prophetischer Rede hingegen geht es gleich ums Ganze: sich als wahrer Prophet zu erweisen oder als falscher Prophet entlarvt zu werden.

e)   Die alttestamentlichen Propheten waren nicht allein Boten einer bevorstehenden Katastrophe, sondern auch Vorläufer einer neuen, besseren Zeit, nicht allein schneidende Kritiker ihrer Zeitgenossen, sondern auch Tröster zerschlagener Herzen. Die dunklen Züge dominieren im Bild der Propheten: im alttestamentlichen Textmaterial ebenso wie in der Perspektive heutiger Wahrnehmung. Das Unheilvolle, Schreckliche, Kritische war zu allen Zeiten anziehender als das Heilvolle, Geordnete, Zurechtgebrachte. Im Falle der alttestamentlichen Prophetie kommt allerdings noch ein besonderer Gesichtspunkt hinzu: Die Heilspropheten entpuppten sich nur zu oft als falsche Propheten. Sie schauten »Täuschungen«, sie sagten, »was schmeichelt«, verkündeten, was gefällt (Jes 30,9ff). Darum ist ein gewisses Maß an Zurückhaltung ihnen gegenüber unausweichlich gewesen. Aber so wahr der Gott, als dessen Boten die

Propheten auftraten, ein Gott des Friedens und nicht des Leids, ein Gott der Barmherzigkeit und nicht der Rache ist, so wahr spricht er auch in prophetischen Worten des Trostes, der Vergebung und der Hoffnung. Dieses Element des Prophetischen ist in den eingangs zitierten Forderungen nach einem prophetischen kirchlichen Reden bezeichnenderweise völlig abwesend.

Für die alttestamentliche Heilspropheten, die nicht als Lügenpropheten entlarvt werden, ist es im übrigen charakteristisch, daß die heilvolle Zukunft, von der sie künden, durch einen tiefen Bruch von der Gegenwart getrennt ist. Erst muß die alte, unheilvolle Zeit an ihr Ende gekommen, muß das verfaulte und morsche Gebäude der bisherigen Zustände zusammengebrochen sein, bevor auf dem Fundament von Gerechtigkeit und Frieden neue, dauerhafte Verhältnisse entstehen können. Die Propheten haben darum, wenn ich diese gewagte Analogie herstellen darf, eine größere Affinität zu revolutionären als zu reformorientierten Vorgängen.

4. Voraussetzungen

Es ist demnach kein Wunder, daß es so wenige Beispiele für kirchliche Stimmen in prophetischer Tradition gibt. Man macht es sich zu einfach, wenn man zur Erklärung auf Risikoscheu – oder im Ton des moralischen Vorwurfs: auf Feigheit – bei den Kirchen abhebt, obgleich dies gewiß hereinspielt. Ich mache aber darauf aufmerksam, daß prophetische Rede von zwei Voraussetzungen oder Bedingungen bestimmt wird:

a) In der Frühzeit der israelischen Prophetie hat es auch das Phänomen der Prophetengruppen oder Prophetenhaufen gegeben. Aber im wesentlichen bleibt Prophetie an die einzelne Person gebunden. Die intuitive Zukunftsgewißheit, im Selbstverständnis der Propheten von Gott ins Ohr gegeben oder vor das innere Auge gestellt, die der Ursprung und Ausgangspunkt aller prophetischen Rede ist, ist eine höchst persönliche Erfahrung. Darum gibt es keine Prophetie von Gremien oder Kommissionen. Daß ich als Beispiel für eine kirchliche Stimme in prophetischer Tradition gerade eine päpstliche Enzyklika gefunden und gewählt habe, ist also kein Zufall. Prophetische Rede ist vorrangig eine Sache des oder der einzelnen. Auch in der evangelischen Kirche können einzelne für ihre Kirche sprechen, aber charakteristisch ist die Einbindung in die gemeinsame Leitung der Kirche. Prophetische Rede ist im Protestantismus in die Verantwortung des einzelnen Christen gestellt. Diese Verantwortung wird auch intensiv und in unterschiedlichster Weise wahrgenommen. In der römisch-katholischen Kirche hingegen steht – man mag darüber denken, wie man will – der Papst für die ganze Kirche, und seine Stimme ist unüberbietbar Stimme der Kirche.

b) Und das Zweite: Prophetische Rede entsteht, wie gesagt, aus einer intuitiven Zukunftsgewißheit. Die Propheten Israels führten ihr Wirken auf eine ihnen von Gott her widerfahrende Audition oder Vision zurück. Wie auch immer: Die Intention, die Ahnung des Kommenden stellt sich ein, kommt über einen, überfällt einen. Sie kann nicht gewollt und künstlich herbeigeführt werden. Nichts ist lächerlicher als der leere Gestus der Prophetie. Niemand kann Prophet sein *wollen*. Prophetische Rede ist eine Frage der Vollmacht. Die Vollmacht aber muß gegeben werden, und wo sie gegeben wird, da ist sie für den zum Propheten berufenen Menschen eine Zumutung und eine Last. In der letzten seiner sogenannten Konfessionen läßt sich der Prophet Jeremia zu einem zu Herzen gehenden Bekenntnis hinreißen:

»Herr, du hast mich überredet, und ich habe mich überreden lassen. Du bist mir zu stark gewesen und hast gewonnen; aber ich bin darüber zum Spott geworden täglich, und jedermann verlacht mich. Denn sooft ich rede, muß ich schreien; ›Frevel und Gewalt!‹ muß ich rufen. Des Herrn Wort ist mir zu Hohn und Spott geworden täglich. Da dachte ich: Ich will nicht mehr an ihn denken und nicht mehr in seinem Namen predigen. Aber es ward in meinem Herzen wie ein brennendes Feuer, in meinen Gebeinen verschlossen, daß ich's nicht ertragen konnte; ich wäre schier vergangen« (20,7ff).

So sieht prophetische Existenz im Ernstfall aus. Darum dränge sich niemand danach, Prophet zu sein. Aber – und auch dafür steht Jeremia – niemand kann sich der Berufung entziehen.

Register

Autoren (Auswahl)

Bibelstellen (Auswahl)

Namen und Sachen (Auswahl)

Betreuende Herausgeber / Autoren:

Ernst Dassmann, Dr. theol., geb. 1931, ist emeritierter Professor für Alte Kirchengeschichte, Patrologie und Christliche Archäologie an der Katholisch-Theologischen Fakultät der Universität Bonn.

Werner H. Schmidt, Dr. theol., geb. 1935, ist Professor für Altes Testament an der Evangelisch-Theologischen Fakultät der Universität Bonn.

Autoren:

Hermann Barth, Dr. theol., geb. 1945, ist Vizepräsident des Kirchenamtes der Evangelischen Kirche in Deutschland.

Heribert Busse, Dr. phil., geb. 1926, ist emeritierter Professor für Arabistik und Islamkunde an der Christian-Albrechts-Universität zu Kiel.

Gerhard Dautzenberg, Dr. theol., geb. 1934, ist Professor für Bibelwissenschaften / Neues Testament am Fachbereich Evangelische und Katholische Theologie der Universität Gießen.

Michael N. Ebertz, Dr. rer. soc., geb. 1953, ist Professor für Sozialpolitik an der Katholischen Fachhochschule Freiburg i.Br. und Privatdozent für Soziologie an der Universität Konstanz.

Jörg Jeremias, Dr. theol., geb. 1939, ist Professor für Altes Testament an der Evangelisch-Theologischen Fakultät der Universität Marburg.

Volker Leppin, Dr. theol., geb. 1966, ist Privatdozent für Kirchen- und Dogmengeschichte an der Evangelisch-Theologischen Fakultät der Universität Heidelberg.

Georg Schöllgen, Dr. theol., geb. 1951, ist Professor für Alte Kirchengeschichte und Patrologie an der Katholisch-Theologischen Fakultät der Universität Bonn.

Elisabeth Schüssler Fiorenza, D. Dr. theol., ist K. Stendahl Professorin für Scripture and Interpretation an der Divinity School der Harvard University.

Günter Stemberger, Dr. theol., geb. 1940, ist Professor für Judaistik an der Universität Wien.

Ina Willi-Plein, Dr. theol., geb. 1942, ist Professorin für Altes Testament und spätisraelitische Religionsgeschichte am Fachbereich Evangelische Theologie der Universität Hamburg.

Peter Zimmerling, Dr. theol., geb. 1958, ist Privatdozent für Praktische Theologie an der Theologischen Fakultät der Universität Heidelberg und wissenschaftlicher Mitarbeiter am Seminar für Evangelische Theologie der Universität Mannheim.

JBTh 1 (1986) – 15 (2000)

JBTh 1 (1986)

Einheit und Vielfalt Biblischer Theologie

252 Seiten, 3. Auflage 1991, Pb. DM 48,– / öS 350,– / sFr 44,50
Subskriptionspreis DM 44,– / öS 321,– / sFr 41,–
ISBN 3-7887-1229-5

JBTh 2 (1987)

Der eine Gott der beiden Testamente

267 Seiten, Pb. DM 48,– / öS 350,– / sFr 44,50
Subskriptionspreis DM 44,– / öS 321,– / sFr 41,–
ISBN 3-7887-1266-X

JBTh 3 (1988)

Zum Problem des biblischen Kanons

294 Seiten, Pb. DM 49,80 / öS 364,– / sFr 46,–
Subskriptionspreis DM 45,– / öS 329,– / sFr 41,50
ISBN 3-7887-1288-0

JBTh 4 (1989)

»Gesetz« als Thema Biblischer Theologie

360 Seiten, Pb. DM 64,– / öS 467,– / sFr 58,–
Subskriptionspreis DM 58,– / öS 423,– / sFr 52,50
ISBN 3-7887-1321-6

JBTh 5 (1990)

Schöpfung und Neuschöpfung

297 Seiten, Pb. DM 68,– / öS 496,– / sFr 62,–
Subskriptionspreis DM 61,20 / öS 449,– / sFr 55,50
ISBN 3-7887-1363-1

JBTh 6 (1991)

Altes Testament und christlicher Glaube

382 Seiten, Pb. DM 59,80 / öS 437,– / sFr 54,–
Subskriptionspreis DM 54,– / öS 394,– / sFr 49,–
ISBN 3-7887-1385-2

JBTh 7 (1992)

Volk Gottes, Gemeinde und Gesellschaft

446 Seiten, Pb. DM 72,– / öS 526,– / sFr 65,50
Subskriptionspreis DM 64,80 / öS 473,– / sFr 58,50
ISBN 3-7887-1433-6

JBTh 8 (1993)

Der Messias

396 Seiten, Pb. DM 74,– / öS 540,– / sFr 67,–
Subskriptionspreis DM 66,60 / öS 486,– / sFr 60,50
ISBN 3-7887-1465-4

JBTh 9 (1994)

Sünde und Gericht

396 Seiten, Pb. DM 78,– / öS 569,– / sFr 71,–
Subskriptionspreis DM 70,20 / öS 512,– / sFr 63,50
ISBN 3-7887-1500-6

JBTh 10 (1995)

Religionsgeschichte Israels oder Theologie des Alten Testaments

272 Seiten, Pb. DM 68,– / öS 496,– / sFr 62,–
Subskriptionspreis DM 61,50 / öS 449,– / sFr 55,50
ISBN 3-7887-1544-8

JBTh 11 (1996)

Glaube und Öffentlichkeit

272 Seiten, Pb. DM 68,– / öS 496,– / sFr 62,–
Subskriptionspreis DM 61,50 / öS 449,– / sFr 55,50
ISBN 3-7887-1605-3

JBTh 12 (1997)

Biblische Hermeneutik

432 Seiten, Pb. DM 78,– / öS 569,– / sFr 71,–
Subskriptionspreis DM 70,20 / öS 512,– / sFr 63,50
ISBN 3-7887-1642-8

JBTh 13 (1998)

Die Macht der Bilder

349 Seiten, Pb. DM 78,– / öS 569,– / sFr 71,–
Subskriptionspreis DM 70,20 / öS 512,– / sFr 63,50
ISBN 3–7887–1685–1

Als nächster Band erscheint:

JBTh 15 (2000)

Menschenwürde

ca. 280 Seiten, Pb. DM 68,– / öS 496,– / sFr 62,–
Subskriptionspreis ca. DM 61,50 / öS 449,– / sFr 55,50
ISBN 3–7887–1800–5